Relatividade dos Contratos

Relatividade dos Contratos

DA ORIGEM À TEORIA DA OPONIBILIDADE

2024

Daniel Rodrigo Ito Shingai

ALMEDINA

RELATIVIDADE DOS CONTRATOS
DA ORIGEM À TEORIA DA OPONIBILIDADE

Autor: Daniel Rodrigo Ito Shingai

Diretor Almedina Brasil: Rodrigo Mentz
Editora-Chefe: Manuella Santos de Castro
Editor Pleno: Aurélio Cesar Nogueira
Produtora Editorial: Erika Alonso
Assistentes Editoriais: Laura Roberti, Tacila da Silva Souza e Patrícia Romero

Diagramação: Almedina
Design de Capa: Roberta Bassanetto

ISBN: 9788584937240
Maio, 2024

Dados Internacionais de Catalogação na Publicação (CIP)
(Câmara Brasileira do Livro, SP, Brasil)

Shingai, Daniel Rodrigo Ito
Relatividade dos contratos : da origem à teoria da oponibilidade
Daniel Rodrigo Ito Shingai. – São Paulo : Almedina, 2024.

ISBN 978-85-8493-724-0

1. Contratos (Direito) – Brasil 2. Obrigações (Direito) – Brasil
3. Responsabilidade civil – Brasil
I. Título.

24-201630 CDU-347.44(81)

Índices para catálogo sistemático:

1. Brasil : Contratos : Direito civil 347.44(81)

Eliane de Freitas Leite – Bibliotecária – CRB 8/8415

Coleção IDiP
Coordenador Científico: Francisco Paulo De Crescenzo Marino

Este livro segue as regras do novo Acordo Ortográfico da Língua Portuguesa (1990).

Editora: Almedina Brasil
Rua José Maria Lisboa, 860, Conj. 131 e 132, Jardim Paulista | 01423-001 São Paulo | Brasil
www.almedina.com.br

"Nul n'existe *pour* lui seul, pas plus que *par* lui seul: chacun existe *par d'autres et pour d'autres*, que ce soit intentionnellement ou non. De même que le corps réfléchit la chaleur qu'il a reçue du dehors, de même l'homme répand autour de lui le fluide intellectuel ou moral qu'il a aspiré dans l'atmosphère de civilisation de la société. La vie est une respiration incessante: aspiration, expiration; cela est vrai de la vie physique comme de la vie intellectuelle. Être pour un autre, avec réciprocité presque toujours, constitue tout le commerce de la vie humaine."

(JHERING, Rudolf von[1])

[1] Tradução livre: "Ninguém existe para si só, nem tão pouco por si só: cada um existe pelos outros e para os outros, seja intencionalmente ou não. Assim como o corpo reflete o calor que recebeu de fora, assim também o homem espalha em torno de si o fluído intelectual ou moral que aspirou na atmosfera da civilização da sociedade. A vida é uma respiração contínua: aspiração, expiração; isto é verdadeiro tanto na vida física como na vida intelectual. Ser para um outro, com reciprocidade quase sempre, constitue todo o comércio da vida humana." (JHERING, Rudolf von. *L'évolution du droit.* Tradução O de Meulenaere. Paris: Chevalier-Marescq, 1901, p. 54)

A meus queridos pais
e à minha amada esposa, Thais.

À memória de José Duclos
e de Luciano de Camargo Penteado.

AGRADECIMENTOS

Este livro é fruto das minhas tantas dúvidas.

O desconhecimento e a ausência de uma resposta satisfatória motivaram-me a estudar, refletir e escrever. Sobretudo, reescrever incontáveis vezes. Sempre na esperança de fazer-me mais claro, mais apurado e menos errado.

As minhas propostas iniciais — corporificadas no projeto de dissertação de mestrado sob orientação da querida professora e orientadora Daisy Gogliano — foram completamente reformuladas. Afinal de contas, quem inicia uma longa viagem, cheia de dúvidas e poucas certezas, nunca sabe o que encontrará, menos ainda como dela sairá. A versão final da dissertação de mestrado depositada no Departamento de Direito Civil da Universidade de São Paulo no início de 2018 é o resultado das minhas convicções. É a conclusão final das milhares de premissas que todo pesquisador tem que passar e sobreviver.

Quando da sua defesa em maio de 2018, eu já havia ficado enormemente grato por ter sido aprovado com distinção *summa cum laude*. Por mais que haja esforço e devoção ao tema, nunca se sabe de antemão os frutos que serão colhidos. Em 2019, para a minha grata surpresa, o Departamento de Direito Civil da Universidade de São Paulo elegeu a minha dissertação de mestrado, apresentada originalmente sob o título “A eficácia das obrigações em relação a terceiros”, como a melhor do ano de 2018. O recebimento do “Prêmio Excelência 2018” forçou-me a publicá-la.

Para a publicação, tomei a liberdade de fazer ajustes e complementações, atualizando, em especial, o texto com julgados e doutrinas.

Olhando agora para o passado, trilhar o caminho das incertezas que nos leva a publicar esse livro, da primeira à última página, exigiu-me tamanho esforço que, ao final — e assim o é de ordinário —, posso dizer que foi um trabalho que não se fez só.

Sempre à frente, caminhando por entre as linhas, esteve presente a minha orientadora. A estimada professora Daisy Gogliano. Exigiu-me na justa medida para retirar o melhor de mim. Agradeço-a não só pelos conselhos, orientações e revisões, mas também por ser a professora vocacionada que é.

Ao meu lado, dia e noite, com muita compreensão e carinho, esteve presente a minha esposa. A amada Thais Romero Veiga Shingai. Incentivou-me a continuar mesmo sofrendo as consequências da solidão de quem estuda e escreve. Agradeço-a pela presença, pelos sorrisos e pelo amor.

Também ao meu lado estiveram presentes os amigos — da vida, do escritório e da faculdade. Entre todos, agradeço, em especial, ao André Canuto Muriel Mendes de Almeida, ao Professor Luiz Carlos de Andrade Jr., à Estela Mayumi Takahashi-Limoser, à Sílvia Helena Piccarelli Gonçalves Johonsom Di Salvo e ao Professor Luís Gustavo Haddad. Cada um foi de suma importância para o texto final, fazendo parte da história desta obra.

Ao meu redor, não posso deixar de render meus agradecimentos ao professor Francisco Paulo De Crescenzo Marino, cuja ajuda foi elemento essencial na publicação do presente livro. Agradeço também aos professores Eunice Aparecida de Jesus Prudente e Rui Geraldo Camargo Viana, pelas competentes recomendações feitas durante o exame de qualificação, e aos professores Victor Hugo Tejerina Velázquez, Rogério Donnini e José Luiz Gavião de Almeida, pelas críticas e ponderações, incluídas, dentro do possível, nesse livro. Ainda, agradeço aos funcionários da Faculdade de Direito da Universidade de São Paulo e aos bibliotecários do Koury Lopes Advogados, da Bibliothèque nationale de France, do Supremo Tribunal Federal e da New York Public Library.

Sobretudo, em qualquer sentido ou direção, agradeço a Deus e aos meus pais, Hiroki Shingai e Suzie Ito Shingai, simplesmente, por tudo...

PREFÁCIO

Raríssimas são as obras que dispensam toda e qualquer apresentação. Tais obras, pela sua própria natureza são consideradas *"primus inter pares"*, dada a sua criatividade, ineditismo e profunda pesquisa científica. É precisamente o que se situa na obra em questão.

Defendendo a sua " Dissertação" em 2018, obteve a sua aprovação com distinção "summa cum laude". Em 2019, o Departamento de Direito Civil da Faculdade de Direito da Universidade de São Paulo conferiu o prêmio de "Excelência", pela melhor Dissertação apresentada em 2018, então intitulada "A eficácia das obrigações em relação a terceiros". Hoje, aprimorada, no presente livro "A relatividade dos contratos: da origem à teoria da oponibilidade".

Constata-se, desde logo, que, em seu brilhante trabalho, o autor Daniel Rodrigo Ito Shingai percorre caminhos "nunca dantes navegados", com a sua contribuição, propostas apresentadas e ampla criatividade, colocando o seu trabalho no nível de uma verdadeira tese, indo além de uma simples Dissertação.

Por outro lado, observa-se que toda e qualquer violação à relatividade dos contratos não se insere em simples ilegalidade, mas à infração de um princípio jurídico — o princípio da relatividade dos contratos — onde a oponibilidade alcança maiores proporções, como veremos a seguir.

Por sua vez, o direito comparado é inexpugnável. De uma beleza sem igual. Vai das profundezas aos mais recentes, com uma linguagem clara e livre, que nos abandona no texto.

Em seus excertos, Daniel Rodrigo Ito Shingai aponta que "em síntese, oponibilidade pode ser conceituada como a eficácia que se confere a um fato ou ato jurídico, irradiada para além das partes (para terceiros), por meio de um fator de eficácia mais extensa, sem tornar terceiros partes e sem submetê-los ao cumprimento de obrigações principais, mas impondo aos terceiros e às partes o reconhecimento e o respeito da existência dos fatos ou atos jurídicos. Ou, de forma ainda mais breve, oponibilidade é poder exigir o respeito, ou é a aptidão que se reconhece ao seu objeto como merecedor de respeito."

Percorre todos os tipos de oponibilidade, com destaque para a jurisprudência e comentários, nos dando uma visão ampla das características da oponibilidade e suas exceções.

Esclarece com rigor: "Por isso, para que uma parte possa opor seu contrato a terceiros, exigindo que este respeite a situação jurídica criada pelo contrato, é preciso, em primeiro lugar, que este terceiro tenha conhecimento deste contrato. Razoável que assim seja, já que uma pessoa apenas pode agir diferentemente em relação a determinado elemento jurídico se dele tiver, ou devesse ter, conhecimento. Desta forma, as regras da oponibilidade apenas se aplicam ao terceiro se o elemento jurídico é cognoscente ou se, por alguma razão legal, o terceiro tem o dever de conhecê-lo. Em regra, portanto, o terceiro que desconhece o elemento jurídico oculto não tem o dever de não interferência, nem dever de abstenção (não fazer). Mais ainda, este terceiro não tem obrigação ou dever de informar-se, não está sujeito ao dever de respeito do elemento jurídico oculto, e, nesse sentido, tem uma liberdade maior de agir. Feitas tais explanações, a categoria de que ora se trata é a do elemento jurídico que não é cognoscível, ou seja, do elemento jurídico oculto e não publicável. Nesta categoria importa somente a oponibilidade fundada no conhecimento efetivo por terceiro do elemento jurídico. A exigência de prova de conhecimento por parte daquele que opõe é uma forma de balancear o sistema, principalmente quando a presunção de conhecimento poderia resultar em situações injustas. No intuito de proteger certas transações e a equidade, permite-se a oponibilidade pelo conhecimento efetivo, mas se faz necessária a prova do conhecimento por quem alega. Não poderia ser de outra forma. Quando o dano da clandestinidade é muito grande ou quando é difícil, senão impossível de se conhecer a realidade, o sistema jurídico adota duas posições. Ou subordina a oponibilidade ao cumprimento de determinadas formalidades, quando, então, temos o caso da publicidade legal. Ou, quando não é possível, pelas características do direito e dos interesses, a imposição da sua publicidade, o sistema jurídico acaba por exigir o conhecimento efetivo para a efetividade da oponibilidade. Esta transferência de ônus é um remédio contra a clandestinidade."

Finalizamos com as palavras de Celso Antonio Bandeira de Mello, sobre a importância do princípio jurídico, no caso, o princípio da relatividade dos contratos e a sua tutela pela oponibilidade. Ensina com clareza: *"violar um princípio é muito mais grave que transgredir uma norma. A desatenção ao princípio implica ofensa não apenas a um específico mandamento obrigatório, mas a todo o sistema de comandos. É a mais grave forma de ilegalidade ou inconstitucionalidade, conforme o escalão do princípio violado, porque representa insurgência contra todo o sistema, subversão de seus valores fundamentais, contumélia irremissível a seu arcabouço lógico e corrosão de sua estrutura mestra".*

Assim, a Almedina está de parabéns, por publicar a presente obra que só vai enriquecer a ciência jurídica.

DAISY GOGLIANO
Professora Associada aposentada e
Professora Senior dos Cursos de Pós-Graduação
da Faculdade de Direito da Universidade de São Paulo

SUMÁRIO

INTRODUÇÃO

"Avant tout, le droit positif doit rester chose vivante. Or, vivre, c'est se mouvoir et se transformer. Pour le droit, c'est plus encore: c'est lutter, en vue d'une parfaite et constante adaptation aux exigences de la vie sociale»

(GENY, François[2])

O caminho foi longo. Quase um século de evolução conceitual[3] e mais um século de aprimoramento[4]. Tendo sido percorrido por esclarecidos juízes e doutrinadores, o combate à visão individualista do contrato certamente não foi uma empreitada fácil. A transição entre a negação e a aceitação dos efeitos indiretos (ou externos) dos contratos foi resultado da distinção entre o *princípio da relatividade das convenções* e a *oponibilidade*. O desenvolvimento de um é consequência da melhor compreensão do outro.

[2] Tradução livre: "Acima de tudo, o direito positivo deve permanecer uma coisa viva. Agora, viver, é mover-se e transformar-se. Para o direito, é ainda mais: é lutar, em vista de uma perfeita e constante adaptação às exigências da vida social" (GENY, François. *Méthode d'interprétation et sources en droit privé positif.* 2. ed. Paris: LGDJ, 1919. t. 2, p. 225).

[3] Contabilizando-se desde a publicação do Código Civil francês (1804) até as primeiras obras que questionaram o princípio da relatividade.

[4] Da adoção da oponibilidade, que será compreendida em 1938, até a atual fase de desenvolvimento.

Demonstrar essa empreitada é objeto das primeiras páginas deste livro, que visa apresentar, no primeiro capítulo, a *origem* e a *evolução* do princípio da relatividade, o *combate* ao "pretenso princípio da relatividade"[5], e, em seguida, a *compreensão* de que a relatividade dos contratos e a sua oponibilidade são as duas faces do contrato na sua dimensão eficacial. Ao final desse primeiro capítulo, valendo-se dos esforços dos franceses Alex Weill e Simone Calastreng, o resultado pretendido será (i) a compreensão de que os contratos produzem efeitos perante terceiros; e mais, (ii) a inexistência de incompatibilidade entre o efeito relativo e a oponibilidade. O conflito, então, entre a doutrina clássica e as concepções modernas sobressaltará as lacunas e as falhas da doutrina superada.

Passar por essas páginas é essencial. Sem passar por uma abordagem histórica, não há como entender, de forma precisa, o conceito e a extensão dos princípios da relatividade e da oponibilidade. Ainda mais porque no Brasil não tivemos a mesma evolução histórica desses conceitos. Por aqui, pode-se atrever a dizer, os doutrinadores e julgadores pátrios não foram tão rigorosos tecnicamente. O resultado da imprecisão é a má-compreensão de institutos tão importantes, o que nos leva a conviver diariamente com posições conflitantes que deveriam ter a mesma solução dogmática.

Por isso que a conclusão crítica que a doutrina moderna francesa concebe dessa antítese tem valor científico e técnico ao distinguir relatividade de oponibilidade. Mas este caminho, que parte da aceitação da relatividade em direção à aceitação da oponibilidade, não foi um fenômeno isolado da França, e disso tratará o segundo capítulo. Outros países, como Portugal, Itália, Espanha e Brasil, têm percorrido o mesmo caminho, não chegando ainda tão longe, mas andam, alguns, a passos largos, na trilha duramente aberta pelos franceses. Outros países, como Estados Unidos e Inglaterra, adotaram um caminho diferente, que, por vezes, cruza com o daqueles, chegando ao mesmo destino e solução.

A análise dos demais ordenamentos jurídicos torna o tema mais fascinante ao ver que, em geral, não só o sistema jurídico brasileiro, mas também os demais não tiverem o mesmo rigor científico dos franceses. Mesmo entre os países que dizem aceitar a existência dos efeitos externos

[5] Como desqualifica René Savatier ao intitular o seu artigo sobre o princípio da relatividade (SAVATIER, René. Le prétendu principe de l'effet relatif des contrats. *Revue Trimestrielle de Droit Civil,* Paris, t. 33, p. 525-545, 1934).

ou indiretos dos contratos, há uma série de inconsistências. Não é incomum ver doutrinadores dizendo que o princípio da relatividade é sinônimo de inoponibilidade. Entre nós, é corrente o entendimento de que a oponibilidade é aceita em decorrência da aplicação da boa-fé ou da função social, correlacionando, ainda, com a negação da relatividade. Não faltam proposições de revisões do princípio da relatividade, ou, como por vezes se encontra por aí, "relativizar a relatividade contratual". Os franceses, nesse ponto, já demonstraram qual é o caminho certo. Não há que negar, há que bem compreender.

Feita uma análise histórica e tratado o tema, principalmente, no direito estrangeiro por meio de uma revisão bibliográfica narrativa, abre-se, então, espaço para o terceiro capítulo, dedicado ao estudo teórico dos efeitos indiretos dos elementos jurídicos, em especial das obrigações. A partir da análise sistemática da lei brasileira, é possível concluir, também por aqui, uma teoria geral da oponibilidade no direito brasileiro. Ao coligir os usos que a doutrina e a lei fazem desta terminologia, propõe-se dar a atenção que falta ao tema. Em especial, apresentar-se-ão o conceito, o fundamento e as diversas formas de análise da oponibilidade. Nesse ponto, correções de erros comuns encontrados na doutrina e na jurisprudência se farão necessárias e explicar-se-á que o princípio da relatividade não significa inoponibilidade e a oponibilidade e relatividade não são opostas e colidentes, mas complementares. Uma análise mais cuidadosa dos efeitos dos contratos permitirá ver a diferença entre a oponibilidade do contrato e a oponibilidade do objeto do contrato e reconhecer que os fatos e atos são oponíveis a terceiros, assim como também são os direitos subjetivos e as situações jurídicas; todos irradiam (ou podem irradiar) efeitos externos. Não só o direito real é oponível a todos, mas também todos os elementos jurídicos têm (ou podem ter) eficácia indireta. Fatos, atos, direitos subjetivos (direito reais, creditórios, de personalidade) e situações jurídicas podem e são, em princípio (ou virtualmente, ou potencialmente), oponíveis a terceiros.

Contudo, constatar que estes elementos jurídicos são oponíveis a terceiros não explica como funciona a oponibilidade na sua efetividade. Depois de finalizada a parte teórica, será a vez de demonstrar, pela solução da problemática da cognoscibilidade e do conhecimento efetivo, como se aplica a oponibilidade na sua efetivação. Interessantes incursões se farão no quarto (e último) capítulo sobre a publicidade dos elementos jurídicos e sobre a forma como se relacionam o conhecimento e a oponibilidade. Para tanto, discorreremos sobre a cognoscibilidade dos elementos jurídicos. Certos direitos são cognoscíveis (pela sua publicidade natural ou pela publicidade legal ou organizada) e a sua oponibilidade, então, faz-se de imediato. Como a publicidade não faz irradiar sempre a mesma eficácia, abordaremos tanto os atos que não precisam ser publicados para serem oponíveis (*publicidade informativa* ou *documentária*) quanto os atos que só são oponíveis se publicados (*publicidade substancial*). As sanções ao descumprimento da publicidade substancial também nem são sempre as mesmas, o sistema jurídico pode conferir diferentes respostas quando a oponibilidade é dependente ou independente da publicidade legal. Ao final, tendo já tratado dos elementos jurídicos cognoscíveis, faltará apenas tratar dos elementos jurídicos não normalmente cognoscíveis (e.g., os direitos de crédito). As regras da oponibilidade ditadas pelo conhecimento efetivo têm as suas peculiaridades conforme o elemento jurídico é ou não publicável.

Dessa forma, ao longo do livro, direcionaremos os esforços na construção de uma melhor compreensão do princípio da relatividade. Teremos, ainda, erguido um esboço de uma teoria dos efeitos indiretos dos elementos jurídicos, na tentativa de tornar as regras mais compreensíveis[6]. E, por fim, daremos enfoque no tratamento das consequências jurídicas dos atos publicáveis e não publicáveis, na inter-relação entre cognoscibilidade e oponibilidade.

[6] Segundo Claus-Wilhem Canaris: "a función de las teorías consiste, ante todo, en hacer más comprensibles las normas con ayuda de conceptos específicamente jurídicos, es decir dogmáticos, y/o a través de su vinculación con los principios generales del Derecho." (CANARIS, Claus-Wilhem. *Función, estructura y falsación de las teorías jurídicas*. Trad. Daniela Brückner e José Luis de Castro. Madrid: Editorial Civitas, S.A., 1995, p. 28-29.)

1.
DO PRINCÍPIO DA RELATIVIDADE À OPONIBILIDADE

"Un code, quelque complet qu'il puisse paraître, n'est pas plutôt achevé»

(PORTALIS, Jean-Étienne-Marie[7])

No atual direito francês, a irradiação dos efeitos indiretos dos elementos jurídicos em geral (fatos jurídicos, ato jurídicos, direitos subjetivos e situações jurídicas) foi reconhecida pela boa interpretação do princípio da relatividade, insculpida pelo art. 1.165 do Código Civil francês[8].

No entanto, não foi um caminho fácil enfrentar a literalidade do art. 1.165 do Código Civil francês, que, de forma expressa, previa o seguinte: *"As convenções somente têm efeitos entre as partes contratantes, elas não prejudicam*[9]

[7] Tradução livre: "Um código, por mais completo que possa parecer, não está suficientemente acabado" (PORTALIS, Jean-Étienne-Marie. *Discours, Raports et Travaux Inédits sur le Code Civil.* Paris: Joubert, Librarie de la Cour de Cassation, 1844, p. 8).

[8] Para se referir ao Código Civil francês, que entrou em vigor em 21 de março de 1804, serão adotadas expressões sinônimas comumente encontradas como: *Code civil*, *Code*, Código Civil de Napoleão, *code Napoléon* ou Código Napoleônico.

[9] É controversa a tradução do termo "nuire", que pode significar prejudicar ou lesar. A tradução aqui adotada é a mais corrente, porém, segundo crítica de Alex Weill, o termo "nuire" não significa "préjudicier". (WEILL, Alex. *La relativité des conventions en droit privé français.* Paris: Librairie Dalloz, 1939, p. 141).

os terceiros, somente os beneficiando no caso previsto no artigo 1121 [estipulação em favor de terceiro]"[10].

Este artigo pode ser dividido em três afirmações. A primeira limita a eficácia das convenções apenas entre os contratantes. A segunda afirma que as convenções não prejudicam terceiros. A terceira aduz que a única convenção que beneficia terceiros é a estipulação em favor de terceiro. É principalmente a evolução interpretativa do alcance dessas três afirmações que será objeto deste primeiro capítulo.

E, para se compreender a dimensão da força deste art. 1.165 para o direito francês, é preciso voltar à origem, que se encontra nas obras de J. Domat e R. Pothier, reconhecidas autoridades que influenciaram o legislador do *Code civil*. Ainda, é preciso passar pelos redatores e comentadores do *Code civil* do século XIX, que consolidaram o princípio da relatividade das convenções.

Porém, a interpretação por demais restrita e literal do art. 1.165 do Código Civil francês impedia o desenvolvimento de outros institutos. Tal qual insculpido e interpretado à época, o art. 1.165 já conflitava em sua redação com diversos outros institutos[11] que previam, por suas próprias naturezas, a projeção de efeitos perante terceiros[12].

Diante da proibição de atingir-se a esfera jurídica de terceiros, a alternativa, para muitos doutrinadores, foi interpretar de forma extensiva

[10] Tradução livre: "les conventions n'ont effet qu'entre les parties contractantes; elles ne nuisent point au tiers, et elles ne lui profitent que dans le cas prévu par l'article 1121." Com a reforma dos direitos das obrigações aprovada e consolidada sob a "Ordonnance nº 2016-131" de 10 de fevereiro de 2016, referido artigo passou a conter parte de seu conteúdo normativo no art. 1.199, que estabelece o seguinte: "Le contrat ne crée d'obligations qu'entre les parties. Les tiers ne peuvent ni demander l'exécution du contrat ni se voir contraints de l'exécuter, sous réserve des dispositions de la présente section et de celles du chapitre III du titre IV". (tradução livre: "O contrato cria obrigações somente entre as partes. Os terceiros não podem demandar a execução do contrato nem serem forçados a executar, sem prejuízo das disposições da presente seção e das do Capítulo III do Título IV").

[11] José Duclos cita em nota os seguintes artigos do Código Civil francês: 892; 549 e 550; 2093; 2265; 2279. Por interpretação a *contrario sensu*: 939 e 941; 1067; 1321; 1328 (DUCLOS, José. *L'Opposabilite (essai d'une theorie generale)*. Paris: LGDJ, 1984, p. 47-48).

[12] Por exemplo, (i) a representação legal ou convencional; (ii) o consenso da maioria assemblear de uma pessoa jurídica, que projeta a eficácia deste consenso perante os que votaram contra ou se abstiveram; (iii) as convenções relativas ao estado civil e à capacidade das pessoas que afetam esfera jurídica alheia; e (iv) a responsabilidade do proprietário por fato da coisa ou do animal.

a única exceção do art. 1.165, dando à estipulação em favor de terceiro um alcance exagerado. Ao invés de conformar o sistema, esta interpretação extensiva conduziu à deturpação do seu conceito. Para evitar o contrassenso e a má dogmática, os autores do final do século XIX e início do século XX buscaram afastar o princípio da relatividade. Um "*pretendu principe*" (pretenso princípio), criticou René Savatier[13]. A relatividade dos contratos, para eles, não seria sequer um princípio.

As primeiras obras que buscaram afastar a existência do princípio da relatividade foram as de Pierre Hugueney[14], René Demogue[15], além do supracitado René Savatier. Todos esses autores compreendiam a questão como um critério hierárquico, pelo qual haveria prevalência dos efeitos externos das obrigações sobre o princípio da relatividade, de modo a afastá-lo e permitir que um terceiro (não parte do contrato) sofresse efeitos contratuais.

Anos mais tarde, precisamente em 1938, o então jovem Alex Weill defendeu em Strasbourg a sua tese de doutorado "*Le principe de la relativité des conventions en droit privé français*»[16]. No ano seguinte, em 1939, Simone Calastreng[17] publicou "*La relativité des conventions: etude de l'article 1165 du Code Civil*». Em ambas as obras, ao invés de hierarquicamente sobreporem a eficácia indireta sobre o princípio da relatividade, buscaram melhor compreender o funcionamento da eficácia dos contratos, dando-lhes boa conformação interpretativa e sistêmica. A relatividade dos efeitos das obrigações não precisava ser abandonada ou relegada à condição de «pretenso princípio» — precisava apenas ser compreendida no seu sentido exato, na sua extensão devida. E, para esta compreensão e conformidade,

[13] SAVATIER, René. Le prétendu principe de l'effet relatif des contrats. *Revue Trimestrielle de Droit Civil*, Paris, t. 33, p. 525-545, 1934.

[14] HUGUENEY, Pierre. *Responsabilité civile du tiers complice de la violation d'une obligation contractuelle*. Paris: A. Rousseau, 1910.

[15] DEMOGUE, René. Des modifications aux contrats par volonté unilatérale. *Revue Trimestrielle de Droit Civil*, Paris, t. 6, p. 245-310, 1907. *Les Notions Fundamentales du Droit Privé*: essai critique. Paris: Arthur Rousseau, 1911. *Traité des obligations en general*. Paris: Arthur Rousseau, 1933. t.7, parte 2.

[16] Publicada no ano seguinte com o nome "La relativité des conventions en droit privé français".

[17] CALASTRENG, Simone. *La relativité des conventions:* étude de l'article 1165 du Code civil. Paris: Recueil Sirey, 1939.

Alex Weill e Simone Calastreng valeram-se enormemente do conceito de *oponibilidade*.

O contrato continuava irradiando seus efeitos entre as partes, mas ele não mais poderia ser visto como um fato isolado. O contrato passou a ser visto como um *fato social*, produzindo, nessa sua nova dimensão, efeitos para além das partes. Com base na constatação de que um contrato é um fato social, Alex Weill, Simone Calastreng e, posteriormente, toda a doutrina francesa moderna passaram a aceitar que os contratos e os seus efeitos não estavam isolados aos contratantes. A eficácia do contrato irradiava além do círculo estrito das partes. Um contrato tem existência não só social, mas também jurídica perante terceiros, seja para opor-lhes a existência, seja para ser por eles oposto.

Desta forma, somente depois de trilhado o caminho da evolução da doutrina clássica, ter-se-á noção da importância das obras que buscaram desafiar e reinterpretar o princípio da relatividade das convenções. Estas obras têm por significado uma primeira vitória, uma conquista à Teoria Geral do Direito, que reconheceu o instituto da oponibilidade e, por este, a eficácia das obrigações em relação a terceiros[18].

1.1. Da origem e evolução do princípio da relatividade

A Revolução Francesa fez prevalecer o pensamento liberal-burguês e frutificar as ideias filosóficas do século XVIII, reconhecendo os direitos fundamentais da primeira dimensão[19]. O pensamento individualista deitou

[18] Os casos de "eficácia das obrigações em relação a terceiros" não se referem somente aos casos de "responsabilidade civil do terceiro cúmplice ou interferente". Estes estão contidos naqueles, sem se confundir ou limitar. A expressão "eficácia das obrigações em relação a terceiros" é de origem portuguesa, adotada no Brasil. Sobre o alcance da expressão, veja AZEVEDO, Antonio Junqueira. Diferenças de natureza e efeitos entre o negócio jurídico sob condição suspensiva e o negócio jurídico a termo inicial. A colaboração de terceiro para o inadimplemento de obrigação contratual. A doutrina do terceiro cúmplice. A eficácia externa das obrigações. *Estudos e pareceres de direito privado*. São Paulo: Saraiva, p. 208-225, 2004, p. 221-222. As expressões "efeitos externos" ou "efeitos indiretos" dos contratos são de origem belga, posteriormente adotada pela França. Atualmente, na França, pelo largo desenvolvimento do tema na doutrina, é possível se falar em eficácia externa não só dos contratos, mas também dos fatos jurídicos.

[19] Segundo trata Ingo Wonfgang Sarlet sobre os direitos fundamentais de primeira dimensão: "Os direitos fundamentais, ao menos no âmbito de seu reconhecimento nas primeiras Constituições escritas, são o produto peculiar (ressalvado certo conteúdo social característico do constitucionalismo francês), do pensamento liberal-burguês do século XVIII, de marcado

raízes não só no campo do direito, mas também na ciência política, social e moral. O Estado teve sua esfera de agir restringida, marcado por uma política de não intervenção do Estado nas relações privadas. Os indivíduos tiveram vários direitos reconhecidos, enquanto os privilégios de sangue eram banidos. O Estado não mais controlava as pessoas. As pessoas ditavam suas próprias regras, a sua própria Lei, pelo arbítrio que lhe era concedido pela autonomia — absoluta — da vontade[20]. Dizer a Lei não era mais competência do Estado; agora, os próprios cidadãos criavam as leis entre as partes[21].

Porém, a ampla liberdade negocial permitiu a existência de contratos não paritários, bem como a possibilidade de lucro nas transações, o que certamente era essencial para o desenvolvimento da camada burguesa. A mudança de paradigma entre o Antigo Regime e o novo pôde ser sentida principalmente na transformação do direito das obrigações e dos contratos. Para se ter uma noção — ainda que breve — desta tamanha transformação, antes da Revolução Francesa, o Antigo Regime francês, fortemente influenciado pelas noções do direito canônico da Idade Média[22], tinha

cunho individualista, surgindo e afirmando-se como direitos do indivíduos frente ao Estado, mais especificamente como direitos de defesa, demarcando uma zona de não intervenção do Estado e uma esfera de autonomia individual em face de seu poder." (SARLET, Ingo Wolfgang. *A eficácia dos direitos fundamentais*: uma teoria geral dos direitos fundamentais na perspectiva constitucional. 12. ed. Rio Grande do Sul: Livraria do Advogado Editora, 2015, p. 46-47).

20 Sem sombra de dúvida, em nenhuma outra fase da história se privilegiou tanto a autonomia privada. (vide FIN-LANGER, Laurence. *L'equilibre contractual.* Paris: LGDJ, 2002, p. 18, 31, 33, 37 e 39).

21 Apesar de a autonomia da vontade já ter sido reconhecida anteriormente pela doutrina, foi no Código de Napoleão que se codificou, no artigo 1.134, que as convenções legalmente formadas têm lugar de lei para aqueles que as fizeram. Em razão da "Ordonnance nº 2016-131" de 10 de fevereiro de 2016, o famoso artigo 1.134 do *Code civil* não mais existe na sua conformação original. Atualmente, com similaridade, o art. 1.134 encontra-se espalhado em três artigos (1.103, 1.104 e 1.193). A primeira parte do antigo artigo 1.134 encontra-se no art. 1.103 que estabelece: "Os contratos legalmente formados têm lugar de lei para aqueles que os fizeram" (tradução livre de: "Les contrats légalement formés tiennent lieu de loi à ceux qui les ont faits").

22 No direito canônico da idade média, a equivalência das prestações era um pressuposto de validade dos instrumentos de trocas patrimoniais, cuja moralidade impunha não só a equivalência, mas a igualdade. A igualdade das prestações era difundida pela Teoria do Justo Preço, capitaneada por São Tomaz de Aquino, por meio da qual representava uma aplicação da justiça comutativa. A concepção cristã, ao refutar a ideia de lucro e de ganho, impunha com

por princípio contratual o justo preço[23], a equivalência absoluta das prestações[24] e a vedação da usura. A ocorrência de desequilíbrio entre as prestações outorgava o direito a qualquer das partes de solicitar a rescisão contratual por lesão[25], bastando provar a desigualdade das prestações. Antes da Revolução Francesa, a ideia de equivalência das prestações tinha o amparo, mesmo que sem o rigor dos canonistas, de R. Pothier. Em sua obra *Traité de l'usure*, R. Pothier defendeu a equidade ou a equivalência das prestações como um dos princípios maiores do direito dos contratos, e condenou as diversas formas de usura[26].

rigor a equivalência das prestações, em igualdade absoluta entre as trocas. (vide, ZANETTI, Andrea Cristina. *Princípio do Equilíbrio Contratual*. São Paulo: Saraiva, 2012, p. 133).

[23] A justificativa, para a igreja, da aplicação da Teoria do Justo Preço se baseia na concepção de que a usura é um pecado, uma forma de avareza e de cobiça. O usurário era penalizado pelos Tribunais Eclesiásticos. Diversas sanções religiosas eram aplicadas, entre elas: (i) a excomunhão; (ii) a recusa de uma sepultura cristã; (iii) a supressão do direito de receber esmolas; e (iv) o inferno, no caso de não serem restituídos todos os seus ganhos. Ainda, conforme exposto por Laurence Fin-Langer: "Pour l'Eglise, l'usure est un péché, en tant que forme de l'avarice et de la cupidité. C'est aussi un vol. C'est un péche contre la justice." Tradução livre: "Para a Igreja, a usura é um pecado, enquanto forma de avareza e de cobiça. É ainda um roubo. É um pecado contra a justiça" (FIN-LANGER, Laurence. *L'equilibre contractual*. Paris: LGDJ, 2002, p. 12).

[24] Andrea Cristina Zanetti, após ponderar as lições trazidas por Santo Agostinho e São Tomaz de Aquino, estabelece que: "Seja pelas lições de Santo Agostinho ou de São Tomás de Aquino percebe-se que a equidade, neste novo contexto, mescla-se com elementos religiosos. Já não se resume, portanto, a justiça aplicada ao caso concreto ou virtude humana (Aristóteles) ou ainda à mera interpretação jurídica da lei positivada e a mitigação de seu rigor como exceções ao direito estrito (Direito romano clássico), mas ultrapassa tais sentidos e atinge a própria razão da existência do Direito, sendo elevado a um direito humano, transcendental, que toca o que é eternamente justo, expresso como *auctor iuris homo, iustitiae deus* (o homem é o autor do direito e Deus da justiça)" (ZANETTI, Andrea Cristina. *Princípio do Equilíbrio Contratual*. São Paulo: Saraiva, 2012, p. 133-134).

[25] O conceito, então, de lesão, que deriva do direito romano, tem aqui uma aplicação muito mais abrangente (vide, ZANETTI, Andrea Cristina. *Princípio do Equilíbrio Contratual*. São Paulo: Saraiva, 2012, p. 134).

[26] Doutrina Pothier que: "C'est une règle de l'équité qui doit régner dans tous les contrats, que l'une des parties qui n'a pas intention de faire une donation à l'autre, ne peut être obligée à lui donner que l'équivalent de ce que l'autre de son côté lui a donné, ou s'est obligée de lui donner. Si on l'oblige à donner plus, l'équité qui consiste dans l'egalité, est blessée, et le contrat est inique". Tradução livre: "É uma regra de equidade que deve reinar em todos os contratos, que uma parte que não pretende fazer uma doação a outra não pode ser obrigada a dar mais do que o equivalente do que a outra, de seu lado, tem dado ou que é obrigado a dar-lhe. Se for

Contudo, a proibição da usura representava um grande entrave para o desenvolvimento do comércio[27], principalmente aos burgueses, que eram a classe ascendente da época. Assim, até como uma consequência da necessidade de lucro para o comércio, a Teoria do Justo Preço foi declinando[28] até restar superada com a Revolução Francesa. Nela, deixando de lado as lições de R. Pothier a respeito do justo preço, o princípio da liberdade das convenções triunfa, o empréstimo a juros se torna lícito e os contratos de trabalho, com o fim das corporações de ofício, são livremente pactuados. Enquanto a Idade Média se caracterizou pela busca de uma equivalência absoluta das prestações, sem lucro possível em nome da justiça e em defesa do ideal da solidariedade e dos fortes valores da tradição judaico-cristã; no século XIX, é defendida a ideia de liberdade absoluta, da defesa por cada indivíduo dos seus próprios interesses em nome do individualismo e do liberalismo, sob o dogma da autonomia da vontade[29].

E é nesse novo cenário individualista que o princípio da relatividade dos efeitos contratuais é inserto no Código Civil francês no amanhecer do século XIX. A proposição interna do princípio da relatividade dos contratos, segundo os *doutrinadores clássicos*, estabelecia o óbvio, sendo,

forçado a dar mais, a equidade que consiste na igualdade é quebrada e o contrato é iníquo." (POTHIER, Robert Joseph. *Oeuvres de Pothier*. 2. ed. Paris: Cosse et Marchal, 1861. t. 5, p. 64)

[27] Para contornar, na prática, esta proibição as partes buscavam alternativas para incluir nas suas trocas, de forma disfarçada, os juros, como, por exemplo, as hipotecas, as vendas de rendas perpétuas ou os contratos de Mohatra.

[28] O declínio da Teoria do Justo Preço se deu por quatro razões principais: (i) a redescoberta do direito romano; (ii) o difícil desenvolvimento concreto e prático da Teoria do Justo Preço por conta do seu caráter idealista; (iii) a perda do poder das jurisdições eclesiásticas e a sua substituição pelas jurisdições reais, que passaram a ser competentes para o julgamento em matéria de usura; e (iv) o surgimento de novas ideias contra a teoria do justo preço (FIN-LANGER, Laurence. *L'equilibre contractual*. Paris: LGDJ, 2002, p. 14).

[29] Porém, sob a égide do *pacta sunt servanda*, permitiu-se o desequilíbrio contratual. A equivalência das prestações não mais era um requisito de validade dos contratos, que agora, sob a ótica voluntarista, defendia-se o desequilíbrio contratual na busca dos interesses individuais. Não sem razão lembra Laurence Fin-Langer que: "O conceito do equilíbrio contratual não pode existir dentro da ordem jurídica clássica dominada pelo dogma da autonomia da vontade permitindo pelo acordo de vontade explicar o contrato e o seu regime." Tradução livre de: "Le concept d'équilibre contractuel ne pouvait exister dans l'ordre juridique classique dominé par le dogme de l'autonomie de la volonté permettant à l'accord de volonté d'expliquer le contrat et son régime" (FIN-LANGER, Laurence. *L'equilibre contractual*. Paris: LGDJ, 2002, p. 129).

por isso, considerado um princípio "de toda evidência"[30]. Tão evidente que Baudry-Lacantinerie e Barde consideravam inútil escrever o artigo 1.165[31]. Para Claude Bufnoir[32], uma superficialidade dentro de uma obra legislativa. Jean Demolombe, por sua vez, também criticou, dizendo: "Este princípio, no entanto, é elementar!"[33].

Enuncia o princípio da relatividade dos contratos que somente as partes tornam-se credores e devedores em relação ao contrato; ou seja, terceiro não pode se tornar credor, nem devedor. De acordo com os doutrinadores clássicos, o princípio da relatividade também enunciava uma segunda proposição: terceiros não sofrem efeitos das convenções[34]. Estes dois enunciados do princípio da relatividade expressavam, na sua origem, um princípio absoluto. Uma expressão da lógica da *vontade* como efeito criador da relação obrigacional do contrato, que somente vincula aqueles que consentiram na conclusão e no cumprimento do contrato. O efeito relativo dos contratos é considerado uma consequência do princípio da autonomia da vontade[35], pois as partes limitam os efeitos obrigacionais a elas mesmas, já que cada indivíduo pode, em princípio, obrigar a si mesmo[36].

[30] "de toute evidence" (BAUDRY-LACANTINERIE, Gabriel; BARDE, L. *Traité théorique et pratique de droit civil.* Des obligations. 3. ed. Paris: Sirey, 1906. t. 1, p. 585).

[31] BAUDRY-LACANTINERIE, Gabriel; BARDE, L. *Traité théorique et pratique de droit civil.* Des obligations. 3. ed. Paris: Sirey, 1906. t.1, p. 586.

[32] "Aussi peut-on dire qu'il était inutile d'écrire l'art. 1165. Ce texte renferme une constatation que les auteurs du Code ont trouvée dans Pothier, mais qui est une superfétation dans une oeuvre législative." Tradução livre: "Assim, podemos dizer que era inútil escrever o art. 1165. Este texto contém uma constatação que os autores do Código encontraram em Pothier, mas que é uma superficialidade dentro de uma obra legislativa." (BUFNOIR, Claude. *Propriété et contrat.* Théorie des modes d'acquisition des droits reels et des sources des obligations. Paris: Rousseau, 1900, p. 749).

[33] "Ce principe, d'ailleurs, est élémentaire!" (DEMOLOMBE, Jean Charles Florent. Cours de Code Napoléon. t. 25. In: *Traité des Contrats ou des obligations conventionnelles en general.* 4. ed. Paris: Auguste Durand Libraire e L. Hachette et C. Libraires, 1869. t. 2, p. 40).

[34] Porém, ao longo dos anos, esta segunda proposição foi excluída pelos doutrinadores modernos.

[35] Assim prefere Larroumet ao dizer que "Le principe de l'effet relatif des contrats est une conséquence du principe de l'autonomie de la volonté" Tradução livre: "O princípio do efeito relativo dos contratos é uma consequência da autonomia da vontade" (LARROUMET, Christian. *Droit Civil.* Les Obligations. Le Contrat. 4. ed. Paris: Economica. 1998. t. 3, p. 813).

[36] GHESTIN, Jacques; JAMIN, Christophe; BILLIAU Marc. *Traité de Droit Civil*: Les effets du contrat. 3. ed. Paris: LGDJ, 2001, p. 715.

A simplicidade e evidência deste princípio tornam-no uma "regra elementar de bom senso e, ao mesmo tempo, uma proteção necessária da liberdade dos sujeitos de direito"[37]. E mais, esta constatação da relatividade dos efeitos contratuais é considerada tão razoável que se pode afirmar ser de aplicação universal, presente em todos os ordenamentos[38]. Desde o seu reconhecimento até os dias de hoje, o princípio da relatividade, conjuntamente com os princípios da liberdade contratual e da força obrigatória do contrato, formam os três corolários do princípio da autonomia da vontade[39].

Apesar das duras críticas que a doutrina moderna, tendente a socializar o contrato[40], irá realizar ao princípio da relatividade, este não restou superado. Remanesce vivo no direito, tanto que "os professores o ensinam, os juízes o invocam, os advogados o pleiteiam, os contratantes nele repousam"[41]. Porém, as críticas da doutrina moderna serviram para limitar o quanto se entende como princípio da relatividade. Um contrato continua a vincular somente as partes contratantes, porém, desta constatação não mais decorrerá o enunciado de que terceiros não podem sofrer efeitos dele decorrentes.

Para compreendermos como a doutrina moderna chegou a essas conclusões, será necessário entender como a relatividade dos efeitos

[37] "une règle élémentaire de bon sens tout en étant une protection nécessaire de la liberté des sujets de droit" (LARROUMET, Christian. *Droit Civil.* Les Obligations. Le Contrat. 4. ed. Paris: Economica, 1998. t. 3, p. 813).

[38] Ao menos como considera Larroumet ao dizer que "Tous les systèmes juridiques admettent le principe de la relativité des conventions, au point qu'on peut considérer qu'il s'agit d'un principe universel". Tradução livre: "Todos os sistemas jurídicos admitem o princípio da relatividade das convenções, a ponto de poder ser considerado como um princípio universal" (LARROUMET, Christian. *Droit Civil*: Les Obligations. Le Contrat. 4. ed. Paris: Economica, 1998. t. 3. p. 813; vide também edição posterior LARROUMET, Christian; BROS, Sarah. *Traité de Droit Civil*: Les Obligations. Le Contrat. 8. ed. Paris: Economica, 2016. t. 3, p. 861)

[39] AZEVEDO, Antonio Junqueira. Os princípios do atual direito contratual e desregulamentação do mercado. Direito de exclusividade nas relações contratuais de fornecimento. Função social do contrato. Responsabilidade aquiliana do terceiro que contribui para o inadimplemento contratual. *Estudos e pareceres de direito privado.* São Paulo: Saraiva, 2004, p. 140.

[40] CARBONNIER, Jean. *Droit Civil.* Paris: Presses universitaires de France, 1988. t. 4, p. 238.

[41] "les professeurs l'enseignent, les juges l'invoquent, les avocats la plaident, les contractants s'y reposent." (GOUTAL, Jean-Louis. *Essai sur le principe de l'effet relatif du contrat.* Paris: LGDJ, 1981, p. 17).

contratuais tornou-se um princípio consagrado e codificado, dentro do molde individualista dos séculos XVIII e XIX. Sua constatação encontra-se nas obras de Jean Domat e de Robert-Joseph Pothier, mas não menos importância teve o direito romano, que, apesar de não expressar a relatividade dos contratos na forma de um princípio geral, certamente colocou em sua base a pedra fundamental.

1.1.1. A pedra fundamental da relatividade: Direito Romano

A vontade das partes, no direito romano, raramente era suficiente para a formação dos contratos. O consentimento, apesar de necessário, era insuficiente, já que o contrato se formava pelo (i) *consensu et re*; (ii) *consensu et litteris*; e (iii) *consensu et verbis*. Nos contratos verbais, que se formam por meio das estipulações, a obrigação somente resulta da resposta solene do promitente à interrogação solene do estipulante[42]. A *verba*, assim, constituía uma solenidade tamanha que tinha por ela mesma uma "energia criadora"[43], capaz de fazer nascer a obrigação entre aqueles que a pronunciaram[44]. A obrigação, neste caso, resultava de dois fatores: da vontade das partes e das palavras por elas pronunciadas.

No campo contratual, a forma era de importância tão extraordinária[45] que a *sponsio* e a *stipulatio* retiravam a sua força das palavras pronunciadas, principalmente no direito romano clássico. A *stipulatio*, formada pela pronúncia de palavras rituais, ou *verba*, criava um vínculo jurídico apenas entre os participantes desse ritual. Aqueles que não participavam, os terceiros, por não pronunciarem as palavras ritualísticas, não poderiam retirar vantagem nem sofrer desvantagens. Pela necessidade de os contratos serem concluídos pessoalmente[46], não se permitia estipular

[42] MARCADÉ, Victor-Napoléon. *Explication théorique et pratique du Code Napoléon*. 6. ed. Paris: Delamotte, 1866. t.4, p. 371.

[43] CORNIL, Georges. Explication Historique de la règle 'Alteri Stipulari nemo potest'. In: *Studi in onore di Salvatore Riccobono*, t. 4, Palermo, 1936, p. 243.

[44] ibid., p. 248.

[45] CRETELLA JÚNIOR, José, *Curso de direito romano:* o direito romano e o direito civil brasileiro. 11. ed. Rio de Janeiro: Forense, 1989, p. 247.

[46] "sendo orais a pergunta e a resposta que constituem a *stipulatio*, ela não pode realizar-se *inter absentes*" (MOREIRA ALVES, José Carlos. *Direito romano*. 4. ed. Rio de Janeiro: Forense, 1986. t. 2, p. 166).

por outrem (em representação) nem se permitia estipular a favor de terceiros[47], já que não se poderia formar um contrato *verbis inter absentes*[48].

Como somente aqueles que pronunciavam as palavras estavam vinculados, a relatividade dos contratos às partes no direito romano decorria muito mais de um obstáculo de ordem prática (presença física), derivada do mecanismo da *stipulatio*, do que jurídica[49]. Pelo simples fato de não ter proferido presencialmente as palavras, os terceiros não estavam vinculados aos pactos alheios, não podendo exigir, nem ser exigido o seu cumprimento.

Em relação à vontade, exigia-se que aquele que a exprime deve ter interesse no objeto da obrigação, e, na ausência de interesse, a obrigação seria nula[50]. É por este motivo que uma parte, ao estipular em favor de outro, estaria agindo não no seu interesse, mas do próximo, razão pela qual o contrato a favor de terceiro, no direito romano, não era juridicamente possível.

Destas constatações (solenidade e interesse), surge, posteriormente, o adágio "*res inter alios acta aliis neque nocere, neque prodesse potest*" (os atos concluídos por uns não podem prejudicar ou beneficiar a outrem), concebido por Justiniano — e não pelos romanos[51].

[47] MARCHESSAUX, Isabelle. L'Opposabilite du contrat aux tiers. In: FONATAINE, Marcel; GHESTIN, Jacques (Coord.). *Les effets du contrat a l'egard des tiers*: comparaisons franco-belges. Paris: LGDJ, 1992, p. 68.

[48] Como lembra G. Cornil a respeito do escrito de Dioclesiano em C.8.38 (39), 3 pr. (CORNIL, Georges. Explication Historique de la règle 'Alteri Stipulari nemo potest'. In: *Studi in onore di Salvatore Riccobono*, t. 4, Palermo, 1936, p. 248).

[49] Uma importante limitação jurídica era a necessidade de o contrato ter *causa civilis*, pois somente o que a tinha era uma obrigação civil garantida por uma ação. Se a convenção não tinha uma *causa civilis*, esta não era denominada de contrato, mas de *pacta*. (MAYNZ, Charles. *Éléments de droit romain*. 2. ed. Paris: Durant, 1859. t. 2, p. 157)

[50] Como lembra Paul Frédéric Girard a respeito da importância do interesse no direito romano: "O interesse é a medida das ações. Sem interesse, não há ação; porque o juiz, que na falta de cumprimento deve condenar ao prejuízo causado, não pode condenar a nada. Faltando interesse, não há obrigação, não há contrato". Tradução livre de: "L'intérêt est la mesure des actions. S'il n'y a pas d'intérêt, il n'y a pas d'action; car le juge, qui doit à défaut d'exécution condamner an préjudice causé, ne pourrait condamner à rien. Faute d'intérêt, il n'y a pas d'obligation, il n'y a pas de contrat" (GIRARD, Paul Frédéric. *Manuel élémentaire de droit romain*. 4. ed. Paris: A. Rousseau, 1906, p. 444).

[51] MARCHESSAUX, Isabelle. op. cit., p. 68. Ainda, como ressalta Jacques Ghestin, no direito romano, não se utilizavam regras de natureza geral, por serem eminentemente práticos,

Vê-se, então, que, durante o direito romano, por uma questão de solenidade, uma obrigação era essencialmente relativa somente às partes. Pela necessidade de interesse no objeto da obrigação, terceiros não podiam ter direitos ou obrigações decorrentes de obrigações alheias. Somente ao longo dos próximos séculos, a solenidade foi afrouxada e o interesse da parte no objeto da obrigação deixou de ser necessário. Neste momento, o limite da formação dos contratos passou a ser somente a vontade. E, com tal afrouxamento, a presença física das partes deixou de ser obrigatória, podendo ser feita mediante representação, o que permitiu que terceiros se vinculassem a contratos formados entre a parte e o representante.

Ainda, assim que a parte não mais precisou ter interesse no objeto do contrato, pôde-se estipular em favor de outrem, permitindo que o terceiro se beneficiasse de contratos alheios. Apesar deste abrandamento, o vínculo jurídico entre as partes e, de forma rudimentar, a relatividade dos contratos continuaram a existir, porém passaram a ser constatados e explicados por outras razões, como o consentimento e a projeção da eficácia somente entre as partes. Estas novas razões foram dadas, como se verá, pelos autores clássicos do *ancien régime*, que, sem descurar das lições romanas, passaram a dar novos contornos aos elementos do contrato.

1.1.2. A importância do consentimento: Jean Domat

É inegável a importância de Jean Domat para o Direito dos Contratos. Fortemente influenciado pelos ideais católicos, sua obra privilegia o consentimento, a moral e a igualdade na formação das convenções[52]. Desde a primeira edição do livro "Les Loix Civiles dans leur ordre naturel», Domat, ao tratar das convenções em geral, identificou os princípios que seguem da natureza das convenções. Em suas diversas considerações, Domat inicia por apontar algumas características das convenções, entre elas, a proporcionalidade e a arbitrariedade das partes na elaboração de

preferiram recorrer às soluções caso a caso. (GHESTIN, Jacques; JAMIN, Christophe; BILLIAU Marc. *Traité de Droit Civil:* Les effets du contrat. 3. ed. Paris: LGDJ, 2001, p. 716).

[52] As convenções, segundo Jean Domat, são vínculos, que se formam pelo consentimento mútuo entre duas ou mais pessoas, que ditam entre elas uma lei de execução do que se prometeu. Convenção, então, é uma palavra geral, que compreende toda sorte de contratos, tratados e pactos de todas as naturezas. (DOMAT, Jean. *Les Loix Civiles dans leur ordre naturel.* Paris: Jean Baptiste Coignard, 1689, p. 61 e 63)

toda sorte de convenções (desde que a parte tenha capacidade de contratar e o objeto não seja contrário à lei e aos bons costumes)[53], ressaltando, ainda, o aspecto voluntário do vínculo que se forma pelo consentimento[54]. Para que não haja erro nem coação, as convenções devem ser feitas com conhecimento e liberdade.

Partindo dessas características, Domat reconhece o princípio da relatividade dos contratos, instituindo um terceiro princípio das convenções: "Como as convenções se formam pelo consentimento, nenhuma pessoa pode fazer por outra, se ela não tem poder dela. E pode menos ainda causar prejuízo a terceiras pessoas pelas convenções"[55]. Tal princípio, "fortemente colorido, parece-nos, de voluntarismo contratual"[56], estaria baseado nos textos romanos[57] sobre a proibição de estipulação em favor de terceiros e na previsão de que o contrato não pode prejudicar terceiros.

[53] DOMAT, Jean. *Les Loix Civiles dans leur ordre naturel.* Paris: Jean Baptiste Coignard, 1689. Analisadas também as seguintes edições: DOMAT, Jean. *Les Loix Civiles dans leur ordre naturel.* 2. ed. Paris: Pierre Auboüin, 1697. t. 1, p. 70; DOMAT, Jean. *Les Loix Civiles dans leur ordre naturel, le droit public, et legum delectus.* Paris: Pierre & Jean Herissant, 1705, p. 22.

[54] DOMAT, Jean. *Les Loix Civiles dans leur ordre naturel.* Paris: Jean Baptiste Coignard, 1689, p. 70.

[55] DOMAT, Jean. *Les Loix Civiles dans leur ordre naturel, le droit public, et legum delectus.* Paris: Pierre & Jean Herissant, 1705, p. 22. Ou ainda, na edição de 1723, DOMAT, Jean. *Les Loix Civiles dans leur ordre naturel, le droit public, et legum delectus.* Paris: Pierre Gandouin, 1723. t. 1, p. 22. Tradução livre de "III. Comme les conventions se forment par le consentement, personne ne peut en faire pour un autre, s'il n'a pouvoir de luy. Et on peut encore moins faire préjudice par des conventions à des tierces personnes". Em síntese a este princípio, J. Domat consigna que ninguém pode convencionar pelos outros, nem para os prejudicar.

[56] MARCHESSAUX, Isabelle. L'Opposabilite du contrat aux tiers. In: FONATAINE, Marcel; GHESTIN, Jacques (Coord.). *Les effets du contrat a l'egard des tiers*: comparaisons franco-belges. Paris: LGDJ, p. 67-99, 1992, p. 70.

[57] Como fundamento para este terceiro princípio, J. Domat aponta as seguintes fontes romanas: "Alteri stipulari nemo potest. *L. 38, § 17, ff. de verb. obl. § 18, inst. de inut. stip. L. 9, § 4, ff. de reb. cred.* Nec paciscendo, nec legem dicendo, nec stipulando, quisquam alteri cavere potest. *L. 73, § ult. ff. de reg. jur.* Certissimum est ex alterius contractu neminem obligari. *L. 3, Cod. ne ux. pr. mar.*

Non debet alii nocere, quod inter alios actum est. *L. 10, ff. de jurej.* Non debet alteri per alterum iníqua conditio inferri. *L. 74, ff- de reg. jur.* Ante omnia enim animadvertendum est, ne conventio in alia re facta, aut cum alia persona, in alia re, aliáve persona noceat. *L. 27, § 4, ff de pact.*" (DOMAT, Jean. *Les Loix Civiles dans leur ordre naturel.* Paris: Jean Baptiste Coignard, 1689, p. 71).

A importância do princípio apresentado por Domat é ímpar, pois, como lembra Robert Wintgen[58], é a primeira vez que, para explicação da regra da relatividade dos efeitos contratuais, vale-se dos seguintes aspectos da relatividade das convenções: (i) proibição da estipulação em favor de terceiros; (ii) regra de que o contrato não pode prejudicar terceiros; e (iii) procedimento da formação do contrato como troca de consentimento entre as duas partes.

Assim instituído, Domat vai além. Deduz que tudo o que é convencionado pelas partes tem lugar de lei entre elas[59], demonstrando, então, a força vinculatória das convenções. Em edições posteriores, o autor acrescentou mais um princípio, que, a bem da verdade, é decorrência do terceiro princípio acima referido, a saber: "As convenções são vínculos contratuais entre duas ou mais pessoas, elas somente obrigam, por consequência, entre aqueles que são feitas, elas não podem prejudicar a um terceiro"[60]. Como decorrência desse princípio, enquanto o consentimento é determinante para a formação do contrato, o resultado do quanto formado é a criação de um *vínculo contratual* obrigacional, bilateral ou plurilateral. Este princípio, então, trata do vínculo criado pela convenção, enquanto o terceiro princípio acima referido trata do *consentimento* na formação da convenção. Ambos os princípios são razões para explicar por que um terceiro não sofre prejuízo.

Por se tratar de um vínculo, a obrigação liga apenas aqueles que expressaram o seu consentimento. Terceiros, que não expressaram o consentimento, não podem estar vinculados à obrigação e, por isso, não podem ser prejudicados. Porém, o próprio Domat aponta como exceção a este princípio o caso de uma resolução feita em assembleia de credores

[58] WINTGEN, Robert. *Étude critique de la notion d'opposabilité* – les effets du contrat à l'égard des tiers en droit français et allemande. Paris: LGDJ, 2004, p. 19.

[59] "Les conventions étant formées, tout ce qui a été convenu tient lieu de loy à ceux qui les ont faites". Tradução livre: "As convenções sendo formadas, tudo o que foi convencionado tem lugar de lei àqueles que as fizeram" (DOMAT, Jean. *Les Loix Civiles dans leur ordre naturel*. Paris: Jean Baptiste Coignard, 1689, p. 72).

[60] É o oitavo princípio que segue da natureza das convenções. Vide DOMAT, Jean. *Les Loix Civiles dans leur ordre naturel, le droit public, et legum delectus*. Paris: Le Clerc, 1777, p. 22. Tradução livre de "Les conventions sont des engagements contractés entre deux ou plusieurs personnes; elles n'obligent par conséquent que ceux entre qui elles sont faites, elles ne peuvent pas préjudicier à un tiers".

unidos, a qual, não obstante a recusa ou oposição de alguns credores[61], deve ser executada[62].

Por força de sua autoridade, muito do quanto estatuído como princípio contratual acabou por ser adotado no Código Civil francês, em especial o reconhecimento do princípio da relatividade. Mas o princípio, tal se reconhece atualmente, é influência do quanto doutrinado por Domat, mas também por Pothier.

1.1.3. Os efeitos do contrato: Robert-Joseph Pothier

Em sua obra *Traité des obligations*[63], Robert-Joseph Pothier inicia por explicar a essência das obrigações e seus efeitos, em especial dos contratos[64]. Após discorrer sobre as diversas divisões do contrato[65], os seus possíveis vícios[66]

[61] Conforme J. Domat estabelece no nono princípio que segue da natureza das convenções. Vide DOMAT, Jean. *Les Loix Civiles dans leur ordre naturel, le droit public, et legum delectus.* Paris: Le Clerc, 1777, p. 22.

[62] Esta exceção será posteriormente repetida por diversos comentadores do Código Civil de Napoleão.

[63] POTHIER, Robert-Joseph. *Traité des Obligations, selon les règles, tant du for de la conscience que du for extérieur.* Paris: Libraire Letellier, 1813, t. 1; POTHIER, Robert-Joseph. *Ouvres completes de Pothier.* Traité des obligations. Paris: Libraires Thomine et Fortic, 1821. t. 1.

[64] Logo no início de sua obra, Pothier, no intitulado "Artigo Primeiro", define convenção como o consentimento de duas ou mais pessoas, para formar entre eles qualquer compromisso, ou para resolver ou modificá-lo. O contrato, para o autor, é espécie de convenção que tem por objeto formar qualquer compromisso, e difere da mera policitação, pois nesta há uma promessa que não foi ainda aceita pela outra parte; e no contrato, já há o concurso de vontades. Os contratos, conforme exposto por Pothier, podem ser distinguidos de três formas, os elementos da essência do contrato, os elementos que são somente da natureza do contrato e os elementos puramente acidentais ao contrato. (POTHIER, Robert-Joseph. *Ouvres completes de Pothier.* Traité des obligations. Paris: Libraires Thomine et Fortic, 1821. t. 1, p. 5-14)

[65] Segundo Pothier, a divisão dos contratos não segue o direito romano (ou seja, não segue a diferença entre contratos *bonae fidis* e *strict jures*). Há cinco formas de divisão dos contratos: (i) bilaterais (ou *synallagmatiques*) e unilaterais; (ii) consensuais e reais (mesmo nos contratos reais, para a perfeição do contrato, segundo o autor, exige-se apenas o consentimento, ficando a cargo das partes firmar uma condição de exigência de notarização); (iii) de interesse mútuo (subdivididos em comutativo e aleatório), benéficos (de caridade); e mistos (e.g., doação com encargo); (vi) principal e acessório (e.g., caução e penhor); e (v) formais e os que são regidos pelo direito natural. (POTHIER, Robert-Joseph. *Ouvres completes de Pothier.* Traité des obligations. Paris: Libraires Thomine et Fortic, 1821. t. 1, p. 15-21)

[66] Os vícios que podem afetar os contratos são o erro, a violência, o dolo, a lesão (entre maiores e menores), a falta de causa na promessa (todo contrato deve ter uma causa honesta, que não

e quem são as pessoas capazes de contratar[67], Pothier faz uma análise sobre o que pode ser objeto do contrato. Sua resposta tem caráter de princípio: somente o que uma parte contratante estipula por ela mesma e, paralelamente, somente o que a outra parte promete por ela mesma[68]. No caso de uma parte estipular algo alheio para um terceiro, a convenção é nula, inexistindo obrigação, seja para terceiro ou para quem a estipula.

O motivo para a inexistência de obrigação, neste caso, encontra-se no princípio de que "as convenções podem ter efeito somente entre as partes contratantes, e elas não podem, por consequência, adquirir algum direito em relação a um terceiro que não é parte"[69]. E, com estas poucas palavras, Pothier, deduzindo do princípio de que ninguém pode estipular por outrem[70], limitou os efeitos dos contratos somente aos contratantes,

pode ser injusta, nem ferir a boa-fé e os costumes), e a falta de liame (é aquela convenção puramente potestativa). (POTHIER, Robert-Joseph. *Ouvres completes de Pothier.* Traité des obligations. Paris: Libraires Thomine et Fortic, 1821. t. 1, p. 21-49)

[67] A essência da convenção consiste, segundo Pothier, no consentimento, e, disto segue a necessidade de ser capaz de consentir, e, por consequência, ter o uso da razão, para ser capaz de contratar. (POTHIER, Robert-Joseph. *Ouvres completes de Pothier.* Traité des obligations. Paris: Libraires Thomine et Fortic, 1821. t. 1, p. 49-54)

[68] Este princípio é decorrência do "*Alteri stipulari nemo potest.* Inst. De inut. Stipul. §. 18 *Nec paciscendo, nec legem dicendo, nec stipulando, quisquam alteri cavere potest; l.73, §. ff. de R. J.* Versâ vice, *Qui alium facturum promisit, videtur in eâ esse causâ ut non teneatur, nisi poenam ipse promiserit.* Inst. *d. t.* §. 20. *Alius pro alio promittens daturum facturumve non obligatur; nam de se quemque promittere oportet. l 83, ff. de v. oblig.*" (POTHIER, Robert-Joseph. *Ouvres completes de Pothier.* Traité des obligations. Paris: Libraires Thomine et Fortic, 1821. t. 1, p. 54-55)

[69] "les conventions ne peuvent avoir d'effet qu'entre les parties contractantes, et qu'elles ne peuvent par conséquent acquérir aucun droit à un tiers qui n'y était pas partie". (POTHIER, Robert-Joseph. *Traité des Obligations, selon les règles, tant du for de la conscience que du for extérieur.* Paris: Libraire Letellier, 1813, t.1, p. 42). Ainda, segundo Pothier, citando Ulpiano "*Alteri stipulari nemo potest; inventae sunt enim obligationes ad hoc, ut unusquisque sibi acquirat quod suâ interest; caeterum ut alii detur, nihil interest meâ. l. 38, §. 17, ff. de verb. obi.*" (POTHIER, Robert-Joseph. *Ouvres completes de Pothier.* Traité des obligations. Paris: Libraires Thomine et Fortic, 1821. t. 1, p. 56)

[70] Pela importância deste princípio, Pothier difere os casos em que há estipulação em nome alheio e os casos em que não há. Assim, não se está estipulando por outrem, quando: (i) alguém promete entregar certa coisa ou certa quantia a um terceiro designado na convenção (o terceiro apenas terá o poder de receber em nome do credor); (ii) uma parte estipula que será feita determinada coisa a terceiro, por conta de um interesse pessoal (e.g. uma parte tem obrigação de fazer determinada coisa a alguém e contrata um terceiro para fazer em seu nome); e (iii) se estipula ou promete por nossos herdeiros (pois os herdeiros seriam uma continuação daquele

esculpindo, com primazia, o conceito de relatividade dos efeitos do contrato tal qual modernamente se conhece[71].

Antes de tratar do que modernamente se conhece por princípio da relatividade, Pothier separa, de um lado, as relações entre o estipulante e o promitente[72] e, de outro, os efeitos dos contratos entre as partes e, por exclusão, em relação a terceiros. Esta separação, com poucas diferenças, como nota Alex Weill[73], foi adotada anos mais tarde pelos redatores do *Code civil.*

Ao tratar dos contratos e, amplamente, das obrigações, Pothier preocupou-se em analisá-los do ponto de vista dos seus *efeitos*, sejam eles obrigacionais ou contratuais. A inovação de sua obra no seio do princípio da relatividade dos contratos está justamente em tratar dos *efeitos* do contrato (não só do vínculo ou do consentimento) [74]. Para tanto, o autor, no artigo VI, denominado de "Do efeito dos contratos", observou que somente um princípio é particular aos efeitos dos contratos e de todas as convenções: a convenção somente tem efeito em relação à coisa que se faz objeto da convenção, e somente entre as partes contratantes[75].

que estipula). (POTHIER, Robert-Joseph. *Ouvres completes de Pothier.* Traité des obligations. Paris: Libraires Thomine et Fortic, 1821. t. 1, p. 58-70)

[71] WINTGEN, Robert. *Étude critique de la notion d'opposabilité* – les effets du contrat à l'égard des tiers en droit français et allemande. Paris: LGDJ, 2004, p. 19.

[72] Sobre a estipulação em favor de terceiro, Pothier a considera válida somente se há interesse do estipulante na avença, pois, do contrário, dar a um terceiro ou fazer qualquer coisa a um terceiro não poderá ser objeto de um contrato, exceto se for como condição ou como modo (POTHIER, Robert-Joseph. *Ouvres completes de Pothier.* Traité des obligations. Paris: Libraires Thomine et Fortic, 1821. t. 1, p. 70).

[73] Alex Weill nota uma diferença sutil. O Código Civil francês inseriu as disposições sobre as relações entre estipulante e prometente dentro da seção relativa ao consentimento, projetado como condição essencial para a validade das convenções. Já Pothier, de outro lado, tratou esta questão no artigo V denominado "De ce qui peut être l'objet des contrats. Que ce ne peut être qu'une chose qui concerne les parties contractantes, suivant la règle, qu'on ne peut valablement stipuler ni promettre que pour soi" (WEILL, Alex. *La relativité des conventions en droit privé français.* Paris: Librairie Dalloz, 1939, p. 74, nota 1).

[74] WINTGEN, Robert. *Étude critique de la notion d'opposabilité* – les effets du contrat à l'égard des tiers en droit français et allemande. Paris: LGDJ, 2004, p. 20.

[75] Como decorrência do princípio romano: "*Animadvertendum est ne conventio in aliâ re facta aut cum aliâ personâ, in aliâ re, aliàve personâ noceat; l. 27, §. 4, ff. de pactis.*" (POTHIER, Robert-Joseph. *Ouvres completes de Pothier.* Traité des obligations. Paris: Libraires Thomine et Fortic, 1821. t.1, p. 82)

A justificativa para a primeira parte desse princípio é a de que a convenção é formada pela vontade das partes contratantes, e ela somente pode ter efeito sobre o que as partes contratantes tenham querido e o que tenham em vista. Já a justificativa para a segunda parte desse princípio, segundo Pothier, não é menos evidente: "a obrigação que nasce da convenção, e o direito que desta resulta, sendo formada pelo consentimento e o concurso da vontade das partes, não pode obrigar um terceiro, nem dar direito a um terceiro cuja vontade não concorreu para formar a convenção"[76].

Assim, a partir do princípio comum aos contratos e às convenções, bem como de suas justificativas, Pothier formulou o que atualmente se conhece por relatividade dos efeitos do contrato, reunindo diversos aspectos e constatações importantes do princípio da relatividade, como: (i) as convenções somente têm efeitos entre as partes contratantes; (ii) a prevalência da vontade/consentimento na formação do vínculo contratual; e (iii) um terceiro, ao não consentir na formação de uma convenção, não pode ser por esta obrigado, nem pode receber direitos.

1.1.4. A inserção no Código Civil francês

Não é possível dissociar o Código Civil francês do seu contexto. O *Code civil* é um dos resultados da Revolução Francesa, e com ela se assemelha. A Revolução Francesa, ao abolir o feudalismo e se separar do *ancien régime*, proclamou a unidade do Estado e a legalidade perante a lei. Para cumprir com tais intuitos, a Constituição francesa de 1791 determinou a elaboração de um código das leis civis comum a todo o reino, ou seja, um código civil.

Inicialmente, o nome de Cambacérès foi indicado para a elaboração de um projeto do Código Civil. Foram três os projetos entregues por Cambacérès, todos rejeitados[77]. O primeiro foi rejeitado por não estar em

[76] "l'obligation qui naît des conventions, et le droit qui en résulte, étant formés par le consentement et le concours des volontés des parties, elle ne peut obliger un tiers, ni donner de droit à un tiers dont la volonté n'a pas concouru à former la convention" (POTHIER, Robert-Joseph. *Ouvres completes de Pothier*. Traité des obligations. Paris: Libraires Thomine et Fortic, 1821. t.1, p. 83).

[77] Sobre a codificação civil na França, Mário Luis Delgado apresenta histórico detalhado de como foi o processo legislativo, inclusive dos três projetos do Código Civil de Cambacérès (DELGADO, Mário Luis Delgado. *Codificação, decodificação, recodificação*. São Paulo: Saraiva, 2011, p. 80-90). Nesta obra há uma pequena incorreção sobre o primeiro projeto de

harmonia com as ideias filosóficas daquele tempo[78]. O segundo projeto[79], por ser conciso demais e por ter oferecido mais um índice de matérias do que um código civil. O terceiro projeto[80], apesar de ter sido desenvolvido com grande rapidez, não foi adiante devido ao golpe de Estado de 18 de brumário do ano VIII (9 de novembro de 1799)[81].

Em geral, é mencionado ainda um quarto projeto, de Jacqueminot, publicado em 1799; porém, este não se tratava de um código civil

Cambacérès, de 1783, pois é dito que o projeto é dividido em duas partes (Das pessoas e Dos bens), porém, o "Projet de Code Civil" é dividido em quatro partes (Do estado das pessoas, Dos bens, Dos contratos, e Das ações). Apesar de estar assim estruturado, a última parte sobre "Das ações" não foi entregue por Cambacérès. Assim, o primeiro projeto contém apenas os artigos das três primeiras partes. A última parte ficaria para ser entregue imediatamente após as principais bases estivessem finalizadas (CAMBACÉRÈS, Jean-Jacques-Régis de. *Projet de Code Civil, présenté a la Convention Nationale.* Paris: Imprimerie Nationale, 1793, p. 17). Ainda sobre o projeto de 1783, a seção dos contratos foi regulada no livro terceiro. Os "efeitos das obrigações" foram regulados nos artigos VI a XI, constando uma versão simplificada do princípio da relatividade na primeira parte do artigo VII ("Celui qui n'a point stipulé dans le contrat, n'est pas obligé, s'il n'y a eu de sa part procuration préalable ou approbation subséquente". Tradução livre: "Aquele que não tiver estipulado no contrato não fica obrigado, se não tiver havido de sua parte procuração prévia ou posterior aprovação") (CAMBACÉRÈS, Jean-Jacques-Régis de. *Projet de Code Civil, présenté a la Convention Nationale.* Paris: Imprimerie Nationale, 1793, p. 107-108).

[78] M. Planiol o qualificou de excessivamente lacônico e perigoso, por não regulamentar pontos importantes e por deixar os juízes sem direção e sem freios. Porém, o projeto que normalmente é criticado pela concisão é o segundo projeto apresentado por Cambacérès. (PLANIOL, Marcel. *Traité Élémentaire de Droit Civil:* conforme au programe officiel des facultes de droit. 11. ed. Paris: LGDJ, 1928. t. 1, p. 27)

[79] Sobre o segundo projeto de Cambacérès, tivemos acesso apenas ao discurso sobre o Código Civil (CAMBACÉRÈS, Jean-Jacques-Régis de. *Discursos sobre el Código civil.* Tradução Adela Mora. Madrid: Universidad Carlos III de Madrid, 2015, p. 25-32).

[80] Além do primeiro projeto, tivemos acesso ao terceiro projeto, dividido em 3 partes (Das pessoas, Dos bens e Das obrigações). Mais longo que o primeiro, contém 1104 artigos mais o título XVII sobre "Das hipotecas", que não contém nenhum artigo, somente uma remissão à legislação da Lei de 9 Messidor do ano III e 21 Nivoso do ano IV do calendário da Revolução Francesa. O livro terceiro, dedidcado às obrigações, tratou dos efeitos das convenções no seu artigo 712 ao estabelecer que as convenções somente têm efeito relativamente ao seu objeto e para aqueles que as formaram (CAMBACÉRÈS, Jean-Jacques-Régis de. *Projet de code civil, presente au Conseil des Cinq-Cents, au nom de la Commission de la Classification des Lois.* Paris: Garnery, 1796, p. 256 e p. 347-349)

[81] Sobre os três projetos de Cambacérès, veja também a obra de MOURLON, Frédéric. *Répétions écrites sur le Code civil.* 10. ed. Paris: Garnier, 1896, p. 23-24.

propriamente dito, pois contém apenas um único título, "Do casamento", com 72 artigos[82].

Após estas tentativas, em 1800, são nomeados Tronchet, Bigot-Préameneu, Portalis e Maleville como os novos jurisconsultos encarregados de elaborar o projeto de Código Civil. Os seus redatores sabiam que a elaboração de um corpo de leis destinado a dirigir e fixar as relações de sociabilidade, de família e de interesses entre os homens de um mesmo país[83] não havia precedente na história do homem[84]. Apesar da ambição do projeto, seus redatores estavam cientes de que "Prever tudo é uma meta impossível de alcançar"[85], pois "As leis positivadas nunca podem substituir completamente o uso da razão natural nos assuntos da vida"[86] e, por isso, "Um código, por mais completo que possa parecer, não está ainda

[82] JACQUEMINOT, Jean-Jacques-Ignace. *Projet de Code Civil.* Paris: Imprimerie Nationale, 1799.

[83] Esta frase é o conceito de Código Civil dado no Discurso de Apresentação do Código Civil pronunciado no 3º frimário do ano X (do Calendário da Revolução Francesa). (PORTALIS, Jean-Étienne-Marie. *Discours, Raports et Travaux Inédits sur le Code Civil.* Paris: Joubert, Librarie de la Cour de Cassation, 1844, p. 92)

[84] No Discurso de Apresentação, para demonstrar o caráter inovador do Código Civil, é dito que (i) a Lei das Doze Tábuas só foi a coleção das leis dos antigos reis de Roma; (ii) o Código de Justiniano e de seus predecessores não passaram de compilações; (iii) as ordenações francesas somente esclareceram as disposições encontradas nos costumes e nos antigos depósitos da legislação francesa; (iv) o rei filósofo Frédéric II apenas reuniu as regras e os princípios com determinado método; e (v) o Código da Prússia, mais extensa do que o de Frédéric II, não passava de um guardião de todas as máximas recebidas. (PORTALIS, Jean-Étienne-Marie. *Discours, Raports et Travaux Inédits sur le Code Civil.* Paris: Joubert, Librarie de la Cour de Cassation, 1844, p. 96). Segundo Frédéric Mourlon, antes de Napoleão Bonaparte, Luís XI buscou realizar a ideia de ter, dentro do mesmo reino, um só peso, uma só medida, e uma só lei, porém, falecera no meio de seus esforços (MOURLON, Frédéric. *Répétions écrites sur le Code civil.* 10. ed. Paris: Garnier, 1896, p. 23).

[85] "Tout prévoir est un but qu'il est impossible d'atteindre". Tradução livre: "Prever tudo é um objetivo que é impossível de alcançar" (PORTALIS, Jean-Étienne-Marie. *Discours, Raports et Travaux Inédits sur le Code Civil.* Paris: Joubert, Librarie de la Cour de Cassation, 1844, p. 6). Esta frase encontra-se no "Discours Préliminaire sur le Projet de Code Civil" apresentado no 1º pluvioso do ano IX do Calendário da Revolução Francesa, que, apesar de assinado por Tronchet, Bigot de Préameneu, Maleville e Portalis, apenas este último fora encarregado de redigir tal discurso.

[86] "Le lois positives ne sauraient jamais entièrement remplacer l'usage de la raison naturelle dans les affaires de la vie..." (PORTALIS, Jean-Étienne-Marie. *Discours, Raports et Travaux Inédits sur le Code Civil.* Paris: Joubert, Librarie de la Cour de Cassation, 1844, p. 7).

terminado"[87]. O trabalho, então, do legislador na redação da lei é seguir as máximas gerais do direito, estabelecendo os princípios segundo suas consequências, sem descer no detalhe de cada questão que pode surgir em cada matéria[88].

Em apenas quatro meses, estes jurisconsultos entregaram o projeto do Código Civil[89]. Após numerosas discussões realizadas durante o processo legislativo[90], em 1804 publica-se a primeira edição oficial do "*code civil des Français*", que, posteriormente, na sua segunda edição foi denominada oficialmente de "*code Napoléon*"[91].

[87] "Un code, quelque complet qu'il puisse paraître, n'est pas plutôt achevé" (PORTALIS, Jean-Étienne-Marie. *Discours, Raports et Travaux Inédits sur le Code Civil.* Paris: Joubert, Librarie de la Cour de Cassation, 1844, p. 8)

[88] PORTALIS, Jean-Étienne-Marie. *Discours, Raports et Travaux Inédits sur le Code Civil.* Paris: Joubert, Librarie de la Cour de Cassation, 1844, p. 8.

[89] No projeto de Código Civil de 1800, os efeitos das convenções foram tratados na seção "Do efeito das convenções vis-a-vis terceiros", que no artigo LX estipulava que "Les conventions n'ont d'effet qu'entre les parties contractantes; elles ne profitent ni ne nuisent au tiers." (Tradução livre: "As convenções têm efeito apenas entre as partes contratantes; não beneficiam nem prejudicam terceiros." PORTALIS, Jean-Étienne-Marie *et al. Projet de Code civil, présenté par la Commission nommée par le gouvernement le 24 thermidor an 8.* Paris: l'imprimerie de la République, an IX: 1800, p. 145)

[90] Toda a tramitação legislativa do Código Civil francês foi detalhada por Frédéric Mourlon (MOURLON, Frédéric. *Répétions écrites sur le Code civil.* 10. ed. Paris: Garnier, 1896, p. 24-26). Com enfoque em perdas e danos, Daniel Dias também tratou do processo legislativo francês (DIAS, Daniel. *Mitigação de danos na responsabilidade civil.* São Paulo: Thomson Reuters Brasil, 2020, Parte I, Capítulo 2, *E-book.*)

[91] De acordo com Gabriel Baudry-Lacantinerie ou Frédéric Mourlon, existem algumas edições oficiais do Código Civil francês. A primeira é de 1804 (em 21 de março de 1804 ou em 30 ventoso do ano XII do calendário da Revolução Francesa ou republicano) com a denominação de "code civil des Français". A segunda edição foi decretada pela lei de 3 de setembro de 1807, sob o nome de "code Napoléon". Nesta segunda edição, substituíram o nome de "Premier consul" por "empereur", "republique" ou "gouvernement" por "empire", "nação" por "État". De acordo com o autor, uma terceira e última edição oficial foi publicada pela ordenação de Luís XVIII, em 30 de agosto de 1816, que coloca em harmonia com o governo da realeza. Quanto aos nomes do Código Civil, este mudou diversas vezes. Foi chamado primeiramente, em 1804, de "code civil des Français". Depois, em 1807, "code Napoléon". Em 1814, voltou ao nome primitivo. E, em 27 de março de 1852, um decreto retomou o nome de "code Napoléon". Vide BAUDRY-LACANTINERIE, Gabriel. *Précis de droit civil.* 7. ed. Paris: L. Larose et Forcel, 1899. t. 1, p. 15; MOURLON, Frédéric. *Répétions écrites sur le Code civil.* 10. ed. Paris: Garnier, 1896, p. 31.

Esta mudança de nome foi decorrência tanto da importância de Napoleão Bonaparte no processo legislativo quanto da sua tomada de poder. Assumindo a paternidade do código civil, ficou célebre[92] a frase dita por Napoleão Bonaparte em Sainte-Hélène, na noite de 26 de setembro de 1816:

> A minha glória não é por ter ganhado quarenta batalhas e por ter feito lei para os reis que ao povo francês ousaram impedir a mudança da forma de seu governo. Waterloo apagará a memória de tantas vitórias; é como o último ato que faz esquecer os primeiros. Mas o que nada vai apagar, o que vai viver eternamente, é o meu Código Civil; este é o processo-verbal do meu Conselho de Estado; este é a coleção de minha correspondência com meus ministros; este é finalmente tudo de bom que eu já fiz como administrador, como reorganizador da grande família francesa[93]. (Tradução nossa).

[92] Não tão famoso, mas conhecido é o discurso de Fontanes, Presidente do Corpo Legislativo, que disse "Le Code Justinien a fait régner mille ans les lois romaines sur les nations civilisées. Le Code de Bonaparte aura une influence plus durable." Tradução livre: "O Código Justiniano fez reinar por mil anos as leis romanas sobre nações civilizadas. O Código de Bonaparte terá uma influência ainda mais duradoura.". Vide CAVENS, Cte. Louis. *Napoléon 1º*. Bruxelas: Dreesen et De Smet, 1909, p. 65.

[93] "Ma gloire n'est pas d'avoir gagné quarante batailles et d'avoir fait la loi aux rois qui osèrent défendre au peuple français de changer la forme de son gouvernement. Waterloo effacera le souvenir de tant de victoires; c'est comme le dernier acte qui fait oublier les premiers. Mais ce que rien n'effacera, ce qui vivra éternellement, c'est mon code civil; ce sont les procès-verbaux de mon conseil d'Etat; ce sont les recueils de ma correspondance avec mes ministres; c'est enfin tout le bien que j'ai fait comme administrateur, comme réorganisateur de la grande famille française" (MONTHOLON, Charles Tristan. *Récits de la captivité de L'empereur Napoléon a Sainte-Hélène*. Paris: Paulin, 1847. t. 1, p. 401). O general Montholon acompanhou de perto Napoleão Bonaparte por seis anos em Longwood, relatando diariamente os fatos. Esta frase se localiza no capítulo XI, denominado "Réduction de l'établissement de Longwood", do dia 26 de setembro de 1816. Nos livros franceses, normalmente, repete-se a seguinte versão mais curta: "Minha verdadeira glória não é por ter ganhado quarenta batalhas. Waterloo apagará a memória de tantas vitórias. O que nada vai apagar, o que viverá, eternamente, é o meu Código Civil." Tradução livre de: "Ma vraie gloire n'est pas d'avoir gagné quarante batailles. Waterloo effacera le souvenir de tant de victoires... Ce que rien n'effacera, ce qui vivra, éternellement, c'est mon code civil...". Esta versão encurtada é encontrada, por exemplo, nos seguintes livros: FOLLEVILLLE, Daniel de. *Notion du droit et de l'obligation*. Paris: Thorin, 1873, p. 28; BAUDRY-LACANTINERIE, Gabriel. *Précis de droit civil*. 7. ed. Paris: L. Larose et Forcel, 1899. t. 1, p. 16. CAVENS, Cte. Louis. *Napoléon 1º*. Bruxelas: Dreesen et De Smet, 1909, p. 65; ROBERT,

Da análise do *code Napoléon*, percebe-se que tomou inspiração nas obras de Pothier e Domat, principalmente quando se tratou de positivar o princípio da relatividade das convenções. Os redatores do Código Civil francês, sem questionar, ou por considerarem-na uma regra de fácil evidência[94], consagraram no artigo 1.165 o princípio da relatividade dos efeitos das convenções, dentro da lógica da teoria da autonomia (absoluta) da vontade.

Inserido no capítulo "Das condições essenciais para a validade das convenções", o artigo 1.165 resultou na seguinte redação: "As convenções somente têm efeitos entre as partes contratantes, elas não prejudicam os terceiros, somente os beneficiando no caso previsto no artigo 1.121"[95]. A literalidade do artigo 1.165 deixa claro que o contrato não produz nenhum efeito em relação a terceiros. As partes são soberanas para autorregrar seus próprios interesses, mas somente para as suas próprias esferas jurídicas, não de terceiros[96].

Porém, o sentido completo do princípio da relatividade legalmente insculpido somente pode ser compreendido com a análise de outros quatro artigos, a saber, artigos 1.119 a 1.122, que apresentam algumas exceções ao sentido estrito de ineficácia contratual perante terceiros. Em breve síntese, o artigo 1.119 traz a possibilidade do instituto da representação, de modo que a estipulação e o vínculo do representante produzam efeitos diretamente na esfera do representado. O artigo 1.120 regula a promessa

Henri. Napoléon et la Justice. *La revue de Paris*, Paris, ano 28, t. 3, mai.-jun., p. 72-93, 1921, p. 72; BORJA, M. L. F. Influence du Code Civil français à l'équateur depuis as promulgation jusqu'à l'heure actuele. *Le droit civil français*: livre-souvenir des journées du droit civil français. Montreal, ago.-set., p. 881-891, 1936, p. 883. E também em duas edições do jornal "Le temps": DUMOULIN, Maurice. La psychologie juridique de Napoléon. *Le temps*, Paris, ano 48, n. 17064, 14 de março, p. 1-4, 1908, p. 3; MARÈS, Roland de. Le revues. *Le temps*, Paris, ano 61, n. 21821, 1º de maio, p. 1-4, 1921, p. 3.

[94] MARCHESSAUX, Isabelle. L'Opposabilite du contrat aux tiers. In: FONATAINE, Marcel; GHESTIN, Jacques (Coord.). *Les effets du contrat a l'egard des tiers*: comparaisons franco-belges. Paris: LGDJ, p. 67-99, 1992, p. 72.

[95] Tradução livre de: "les conventions n'ont effet qu'entre les parties contractantes; elles ne nuisent point au tiers, et elles ne lui profitent que dans le cas prévu par l'article 1121".

[96] FLOUR, Jacques; AUBERT, Jean-Luc; SAVAUX, Éric. *Droit Civil*. Les Obligations. 1. L'acte juridique. 14. ed. Paris: Dalloz, 2010, p. 398. "les contractants sont souverains, mais ils ne le sont que sur eux-mêmes".

de fato de terceiro, e o artigo 1.121 a estipulação em favor de terceiro[97]. O artigo 1.122[98] diz que "é permitido estipular por si e por seus herdeiros e cessionários, a menos que o contrário seja expresso ou resulte da natureza da convenção"[99].

Porém, interpretá-los não foi tarefa fácil[100], a ponto de Victor-Napoléon Marcadé, em 1866, ter dito que, pelo fato de os redatores do *Code Civil* estarem acostumados a seguir Pothier passo a passo, ao invés de omitirem estes quatro artigos, em uma "rotina cega"[101], preferiram incluí-los no Código. E, por isso, estes quatro artigos "levantaram tantas dificuldades e deram tanto trabalho aos intérpretes"[102].

1.1.5. A consolidação pelos comentadores clássicos

Na França, com a promulgação do *Code civil* nasceu também a *escola da exegese*. A escola dos doutrinadores clássicos, marcada pelo individualismo. O seu princípio orientador é compreender que "todo o direito civil está no Código civil; que toda solução jurídica deve ser tirada de um texto do Código, seja diretamente ou por dedução, ou por indução; que todo

[97] Os artigos 1120 e 1121 não são exceções ao princípio da relatividade, pois este terceiro consente e, apenas com o seu consentimento, expresso por si mesmo ou por meio de um representante, sofrerá efeitos destas convenções (FONTAINE, Marcel; GHESTIN, Jacques (Coord.). *Les effets du contrat a l'egard des tiers*: comparaisons franco-belges. Paris: LGDJ, 1992, p. 5).

[98] Este último artigo, mais polêmico e impreciso, deu origem a grandes debates, inclusive para se saber o sentido da palavra cessionários ("*ayants cause*"), uns entendiam se tratar de cessionários a título universal e outros cessionários a título particular.

[99] "Article 1122. On est censé avoir stipulé pour soi et pour ses héritiers et ayants cause, à moins que le contraire ne soit exprimé ou ne résulte de la nature de la convention."

[100] Jacques Ghestin, a respeito da imprecisão do art. 1122, considera que ainda hoje é origem de uma das numerosas dificuldades de interpretação destes textos. (GHESTIN, Jacques; JAMIN, Christophe; BILLIAU Marc. *Traité de Droit Civil:* Les effets du contrat. 3. ed. Paris: LGDJ, 2001, p. 715)

[101] "C'est donc à une routine aveugle que nous devons ces quatre articles qui ont soulevé tant de difficultés et donné tant de peine aux interprètes." (MARCADÉ, Victor-Napoléon. *Explication théorique et pratique du Code Napoléon*. 6. ed. Paris: Delamotte, 1866. t. 4, p. 372) . Tradução livre: "É, por conseguinte, a uma rotina cega que nós devemos estes quatro artigos que levantaram tantas dificuldades e tanto trabalho deram aos intérpretes."

[102] MARCADÉ, Victor-Napoléon. *Explication théorique et pratique du Code Napoléon*. 6. ed. Paris: Delamotte, 1866. t. 4. p. 372.

problema de direito se reduz à busca da vontade, expressa ou presumida, do legislador."[103]

A magnitude do Código, para a época, era tão ressaltada que era comparada a um monumento admirável ou a uma obra de arte jurídica, científica e exata. Um Código suficiente nele mesmo. Um movimento legislativo perfeito e intangível[104].

Para entendê-lo, bastaria lê-lo. A sua sistemática, pensada racionalmente, não deveria deixar — ao menos como se acreditava — margens para lacunas e dúvidas. Um Código imune à doutrina ou comentários. Porém, logo no ano seguinte, em 1805, é publicado o primeiro comentário ao Código Civil: o tomo I da obra "*Analyse raisonnée de la discussion du Code civil au Conseil d'État*», de Jacques Maleville[105]. Esta obra, considerada "tão modesta, tão impessoal, tão medíocre"[106], tratava apenas do livro primeiro, "Das pessoas", em 504 páginas; porém, acabou por entrar para a história por ter invocado a cólera do Imperador Napoleão Bonaparte, que teria dito: "*Mon Code est perdu!*"[107].

Apesar do quanto lamuriado por Napoleão, toda esta perfeição continuou a ser ressaltada pelos comentadores clássicos do século XIX.

[103] "tout le droit civil est dans le Code civil; que toute solution juridique doit se tirer d'un texte du Code, soit directement, soit par déduction, soit par induction; que tout problème de droit se réduit à la recherche de la volonté, expresse ou présumée, du législateur." (GAUDEMET, Eugène. *L'interprétation du code civil en France depuis 1804*. Paris: Sirey, 1935, p. 6)

[104] GAUDEMET, Eugène. *L'interprétation du code civil en France depuis 1804*. Paris: Sirey, 1935, p. 39.

[105] MALEVILLE, Jacques de. *Analyse raisonnée de la discussion du Code civil au Conseil d`État*. Paris: Ve. Nyon, 1805. t. 1.

[106] GAUDEMET, Eugène. *L'interprétation du code civil en France depuis 1804*. Paris: Sirey, 1935, p. 13.

[107] Esta frase é repetida em diversos livros franceses, por exemplo: GAUDEMET, Eugène. *L'interprétation du code civil en France depuis 1804*. Paris: Sirey, 1935, p. 13; GÉNY, François. *Méthode d'interprétation et sources en droit privé positif*: essai critique. Paris: LGDJ, 1919. t. 1, p. 23; ROUSSET, Gustave. De la lettre des lois ou de la rédaction et de la codification rationnelles des lois. *Revue critique de législation et de jurisprudence*. Paris, ano 6, t. 9, p. 324-371, 1856, p. 358; CHAUVIN, Augte. *Théories Nouvelles de Droit Civil en France*. Paris: Béchet, Leloir, Gobelet, 1825. t. 1, p. xv; LERMINIER, E. *Introduction générale a l'histoire du droit*. 2. ed. Paris: Chamerot, 1835, p. x; PRADIER-FODÉRÉ, P. *Principes généraux de droit, de politique et de Législation*. Paris: Guillaumin et cie., 1869, p. 86; BOUCHER, Charles. *Des Obligations naturelles en droit romain et en droit français*. Arras: Imprimerie G. De Sède et cie., 1880, p. 11.

Demolombe, referindo-se à importância do Código, disse: "Meu lema, minha profissão de fé é também: os textos antes de tudo"[108]. Proudhon, por sua vez, ressaltou a singularidade do Código, asseverando que "O Código de Napoleão deve ser comparado somente com ele mesmo"[109]. E, ainda, Bugnet, sobre a completude do Código, afirmou que "Eu não conheço direito civil, eu ensino somente o código de Napoleão"[110].

A escola da exegese vigorou por um século. Nela, compreendem-se três fases e três gerações de doutrinadores[111]. A primeira fase, entre 1804 e 1838, tem por seu maior expoente Duranton. Mas nela se inclui também Merlin, Toullier e Proudhon. As obras desta fase explicam o *Code civil* pelo *Code civil*, deixando de lado uma análise crítica e histórica dos institutos jurídicos e da construção jurisprudencial — até porque era considerado desnecessário sabê-los. A segunda fase, entre 1838 e 1880, é o apogeu da escola clássica. Demolombe, Aubry e Rau e Valette são seus maiores nomes[112]. Nascidos com o *Code civil*[113] e formados pelos juristas da primeira

[108] "Ma devise, ma profession de foi est aussi: les textes avant tout." (vide JOSSERAND, Louis. *Cours de droit civil positif français*. Paris: Recueil Sirey, 1938. t. 1, p. 70; GAUDEMET, Eugène. *L'interprétation du code civil en France depuis 1804*. Paris: Sirey, 1935, p. 44; GÉNY, François. *Méthode d'interprétation et sources en droit privé positif*: essai critique. Paris: LGDJ, 1919. t. 1, p. 30).

[109] "Le Code Napoléon ne doit être comparé qu'avec lui-même." (vide GÉNY, François. *Méthode d'interprétation et sources en droit privé positif*: essai critique. Paris: LGDJ, 1919. t. 1, p. 29).

[110] Tradução livre de: "Je ne connais pas le droit civil, je n'enseigne que le code Napoléon." (vide artigo de CORNIL, Georges. Les Codes Modernes et le Droit Romain. *Revue de Droit International et Législation Comparée*. Bruxelles, ano 44, t. 14, n. 1, p. 457- 493, 1912, p. 469; ou nas obras de GÉNY, François. *Méthode d'interprétation et sources en droit privé positif*: essai critique. Paris: LGDJ, 1919. t. 1, p. 30; e JOSSERAND, Louis. *Cours de droit civil positif français*. Paris: Recueil Sirey, 1938. t. 1, p. 70)

[111] A obra de Eugène Gaudemet sobre a interpretação do Código Civil francês é digna de referência. Curta e clara, em 75 páginas trata dos principais doutrinadores da escola da exegese. Nesta obra, o movimento doutrinário que vai da escola da exegese à escola científica contemporânea é acertadamente dividido em quatro fases. A última fase, segundo o autor, começa em 1900 com a publicação da obra "Méthode d'interprétation et sources en droit privé positif" de François Geny. Quanto ao ano de publicação, em verdade, esta obra foi publicada em 1899, razão pela qual o ano foi aqui pontualmente retificado (GAUDEMET, Eugène. *L'interprétation du code civil en France depuis 1804*. Paris: Sirey, 1935).

[112] Também estão incluídos nesta fase Troplong, Demante e Victor-Napoléon Marcadé.

[113] Aubry e Rau nasceram em 1803; Demolombe em 1804; e Valette em 1805 (GAUDEMET, Eugène. *L'interprétation du code civil en France depuis 1804*. Paris: Sirey, 1935, p. 35).

fase, não buscaram revisar ou criticar os princípios da escola da exegese; ao contrário, preocuparam-se em aperfeiçoá-los. A terceira, entre 1880 e 1899, é uma fase de transição e nela se incluem Beudant, Bufnoir, Labbé e Saleilles.

Em todas as três fases da escola da exegese, o pensamento dos comentadores clássicos era influenciado pelo seguinte silogismo jurídico. As convenções se formam pela troca de consentimentos, sendo o quanto convencionado lei entre as partes. Os terceiros, por definição, não dão o seu consentimento. Logo, os terceiros não são obrigados por esta convenção[114]. Ao alcançarem esta conclusão, erroneamente, associaram o fato de os terceiros não serem obrigados à inexistência dessa convenção perante terceiros.

Pensando assim, tomando ao pé da letra, a doutrina clássica interpretou a afirmação de que uma convenção não pode prejudicar nem beneficiar terceiros como sinônimo de que uma convenção não pode existir para terceiros, pela só ausência de vontade deste terceiro na formação contratual.

Para esses autores clássicos, a relatividade, numa acepção restrita, era "uma regra de bom senso e de evidência"[115], ou, como infere Jean Charles Florent Demolombe em 1869: "a regra posta pelo artigo 1.165 é tão elementar que ela parece quase ingênua, a tal ponto que nos questionamos se foi tão útil colocá-la!"[116].

Apesar de ser uma regra de evidência, o princípio da relatividade demorou a ser compreendido em sua extensão. Os doutrinadores clássicos interpretavam-no conjuntamente com outros dispositivos, vendo, ora mais, ora menos, exceções à regra geral de ineficácia das convenções a terceiros.

No que se refere à regra geral de que as convenções não *prejudicam* os terceiros, alguns doutrinadores clássicos, como Claude-Étienne

[114] DUCLOS, José. *L'Opposabilite (essai d'une theorie generale)*. Paris: LGDJ, 1984, p. 47.

[115] BUFNOIR, Claude. *Propriété et contrat*. Théorie des modes d'acquisition des droits reels et des sources des obligations. Paris: Rousseau, 1900, p. 749.

[116] "la règle posée par l'article 1165 est si élémentaire, qu'elle paraît presque naïve, à ce point que l'on se demande s'il était bien utile de la poser!" (DEMOLOMBE, Jean Charles Florent. Cours de Code Napoléon. t. 25. In: *Traité des Contrats ou des obligations conventionnelles en general*. 4. ed. Paris: Auguste Durand Libraire e L. Hachette et C. Libraires, 1869. t. 2, p. 41).

Delvincourt[117] e Raymond Saleilles[118], acolheram-na como regra absoluta, sem exceções.

Outros, como Alexandre Duranton[119], Victor-Napoléon Marcadé[120], Gabriel Baudry-Lacantinerie[121] e Albert Vigié[122], admitiram a concordata

[117] DELVINCOURT, Claude-Étienne. *Institutes de droit civil français*. Paris: Gueffier, 1808. t. 2, p. 267.

[118] Raymond Saleilles, que realizou importante estudo de direito comparado franco-alemão, em 1890, defendeu a inoponibilidade dos direitos pessoais, entendendo que uma violação de um direito relativo jamais poderia ser oponível a terceiros. Em seu entendimento, apenas os direitos absolutos, como a propriedade e a liberdade, seriam oponíveis a todos, impondo o respeito desses direitos frente a todos. Vejamos o seguinte excerto: "On en a conclu que, dans la catégorie des droits, il ne protégeait que les droits absolus, ceux qui sont opposables à tous, et que tous doivent respecter, comme la liberté et la propriété, et qu'au contraire la violation d'un droit relatif, constitué par un rapport tout personnel inopposable aux tiers, ne constituerait jamais un fait illicite.". Tradução livre: "Concluiu-se que, na categoria de direitos, só protegeu os direitos absolutos, os que são oponíveis a todos, e todos devem respeitar, como a liberdade e a propriedade, e que ao contrário de uma violação de um direito relativo, consistido por uma relação toda pessoal inoponível aos terceiros, não constituirá jamais um fato ilícito." (SALEILLES, Raymond. *Essai d'une théorie générale de l'obligation d'aprés le projet de code civil Allemand*. Paris: F. Pichon, Sucesseur, Éditeur, 1890, p. 344). Essa sua visão sobre a inoponibilidade dos direitos relativos continuou presente inclusive na 3ª edição de sua obra (SALEILLES, Raymond. *Étude sur la théorie générale de l'obligation d'apres le premier projet de code civil pour l'Empire Allemand*. 3. ed. Paris: LGDJ, 1914, p. 366).

[119] Alexandre Duranton dedicou, em 1819, um extenso capítulo para tratar dos efeitos das convenções em relação a terceiros. Duranton, basicamente, trouxe apenas uma exceção, que se refere ao caso de concordata, na qual a vontade da maioria vincula a da minoria, inclusive daqueles que não manifestaram sequer sua vontade. (DURANTON, Alexandre. *Traité des contrats et des obligations em general, suivant le code civil*. Paris: Nevve, Rondonneau, Garnery, Leloir, 1819. t. 2, p. 4).

[120] MARCADÉ, Victor-Napoléon. *Explication théorique et pratique du Code Napoléon*. 6. ed. Paris: Delamotte, 1866. t. 4, p. 411.

[121] Segundo Gabriel Baudry-Lacantinerie, em 1882 e 1883, "As convenções tiram sua força obrigatória do consentimento; é, portanto, de todo simples que elas tenham efeito somente entre aqueles que consentiram". (BAUDRY-LACANTINERIE, Gabriel. *Précis de droit civil*. Paris: L. Larose et Forcel, 1883. t. 2, p. 626-627). Os terceiros, que não participaram da convenção, não são atingidos pela força obrigatória do consentimento, exceto se estão ligados por relação de mandato, sucessão a título universal e sucessão a título particular. Ainda de acordo com este autor, a ação de natureza pessoal é dirigida apenas contra o devedor ou contra seus representantes, e não contra qualquer outro. Diferentemente do direito real, que, segundo o autor, confere uma oponibilidade contra todos, já que a todos é imposto um dever geral de respeito. Tal dever inexiste, segundo Baudry-Lacantinerie, no direito pessoal, que não impede

como a sua única exceção, pois, neste caso, o consentimento da maioria dos credores vincula o da minoria[123]. Além dessa exceção, (i) Charles Aubry e Charles Rau consideraram como exceção a hipótese da responsabilidade do terceiro cúmplice em caso de fraude que leve o devedor à insolvência[124]; (ii) Gabriel Baudry-Lacantinerie, em edição posterior, com a colaboração de Gustave Chéneaux, apresentou mais uma exceção, que se refere à oponibilidade dos contratos coletivos de trabalho, que regulam as relações entre empregadores e empregados, porém concluídos com os sindicatos profissionais dos patrões ou dos trabalhadores[125]; e (iii) Claude Bufnoir

que o devedor se obrigue novamente e da mesma forma com outros credores, respondendo o devedor igualmente perante todos os credores (BAUDRY-LACANTINERIE, Gabriel. *Précis de droit civil.* Paris: L. Larose et Forcel, 1882. t. 1, p. 645-646).

[122] Em 1895, Albert Vigié ressalta a importância doutrinal dos artigos 1.165 a 1.167, cuja aplicação se faz sentir em todas as matérias do direito. Considera inquestionável a ausência de efeitos das convenções das partes contratantes perante terceiros (exceto no caso de concordata) (VIGIÉ, Albert. *Cours élémentaire de droit civil français conforme au programme des facultes de droit.* 2. ed. Paris, Arthur Rousseau, 1895. t. 2, p. 548-549).

[123] A lógica desta exceção é a mesma da apresentada por J. Domat.

[124] Apesar de se situarem entre os autores clássicos, Charles Aubry e Charles Rau admitem e tratam da hipótese específica de responsabilidade civil do terceiro cúmplice, a saber, quando, por meio de um contrato oneroso, há fraude entre o devedor e terceiro, levando à insolvência do devedor. Nesta hipótese, segundo os autores, o credor deverá ajuizar ação pauliana e provar que o devedor, ao consentir com o ato que lhe causou prejuízo, tinha a intenção de fraudar, e que o terceiro foi cúmplice da intenção fraudulenta do devedor. A fraude do devedor se presume, pois este não pode ignorar o estado de seus próprios negócios, cuja ciência de insolvabilidade melhor do que ninguém é de seu conhecimento. Já quanto ao terceiro cúmplice, esta resulta suficientemente demonstrada quando o terceiro não ignora a insolvabilidade do devedor no momento de aproximar-se contratualmente. Em suma, Charles Aubry e Charles Rau reconhecem a possibilidade de o credor opor seu contrato contra o terceiro, por meio da ação pauliana (AUBRY, Charles; RAU, Charles. *Cours de droit civil français d'après l'ouvrage Allemand de C.-S. Zachariae.* 3. ed. Paris: Cosse, Imprimeur-Éditeur, 1856. t. 3, p. 91-92).

[125] BAUDRY-LACANTINERIE, Gabriel; CHÉNEAUX, Gustave. *Précis de droit civil.* 11. ed. Paris: Recueil Sirey, 1913. t. 2, p. 102-103. Em outra obra, Baudry-Lacantinerie, com colaboração desta vez de Louis Barde, separou as proposições do artigo 1.165 em duas regras. A primeira, as convenções não podem beneficiar terceiros. A segunda, as convenções não podem prejudicar terceiros. Então, afirmou que "A primeira destas regras comporta algumas exceções: a segunda admite apenas uma." Tradução livre de: "La première de ces règles comporte quelques exceptions: la seconde n'en admet qu'une." Em suma, deixando em aberto as exceções à primeira regra, trazendo apenas alguns exemplos não exaustivos, Baudry-Lacantinerie, de certa forma, já reconheceu a fragilidade da regra da inoponibilidade

ainda mencionou como exceção os casos de gestão de negócios, de oponibilidade do locatário ao nu-proprietário, e de herdeiro aparente[126].

No que se refere à regra geral de que as convenções não *beneficiam* terceiros, o próprio artigo 1.165 permitia que terceiros se beneficiassem das convenções no caso da estipulação em favor de terceiro. A doutrina clássica, então, não dava muita atenção aos casos em que terceiros se beneficiavam das convenções. Um ou outro doutrinador lembrava uma ou outra exceção, como são os casos de: (i) caução, de solidariedade contratual e de fraude, lembrados por Claude-Étienne Delvincourt[127]; (ii) fraude a direitos[128] e ineficácia das convenções, discorridos por

das convenções a terceiros. (BAUDRY-LACANTINERIE, Gabriel; BARDE, L. *Traité théorique et pratique de droit civil.* Des obligations. 3. ed. Paris: Sirey, 1906. t. 1, p. 588).

[126] Claude Bufnoir, em 1900, chamou atenção para a análise dos efeitos do contrato segundo a obrigação que o contrato dá origem, considerando assim o contrato como ato criador de obrigações, como se denota do seguinte excerto: "Les effets des contrats doivent être examinés plus particulièrement au point de vue des obligations auxquelles ils donnent naissance; nous devons les considérer comme actes créateurs d'obligations. Nous dirons donc que l'effet de la convention est de créer entre les parties une certaine situation juridique, de faire naître par exemple des obligations, ou encore d'opérer une constitution ou une transmission de droit réel, tandis que l'effet de l'obligation consiste, vous ai-je dit, à donner au créancier le moyen d'obtenir l'exécution de ce qui lui est dû." Tradução livre: "Nós diremos então que o efeito da convenção é criar entre as partes uma certa situação jurídica, de fazer nascer por exemplo obrigações, ou ainda de operar uma constituição ou uma transmissão do direito real, tanto que o efeito da obrigação consiste, é possível dizer, em dar ao credor os meios de obter a execução do que é a ele devido." (BUFNOIR, Claude. *Propriété et contrat.* Théorie des modes d'acquisition des droits reels et des sources des obligations. Paris: Rousseau, 1900, p. 744). Complementa ainda Claude Bufnoir que, quanto ao artigo 1.165, há de criar uma categoria intermediária de terceiro para classificar o caso do terceiro sucessor da parte. Assim considerado, "as convenções não podem ser opostas aos terceiros, é dizer àqueles que não são partes no contrato, e não são sucessores das partes, esta é uma regra de bom senso e de evidência; é como dizer que não se pode dispor dos bens de outro." Tradução livre de: "les conventions ne puissent pas être opposées aux tiers, c'est-à-dire à ceux qui n'ont pas été parties au contrat, et ne sont pas les ayants-cause des parties, c'est là une règle de bon sens et d'évidence; c'est comme si on disait qu'on ne peut disposer du bien d'autrui." (ibid., p. 749). Porém, apesar da evidência, segundo o próprio autor, esta regra comporta algumas exceções, como nos casos de gestão de negócios, de oponibilidade do locatário ao nu-proprietário, ou de herdeiro aparente (ibid., p. 749-752).

[127] DELVINCOURT, Claude-Étienne. *Institutes de droit civil français.* Paris: Gueffier, 1808. t. 2, p. 267-268.

[128] Duranton traz alguns exemplos de casos em que se permitem aos credores de uma parte atacar os atos que são praticados em fraude a seus direitos, por exemplo: (i) a insurgência do

Alexandre Duranton[129]; e (iii) usucapião, excetuados por Charles Aubry e Charles Rau[130].

Percebe-se que, durante o transcorrer do século XIX, os doutrinadores clássicos buscaram definir a extensão das exceções à regra geral da relatividade. Tendo em vista que a ideia de relatividade das convenções se faz sentir em todas as matérias do direito[131], a maior ou menor lista de exceções, em geral, dependia da consideração dos efeitos das convenções em relação a outros institutos do direito. Quando havia conflito com a regra geral, simplesmente aumentava-se a lista de exceções, tornando cada vez mais inconsistente[132] a teoria clássica da relatividade dos contratos. Contudo, no momento em que esta lista passou a possuir um número considerável de exceções e a deixar de especificar qualquer motivo para tanto, a teoria defendida pela doutrina clássica passou a ser falsa[133] e os

comprador contra oneração do bem quando um ônus de servidão for instituído após a venda de uma casa, mas antes da sua entrega; (ii) a insurgência de um herdeiro contra os demais herdeiros quando a dívida do falecido recair sobre o quinhão de um só dos herdeiros; (iii) as dívidas do proprietário não podem prejudicar os direitos do usufrutuário; (iv) a revogação de doação por ingratidão não deve prejudicar os direitos de terceiros; (v) as implicações diversas entre a caução ofertada pelo devedor e outros credores; e (vi) as doações feitas aos filhos decorrentes de contrato de casamento (DURANTON, Alexandre. *Traité des contrats et des obligations em general, suivant le code civil.* Paris: Nevve, Rondonneau, Garnery, Leloir, 1819. t. 2, p. 5-30).

129 Duranton trata dos casos de eficácia ou ineficácia das convenções como os de análise mais complicada (DURANTON, Alexandre. *Traité des contrats et des obligations em general, suivant le code civil.* Paris: Nevve, Rondonneau, Garnery, Leloir, 1819. t. 2, p. 42-91).

130 Ao tratarem dos efeitos jurídicos do contrato, em 1856, Charles Aubry e Charles Rau são breves ao pontuar que "Les conventions ne peuvent, ni être opposées aux tiers, ni être invoquées par eux." Tradução livre: "As convenções não podem, nem ser opostas aos terceiros, nem ser invocadas por eles." Tais autores apenas consideram como única exceção o caso de usucapião vintenário, conforme consta da nota 6 da obra de AUBRY, Charles; RAU, Charles. *Cours de droit civil français d'après l'ouvrage Allemand de C.-S. Zachariae.* 3. ed. Paris: Cosse, Imprimeur-Éditeur, 1856. t. 3, p. 223.

131 VIGIÉ, Albert. *Cours élémentaire de droit civil français conforme au programme des facultes de droit.* 2. ed. Paris, Arthur Rousseau, 1895. t. 2, p. 548.

132 De acordo com Claus-Wilhem Canaris: "una teoría debe juzgarse inconsistente cuando da lugar a excepciones de su correspondiente regla, sin poder aportar al respecto una razón convincente y compatible con sus premisas." (CANARIS, Claus-Wilhem. *Función, estructura y falsación de las teorías jurídicas.* Trad. Daniela Brückner e José Luis de Castro. Madrid: Editorial Civitas, S.A., 1995, p. 80).

133 Ainda conforme Claus-Wilhem Canaris, na medida em que a teoria dá lugar a exceções sem uma razão convincente e compatível com as suas premissas, "la teoría se devalúa, de modo

autores pós-clássicos passaram a contestar o caráter principiológico da relatividade das convenções, dando origem à fase aqui denominada de "negação do princípio da relatividade".

1.2. A negação do princípio da relatividade

A escola da exegese teve seu auge e decadência durante o século XIX. A sua fase de declínio se inicia justamente por conta da jurisprudência e das incoerências entre o texto do Código e a realidade social. Não bastava mais interpretar. O sentido do Código tinha que ser distorcido para adaptá-lo a uma nova sociedade. Pouco a pouco, para saber o direito civil, já não bastava ao jurista francês ler o *Code civil*. Analisar a jurisprudência passou a ser determinante para compreender os novos sentidos e as novas exceções. E é neste momento que a escola da exegese deu lugar à *escola científica contemporânea*. Esta nova escola começa em 1899 e tem por obra pioneira o livro "*Méthode d'interprétation et sources en droit privé positif*», de François Gény[134], que critica uma interpretação do Código baseada apenas no Código. A sua proposta é uma interpretação jurídica que leve em conta o valor atual das tradições antigas[135] e das autoridades modernas[136], para uma livre pesquisa científica.

Em paralelo, no ramo da filosofia e sociologia do direito, surgem as primeiras obras questionando diretamente a visão individualista do

semejante a lo que sucede como consecuencia de una contradicción lògica. Puesto que si da lugar a una excepción gratuita, no se ve por qué no se está facultado también para proponer una segunda, y así sucesivamente otras excepciones, sin precisar de razón alguna. Dado que con una teoría así es «compatible» en último término cualquier solución, la mism a no está, ciertamente, en condiciones de legitimar a ninguna en absoluto." (CANARIS, Claus-Wilhem. *Función, estructura y falsación de las teorías jurídicas*. Trad. Daniela Brückner e José Luis de Castro. Madrid: Editorial Civitas, S.A., 1995, p. 80).

[134] A versão consultada foi a segunda, de 1919, tanto dos tomos primeiro e segundo (GENY, François. *Méthode d'interprétation et sources en droit privé positif*. 2. ed. Paris: LGDJ, 1919. t. 1 e 2).

[135] E também, segundo François Geny, deve levar em conta os elementos históricos (GENY, François. *Méthode d'interprétation et sources en droit privé positif*. 2. ed. Paris: LGDJ, 1919. t. 2, p. 20-26).

[136] Principalmente da interpretação pretoriana da jurisprudência, bem como, da tendência, à época inovadora, em favor de uma autoridade criadora reconhecida à jurisprudência (GENY, François. *Méthode d'interprétation et sources en droit privé positif*. 2. ed. Paris: LGDJ, 1919, t. 2, p. 33-48).

contrato e da propriedade, firmando no seu lugar uma teoria da socialização[137] do contrato e da propriedade.

O direito social ou o direito da coletividade — que se contrapõe ao direito individual ou direito do indivíduo[138] — considera a relação do homem na sociedade. E este homem, segundo Léon Duguit, está submetido à regra social fundada na "interdependência social"[139], que o une aos outros. O homem e os seus atos devem ter um valor social, pois suas importâncias não podem se limitar ao indivíduo. Mesmo os direitos subjetivos individuais devem ter uma função social[140].

Esta forma de ver o direito decorre da influência de Auguste Comte, que, desde 1851, já tratava do momento de transformação do sentimento individualista — que prevaleceu durante a longa transição da Revolução Francesa —, até os novos auspícios de uma sociedade moderna. Nesta, no seu estado normal de humanidade:

> [...] cada cidadão comum constitui realmente um funcionário público, cujos papéis definidos mais ou menos determinam tanto as obrigações quanto as pretensões. Este princípio universal deve certamente se estender à propriedade, onde o positivismo vê sobretudo uma indispensável função social, destinado a formar e a administrar o capital pelo qual cada geração prepara o trabalho da próxima. Sabiamente concebido, esta apreciação normal enobrece sua posse, sem restringir a sua justa liberdade, e mesmo até em o fazendo melhor respeitar[141]. (Tradução nossa).

137 Ou socialidade, que é um princípio que não se confunde com "socialismo". Segundo Mário Luis Delgado, o princípio da socialidade significa a "prevalência dos valores coletivos sobre os individuais, mas sempre observando a pessoa humana e sua dignidade como valor fundante do ordenamento" (DELGADO, Mário Luis Delgado. *Codificação, decodificação, recodificação*. São Paulo: Saraiva, 2011, p. 296).

138 DUGUIT, Léon. *Le droit social, le droit individuel et la transformation de l'État*. Paris: Félix Alcan, Éditeur, 1908, p. 5.

139 "l'interdépendance sociale" (DUGUIT, Léon. *Le droit social, le droit individuel et la transformation de l'État*. Paris: Félix Alcan, Éditeur, 1908, p. 8).

140 ibid., p. 21.

141 "Les sentiments d'individualisme comme les vues de détail ont dû prévaloir pendant la longue transition révolutionnaire qui nous sépare du moyen âge. Mais les uns conviennent encore moins que les autres à l'ordre final de la société moderne. Dans tout état normal de l'humanité, chaque citoyen quelconque constitue réellement un fonctionnaire public, dont les attributions plus ou moins définies déterminent à la fois les obligations et les prétentions.

Assim, sucede que a função social do homem se estende aos seus atos e aos seus direitos, inclusive à propriedade e ao contrato. Cada vez mais, em relação aos atos jurídicos, deixa-se de centrar-se sobre a vontade individual e interna, passando-se a dar preferência à manifestação exterior da vontade e à declaração de vontade. A consequência direta desta mudança é a socialização do direito[142], retirando, então, do contrato a visão de um centro isolado de interesses. E é justamente neste momento que cede a "limitação da liberdade contratual em nome do interesse da sociedade, em nome de um interesse geral ou, como é dito entre nós, em nome dos altos interesses da coletividade"[143], como ponderou Daisy Gogliano.

A constatação filosófica e sociológica da influência da teoria social sobre o indivíduo e seus atos alterou aos poucos a forma de ver o mundo jurídico, em especial os atos jurídicos. A partir do direito social, os atos deixam de ser vistos unicamente no plano interno, passando a ser analisados também no seu plano social. A existência, em si, do contrato na sociedade (ou no mundo fático) cria uma situação jurídica ou um fato social que, por vezes, interfere na realidade fática de terceiros. Essa interferência é dado da realidade. Um contrato, por vezes, acaba por beneficiar ou prejudicar os interesses de terceiros. Ao constatar-se faticamente que um contrato tem consequências na esfera jurídica e econômica de terceiros, o direito assume a postura de regular esta interferência, não deixando que um sujeito do contrato permaneça indiferente ao interesse de terceiros. Nesta medida,

Ce principe universel doit certainement s'étendre jusqu'à la propriété, où le positivisme voit surtout une indispensable fonction sociale, destinée à former et à administrer les capitaux par lesquels chaque génération prépare les travaux de la suivante. Sagement conçue, cette appréciation normale ennoblit sa possession, sans restreindre sa juste liberté, et même en la faisant mieux respecter." (COMTE, Auguste. *Système de politique positive, ou Traité de sociologie, Instituant la Religion de l'humanité*. Paris: Mathias e Dalmont, 1851, p. 156).

142 DUGUIT, Léon. *Les transformations genérales du droit privé depuis le Code Napoléon*. Paris: Librairie Félix Alcan, 1912, p. 86 e 91-93.

143 E continua a professora Daisy Gogliano a escrever que: "Dentro de um sistema fundado no individualismo, a solução foi harmonizar e atender 'os efeitos relativos do contrato' com a manutenção do princípio da autonomia da vontade, dando legitimidade às normas de ordem pública, no momento em que o contrato passou a ser visto não mais como expressão da autonomia da vontade, mas, como instrumento da serviço do direito objetivo, subordinado ao interesse geral, porque ele permite operações socialmente úteis" (GOGLIANO, Daisy. A função social do contrato (causa e motivo). *Revista da Faculdade de Direito da Universidade de São Paulo*, São Paulo, v. 99, 2004, p. 166).

é dito que um contrato pode ser visto como um fato social que importa juridicamente a terceiros. E é a partir desta constatação que um número cada vez maior de juristas irá rechaçar a ideia de que um contrato tenha projeção eficacial somente entre as partes.

1.2.1. O início de uma distinção entre relatividade e oponibilidade na jurisprudência francesa

Uma concepção de inoponibilidade das convenções a terceiros apenas pode ser tolerada numa sociedade essencialmente agrícola ou estática. À medida que as relações se multiplicam, uma visão individualista torna-se insustentável. Quase meio século após a Revolução Francesa, a França passa a vivenciar os momentos áureos da revolução econômica de uma sociedade urbana e industrial.

A própria ideia filosófica de individualismo começou a desmoronar. O sistema jurídico também deixou de repousar sobre uma concepção individualista. As suas novas bases se fundam sobre uma concepção essencialmente socialista[144], dando prevalência à função social imposta aos indivíduos e aos grupos.

Meio século antes da doutrina, a jurisprudência francesa já adiantava o que futuramente será uma distinção clara entre relatividade dos contratos e oponibilidade. Os primeiros indicativos desta distinção se deram em 22 de junho de 1864, como consideram Judith Martins-Costa[145], Isabelle Marchessaux[146] e Jacques Ghestin[147]. Nesta data, a Câmara Civil da Corte de Cassação, tratando de uma partilha, decidiu que os contratos (de propriedade) não estavam limitados às partes, nos seguintes termos:

[144] Confira a precisão do termo "socialista" empregada por León Duguit, que não se trata a uma adesão ao partido socialista, mas somente emprega a palavra "socialismo" em oposição ao sistema jurídico fundado no direito subjetivo do indivíduo (DUGUIT, Léon, *Les transformations genérales du droit privé depuis le Code Napoléon.* Paris: Librairie Félix Alcan, 1912, p. 8).

[145] MARTINS-COSTA, Judith. Reflexões sobre o princípio da função social dos contratos. *Revista Direito GV.* São Paulo, v. 1, n.1, p. 41-66, 2005, p. 56.

[146] MARCHESSAUX, Isabelle. L'Opposabilite du contrat aux tiers. In: FONATAINE, Marcel; GHESTIN, Jacques (Coord.). *Les effets du contrat a l'egard des tiers*: comparaisons franco-belges. Paris: LGDJ, p. 67-99, 1992, p. 73-74. GHESTIN, Jacques; JAMIN, Christophe; BILLIAU Marc. *Traité de Droit Civil:* Les effets du contrat. 3. ed. Paris: LGDJ, 2001, p. 721.

[147] GHESTIN, Jacques. *Introduction (Rapport Francais).* In: FONATAINE, Marcel; GHESTIN, Jacques (Coord.), op. cit., p. 11.

> [...] os contratos que servem como título e prova (à propriedade) são aqueles firmados entre o comprador e o vendedor; o direito de propriedade seria perpetuamente prejudicado se os contratos tivessem vista a estabelecer valor apenas em relação às pessoas que tenham sido partes[148]. (Tradução nossa).

Pela análise do quanto estatuído neste julgado, percebe-se que não passa de uma breve e inicial ponderação a respeito do valor probatório dos contratos de propriedade perante terceiros. Nada mais do que isso. Apenas em 17 de dezembro de 1873 a hoje extinta Câmara de Pedidos da Corte de Cassação francesa, ao tratar do tema das convenções de casamento, pronunciou-se expressamente sobre a oponibilidade a terceiros, nos seguintes termos:

> [...] as convenções matrimoniais, que transmitem ou modificam direitos reais ou dão ao marido o direito de administrar mais ou menos livremente os bens da mulher, são suscetíveis de beneficiar terceiros ou de ser-lhes opostas; os terceiros não podem, para rejeitar este efeito, invocar utilmente o artigo 1.165 do Código Civil, cuja disposição é relativa apenas às obrigações que as convenções fazem nascer entre as partes[149]. (Tradução nossa).

Ao contrário do primeiro, este segundo julgado já adentrou expressamente na matéria da oponibilidade. Enfrentou o artigo 1.165 do Código Civil francês e atestou que as convenções matrimoniais podem tanto

[148] "les contrats qui servent de titre et de preuve (à la propriété) sont ceux qui sont passés entre l'acquéreur et le vendeur; le droit de propriété serait perpétuellement ébranlé si les contrats destinés à l'établir n'avaient de valeur, qu'à l'égard des personnes qui y auraient été parties" (D.P. 1864. 1.412; S. 1864.1 349). Cf. GHESTIN, Jacques. *Introduction (Rapport Francais)*. In: FONATAINE, Marcel; GHESTIN, Jacques (Coord.), op. cit., p. 11.

[149] "les conventions matrimoniales, en tant qu'elles transmettent ou modifient des droits réels, ou donnent au mari le pouvoir d'administrer plus ou moins librement les biens de la femme, sont susceptibles de profiter aux tiers, ou de leur être opposés; que les tiers ne peuvent, pour repousser cet effet, invoquer utilement l'article 1165 du Code civil dont la disposition n'est relative qu'aux obligations que les conventions font naître entre les parties (S. 1874, 1, 409)". (GHESTIN, Jacques. *Introduction (Rapport Francais)*. In: FONATAINE, Marcel; GHESTIN, Jacques (Coord.). *Les Effets du contrat a l'egard des tiers: comparaisons franco-belges*. Paris: Librairie LGDJ, 1992, p. 11)

beneficiar terceiros quanto podem também ser opostas contra os terceiros. Sobre este julgado de 1873, Yvonne Flour diz que: "Com mais de meio século à frente das obras da doutrina, a Corte de Cassação descobriu a distinção interpretativa dominante hoje comumente concebida do artigo 1.165"[150].

Apesar do ineditismo no tratamento do tema, ambos os casos não generalizam a sua aplicação para todos os contratos. O primeiro trata do direito de propriedade e, mais genericamente, dos direitos reais. Nada mais reconhece do que a oponibilidade a todos imanente aos direitos reais, ou, mais especificamente, tão somente reconhece a oponibilidade probatória do direito real. O segundo julgado trata diretamente de uma convenção de casamento e, indiretamente, dos regimes matrimoniais e da mudança do estado patrimonial dos cônjuges, cujos tipos de convenções têm efeitos particulares[151] em face de todos. Ou seja, trata-se da oponibilidade das situações jurídicas em matéria de regime patrimonial e de estado civil.

Assim, uma sistematização genérica e ampla apenas apareceu mais tarde. Mas até lá foram levantadas grandes discussões contra o quanto estatuído pelo artigo 1.165, e o primeiro a tratar especificamente do tema foi Pierre Hugueney.

1.2.2. A tese inovadora de Pierre Hugueney

Em relação ao princípio da relatividade, não há um marco muito claro na doutrina francesa sobre a passagem da aceitação à sua negação. Mesmo no século XX, antes da opinião forte e contundente de René Savatier, a doutrina não se dividia entre os que aceitavam e negavam; porém, a doutrina moderna já deixava de ver a relatividade dos contratos como um princípio de evidência e começava a questionar a precisão do sentido do artigo 1.165.

[150] "Avec plus d'un demi-siècle d'avance sur l'oeuvre de la doctrine, la Cour de cassation découvre la distinction qui domine l'interprétation aujourd'hui couramment reçue de l'article 1165" (Yvonne Flour, *L'effet des contrats à l'égard des tiers en droit international privé*, Paris II, 1977, nº 167, apud GHESTIN, Jacques. *Introduction (Rapport Francais)*. In: FONATAINE, Marcel; GHESTIN, Jacques (Coord.), op. cit., p. 12).

[151] GHESTIN, Jacques. *Introduction (Rapport Francais)*. In: FONATAINE, Marcel; GHESTIN, Jacques (Coord.), op. cit., p. 12.

Doutrinariamente, pode-se atribuir a Pierre Hugueney o mérito de ser o primeiro a enfrentar, em obra específica[152], o tema da responsabilidade civil do terceiro cúmplice. A sua obra, como se verá a seguir, influenciará enormemente a visão de René Demogue.

Desde 1910[153], Pierre Hugueney já colocava a seguinte questão (posta logo na primeira página de sua obra):

> Um devedor, de má-fé, viola a obrigação que ele contratou: este devedor certamente é responsável, responsável civilmente, mesmo que ele não seja penalmente. Mas imaginemos que ele a violou instigado ou com a ajuda de um terceiro cúmplice, este terceiro cúmplice, a supor que o fato do devedor não constitui um delito penal, poderia ele, na sua só qualidade de cúmplice da violação de uma obrigação contratual, ser declarado também responsável civilmente vis-à-vis do credor pelas consequências da inexecução dolosa da obrigação?[154] (Tradução nossa).

Para muitos de sua época, segundo Pierre Hugueney, quem defendesse afirmativamente esta questão seria contestado com uma exclamação "Que

152 HUGUENEY, Pierre. *Responsabilité civile du tiers complice de la violation d'une obligation contractuelle.* Paris: A. Rousseau, 1910.

153 É de fazer destaque ao ano que Pierre Hugueney escreve sua obra. No Brasil, discussões sobre a responsabilidade civil do terceiro cúmplice apenas surgiram meio século mais tarde com o artigo de Alvino Lima em 1962 (LIMA, Alvino. A interferência de terceiros na violação do contrato. *Revista dos Tribunais.* São Paulo, v. 51, n. 315, p. 14-30, 1962). Após Alvino Lima, a matéria volta a debate com os pareceres e aulas de A. Junqueira de Azevedo (AZEVEDO, Antonio Junqueira. *Estudos e pareceres de direito privado.* São Paulo: Saraiva, 2004). Ou seja, com quase um século de atraso, o Brasil passa a discutir tais matérias com profundidade. De notar que, inclusive, em algumas áreas do direito (e.g., o Direito Comercial), não é difícil encontrar doutrinadores que não compreendem como um terceiro pode ser responsabilizado quando auxilia uma parte contratante a realizar uma fraude. Alguns doutrinadores ainda são apegados à visão clássica de contrato, que já restou superada pelos próprios franceses que o criaram.

154 "Un débiteur, de mauvaise foi, viole l'obligation qu'il a contractée: ce débiteur assurément est responsable, responsable civilement, si même il ne l'est pas pénalement. Mais imaginons qu'il l'ait violée à l'instigation ou avec l'aide d'un tiers complice, ce tiers complice, à supposer que le fait du débiteur ne constitue pas un délit pénal, pourra-t-il, en sa seule qualité de complice de la violation d'une obligation contractuelle, être déclaré lui aussi responsable civilement vis-à-vis du créancier des conséquences de l'inexécution dolosive de l'obligation?" (HUGUENEY, Pierre. *Responsabilité civile du tiers complice de la violation d'une obligation contractuelle.* Paris: A. Rousseau, 1910, p. 1).

heresia jurídica!" ("*Quelle hérésie juridique!*")[155], justamente pela presença da relatividade das convenções. Seu trabalho, como o próprio se referiu[156], seria taxado de revolucionário, por alguns, e, por outros, como uma forma de quebrantar uma porta já aberta.

Seja como for, Pierre Hugueney tem o mérito de ser o primeiro a dedicar extenso e específico estudo sobre a responsabilidade civil de terceiros enfrentando problemas fundamentais do direito privado.

Logo no início de sua tese, trata da distinção entre direitos pessoais e reais. Entre um e outro, o autor encontra uma categoria intermediária, denominada de "direitos mistos" ("*droits mixtes*"). Estes seriam oponíveis a terceiros, ao menos em determinadas condições e reservas[157]. Para dar soluções, separou os casos de responsabilidade civil do terceiro cúmplice em três hipóteses: obrigações de dar, obrigações de fazer e obrigações de não fazer. Com essa sistemática, buscou analisar a interferência do terceiro em cada tipo de obrigação.

Nas obrigações de dar cujo objeto seja um imóvel, Pierre Hugueney trata do caso, muito discutido pelos doutrinadores franceses, de dupla venda de um mesmo imóvel sujeito a registro[158]: um vendedor vende seu imóvel a duas pessoas, mas, antes que o primeiro adquirente (em sentido lato) registre o ato de alienação, o segundo adquirente (ciente da primeira venda) apressa-se a realizar o registro e o faz antes do primeiro adquirente[159]. A questão que se coloca é se o terceiro, ciente da primeira venda, pode se valer da ausência de transcrição para prejudicar o primeiro adquirente. A resposta que Pierre Hugueney dá segue a jurisprudência majoritária da época, ao considerar que a segunda venda, mesmo que registrada, não é oponível ao primeiro adquirente, que, a pretexto da

[155] HUGUENEY, Pierre. *Responsabilité civile du tiers complice de la violation d'une obligation contractuelle.* Paris: A. Rousseau, 1910, p. 1.

[156] ibid., p. 2.

[157] HUGUENEY, Pierre. *Responsabilité civile du tiers complice de la violation d'une obligation contractuelle.* Paris: A. Rousseau, 1910, p. 3, 19 e 192-193.

[158] Entre vários, BUFNOIR, Claude. *Propriété et contrat.* Théorie des modes d'acquisition des droits reels et des sources des obligations. Paris: Rousseau, 1900, p. 118-132. AUBRY, Charles; RAU, Charles. *Cours de droit civil français d'après l'ouvrage Allemand de C.-S. Zachariae.* 3. ed. Paris: Cosse, Imprimeur-Éditeur, 1863. t. 2, p. 277.

[159] HUGUENEY, Pierre. *Responsabilité civile du tiers complice de la violation d'une obligation contractuelle.* Paris: A. Rousseau, 1910, p. 22-23.

má-fé do segundo adquirente, poderá considerar esta segunda venda como nula[160].

Para fundamentar a responsabilidade civil do terceiro cúmplice, o autor considerou que há conluio e fraude, e a ação cabível para exigir a reparação é a ação pauliana. Preocupou-se em esclarecer que não se tratava de pauliana clássica, que exige a insolvência do devedor, mas de uma ação pauliana alargada, derivada do antigo direito[161], que deve ser entendida numa acepção especial[162]. Tratou de dizer que a fraude também poderia ser utilizada para fundamentar a responsabilidade neste caso, segundo a regra "*fraus omnia corrumpit*"[163], ou ainda, como preferem outros[164], a própria regra do artigo 1.382[165] do Código Civil francês, que trata do dever geral de indenização[166].

A doutrina da época sempre considerou como remédio a ação pauliana, quando o adquirente a título oneroso soubesse do estado de insolvência do devedor. Mas a tese de Pierre Hugueney é justamente considerar a ação pauliana contra o adquirente que simplesmente tivesse conhecimento da anterior venda[167] (sem necessitar ser o conhecimento do estado de insolvência).

Para o autor, será suficiente a consciência do segundo adquirente do dano causado ao primeiro[168]. E, por este raciocínio, a responsabilidade civil

[160] ibid., p. 26.

[161] Ibid., p. 185.

[162] ibid., p. 27 e 185.

[163] No mesmo sentido, BUFNOIR, Claude. *Propriété et contrat*. Théorie des modes d'acquisition des droits reels et des sources des obligations. Paris: Rousseau, 1900, p. 119.

[164] Aubry e Rau, por exemplo, ao tratarem dos atos submetidos a registro, dizem que os terceiros podem se valer da ausência do registro, mesmo que tenham conhecimento da anterior alienação, exceto se a convenção firmada pelo devedor e o segundo adquirente for passada em fraude concertada para prejudicar os efeitos da primeira alienação. E, neste ponto, justificam em nota de nº 81, com o fundamento no artigo 1382. (AUBRY, Charles; RAU, Charles. *Cours de droit civil français d'après l'ouvrage Allemand de C.-S. Zachariae*. 3. ed. Paris: Cosse, Imprimeur--Éditeur, 1863. t. 2, p. 277)

[165] "Todo e qualquer fato do homem, que causa um dano a outrem, obriga o culpado a repará-lo.". Atualmente, com a Ordennance nº 2016-131, o conteúdo do antigo art. 1382 está expresso de forma quase idêntica no atual art. 1240.

[166] HUGUENEY, Pierre. *Responsabilité civile du tiers complice de la violation d'une obligation contractuelle*. Paris: A. Rousseau, 1910, p. 28.

[167] ibid., p. 184-190.

[168] ibid., p. 30.

do terceiro se explica pelo simples fato de o terceiro não ter respeitado um direito que deveria ter respeitado[169]. Esta conclusão é resultado da premissa de que a convenção não é letra morta aos olhos de um terceiro e de que, neste caso, há um "direito mais forte" ("*droit plus fort*") do que um simples direito pessoal, o que permitiria uma convenção ser invocada pelas partes contra terceiros, mas também o inverso, um terceiro invocando uma convenção contra as partes[170].

Fundamentando-se também no delito penal[171], Pierre Hugueney considera o caso como hipótese de estelionato cometido pelo proprietário que aliena pela segunda vez o mesmo imóvel, pois, ao tempo da segunda alienação, já não era mais proprietário do bem vendido[172]. No campo cível, o autor considera que a responsabilidade do terceiro somente poderá ser delitual[173], porém não será uma responsabilidade civil própria, mas "de empréstimo" ("*d'emprunt*"), modelada sobre a responsabilidade do devedor mesmo[174].

Apesar da originalidade e da importância no tratamento do tema, Pierre Hugueney é criticado justamente por se valer de um conceito de ação pauliana alargada e por fundar-se em grande medida nas bases do direito penal.

Contudo, não só pela primazia ao tratar do tema, Pierre Hugueney tem particular importância ao considerar a existência de um direito misto, que seria uma categoria intermediária entre o direito pessoal e o real, ou seja, um direito pessoal com certas características de direito real. Um *direito mais*

[169] ibid., p. 190.

[170] ibid., p. 204.

[171] Pierre Hugueney defende a extensão das regras da cumplicidade do direito penal ao direito civil, o que resultaria na necessidade de existir um elemento intencional e um elemento material (ibid., p. 244-246).

[172] Considerando que no direito francês a transferência do imóvel ocorre pelo simples consentimento das partes (HUGUENEY, Pierre. *Responsabilité civile du tiers complice de la violation d'une obligation contractuelle*. Paris: A. Rousseau, 1910, p. 195).

[173] ibid., p. 201.

[174] ibid., p. 222. Interessante notar que a dependência da responsabilidade civil de terceiro à existência de responsabilidade civil do contratante é seguida, com razão, até hoje. Não há autonomia da responsabilidade civil do terceiro cúmplice ou interferente. O terceiro somente é chamado a responder por ter auxiliado num incumprimento. Se não há incumprimento, e, portanto, se não há responsabilidade do contratante cúmplice, não há o pressuposto básico para que terceiro venha a responder.

forte capaz de atingir terceiros, em certos casos e sob certas condições. Eis aqui o embrião da moderna teoria da oponibilidade.

1.2.3. O combate à relatividade das convenções por Henri Capitant e René Demogue

O princípio da relatividade, que antes tinha um caráter absoluto, começou a sofrer, ainda no século XIX, um número cada vez maior de exceções. Já no início do século XX, o artigo 1.165 do Código Civil francês, que era tomado por evidente, passa a ser questionado.

A doutrina do início do século XX, em seus tratados e cursos, ao discorrer sobre o princípio da relatividade das convenções, diminuía cada vez mais a importância deste princípio. Ambroise Colin e Henri Capitant, por exemplo, antes de citarem diversos casos de eficácia perante terceiros como exceções ao princípio da relatividade, dizem que a regra do art. 1.165 foi dada como uma verdade de evidência, mas "esta evidência é toda aparente, e, tão logo buscamos clarificar o âmbito da regra, encontramos dificuldades"[175].

Uma das principais dificuldades encontradas por Ambroise Colin e Henri Capitant estava no próprio conceito de "terceiro" do artigo 1.165. De acordo com a letra da lei, o terceiro não pode sofrer efeitos das convenções. Então, para manter uma consistência com a proposição do artigo, tais autores buscaram identificar quais terceiros sofrem e quais não sofrem efeitos dos contratos. Os terceiros que, de certa forma, participam do contrato, por certo, sofrem efeitos do contrato. Igualmente, o representante ou mandatário. A doutrina e a jurisprudência, ao reconhecerem a responsabilidade do terceiro cúmplice, inseriram-no no grupo de terceiros que sofrem efeitos das convenções. Ainda, o terceiro minoritário que se sujeita à vontade da maioria em deliberações assembleares também sofre efeitos do quanto estatuído no ato coletivo ou colegial. Os sucessores a título particular e universal, que são terceiros, ao serem atingidos pela eficácia contratual, também não podem ser incluídos no conceito de terceiro do art. 1.165.

[175] "cette évidence est toute apparente, et dès qu'on essaie de préciser la portée de la règle, on se heurte à des difficultés" (COLIN, Ambroise; CAPITANT, Henri. *Cours Élémentaire de Droit Civil Français*. Paris: Dalloz, 1915. t. 2, p. 332).

Após analisar estas e outras exceções[176], Ambroise Colin e Henri Capitant concluem que "A regra editada pelo artigo 1.165 é verdade somente para aqueles que são completamente *estranhos aos contratantes*, e que denominamos correntemente de *penitus extranei*"[177].

Ou seja, as convenções das partes apenas não poderiam prejudicar ou beneficiar os *penitus extranei* (completamente estranhos, ou "terceiros absolutos"). Em sentido inverso, quem não for *terceiro absoluto* poderá sofrer efeitos destas convenções, justificado pela segurança das relações jurídicas e pelas necessidades práticas. Ocorre que, ao Ambroise Colin e Henri Capitant excluírem do art. 1.165 todos os terceiros que tenham uma mínima proximidade negocial, esvaziaram o sentido do próprio art. 1.165. De nada adianta existir uma proposição genérica que afirma que o contrato produz efeitos em relação (i) às partes; e (ii) aos terceiros não completamente estranhos aos contratantes, pois o âmbito de exclusão dos efeitos das convenções limitar-se-ia aos terceiros absolutos. Por isso que, ao interpretarem de forma ampla os efeitos das convenções em relação a terceiros, é possível concluir que Ambroise Colin e Henri Capitant negam a existência do princípio da relatividade das convenções.

Além de Ambroise Colin e Henri Capitant, a contribuição de René Demogue também foi decisiva para a compreensão da eficácia externa das obrigações. Ante sua autoridade, o autor influenciou muitos dos juristas da época a considerar, principalmente, que: (i) o contrato é um fato social; (ii) em certa medida, os direitos pessoais são oponíveis a terceiros; e (iii) a responsabilidade civil do terceiro cúmplice é admissível, mesmo sem uma disposição legal expressa.

No que se refere ao contrato ser um fato social, René Demogue esclarece que a fórmula do artigo 1.165 convém a uma civilização individualista como a de 1804. Não convém, entretanto, à sociedade do século XX. A sociedade moderna não suporta uma concepção que limita a eficácia das convenções às partes. Uma concepção muito restrita da relatividade ignora a existência dessas convenções no meio social e as suas repercussões

[176] COLIN, Ambroise; CAPITANT, Henri. *Cours Élémentaire de Droit Civil Français*. Paris: Dalloz, 1915. t.2, p. 332-333.

[177] "La règle édictée par l'article 1165 n'est vraie que pour ceux qui sont complètement *étrangers aux contractants*, et qu'on appelle souvent les *penitus extranei*" (COLIN, Ambroise; CAPITANT, Henri. *Cours Élémentaire de Droit Civil Français*. Paris: Dalloz, 1915. t.2, p. 332).

em relação a terceiros[178]. "Na verdade, todo contrato, todo ato jurídico é um fato social. Ele está imerso, afogado no meio de direitos ou de atos humanos, ele o responde impreterivelmente. Assim, cada um dos nossos atos produz consequências infinitas, em longas ondas de repercussão."[179].

Em matéria de obrigações, segundo Demogue, é contrário à realidade um conceito de obrigação limitado em sua eficácia ao credor e ao devedor. A obrigação, como fato social que é, repercute naturalmente consequências no meio social e, por isso, pode gerar conflitos contra a liberdade de terceiros[180]. Uma conciliação possível, para o autor, é responsabilizar o terceiro de má-fé, impondo-lhe um dever de abstenção. Buscando conciliar a liberdade individual e as consequências da existência da obrigação no meio social, Demogue trata longamente a respeito da responsabilidade civil do terceiro cúmplice, principalmente por meio de uma análise de numerosos casos da jurisprudência francesa.

Mais de uma centena de casos[181] são analisados por Demogue. A conclusão a que chega é que não é possível negar que certos efeitos das obrigações acabam por atingir terceiros, inclusive para os condenar

[178] DEMOGUE, René. *Traité des obligations en general.* II. Effets des Obligations. Paris: Arthur Rousseau, 1933. t. 7, p. 68-69. A prova da existência das obrigações perante terceiros, segundo René Demogue, é "precisamente das exceções que ela comporta. Em certos casos, o contrato firmado é inoponível aos terceiros, esta é a prova de que normalmente ele lhe é oponível e que ele não é vazio para os outros, que lhes tem, portanto, consequências favoráveis ou desfavoráveis" (Tradução livre de: "précisément des exceptions que'elle comporte. Dans certains cas, le contrat passé est inopposable aux tiers, cela prouve donc que normalement il leur est opposable et qu'il n'est pas pour eux non-avenu, qu'il a donc pour eux des conséquences favorables ou défavorables.") (ibid., p. 69).

[179] "En effet, tout contrat, tout acte juridique est un fait social. Il est plongé, noyé dans un milieu de droits ou d'actes humains, il y réagit forcément. Ainsi chacun de nos actes produit ses conséquences à l'infini, en longues ondes de répercussion." (DEMOGUE, René. *Traité des obligations en general.* II. Effets des Obligations. Paris: Arthur Rousseau, 1933. t. 7, p. 77).

[180] DEMOGUE, René. *Traité des obligations en general.* II. Effets des Obligations. Paris: Arthur Rousseau, 1933. t. 7, p. 598.

[181] René Demogue analisa casos de responsabilidade civil do terceiro cúmplice em diversos tipos de contrato, como por exemplo: contratos de trabalho; contratos de não-competição; responsabilidade do sindicato nas greves ilícitas; promessas unilaterais de venda; violação de obrigação de não alienar ou não hipotecar; violação de proibição de exportação de mercadoria ou de cláusula de territorialidade; nos contratos de locação; contratos de mandato; violação de regras de uma organização esportiva; contratos de garantia; em caso de adultério; contratos de venda de imóvel não publicado, cuja cumplicidade é caracterizada como fraudulenta; contrato

ao pagamento de perdas e danos. Após tratar da jurisprudência francesa na matéria, Demogue faz uma construção técnica da responsabilidade do terceiro cúmplice. Inicia afirmando que os casos de responsabilidade civil do terceiro cúmplice não estão limitados aos casos de delito penal, devendo alcançar muitos outros casos.

A chave para identificar a responsabilidade do terceiro cúmplice é o *conhecimento* deste do contrato alheio[182]. Aquele que conhece o contrato tem a obrigação negativa de não participar nem auxiliar na violação de uma obrigação contratual. Ao conhecer e violar, o terceiro infringe esta obrigação e por tal pode ser responsabilizado.

A respeito do regime de responsabilidade aplicável ao terceiro cúmplice, inicialmente, quando da sua obra "As noções fundamentais de direito privado", Demogue, com base em Pierre Hugueney, defendia que o terceiro cúmplice seria responsabilizado extracontratualmente. O fundamento para a sua responsabilidade estaria abrangido pelo art. 1.382 do Código Civil francês, que prevê a responsabilidade geral indenizatória[183]. Porém, posteriormente, quando da elaboração do seu "Tratado das obrigações em geral", Demogue muda de opinião. Divergindo do resto da doutrina, o autor passa a considerar que esta responsabilidade de terceiro é contratual, justificando que:

> No dia em que o terceiro com conhecimento do contrato ajuda a descumpri-lo, ele torna-se aderente ao contrato. [...] Diremos que a responsabilidade de terceiros, como aquela do devedor, é contratual. Ela só tem este caráter especial de ser menos extensa. O terceiro é responsável apenas se ele agiu conscientemente ou mesmo, em certos casos, se ele agiu de forma fraudulenta. A responsabilidade é contratual, o terceiro será vinculado à cláusula penal no contrato, se pelo menos ele tinha conhecimento dela[184]. (Tradução nossa).

de venda de navio; contratos de casamento (DEMOGUE, René. *Traité des obligations en general.* II. Effets des Obligations. Paris: Arthur Rousseau, 1933. t. 7, p. 581-594).

182 DEMOGUE, René. *Traité des obligations en general.* II. Effets des Obligations. Paris: Arthur Rousseau, 1933. t. 7, p. 596.

183 DEMOGUE, René. *Les Notions Fondamentales du Droit privé.* Essai Critique. Paris: Arthur Rousseau, 1911, p. 581.

184 "Du jour où le tiers ayant connaissance du contrat aide à le méconnaître, il devient adhérent à ce contrat. [...] Nous dirons donc que la responsabilité du tiers, comme celle du débiteur, est contractuelle. Elle a seulement ce caractère spécial d'être moins étendue. Le tiers n'étant

Apesar de sua concepção não ser aceita atualmente por grande parte da doutrina[185], foi mérito de Demogue a divulgação e aceitação ampla da responsabilidade civil do terceiro cúmplice, influenciando, inclusive, Louis Josserand[186].

Na linha de defesa dos efeitos das convenções perante terceiros, Demogue atacou a distinção clássica dos direitos absolutos e relativos. A desconstrução dos conceitos partiu da premissa de que "a pretensa diferença de natureza entre o direito absoluto e o direito relativo não existe, pois eles são somente variantes da mesma coisa"[187]. A diferença entre ambos seria que o direito absoluto é um direito de conteúdo forte e, o direito relativo, de conteúdo fraco.

Em suma, uma diferença criada e mantida por razões históricas, por confusão dos juristas romanos entre direito e objeto. Estes, ao

responsable que s'il a agi en connaissance de cause ou même dans certains cas, s'il a agi frauduleusement. La responsabilité étant contractuelle, le tiers sera tenu de la clause pénale prévue au contrat, si du moins il en a eu connaissance." (DEMOGUE, René. *Traité des obligations en general.* II. Effets des Obligations. Paris: Arthur Rousseau, 1933. t. 7, p. 600).

185 Esta concepção de que a responsabilidade de terceiro é contratual se demonstrou equivocada, pois o terceiro não está adstrito aos limites contratuais, não podendo invocar as suas cláusulas em seu benefício, porém igualmente não podem ser opostas eventuais cláusulas exoneratórias ou limitadoras de responsabilidade em seu prejuízo. Apesar de facilitar o regime indenizatório, estender os efeitos contratuais a terceiros, sem previsão legal, é contraditória com toda a evolução da interpretação da relatividade contratual, razão pela qual a ação de terceiro contra uma das partes ou de uma das partes contra um terceiro somente pode ser fundamentada pela responsabilidade extranegocial.

186 Ao tratar dos efeitos do contrato em relação às pessoas que não são os contratantes, Louis Josserand tratou dos casos de sucessão a título universal e particular, de credores quirografários e dos verdadeiros terceiros (os *penitus extranei*). Sobre estes últimos, diferenciam-se os contratos que visam impor o respeito a todos (e.g., contrato de casamento, as convenções coletivas de trabalho e os contratos translativos ou constitutivos de direitos reais) dos contratos que acidentalmente produzem efeitos perante terceiros (e.g., proprietário aparente, herdeiro aparente, responsabilidade civil do terceiro cúmplice). Porém, Louis Josserand não considera que estes últimos casos sejam exceções realmente efetivas ao princípio da relatividade, já que, segundo o autor, os efeitos sobre as pessoas e os bens apenas são indiretos. (JOSERRAND, Louis. *Cours de droit civil positif français*: Théorie générale des obligations. Paris: Recueil Sirey, 1939. t. 2, p. 144-150)

187 "la prétendue différence de nature entre le droit absolu et le droit relatif n'existe pas, que ce ne sont que des variantes d'une même chose" (DEMOGUE, René. *Les Notions Fondamentales du Droit privé.* Essai Critique. Paris: Arthur Rousseau, 1911, p. 405)

materializarem o direito, compreendiam que, ou o direito existe perante todos ou não existe perante todos, na mesma lógica que segue a dicotomia de ou uma coisa existe ou não existe, não podendo existir relativamente. Ou seja, para os romanos, conclui Demogue, somente existiam direitos absolutos[188]. O início da distinção representou uma mudança de mentalidade que teria sido dado no século XII, quando se admitiram as expressões *jura in re* e *jura ad rem*, nas obras de Lombardie. Esta diferença foi mantida e replicada posteriormente nas constituições pontifícias do século XIII[189].

Com a consolidação desta diferenciação, grande parte dos juristas franceses da época passou a considerar que a diferença decorria da natureza mesma dos direitos. O direito real ligava a pessoa a determinada coisa e o direito pessoal ligava uma pessoa a outra pessoa. Porém, considerar que os direitos podem ser exercidos diretamente sobre uma coisa, sem intermédio de pessoa, é confundir o direito com o seu objeto. O direito, diz Demogue, "supõe a vida em sociedade, e ainda existe necessariamente em relação a alguém. Ainda, um direito não existe em relação a um bem. Da mesma forma, ele não existe entre duas coisas."[190]

O direito absoluto, assim como o direito relativo, supõe, então, a vida em sociedade. O direito absoluto esconde um poder de fato, uma possibilidade. Um fato é ou não é em relação a todos[191]. A diferença entre o direito absoluto e relativo não está em sua natureza, mas no fato de que o direito relativo é oponível (*lato sensu*) em uma medida especial a uma ou a algumas pessoas somente, e o direito absoluto é oponível (*stricto sensu*) legalmente a todos[192]. Mas mesmo o direito relativo é oponível a todos, no sentido de que todos devem ter em conta a sua existência[193].

[188] DEMOGUE, René. *Les Notions Fondamentales du Droit privé.* Essai Critique. Paris: Arthur Rousseau, 1911, p. 406.

[189] ibid., p. 407.

[190] "Le droit suppose la vie en société, et alors il existe nécessairement à l'égard de quelqu'un. Ainsi un droit n'existe pas à l'égard d'un bien. De même qu'il n'existe pas entre deux choses" (DEMOGUE, René. *Les Notions Fondamentales du Droit privé.* Essai Critique. Paris: Arthur Rousseau, 1911, p. 411).

[191] DEMOGUE, René. *Les Notions Fondamentales du Droit privé.* Essai Critique. Paris: Arthur Rousseau, 1911, p. 412.

[192] ibid., p. 413.

[193] ibid., p. 420.

Assim, Demogue não só atacou a concepção clássica de direito real, como inclusive reconheceu Louis Rigaud[194], mas ainda atacou "a venerável distinção de direitos reais e de direitos de crédito"[195]. Apesar das suas considerações importantes sobre os efeitos indiretos das obrigações, faltou a René Demogue apenas diferenciar a oponibilidade dos efeitos obrigacionais, tratando-os melhor e de forma mais profunda.

1.2.4. O pretenso princípio de René Savatier

Assim que publicado, ficou famoso o artigo de René Savatier intitulado "O pretenso princípio do efeito relativo dos contratos". Se a doutrina da época já fazia pontuais críticas, este artigo significou um ataque direto ao que restava do princípio da relatividade.

O artigo inicia por colocar à prova a veracidade do quanto estatuído pelo art. 1.165 do *Code civil*. Exemplos simples do cotidiano[196] já demonstravam que os contratos, de certa forma, atingiam terceiros. A relatividade dos contratos, da forma tal qual concebida, se já não era radicalmente falsa, estava, no mínimo, atenuada, e a evolução jurisprudencial e legislativa tendiam a retraí-la mais e mais[197].

Após realizar uma análise das convenções mais usuais[198], Savatier chega à conclusão de que as convenções, por sua própria natureza, não detinham

[194] Louis Rigaud, em sua tese, buscou criticar todas as novas teorias que buscavam banir a distinção de ordem científica ou técnica entre direitos reais e direitos de crédito. (RIGAUD, Louis. *Le droit réel.* Histoire et theories. Son origine institutionnelle. Toulouse: A. Nauze, Imprimeur-Editeur, 1912, p. 13, 131-165, 205-255)

[195] "la vénérable distinction des droits réels et des droit de créance." (RIGAUD, Louis. *Le droit réel.* Histoire et theories. Son origine institutionnelle. Toulouse: A. Nauze, Imprimeur-Editeur, 1912, p. 5).

[196] O dever imposto a todos de respeitar a propriedade de um adquirente de bem imóvel; a esposa do comprador que é afetado pelo vício da coisa comprada; o locatário contra um esbulhado; o locatário contra o comprador do bem locado; o terceiro contra o dono da obra, por danos causados pela empreiteira; entre outros. René Savatier ainda lembra a hipótese da vítima que tem interesse de agir contra o segurador, por danos causados pelo segurado; o familiar próximo contra o causador do dano, que levou à morte o ente querido; o reconhecimento por todos da personalidade civil das sociedades.

[197] SAVATIER, René. Le prétendu principe de l'effet relatif des contrats. *Revue Trimestrielle de Droit Civil,* Paris, t. 33, p. 525-545, 1934, p. 527.

[198] Savatier separou em cinco categorias as convenções mais usuais. A primeira categoria se refere às convenções relativas ao estado civil e à capacidade das pessoas, como o casamento

um efeito simplesmente relativo. Outra importante conclusão que ele retira de sua análise é a seguinte: a inoponibilidade aos terceiros está longe de ser uma regra absoluta. Muitos dos contratos tinham o que denominou, seguindo Pierre Hugueney, uma "*natureza mista*"[199], ou seja, produziam outros efeitos, necessariamente absolutos, perante terceiros — o que reduz a importância do artigo 1.165 de tal modo que "*somente deve ser compreendido como uma constatação geral, de outra maneira muito pouco exata*"[200].

Em relação ao caso de responsabilidade do terceiro cúmplice, não é possível reconhecer um direito de terceiro de auxiliar o devedor a violar a sua obrigação, porém, isso não significa que o terceiro tenha o dever de procurar saber se uma obrigação existe[201]. De toda forma, se souber, o seu conhecimento e a sua ajuda na violação da promessa alheia implicarão o reconhecimento da má-fé deste terceiro[202]. Portanto, para Savatier, não é correto dizer que a obrigação se impõe somente ao devedor, pois aos terceiros são impostos deveres de cunho negativo, principalmente o de não auxiliar o devedor a faltar com a sua palavra dada ao credor. Este dever é preexistente e não se funda na obrigação principal, "mas sobre um delito

e a adoção. Tais são normalmente oponíveis a todos, podendo inclusive ser invocadas pelos terceiros contra tais pessoas. A segunda categoria é dos contratos translativos de direitos (e.g. cessão de crédito ou a compra e venda de bem imóvel), que são direitos destinados a serem opostos aos terceiros. A terceira se trata das convenções que criam um direito de representação (e.g. mandato ou ratificação de uma gestão de negócios), pelas quais um terceiro adquire a qualidade de representar outrem. A quarta categoria se refere aos casos de responsabilidade por fato da coisa ou do animal. A quinta categoria é a das convenções que fazem nascer uma pessoa jurídica ("*personne morale*"), que automaticamente são oponíveis a todos os indivíduos, quando cumpridas as exigências da publicidade formal. Com base na análise das cinco principais categorias, Savatier conclui que a proposição da relatividade era falsa em algumas categorias, e, em outras, possuía pouca utilidade prática. (SAVATIER, René. Le prétendu principe de l'effet relatif des contrats. *Revue Trimestrielle de Droit Civil*, Paris, t. 33, p. 525-545, 1934, p. 527-529).

199 SAVATIER, René, Le prétendu principe de l'effet relatif des contrats. *Revue Trimestrielle de Droit Civil*, Paris, t. 33, p. 525-545, 1934, p. 529.

200 "*il a seulement entendu faire une constatation générale, d'ailleurs fort peu exacte*" (SAVATIER, René. Le prétendu principe de l'effet relatif des contrats. *Revue Trimestrielle de Droit Civil*, Paris, t. 33, p. 525-545, 1934, p. 542).

201 ibid., p. 542.

202 "leur connaissance de la promesse violée par un tiers avec leur concours" (SAVATIER, René. Le prétendu principe de l'effet relatif des contrats. *Revue Trimestrielle de Droit Civil*, Paris, t. 33, p. 525-545, 1934, p. 542).

independente dele, e que existirá, da mesma maneira, se a obrigação for nula"[203].

Em conclusão, nas palavras próprias de Savatier, "o artigo 1.165 quase não tem um sentido útil, além de ser singularmente perigoso e inexato de tomar-se a literalidade das suas palavras"[204]. A inexatidão do artigo 1.165 se dá por ter sido fruto de uma concepção puramente individualista do direito das obrigações[205], quando as partes poderiam gerir seus negócios livremente, sem qualquer interferência de terceiros. Porém, esta concepção de liberdade absoluta das partes no autorregramento da vontade, no final das contas, acabou por distanciar-se da realidade da sociedade moderna. Esta, cada vez mais civilizada e complicada, teve que sofrer uma evolução legislativa e jurisprudencial que tomou conta de afastar o sentido do art. 1.165. Como resultado da evolução de pensamento, inclusive na doutrina, reconheceu-se que os direitos patrimoniais, apesar de terem um lado individual, possuíam também um lado social e, nesta medida, devem importar a toda a sociedade e, por conseguinte, aos terceiros[206].

203 "mais sur une faute indépendante d'elle, et qui existerait, de la même manière, si l'obligation était nulle" (SAVATIER, René. Le prétendu principe de l'effet relatif des contrats. *Revue Trimestrielle de Droit Civil,* Paris, t. 33, p. 525-545, 1934, p. 544). Sobre este ponto, R. Savatier diverge de Pierre Hugueney, para quem a responsabilidade do terceiro cúmplice é tomada de empréstimo da responsabilidade do devedor (HUGUENEY, Pierre. *Responsabilité civile du tiers complice de la violation d'une obligation contractuelle.* Paris: A. Rousseau, 1910, p. 222). Ainda, esta conclusão de independência da responsabilidade do terceiro interferente diverge das conclusões mais modernas, que equiparam as obrigações nulas aos resultados das convenções livremente denunciáveis, ou seja, se há nulidade do contrato, não há responsabilidade do terceiro (Vide, SANTOS JÚNIOR, E. *Da responsabilidade civil de terceiro por lesão do direito de crédito.* Coimbra: Almedina, 2003, p. 490).

204 "l'article 1165 n'a, par lui-même, presque aucun sens utile; et il serait singulièrement dangereux et inexact de le prendre au mot." (SAVATIER, René. Le prétendu principe de l'effet relatif des contrats. *Revue Trimestrielle de Droit Civil,* Paris, t. 33, p. 525-545, 1934, p. 544).

205 SAVATIER, René, Le prétendu principe de l'effet relatif des contrats. *Revue Trimestrielle de Droit Civil,* Paris, t. 33, p. 525-545, 1934, p. 545.

206 SAVATIER, René, Le prétendu principe de l'effet relatif des contrats. *Revue Trimestrielle de Droit Civil,* Paris, t. 33, p. 525-545, 1934, p. 545.

1.3. A compreensão da relatividade e o desenvolvimento da oponibilidade: opostos e complementares

A compreensão da relatividade nos seus limites exatos é consequência do desenvolvimento teórico da doutrina do final da primeira metade do século XX. O contrato, apesar de firmado entre duas partes, não pode ser compreendido como um elemento isolado, e por tal não pode ser concebido juridicamente. Pelo contrato, cria-se uma situação de fato ou um fato social que os terceiros não podem ignorar, o que faz com que o contrato deva ser compreendido não só como um componente isolado no ordenamento jurídico, mas também nele inserido socialmente.

A forma de análise do contrato na sua dimensão social faz com que se crie uma situação jurídica que deve ser protegida juridicamente. As incursões sobre como proteger juridicamente esta situação criada pelo contrato deram origem à formação de uma teoria da oponibilidade do contrato, pela qual se distinguiu o efeito obrigatório do contrato — *limitado às partes* — da situação jurídica criada pelo contrato — *esta oponível a todos*. A fase de compreensão da dimensão eficacial da relatividade e, por conseguinte, do próprio contrato é contribuição valiosa de Alex Weill e Simone Calastreng.

1.3.1. A compreensão da relatividade dada por Simone Calastreng

Simone Calastreng, em 1939, defendeu em Toulouse a sua obra "*La relativité des conventions: étude de l'article 1165 du Code civil*». Segundo sua própria observação, aposta após o final de sua tese, «Nossa obra já estava em curso de impressão quando nós tomamos conhecimento da tese muito importante de M. Weill»[207]. Ou seja, apesar de suas obras não terem influenciado uma à outra, ambas chegaram a resultados similares.

Simone Calastreng parte da diferenciação entre efeito das convenções e oponibilidade, o que até então não era feito por numerosos autores[208]. A não-diferenciação resultava numa interpretação equivocada da doutrina da época, ao considerar o art. 1.165 como sinônimo de inoponibilidade

[207] "Notre ouvrage était dèjà en cours d'impression lorsque nous avons connu la très importante thèse de M. Weill." (CALASTRENG, Simone. *La relativité des conventions:* étude de l'article 1165 du Code civil. Paris: Recueil Sirey, 1939, p. 416).

[208] CALASTRENG, Simone. *La relativité des conventions:* étude de l'article 1165 du Code civil. Paris: Recueil Sirey, 1939, p. 19.

das convenções a terceiros. E esse equívoco interpretativo precisava ser desfeito, pois o contrato, por sua só existência, pode prejudicar ou beneficiar indiretamente um terceiro; ou, por decorrência da própria lei natural, "O contrato, como um todo, vive e se opõe a todos. Toda vida é tanto interna como social; o contrato, da mesma forma, aplica-se às partes e se opõe aos terceiros."[209]

Como um reflexo da realidade, o art. 1.165 traz consigo um limite geral à vontade dos homens, enquanto a oponibilidade exprimiria uma necessidade da vida[210]. Entre efeito da convenção e a oponibilidade das convenções, a autora identifica uma salutar diferenciação: "*efeito* quer dizer execução, realização; e *oponibilidade* quer dizer reconhecimento, respeito"[211].

Os efeitos da convenção, que dão vida ao direito, ligam uma pessoa a outra ou a uma coisa. Haveria, ainda, uma diferença entre o efeito da convenção e o efeito do direito criado pela convenção. É o efeito do direito criado que permite a execução do direito contra uma pessoa (direito pessoal) ou contra a coisa (direito real)[212].

Analisando a casuística, a autora conclui pela possibilidade de oposição do contrato: (i) como meio de prova, principalmente nas provas que revelam a existência de um direito real (como matrícula de um imóvel)[213]; mas também ligadas diretamente ao direito pessoal, quando se manifesta por meio de teorias extracontratuais (ii) para combater o

[209] "Le contrat, comme un tout, vit et s'oppose à tous. Toute vie est à la fois intérieure et sociale, le contrat pareillement s'applique aux parties et s'oppose aux tiers." (CALASTRENG, Simone. *La relativité des conventions:* étude de l'article 1165 du Code civil. Paris: Recueil Sirey, 1939, p. 21).

[210] CALASTRENG, Simone. *La relativité des conventions:* étude de l'article 1165 du Code civil. Paris: Recueil Sirey, 1939, p. 28.

[211] "effet, c'est-à-dire exécution, réalisation et opposabilité, c'est-à-dire reconnaissance, respect." (CALASTRENG, Simone. *La relativité des conventions:* étude de l'article 1165 du Code civil. Paris: Recueil Sirey, 1939, p. 362).

[212] ibid., p. 30.

[213] A oponibilidade do contrato como meio de prova, segundo Simone Calastreng, não é uma exceção ao art. 1165. A parte não exige a execução da prestação, mas invoca o contrato como um fato, como um elemento de prova da propriedade, exigindo que o adversário respeite e admita a existência e a validade de um título adquirido legitimamente. (CALASTRENG, Simone. *La relativité des conventions:* étude de l'article 1165 du Code civil. Paris: Recueil Sirey, 1939, p. 274).

enriquecimento sem causa[214]; e (iii) para impor responsabilidade civil (iii.a) ao terceiro cúmplice[215] e (iii.b) a uma parte por conta do dano sofrido por terceiro em virtude do fato da inexecução ou da má execução de um contrato[216].

Em especial no que se refere à responsabilidade civil do terceiro cúmplice, a doutrina de até então via um conflito entre o art. 1.165 — que previa a relatividade das convenções — e o art. 1.382 — que tratava do princípio geral da responsabilidade civil. Enquanto aquele artigo impedia que o terceiro cúmplice fosse responsabilizado, este artigo responsabilizava o terceiro pelo dano causado com culpa. Simone Calastreng, neste ponto, critica a doutrina da época ao dizer que "compreendendo mal o artigo 1.165, certos autores ou juízes descobriram no artigo 1.382 uma derrogação necessária do artigo 1.165"[217]. E, de fato, inexistia uma derrogação. Não se tratava de afastar o art. 1.165, como até então era feito pelos doutrinadores, mas de melhor compreendê-lo.

Seguindo as lições de René Demogue[218], Simone Calastreng afirma que a oponibilidade dos contratos é a regra, sendo a inoponibilidade exceção[219]. A oponibilidade do contrato é "a necessidade por todos, partes e terceiros, de reconhecer sua existência e de respeitá-la, dentro da realidade legal.

[214] Os casos de enriquecimento sem causa não derrogam o art. 1165, como já fora tratado por Simone Calastreng. O juiz não condena o enriquecido a executar ou cumprir o contrato, mas a indenizar o empobrecido por razões de equidade. Pode acontecer que a justa indenização seja coincidente com o valor da execução, mas a eventual identidade entre o resultado da execução ou da justa indenização não é suficiente para confundir as suas origens distintas. (CALASTRENG, Simone. *La relativité des conventions:* étude de l'article 1165 du Code civil. Paris: Recueil Sirey, 1939, p. 278-284).

[215] ibid., p. 310-336.

[216] O terceiro pode sofrer prejuízo derivado do descumprimento do contrato alheio, mas apesar do fato do descumprimento do contrato ser a origem do dano a terceiro, em verdade, o terceiro invoca uma falta delitual do contratante. O contrato é invocado somente como um fato. (CALASTRENG, Simone. *La relativité des conventions:* étude de l'article 1165 du Code civil. Paris: Recueil Sirey, 1939, p. 336-344).

[217] CALASTRENG, Simone. *La relativité des conventions:* étude de l'article 1165 du Code civil. Paris: Recueil Sirey, 1939, p. 310.

[218] DEMOGUE, René. *Traité des Obligations en general* – effets des Obligations. Paris: Arthur Rousseau, 1933. t. 7, parte 2, p. 69.

[219] CALASTRENG, Simone, op. cit., p. 354.

É, por consequência, um dever que incumbe a todos de dar credibilidade ao seu conteúdo."[220]

Para melhor compreender o significado de "oponibilidade", a autora faz uma diferença entre a oponibilidade dos contratos e a oponibilidade dos direitos criados pelo contrato. Somente a primeira seria absoluta, porém a segunda seria relativa, podendo ou não ser aplicada a terceiros. Os direitos pessoais ou as obrigações, defendeu Simone Calastreng, possuíam uma oponibilidade relativa, ou seja, eram inoponíveis, salvo o conhecimento efetivo pelos terceiros ou organizado por um sistema de publicidade. A inoponibilidade que resulta do desconhecimento de terceiro significa uma permissão de ignorância do direito das partes.

Desta forma, a oponibilidade dos direitos pessoais submete-se à condição de conhecimento prévio do direito, sendo, portanto, considerada relativa. Aquele que conhece o direito tem o dever de respeitá-lo, não podendo interferir na execução da obrigação, cuja deslealdade seria considerada um ato culposo capaz de ensejar sua responsabilidade extracontratual[221].

Já a oponibilidade dos direitos reais, pela natureza dos direitos[222], é absoluta. Pouco importa o conhecimento do terceiro da existência deste direito, pois deve respeitar a execução destes direitos pelo proprietário sobre a coisa[223]. Por ser o direito real um direito privativo por excelência — no momento em que um contratante adquire a propriedade do bem, somente ele é o titular; os demais, terceiros.

A oponibilidade dos direitos reais pode estar condicionada ao preenchimento de determinadas formalidades, como nos atos sujeitos à publicação nos órgãos de publicidade[224]. A exigência de publicidade de determinados atos é forma de corrigir ou amenizar os rigores da oponibilidade absoluta a terceiros. A falta de publicidade, no sentir de Simone Calastreng, é

[220] "a necessidade por todos, partes e terceiros, de reconhecer sua existência e de respeitá-la, dentro da realidade legal. É por consequência um dever que incumbe a todos de dar credibilidade ao seu conteúdo" (CALASTRENG, Simone. *La relativité des conventions:* étude de l'article 1165 du Code civil. Paris: Recueil Sirey, 1939, p. 363).

[221] ibid., p. 388-389 e 392.

[222] ibid., p. 410.

[223] CALASTRENG, Simone. *La relativité des conventions:* étude de l'article 1165 du Code civil. Paris: Recueil Sirey, 1939, p. 399.

[224] ibid., p. 370-372.

sancionada pela inoponibilidade da convenção, tal como se inexistisse o direito frente a terceiros[225].

Apesar de parte de suas conclusões sobre a oponibilidade dos direitos criados pelo contrato divergir do pensamento atual da doutrina[226], a sua obra foi importante para trazer luz à diferença entre os efeitos das convenções e a oponibilidade dos contratos. A sua compreensão do contrato como uma situação jurídica inserta no meio social, merecedora de tutela jurídica por meio do instituto da oponibilidade, não merece reparos.

1.3.2. A compreensão da relatividade dada por Alex Weill

O decano honorário Alex Weill é, sem dúvida, um dos maiores nomes do direito civil francês. Famoso por dar continuidade à coletânea "Précis Dalloz" de "Droit civil", o início de sua contribuição científica, porém, data de muito antes.

Aos 26 anos, em 1938, Alex Weill defendeu em Strasbourg a sua tese de doutorado "*Le principe de la relativité des conventions en droit privé français*», tendo sida publicada no ano seguinte com o nome encurtado «*La relativité des conventions en droit privé français*».

Para compreender o significado desta obra para a comunidade jurídica, ninguém melhor do que François Terré, colaborador desde a segunda edição dos referidos manuais de Alex Weill, que considera a tese em questão:

> [...] um momento essencial na história do direito dos contratos, pois a distinção, belamente clara, do efeito criador das obrigações e a oponibilidade do contrato tornou-se elemento essencial e necessário da reflexão dos civilistas e, muito mais ampla, dos juristas. Distinção fundamental, decisiva. Desde então, a solidez do monumento resistiu a todos os testes do tempo. Ele conserva sua juventude e seu poder.[227] (Tradução nossa).

[225] ibid., p. 411.

[226] É criticável a conclusão de oponibilidade relativa dos direitos pessoais e também da inoponibilidade dos direitos reais por ausência de cumprimento das formalidades impostas pela publicidade legal.

[227] "C'est là un moment essentiel dans l'histoire du droit des contrats, car la distinction, superbement dégagée, de l'effet créateur d'obligations et de l'opposabilité du contrat est devenue l'élément essentiel et nécessaire de la réflexion des civilistes et, beaucoup plus largement, des juristes. Distinction fondamentale, décisive. Depuis lors, la solidité du monument a résisté à

Mesmo após a sua morte em 1979, a tese de Alex Weill até hoje é referendada e as suas obras são consideradas clássicas, no sentido elevado do termo. A sua tese é citada como a obra pioneira por bem compreender a distinção entre o princípio da relatividade e o da oponibilidade, sem derrogar um para privilegiar o outro.

Uma obra monumental de mais de mil páginas. Alex Weill versou sobre o princípio da relatividade em extensão e profundidade como ninguém antes havia tratado. Em suas incursões sobre o princípio da relatividade, não se olvidou de abordar o tema: (i) no seu aspecto histórico-evolutivo, desde a sua origem no direito romano, no antigo direito, nos trabalhos preparatórios do Código Civil francês, na lei e nos comentadores deste código; (ii) na jurisprudência; e (iii) em relação às partes.

Na construção de uma sólida teoria, o autor decompôs os múltiplos sentidos de cada um dos termos do art. 1.165 para retirar um significado preciso, em especial dos termos "*nuire*" ("lesar ou prejudicar"[228]) e "*profiter*" ("beneficiar")[229]. A primeira interpretação retirada deste artigo era que os termos "prejudicar" e "beneficiar" tinham o sentido da linguagem corrente, ou seja, "lesar/prejudicar" significaria causar um dano, um prejuízo; enquanto, "beneficiar" significaria tirar um ganho, uma vantagem[230]. Por esta interpretação, o sentido do art. 1.165 seria de que as convenções não poderiam causar qualquer dano material, econômico, aos terceiros, e que estes não poderiam obter nenhuma vantagem de mesma ordem.

Tal interpretação, porém, não se coadunava com o espírito do art. 1.165, nem com a realidade. Interpretá-lo de forma ampla, com a linguagem corrente, impossibilitava o intérprete de conciliá-lo com outros artigos. A escolha de Alex Weill, então, foi restringir o sentido do art. 1.165 para "pura e simplesmente o efeito obrigatório das convenções"[231]. Nada mais

toutes les épreuves du temps. Il conserve sa jeunesse et sa puissance." (*ÉTUDES dédiées à Alex Weill.* Paris: Dalloz, 1983, p. 17).

[228] O sentido próximo adotado por Alex Weill é de lesar, já que considerará que "nuire" não significa prejudicar ou causar prejuízo (WEILL, Alex. *La relativité des conventions en droit privé français.* Paris: Librairie Dalloz, 1939, p. 146).

[229] WEILL, Alex. *La relativité des conventions en droit privé français.* Paris: Librairie Dalloz, 1939, p. 141-149.

[230] ibid., p. 141.

[231] "purement et simplement l'effet obligatoire des conventions" (WEILL, Alex. *La relativité des conventions en droit privé français.* Paris: Librairie Dalloz, 1939, p. 146).

seria dito por este artigo, tão somente que "em princípio, as convenções têm efeito obrigatório somente entre as partes contratantes; elas não podem nem criar uma obrigação a cargo de terceiro nem conferir a ele um direito"[232].

A confusão interpretativa por parte da doutrina, de acordo com o autor, se dava principalmente por considerar os conceitos de "convenção" e de "obrigação" como sinônimos. Mais ainda, a doutrina da autonomia da vontade, vigente na época da elaboração do Código Civil francês, tratou indistintamente dos termos "direito pessoal" e "direito contratual" como equivalentes[233]. Por isso que, ao reduzir-se o efeito relativo do contrato ao efeito relativo da obrigação, a doutrina clássica acabou por distorcer o sentido do efeito relativo do contrato, contribuindo para a errônea ideia de que o próprio contrato existe somente nas relações das partes contratantes, e de que um terceiro não pode invocá-lo nem contra ele ser oposto. Esta redução é a causa de consequências desastrosas[234] e trouxe tanta dificuldade aos intérpretes.

Para evitar tais consequências, coube a Alex Weill, com pioneirismo, realizar uma distinção entre o efeito obrigatório e a oponibilidade. Para compreender que um terceiro pode invocar uma convenção contra as partes ou que uma parte pode opor a convenção ao terceiro, é preciso primeiramente compreender que a convenção existe no meio social. Nela, nasce, desenvolve-se e morre.

Por esse influxo de interesses externos, "a autonomia da vontade deve ser temperada, corrigida pelas exigências do meio social"[235]. Se, de um lado,

[232] "en principe les conventions n'ont d'effet obligatoire qu'entre les parties contractantes; elles ne peuvent ni créer une obligations à la charge d'un tiers ni conférer un droit" (WEILL, Alex. *La relativité des conventions en droit privé français.* Paris: Librairie Dalloz, 1939, p. 146).

[233] Segundo Alex Weill, a confusão entre o efeito relativo do contrato e efeito relativo da obrigação se explica pelo princípio antigo segundo o qual as convenções têm por função somente criar obrigações. Para o autor, considerando o ordenamento jurídico francês, o efeito do contrato não seria só criar obrigações, mas também criar ou transferir direito real (WEILL, Alex. *La relativité des conventions en droit privé français.* Paris: Librairie Dalloz, 1939, p. 147-148).

[234] WEILL, Alex. *La relativité des conventions en droit privé français.* Paris: Librairie Dalloz, 1939, p. 149.

[235] "l'autonomie de la volonté doit être tempérée, corrigée par les exigences du milieu social" (WEILL, Alex. *La relativité des conventions en droit privé français.* Paris: Librairie Dalloz, 1939, p. 173).

os efeitos da obrigação estão restritos às partes contratantes; de outro lado, externamente, a obrigação existe em princípio perante todo o mundo[236]. Por isso que a distinção entre força obrigatória e oponibilidade arbitra o conflito entre terceiro e parte, já que:

> [...] o efeito obrigatório não toca aos terceiros, sua liberdade está salva, mas a oponibilidade existe *erga omnes*, garante o respeito do caráter social dos direitos. A distinção das noções de efeito obrigatório e de oponibilidade é capital, ela permite determinar o escopo exato do princípio da relatividade das convenções; convém adotar sobre este ponto uma terminologia estrita e precisa, caso contrário, se trata de distorcer o sentido do artigo 1.165[237]. (Tradução nossa).

Com base nesta diferença, Alex Weill demonstra que o princípio da relatividade das convenções, em seu sentido exato de referir-se aos efeitos obrigatórios, não impede que os contratos sejam opostos aos terceiros, no sentido exato de contrato como fato social. E justamente por tratar o contrato como um fato social, o contrato pode ser visto como fonte de informação, como fonte de prova (oponibilidade probatória) e como criador de uma situação jurídica (valendo-se dos exemplos de enriquecimento sem causa).

Ao ter diferenciado a relatividade da oponibilidade, uma análise detida dos casos de responsabilidade civil do terceiro cúmplice[238] e de responsabilidade civil por fato de terceiro — que são casos de responsabilidade

[236] WEILL, Alex. *La relativité des conventions en droit privé français*. Paris: Librairie Dalloz, 1939, p. 174.

[237] "l'effet obligatoire ne touche pas le tiers, leur liberté est sauve, mais l'opposabilité existant erga omnes, assure le respect du caractère social des droits. La distinction des notions d'effet obligatoire et d'opposabilité est capitale, elle permet de déterminer la portée exacte du principe de la relativité des conventions; il convient d'adopter sur ce point une terminologie stricte et précise, sans quoi on en arrive à fausser le sens de l'article 1165" (WEILL, Alex. *La relativité des conventions en droit privé français*. Paris: Librairie Dalloz, 1939, p. 174).

[238] Alex Weill considera que a responsabilidade de terceiro é própria (diversamente de Pierre Hugueney) e extracontratual (diversamente de René Demogue). O terceiro tem o dever de abstenção, de não ajudar o devedor a descumprir sua obrigação emitida do contrato. Este dever é consequência do contrato, mas não é o seu efeito. (WEILL, Alex. *La relativité des conventions en droit privé français*. Paris: Librairie Dalloz, 1939, p. 428-431).

dos terceiros em relação aos contratantes —, bem como dos casos de responsabilidade dos contratantes do fato da inexecução do contrato[239] — que são casos de responsabilidade dos contratantes em relação a terceiros —, revela que, em verdade, não ferem o princípio da relatividade. Em todas estas situações, o efeito obrigatório dos contratos permanece preservado (ou seja, nenhum terceiro tornou-se devedor ou credor da prestação). Estes casos são somente *exceções aparentes* da relatividade das convenções[240].

De forma diversa são os casos de estipulação em favor de terceiro, ações diretas, gestão de negócios, cessões de posição contratual e contratos coletivos. Estes casos são *exceções efetivas* ao princípio da relatividade das convenções. Aqui, os efeitos obrigacionais não se limitam às partes, pois se estendem para alcançar o terceiro, obrigando-o ou concedendo-lhe direitos. Assim, estes casos são verdadeiras exceções ao art. 1.165, já que estendem os efeitos obrigatórios a terceiros (ou seja, os terceiros passam a ser credores ou devedores da prestação).

Ao tratar das exceções aparentes e efetivas ao princípio da relatividade, Alex Weill teve o mérito de dar significado preciso ao princípio da relatividade. A diferenciação feita entre a oponibilidade e a relatividade foi determinante para dar uma boa interpretação ao art. 1.165, em conformidade com a realidade. Os efeitos obrigatórios permanecem apenas entre as partes contratantes, e somente por exceções legais é que um terceiro pode vir a se tornar credor ou devedor. Porém, a oponibilidade não visa tornar terceiro obrigado perante alguma das partes contratantes,

[239] Simetricamente, Alex Weill dá solução à questão, afirmando que se o fato do descumprimento contratual causar dano a um terceiro, com base na regra geral de responsabilidade prevista no art. 1.382 do Código Civil francês, a parte contratante é chamada a responder. (WEILL, Alex. *La relativité des conventions en droit privé français.* Paris: Librairie Dalloz, 1939, p. 486-521).

[240] Alex Weill também não deixou de lado a relação entre o princípio da relatividade das convenções e as teorias da aparência – e.g., casos de herdeiro aparente, mandato aparente e de erro sobre a pessoa do cocontratante –, contribuindo com o desenvolvimento da teoria da aparência, em especial no tratamento da função criadora da eficácia jurídica da aparência e da ausência de conflito entre a teoria da aparência e a teoria da relatividade. Segundo o autor, a aparência faz surgir o direito de um fato e vivificar uma situação irregular. Há pela aparência uma função verdadeiramente criadora que deriva da função criadora da boa-fé (WEILL, Alex. *La relativité des conventions en droit privé français.* Paris: Librairie Dalloz, 1939, p. 624 e 626-628).

pois o vínculo direto formado pelo contrato remanesce aos contratantes, deixando os terceiros imunes. Isto, todavia, não significa que terceiros não sofram efeitos indiretos do contrato, seja para que terceiros se valham de contratos alheios para opor a sua existência frente a contratantes, seja para que as partes oponham a existência de seu contrato para o respeito de terceiros. Em suma, a partir da obra de Alex Weill, toda a doutrina francesa passou a compreender que os conceitos de relatividade e de oponibilidade, apesar de serem conceitos opostos, são complementares e não colidentes.

2.
DA EFICÁCIA INDIRETA NOS OUTROS ORDENAMENTOS JURÍDICOS

"Aunque la relación obligatoria, como sistema de organización jurídica, se establece solamente entre el deudor y el acreedor, no vive ni se desarrolla en una campana de cristal y le afectan inevitablemente los hechos de terceros"

(DÍEZ-PICAZO, Luis[241]).

Entre todos os ordenamentos jurídicos que serão tratados, foi na França que os temas da relatividade contratual e da oponibilidade mais foram estudados e desenvolvidos. Mas o caminho percorrido pelos franceses para instituir, fortalecer e, posteriormente, combater e compreender os limites do princípio da relatividade não foi fenômeno exclusivamente francês.

Como se verá neste capítulo, outros países, como Portugal, Itália, Espanha e Brasil, têm percorrido o mesmo caminho. Mesmo que não tenham ainda chegado tão longe, alguns, como Portugal e Itália, já andam a passos largos na trilha aberta duramente pelos franceses.

[241] DÍEZ-PICAZO, Luis. *Fundamentos del derecho civil patrimonial.* Las relaciones obligatorias. 6. ed. Navarra: Civitas, 2008. v. 2, p. 740.

Os países de *Common Law* adotam um caminho diverso, mas que por vezes cruza com o caminho dos países de *Civil Law*, chegando ao mesmo ponto e solução. Estas intersecções, mesmo que ora mais fortes, ora mais fracas, são sinais de que os temas da oponibilidade ou da eficácia externa dos atos e fatos jurídicos são propícios para desenvolverem-se no âmbito de uma Teoria Geral do Direito[242], inclusive porque estão presentes em diversos ramos do direito (público e privado; civil, comercial, processual, administrativo, penal, etc.).

2.1. Ordenamentos de *Common Law*

No *Common Law*, o conceito mais próximo do princípio da relatividade dos contratos é o de "*doctrine of privity*", que, em suma, estabelece que um terceiro não pode beneficiar-se de direitos contratuais, nem pode ser submetido a obrigações derivadas do contrato. De forma mais genérica, um contrato não pode conferir direitos, nem ensejar responsabilidade, a ninguém, exceto às partes do contrato[243]. Esta doutrina, com estas conclusões, por muito tempo se manteve como "uma das características fundamentais do direito do contrato inglês".[244]

Pela teoria da "*doctrine of privity*", expressam-se dois entendimentos: (i) somente as partes podem ter direitos contratuais, de modo que um terceiro jamais pode invocar os termos do contrato contra as partes do contrato[245]; e (ii) um contrato não pode estabelecer obrigações contratuais a terceiros, de modo que uma parte não pode invocar os termos do contrato contra o terceiro[246].

[242] PENTEADO, Luciano de Camargo. *Efeitos contratuais perante terceiros*. São Paulo: Quartier Latin, 2007, p. 173.

[243] TREITEL, Sir Guenter. *The law of contract*. 11. ed. Londres: Sweet & Maxwell Limited, 2003, p. 580; STONE, Richard; DEVENNEY, James. *The Modern Law of Contract*. 11. ed. Oxon: Routledge, 2015, p. 158.

[244] "one of the fundamental characteristics of the English law of contract" (STONE, Richard; DEVENNEY, James. *The Modern Law of Contract*. 11. ed. Oxon: Routledge, 2015, p. 158).

[245] No início do desenvolvimento da "doctrine of privity", mesmo que duas partes concordassem em conferir benefício a terceiro, este terceiro não poderia obrigar as partes a cumprir com o acordo (STONE, Richard; DEVENNEY, James. *The Modern Law of Contract*. 11. ed. Oxon: Routledge, 2015, p. 158).

[246] O'SULLIVAN, Janet; HILLIARD, Jonathan. *The Law of Contract*. 5. ed. Oxford: Oxford University Press, 2012, p. 131.

Porém, aos poucos, a jurisprudência começou a identificar exceções a cada um desses dois entendimentos. Numa comparação entre a quantidade de exceções, um número muito maior de exceções foi encontrado para o primeiro entendimento, permitindo que, num contrato alheio, terceiros pudessem adquirir certos direitos. O apogeu desta exceção veio com a promulgação da "Contracts (Right of Third Parties) Act 1999", que legalizou na Inglaterra, em síntese, a hipótese de estipulação em favor de terceiro. Apenas poucas hipóteses, porém relevantes, foram encontradas para o segundo entendimento, ou seja, para impor aos terceiros determinadas obrigações frente às partes contratantes.

No processo de evolução da "*doctrine of privity*" — assim como aconteceu na França —, num primeiro momento, de consolidação desta teoria, negou-se a existência de qualquer exceção à relatividade. Apenas posteriormente, quando as dificuldades começaram a aflorar, para evitar a inconsistência sistêmica ou dificuldades de ordem prática, a doutrina e jurisprudência passam a permitir, em certos casos, a existência de direitos ou obrigações de terceiros frente a contratos.

Durante a primeira fase, o caráter absoluto da "*doctrine of privity*" era justificado com base nas seguintes razões: (i) o terceiro não pode ter direitos derivados do contrato por não ser parte no contrato[247]; (ii) o terceiro não deu a sua "*consideration*"[248], não podendo o contrato lhe trazer

[247] Porém, este argumento, como criticam Hillard e O'Sullivan, é circular (O'SULLIVAN, Janet; HILLIARD, Jonathan. *The Law of Contract*. 5. ed. Oxford: Oxford University Press, 2012, p. 132).

[248] Sobre a relação histórica entre "privity" e "consideration", Robert Merkin explica que nem sempre a "consideration" esteve no centro da relatividade dos contratos. Ao contrário do que muito se diz, o requisito da "consideration" foi criação de juízes vitorianos. Os traços históricos do princípio da relatividade remontam ao século XIII, quando do surgimento da "action of convenant" para exigir o cumprimento de uma promessa feita por contrato selado. A mera existência do selo tornava o contrato vinculante às partes, independentemente de "consideration". Porém, a discussão girava em torno dos contratos de dívidas não escritos. Para exigir o cumprimento destes contratos, algumas pessoas passaram a tentar utilizar a "assumpsit", que, à época, era limitada aos casos em que a conduta do réu causasse danos ao autor ("misfeasance"). Se a discussão era de falha na execução do contrato ("nonfeasance"), as cortes entendiam que inexistiria ao autor "cause of action", já que o remédio legal era restrito aos pactos ("coventant"). Abrandamentos foram ocorrendo para permitir a exigência de execução do objeto do contrato. Na medida do abrandamento, as discussões sobre a relatividade e a "consideration" passaram a importar, de modo que o termo "consideration" acabou de deixar

vantagens[249]; (iii) nenhuma das partes fez uma promessa a uma terceira parte[250]; e (iv) a concessão de direitos contratuais a terceiros restringe o direito das partes de alterar o contrato posteriormente.

Essas razões, contudo, não foram fortes o suficiente para impedir que exceções surgissem. Em certos casos, é da intenção das partes expressamente conceder direitos contratuais a terceiros, o que torna legítima a expectativa de terceiro em beneficiar-se do contrato. Porém, na prática, se um ordenamento jurídico não concede meios aos terceiros de executar o contrato, facilita-se a decisão do promitente de descumprir o contrato. Isto porque, se um promitente decide descumprir o seu contrato, a perda é sofrida mais pelo beneficiário do que pelo estipulante[251]. O terceiro (beneficiário), que no final das contas sofre os danos, não terá direitos a retirar do contrato e não estará legitimado a processar o promitente. Já o estipulante, que não sofreu quaisquer danos, tem direitos contratuais e é o único que tem legitimidade para processar pelo descumprimento contratual[252]. Numa tal realidade jurídica, aquele que detém interesse

de ser uma razão subjetiva para tornar-se uma razão objetiva. Nesse momento, a "consideration" passou a ser um critério importante à relatividade e aos contratos. (MERKIN, Robert. Historical introduction to the law of privity. In: *Privity of contract*: the impact of the contracts (Right of Third Parties Act 1999). London: LLP, p. 1-19, 2000, p. 9)

249 Nos casos atualmente aceitos de contrato em favor de terceiros, tomada esta hipótese em análise, seria exagero exigir duas "considerations", já que o estipulante já deu a sua "consideration" no contrato. Porém, a justificativa de ausência de "consideration" é encontrada em casos famosos como Tweddle v Atkinson (1861) e Dunlop Pneumatic Tyre Co Ltd v Selfridge & Co Ltd (1915). (O'SULLIVAN, Janet; HILLIARD, Jonathan. *The Law of Contract*. 5. ed. Oxford: Oxford University Press, 2012, p. 133-134; TREITEL, Sir Guenter. *The law of contract*. 11. ed. Londres: Sweet & Maxwell Limited, 2003, p. 588; ANDREWS, Neil. *Contract Law*. Cambridge: Cambridge University Press, 2011, p. 191).

250 Quando as partes A e B concordam que a parte B pagará a um terceiro C determinada quantia, B não promete a C pagar a quantia determinada, mas B promete a A que ele pagará a C a quantia determinada. Porém, esta conclusão formal ignora a intenção das partes, que muitas vezes querem que esse terceiro possa executar o contrato ou adquirir direitos derivados do contrato (O'SULLIVAN, Janet; HILLIARD, Jonathan. *The Law of Contract*. 5. ed. Oxford: Oxford University Press, 2012, p. 132-133).

251 Se A promete a B dar determinada quantia a C, no caso de A não cumprir com o acordado, é C quem não receberá a quantia prometida.

252 Segundo a Comissão Legal n. 242, baseando-se no caso Beswick v Beswick, "In a standard situation, the third party rule produces the perverse, and unjust, result that the person who has suffered the loss (of the intended benefit) cannot sue, while the person who has suffered no

fático em perseguir indenização por incumprimento não terá interesse jurídico protegido[253].

Para amainar esta problemática, mesmo antes da permissão legal, a doutrina já identificava duas categorias de exceções à "*doctrine of privity*": (i) exceções que conferem direitos ao terceiro C contra as partes contratuais A e B[254]; e (ii) exceções que conferem a uma das partes o direito de executar o objeto do contrato em benefício do terceiro C.

Na primeira categoria, a doutrina comumente aponta os seguintes casos em que os terceiros têm direitos contra as partes: (i) "contratos colaterais"[255]; (ii) assunção de risco por uma parte englobando interesses da outra parte e de terceiro[256]; (iii) cessão de direitos contratuais; (iv) certas obrigações "*propter rem*", que afetam a terceiros criando-lhes direitos ou obrigações[257]; e (v) representação ou agência. Outro exemplo

loss can sue." (THE LAW COMMISSION. *Privity of contract*: contracts for the benefit of third parties. London: HMSO, 1996, p. 40).

253 O'SULLIVAN, Janet; HILLIARD, Jonathan. *The Law of Contract*. 5. ed. Oxford: Oxford University Press, 2012, p. 135.

254 Os termos A, B e C seguem a tradição do uso corrente no "common law" de exemplificar as partes contratantes como A e B, e, para identificar o terceiro, C.

255 No caso Wells (Merstham) Ltd v Buckland Sand & Silica Co Ltd (1965), a parte A, vendedora de areia, prometeu ao terceiro C, produtor de crisântemo, que na areia existia determinado elemento que facilitava o crescimento das flores. Por esta razão, C convenceu a parte B, empresa de quem C comprava os insumos, a comprar de A a areia, para, então, vender a C. E após B comprar de A e vender para C, descobriu-se que na areia inexistia o mencionado elemento, o que fez C processar A. Neste caso, o tribunal entendeu existir um contrato colateral entre A e C, diante da promessa unilateral de A. (O'SULLIVAN, Janet; HILLIARD, Jonathan. *The Law of Contract*. 5. ed. Oxford: Oxford University Press, 2012, p. 136-137).

256 Se, num contrato, uma parte A considera que a parte B e os subcontratantes deste C não serão considerados responsáveis por determinados fatos, na ocorrência destes fatos, A não poderá alegar que não possui um contrato com C, de modo a impedir que C retire vantagem deste contrato. Vide caso Southern Water Authority v Carey (1985). (O'SULLIVAN, Janet; HILLIARD, Jonathan. *The Law of Contract*. 5. ed. Oxford: Oxford University Press, 2012, p. 139).

257 G. Treitel, ao tratar dos "Judge-made Exceptions", diz que: "Covenants in a lease can benefit or bind persons, other than the original parties to the lease, who later acquire an interest in the property or the reversion; a person may be able to enforce a covenant affecting land made by his predecessor in title, and one who acquires land with notice that it is burdened by a restrictive covenant may be bound by it although he was not a party to the covenant." (TREITEL, Sir Guenter. *The law of contract*. 11. ed. Londres: Sweet & Maxwell Limited, 2003, p. 645)

que ainda se enquadra nesta categoria é o caso de "*tort of negligence*" (delito de negligência), que pode conceder a um terceiro C uma ação direta contra uma parte A[258].

Na segunda categoria, trata-se dos casos em que um terceiro C sofre um dano resultante da quebra de contrato da parte A. Se inexistisse exceção à "*doctrine of privity*", apenas a parte B poderia recuperar os prejuízos contra a parte A; porém, C, que sofreu o dano, não poderia valer-se do contrato para alegar a quebra de contrato. Ainda, se o ordenamento jurídico, numa tal hipótese, não conceder a B a possibilidade de recuperar os prejuízos sofridos por C, haverá um "buraco negro legal" ("*legal black hole*")[259], ou seja, um dano sem que nenhuma parte tenha uma ação contra o seu causador[260].

[258] No caso White v Jones (1995), após uma disputa familiar, o pai (B) retirou suas filhas (C) do testamento. Porém, após os conflitos familiares terem sido resolvidos, o pai (B) decidiu mudar seu legado para incluir 9 mil libras para suas filhas. Para tanto o pai (B) contratou um advogado (A) para realizar este serviço. Por negligência do advogado (A), este deixou inalterado o testamento, e, quando da morte do pai (B), as filhas (C) foram, então, prejudicadas. C processou A por negligência, e por 3 votos a 2, a Casa dos Lordes permitiu a C recuperar o prejuízo em face de A. (O'SULLIVAN, Janet; HILLIARD, Jonathan. *The Law of Contract*. 5. ed. Oxford: Oxford University Press, 2012, p. 140; STONE, Richard; DEVENNEY, James. *The Modern Law of Contract*. 11. ed. Oxon: Routledge, 2015, p. 177-179). Segundo G. Treitel, "While the primary effect of a contract between A and B is to oblige them to perform their respective promises to each other, the contract may also impose on A a duty of care to C, the breach of which will enable C to sue A in tort for negligence. The contract may have this effect because it gives rise to a relationship in which A owes a duty of care to C: for example, to the relationship of passenger (or cargo-owner) and carrier, of occupier of premises and visitor, or of bailor and sub-bailee, or of building owner and subcontractor." (TREITEL, Sir Guenter. *The law of contract*. 11. ed. Londres: Sweet & Maxwell Limited, 2003, p. 607).

[259] G. Treitel explica que um "legal black hole: that is, to a situation in which the promisor has committed a plain breach which has caused loss to the third party whom the contracting parties intended to benefit but none to the promisee, and in which no other remedy (than damages for the third party's loss) is available against the promisor." (TREITEL, Sir Guenter. *The law of contract*. 11. ed. Londres: Sweet & Maxwell Limited, 2003, p. 593).

[260] No caso St Martins Property Corpn Ltd v Sir Robert McAlpine Ltd (1994), a parte A foi contratada pela parte B para prestar determinados serviços de construção. Nos termos do contrato entre A e B, o contrato não poderia ser cedido sem o consentimento expresso da parte contrária. B, porém, transferiu seus direitos contratuais ao terceiro C (uma empresa do mesmo grupo econômico) sem o consentimento de A (esta cessão foi considerada inválida). Algum tempo após, o prédio apresentou defeitos de construção por culpa dos serviços mal prestados por A. C realiza o pagamento dos consertos do prédio. B, apesar de não ter realizado os

Para evitar uma situação injusta, abre-se uma exceção à regra geral de que apenas podem ser pleiteados os danos sofridos pela própria pessoa. Na prática, porém, esta exceção não se mostra suficiente. O terceiro, no final das contas, enfrenta diversas barreiras na recuperação do seu crédito, pois precisa convencer a parte B a querer processar a parte A. Esta vontade, em geral, só aparece quando B e C pertencem ao mesmo grupo econômico ou são ligados por relações próximas (e.g., familiares); fora deste contexto, dificilmente a parte B iria enfrentar o judiciário para correr o risco por C.

Justamente para evitar que terceiros dependam da boa vontade alheia, em 1996[261], uma Comissão Legal foi instituída para tratar de "*Privity of Contract: Contracts for the Benefit of Third Parties*". O detalhado[262] relatório entregue por esta comissão deixou claro que a proposta de reforma não concedia às partes de um contrato o direito de impor uma obrigação a uma terceira parte. A reforma proposta também não se tratava de agravar a situação de terceiros com deveres contratuais sem o consentimento deste. Estas ressalvas eram importantes para esclarecer que a instituição em lei da hipótese de estipulação em favor de terceiros não iria demover as bases do direito dos contratos, inexistindo razão para tal temor. Assim, após a

pagamentos dos consertos, processa A pelos prejuízos causados e suportados por C. Discussões surgiram em torno da ilegitimidade de C para a cobrança (já que a cessão teria sido efetiva sem o consentimento de A) e também de B, que não teria pago o valor. Ao final, a Casa dos Lordes julgou procedente a ação de B contra A, inclusive reconhecendo que este caso é uma exceção à regra geral de que apenas o autor (leia-se, quem efetivamente pagou) pode pleitear indenização pelos próprios prejuízos.

261 Em 1965, uma Comissão Legal já havia sido estabelecida cujo objetivo do Primeiro Programa de Reforma Legal era a codificação da lei dos contratos, e, dentro deste programa, no seu item 3, estabelecer regras para os direitos de terceiros perante os contratos. Após a suspensão desse programa em 1973, a Comissão Legal adotou como estratégia criar projetos separados. O projeto submetido em 1996 pela Comissão Legal foi um desses projetos.

262 Um relatório de 194 páginas foi entregue pela Comissão Legal, (i) justificando os argumentos para a reforma, (ii) apresentando os precedentes, (iii) enfrentando a doutrina da "consideration", (iv) realizando o teste de execução, (v) tratando de todos os aspectos problemáticos na concessão de direitos a terceiros derivados de contratos, e (vi) concluindo pela adoção de uma lei cuja reforma seja feita por um esquema legislativo detalhado. A análise deste relatório é interessante, pois a Comissão Legal fundamentou e explicou cada uma das possíveis dificuldades que o intérprete poderá ter em relação à estipulação em favor de terceiros. (THE LAW COMMISSION. *Privity of contract*: contracts for the benefit of third parties. London: HMSO, 1996)

recomendação da Comissão Legal, o Parlamento inglês implementou-a em 1999, sancionando a "Contracts (Rights of Third Parties) Act 1999". Por esta lei, normatizaram-se diversos casos em que, na presença de determinadas condições, um terceiro pode obter benefícios de contratos alheios.

Apesar de legalizar a hipótese de contratos a favor de terceiros, esta lei não excluiu outras hipóteses reconhecidas pela jurisprudência de direitos de terceiros, muito menos tornou o terceiro uma parte no contrato (apesar de, em certas hipóteses, a lei equiparar a posição de terceiro à de uma parte[263]).

Para que um contrato possa se enquadrar na hipótese legal permitida, três critérios devem ser satisfeitos: (i) o terceiro C deve demonstrar que as partes A e B têm a intenção de permitir que ele execute o contrato; (ii) o terceiro C deve estar expressamente identificado no contrato[264]; e (iii) o direito do terceiro C de executar o contrato está sujeito aos termos do contrato, inclusive sujeito às suas limitações[265] (o que permitirá à parte A opor as defesas e exceções que tenha contra a parte B).

Mesmo que satisfeitos tais critérios, é possível às partes ressalvarem o direito de rescindir ou alterar o contrato, e consequentemente possibilitar a remoção do direito de C, sem a necessidade de seu consentimento. Portanto, para que terceiro tenha o seu direito garantido de executar o contrato, faz-se necessário que o terceiro não tenha tido o seu direito removido[266]. No que se refere à legitimidade para propositura da ação, não será possível atribuir direito de ação ao terceiro C se a parte B já ajuizou

263 Na Contracts (Rights of Third Parties) Act 1999, de acordo com a seção "1 (5): 1. Right of third party to enforce contractual term. (5) For the purpose of exercising his right to enforce a term of the contract, there shall be available to the third party any remedy that would have been available to him in an action for breach of contract if he had been a party to the contract (and the rules relating to damages, injunctions, specific performance and other relief shall apply accordingly)". (vide também TREITEL, Sir Guenter. *The law of contract*. 11. ed. Londres: Sweet & Maxwell Limited, 2003, p. 664).

264 TREITEL, Sir Guenter. *The law of contract*. 11. ed. Londres: Sweet & Maxwell Limited, 2003, p. 655.

265 O'SULLIVAN, Janet; HILLIARD, Jonathan. *The Law of Contract*. 5. ed. Oxford: Oxford University Press, 2012, p. 149-152.

266 STONE, Richard; DEVENNEY, James. *The Modern Law of Contract*. 11. ed. Oxon: Routledge, 2015, p. 168.

a demanda contra a parte A. Esta regra serve para evitar que A responda duas vezes pelo mesmo prejuízo[267].

Nas hipóteses de estipulação em favor de terceiros, trata-se de verdadeiras exceções à "*doctrine of privity*", já que, ao beneficiar o terceiro, este tem pretensão para exigir do devedor o cumprimento do contrato. Porém, em outras hipóteses, o Direito Comum também reconheceu que um terceiro pudesse tirar de um contrato alheio o fato do descumprimento para, em seu benefício, processar uma das partes[268]. Nesses casos, trata-se de aplicação da oponibilidade (no sentido dado pelo direito francês)[269].

Se de um lado, como visto, um terceiro pode retirar benefícios de um contrato alheio, de outro lado, a doutrina e a jurisprudência do Direito Comum também reconheceram que um terceiro pode vir a ter que obedecer a determinados deveres ou obrigações frente às partes contratantes ou ao contrato em si.

[267] O'SULLIVAN, Janet; HILLIARD, Jonathan. *The Law of Contract*. 5. ed. Oxford: Oxford University Press, 2012, p. 153. Segundo Richard Stone e James Devenney: "The right of the promisee to enforce the contract is specifically preserved by s 4. In order that the promisor does not face being liable to both the promisee and the third party, however, s 5 provides that where the promisee has recovered compensation from the promisor in relation to a term falling within s 1 of the Act, this must be taken into account in any award subsequently made to the third party. The converse situation is not specifically dealt with, but it must be presumed that the courts would not allow the promisee to recover where compensation has already been paid to the third party by the promisor." (STONE, Richard; DEVENNEY, James. *The Modern Law of Contract*. 11. ed. Oxon: Routledge, 2015, p. 170).

[268] Vide os casos acima tratados em nota de rodapé: Wells (Merstham) Ltd v Buckland Sand & Silica Co Ltd (1965) e Southern Water Authority v Carey (1985) (O'SULLIVAN, Janet; HILLIARD, Jonathan. *The Law of Contract*. 5. ed. Oxford: Oxford University Press, 2012, p. 136-137 e 139).

[269] Principalmente pois no Direito Comum não há formalmente o instituto jurídico da oponibilidade. Os anglo-saxões não fazem essa distinção. Por conta disso, consideram como exceção à relatividade tanto os casos de verdadeira exceção (i.e., os casos em que um terceiro passa a tornar-se um credor ou devedor de uma prestação principal e, portanto, beneficiada ou prejudicada por um contrato) quanto os casos de oponibilidade (i.e., os casos em que o terceiro não assume a posição de credor ou devedor, mas pode beneficiar-se ou ser prejudicado por um contrato). Para manter uma coerência, é possível dizer que no Direito Comum a "*doctrine of privity*" não reflete exatamente o conceito de relatividade dos contratos. A "*doctrine of privity*" se refere à proibição de um terceiro tirar um benefício ou ser prejudicado por um contrato alheio, independentemente se esse terceiro é ou não um credor ou devedor de uma prestação principal.

Trata-se do caso de "*tortious interference with contractual rights or relations*" (interferência delitual nos direitos contratuais ou nas relações), que ocorre quando um terceiro C interfere na relação da parte A com a parte B. Assim, apesar de o contrato criar direitos e deveres entre as partes contratantes, incidentalmente, o contrato também impõe aos terceiros o dever de não interferir na execução do contrato. Esses casos são casos típicos de oponibilidade, pois não estão esses terceiros sendo chamados a cumprir o contrato como parte contratual (i.e., não se exige do terceiro o cumprimento da prestação principal), mas tais terceiros estão a sofrer efeitos do contrato, ao assumirem frente a tal contrato deveres de não interferência.

O "*tort of interference with contractual relations*" teve sua origem histórica na época da peste negra, quando a Inglaterra — e o resto da Europa — vivenciou uma grave crise agrária, por falta de mão de obra. Com a escassez de mão de obra, a sua produção agrária diminuiu e a concorrência por camponeses ("*servants*") aumentou enormemente. O problema surge quando muitos senhores ("*masters*") começaram a aliciar ("*entice*") os servos alheios, em detrimento dos senhores deles. Para remediar a situação, a Ordenação dos Trabalhadores[270] foi promulgada em 1349. Por ela, o "*master*" passou a ter uma nova tutela, denominada de "*action of trespass*", que o protegia da interferência de outros "*masters*" no aliciamento de seus empregados.

[270] Segundo Bertha Haven Putnam, é suficiente dizer que a *Ordinance of Laboureurs* tinha por "main object was to secure an adequate supply of labourers at the rate of wages prevailing before the catastrophe, and that the notable feature of theses enactments is that they constitute the first important attempt of the central authorities to apply to the country as a whole, uniform legislation on wages and prices, matters that had been previously left to the local control" (Putnam, Bertha Haven. *The enforcement of the statutes of labourers.* London: AMS Press, 1908, p. 3). Hazel Carty afirma que: "However, modern liability for inducing breach of contract dates from 1853 and the decision in Lumley v Gye." (CARTY, Hazel. *An Analysis of the economic torts.* 2. ed. Oxford: Oxford University Press, 2010, p. 30). Na França, de forma similar, os primeiros traços do que foi reconhecido como responsabilidade civil do terceiro interferente se deram na época da Peste Negra com a escassez de mão de obra. Em virtude de a praga ter dizimado um terço da população da Europa, atitudes desleais para obter mão de obra alheia começaram a ser praticadas. Buscando impedir a interferência de terceiros nas relações contratuais alheias, o Rei João, o Bom, promulgou a "Ordonnance concernant la police du royaume", em 1350, por meio da qual foi proibido o aliciamento de empregados.

Mas esta "*action of trespass*" tinha objeto definido, criado para resolver os problemas de interferência na mão de obra agrária no século XIV. Alguns séculos depois, já numa economia mais industrializada, os problemas de interferência de terceiros saíram do campo e migraram para a cidade. As novas discussões, então, eram se a proteção contra a interferência de terceiros abrangeria ou não os prestadores de serviços. Foi apenas em 1853, quando do julgamento do caso Lumley v. Gye[271], que se reconheceu que a proteção contra a interferência de terceiros se dava também na prestação de serviços. Atualmente, atribui-se a este julgado o primórdio do que futuramente será definido como "*tort of inducing breach of contract*"[272] ou "*tort of interference with contractual relations*".

Anos mais tarde, em 1893, no julgamento do caso Temperton v Russel[273], considerou-se que o remédio contra a interferência de terceiros não está limitado aos contratos de prestação de serviços — como é a previsão legal expressa no Código Civil brasileiro (art. 608). A proteção tem por objeto o

[271] Neste "leading case", Benjamin Lumley contratou a cantora de ópera Johanna Wagner por 3 meses para cantar no seu teatro "Her Majesty's Theatre of London". Porém, Frederick Gye, concorrente de Lumley, aliciou a cantora para quebrar seu contrato com Lumley e cantar em seu teatro. Ao tomar ciência dos fatos, Lumley ajuizou uma ação e conseguiu liminarmente que a cantora Wagner fosse proibida de cantar no teatro de Frederick Gye. Porém, mesmo após a proibição de cantar no teatro de Gye, a cantora continuou a se recusar a cantar no teatro de Lumley. Na corte, a questão debatida era saber se a proteção contra interferência de terceiros era ou não limitada à relação de "master" e "servant", mas pela decisão final, reconheceu que este remédio poderia ser também utilizado para combater interferências nas relações contratuais de prestação de serviços.

[272] "However, modern liability for inducing breach of contract dates from 1853 and the decision in Lumley v Gye." (CARTY, Hazel. *An Analysis of the economic torts.* 2. ed. Oxford: Oxford University Press, 2010, p. 30).

[273] *Temperton v Russel* (1893) 1 Q.B. 715. Sobre o histórico do caso, vide o artigo de DANFORTH, John. Tortious Interference with Contract: A reassertion of Society's Interest in Commercial Stability and Contractual Integrity. *Columbia Law Review*, Columbia, v. 81:1491, nov., 1981, p. 1498. Em breve síntese, Temperton era um construtor que não respeitava as orientações de um sindicato. O sindicato para pressionar Temperton a cumprir suas orientações, induziu os clientes de Temperton a quebrar os contratos com ele, sob pena de perturbações laborais. Ainda, o sindicato começou a ameaçar potenciais clientes a não adquirir materiais de Temperton. O Tribunal entendeu que o remédio era aplicável para a proteção do interesse econômico, e não se limitava aos contratos de prestação de serviços, o que incluía violações a outros tipos de contratos, mesmo que não formalizados.

interesse econômico[274] da parte, e, por isso, abrange, inclusive, os contratos prospectivos (relações contratuais não formalizadas).

A evolução desses delitos acabou por considerar desnecessária, inclusive, a malícia[275] na atuação interferente. Atualmente, a responsabilidade de terceiro está submetida a duas limitações. A primeira é que o delito não é cometido pelo terceiro se a sua interferência não foi a causa da perda da parte[276]. A segunda é que a responsabilidade por este delito é baseada na intencionalidade do ato culposo, ou no dolo[277].

Além desse remédio, uma parte pode se proteger contra ato de terceiro no caso de intimidação. Se A induz B, por meio de ameaças, a cometer determinado ato em detrimento de C, A comete "*tort of intimidation*". O exemplo de G. Treitel esclarece melhor esta hipótese. No caso de A induzir B a demitir C, ameaçando quebrar o contrato de A com B, C poderá processar A por intimidação, porém não poderá processá-lo por quebra de contrato[278]. Por este exemplo, torna-se clara a natureza da responsabilidade do terceiro, que não é negocial, mas sim extranegocial.

[274] DANFORTH, John. Tortious Interference with Contract: A reassertion of Society's Interest in Commercial Stability and Contractual Integrity. *Columbia Law Review*, Columbia, v. 81:1491, nov., 1981, p. 1499.

[275] A "malice", tão importante no julgamento do caso Lumley v Gye, perdeu relevância na caracterização do "tort". Modernamente, "malice" é apenas um elemento não essencial da ação interferente.

[276] G. Treitel nos fornece o seguinte exemplo: "where breach of the contract has already been induced by C's acquisition of the property from A, there will be no tort liability for inducing breach of contract on D, who subsequently buys the property from C, even with knowledge of the contract between A and B, for D's conduct will not have played any part in inducing the original breach. Nor is D in such a case liable for interference with the remedies arising out of the broken contract between A and B" (TREITEL, Sir Guenter. *The law of contract.* 11. ed. Londres: Sweet & Maxwell Limited, 2003, p. 623)

[277] Não basta, assim, a mera negligência. Segundo G. Treitel, "if a defendant negligently damaged a ship which was subject to a time charterparty, he would not commit this tort against the charterer; nor would he be liable to the charterer in negligence for pecuniary loss, such as hire wasted or profits lost while the ship was, by reason of the damage, out of service." (TREITEL, Sir Guenter. *The law of contract.* 11. ed. Londres: Sweet & Maxwell Limited, 2003, p. 623)

[278] Caso similar é aquele que A induz B a demitir C, ameaçando difamar B. Neste caso, C terá a pretensão de responsabilizar A pela intimidação, mas não pela difamação. (TREITEL, Sir Guenter. *The law of contract.* 11. ed. Londres: Sweet & Maxwell Limited, 2003, p. 635)

Em conclusão, da análise do sistema de *Common Law*, percebe-se que a "*doctrine of privity*" sofreu mitigações relevantes de sentido. Atualmente, a "*doctrine of privity*" não proíbe que terceiros sejam afetados indiretamente pelo contrato entre A e B[279].

Em certos casos, um terceiro pode invocar o contrato alheio contra as partes do contrato, principalmente (mas não só) quando as partes expressamente desejaram e estatuíram o benefício de terceiro. Em outros casos, um terceiro pode ter que obedecer a determinados deveres ou obrigações frente às partes contratantes ou ao contrato em si.

Tais limitações na esfera de atuação da "*doctrine of privity*" são importantes para a compreensão de que o contrato não é um fenômeno jurídico isolado e de interesse exclusivo das partes. O seu estudo se faz compreender dentro dos limites maiores do que os interesses das partes.

Para tal fim, o trabalho da jurisprudência inglesa, de identificar os limites da interferência de terceiros na relação contratual alheia, foi essencial. Pode-se dizer que foi feito com a acuidade necessária para permitir que o terceiro, em determinadas situações, retire benefícios da situação contratual, mas também para que o terceiro possa ser prejudicado.

2.2. Ordenamentos estrangeiros de *Civil Law*

A relatividade contratual está expressa na lei de diversos países[280]. Em que pese a adoção legal, a compreensão dos seus limites é questão de grau e de intensidade, que vai muito além da previsão normativa.

279 TREITEL, Sir Guenter. *The law of contract.* 11. ed. Londres: Sweet & Maxwell Limited, 2003, p. 606.

280 Interessante o Código das Obrigações Civis e Comerciais ("Code des obligations civiles et commerciales") de Senegal, que, influenciado pela França, fez constar no art. 110 não só o princípio da relatividade, mas também a oponibilidade nos seguintes termos: "Le contrat ne produit d'obligations pour les tiers que dans les cas prévus par la loi. Cependant le contrat leur est opposable dans la mesure où il crée une situation juridique que les tiers ne peuvent méconnaître." (tradução livre: "O contrato somente produz obrigações perante terceiros nos casos previstos pela lei. No entanto, o contrato é oponível a eles na medida em que ele cria uma situação jurídica que terceiros não podem ignorar"). O recente Código Civil da Romênia (2011) também prevê a relatividade e a oponibilidade contratual nos artigos 1.280 e 1.281, respectivamente: "Contractul produce efecte numai între părţi, dacă prin lege nu se prevede altfel." e "Contractul este opozabil terţilor, care nu pot aduce atingere drepturilor şi obligaţiilor născute din contract. Terţii se pot prevala de efectele contractului, însă fără a avea dreptul de a cere executarea lui, cu excepţia cazurilor prevăzute de lege." (tradução livre: "O contrato

Numa análise da evolução legislativa sobre a relatividade contratual, é possível concluir que, no início, tal qual o art. 1.165 do Código Civil francês[281], a relatividade era excetuada pela única hipótese de estipulação em favor de terceiros. Ao longo do tempo, preferiu-se uma solução mais aberta, na qual a relatividade era afastada "nos casos previstos em lei". Essa foi a solução adotada pelos ordenamentos jurídicos da Itália (art. 1.372 do Código Civil), de Quebec (art. 1.440 do Código Civil) e do Estado da Louisiana (art. 1.985 do Código Civil), por exemplo.

só produz efeitos entre as partes, a menos que a lei disponha em contrário" e "O contrato é oponível a terceiros, que não podem afetar os direitos e obrigações decorrentes do contrato. Os terceiros podem invocar os efeitos do contrato, mas sem o direito de exigir sua execução, exceto nos casos previstos pela lei"). No Código Civil de 2015 do Vietnã, em seu art. 4, enuncia que "todo engajamento e toda convenção legalmente concluídos têm força executória entre as partes, e devem ser respeitadas por toda pessoa física ou jurídica e por todos os outros sujeitos de direito" (Tradução livre de: "tout engagement et toute convention légalement conclus ont force exécutoire entre les parties, et doivent être respectés par toute personne physique ou morale et par tout autre sujet de droit" — vide DO, Van Dai; NGO, Quoc Chien. Tiers et contrat au Vietnam. In: *TRAVAUX de l'Association Henri Capitant*. Bruxelas: Éditeurs Bruylant e LB2V, 2015. t. 65, p. 290). No Código Civil de Quebec, o art. 1.440 estabelece que: "Le contrat n'a d'effet qu'entre les parties contractantes; il n'en a point quant aux tiers, excepté dans les cas prévus par la loi." (tradução livre: "O contrato somente tem efeito entre as partes contratantes, não afetando terceiros, exceto nos casos previstos em lei"). No Código Civil do Estado da Louisiana, EUA, consta a seguinte previsão sobre os "efeitos perante terceiros" no art. 1985: "Contracts may produce effects for third parties only when provided by law." (tradução livre: "Contratos podem produzir efeitos perante terceiros somente quando previsto em lei"). O Código Civil da Algéria expressamente permite apenas efeitos benéficos perante terceiros, conforme estipula o art. 113: "Le contrat n'oblige point les tiers, mais Il peut faire naître des droits à leur profit" (tradução livre: "O contrato não prejudica terceiros, mas ele pode fazer nascer direitos a benefício deles"). Nos comentários ao art. 1.3 dos Princípios do Unidroit, a força obrigatória dos contratos não tem o condão de prejudicar o efeito do contrato frente a terceiros: "By stating the principle of the binding force of the contract between the parties, this Article does not intend to prejudice any effect which that contract may have vis-a-vis third persons under the applicable law" (tradução livre: "Ao afirmar o princípio da força obrigatória do contrato entre as partes, este Artigo não tem a intenção de prejudicar qualquer efeito que esse contrato possa ter vis-a-vis terceiros nos termos da lei aplicável"). O Anteprojeto do Código Europeu de Contratos estabelece que: "Le contrat a force de loi entre les parties et produit des effets en faveur des tiers comme il est prévu dans les règles du présent titre." (tradução livre: "O contrato tem força de lei entre as partes e produz efeitos em favor de terceiros conforme previsto nas regras do presente título").

[281] No Código Civil belga também no artigo 1.165 há igual disposição.

Recentemente, alguns ordenamentos têm adotado expressamente o princípio da oponibilidade contratual em contraposição à visão individualista do princípio da relatividade, retirando dele seus excessos. É o caso do Código das Obrigações Civis e Comerciais de Senegal (art. 110), do Código Civil da Romênia (art. 1.281) e, recentemente, após a promulgação da sua reforma, do Código Civil da França[282].

No que se refere à França, a "Ordonnance n. 2016-131", de 10 de fevereiro de 2016, promulgou a reforma do Código Civil, que alterou a parte de obrigações e de contratos. Já era em tempo, pois o Código Civil francês já não era estudado somente com base na lei, mas com base nos diversos julgados que mudaram o sentido — por vezes radicalmente — das suas palavras. A reforma, então, fez com que um grande número de soluções jurisprudenciais se tornasse lei. Esta reforma, vigente desde 1º de outubro de 2016, inseriu e "codificou" nos artigos 1.199 e 1.200 um conceito estrito de relatividade contratual e um conceito amplo de oponibilidade — que já eram largamente adotados pela jurisprudência e doutrina francesas.

A preocupação de diversos ordenamentos jurídicos com a questão do terceiro fica evidente com o relatório "*Les tiers*» («Os terceiros»), publicado em 2015 pelo «Travaux de l'Association Henri Capitant»[283]. Diversos doutrinadores da Alemanha, Bélgica, Brasil (por aqui, coube o relatório "*Tiers et contrat*" à Judith Martins-Costa), Colômbia, Espanha, França, Itália, Líbia, Luxemburgo, Marrocos, Panamá, Polônia, Quebec, Romênia, Suíça, Turquia, Venezuela e Vietnã responderam questionamentos a respeito da interação entre terceiros e contrato, inclusive sobre a possibilidade de um terceiro se beneficiar de um contrato (e.g., efeitos protetivos de

[282] A reforma dos direitos das obrigações foi aprovada e consolidada sob a "Ordonnance nº 2016-131" de 10 de fevereiro de 2016. No seu art. 1.199, estabelece que "Le contrat ne crée d'obligations qu'entre les parties. Les tiers ne peuvent ni demander l'exécution du contrat ni se voir contraints de l'exécuter, sous réserve des dispositions de la présente section et de celles du chapitre III du titre IV". (tradução livre: "O contrato cria obrigações somente entre as partes. Os terceiros não podem demandar a execução do contrato nem serem forçados a executar, sem prejuízo das disposições da presente seção e das do Capítulo III do Título IV"). Pelo art. 1.200, foi codificada a teoria da oponibilidade, nos seguintes termos: "Les tiers doivent respecter la situation juridique créée par le contrat. Ils peuvent s'en prévaloir notamment pour apporter la preuve d'un fait." (tradução livre: "Os terceiros devem respeitar a situação jurídica criada pelo contrato. Podem confiar especialmente para fornecer provas de um fato").

[283] *TRAVAUX de l'Association Henri Capitant*. Bruxelas: Éditeurs Bruylant e LB2V, 2015. t. 65.

terceiros) ou ser responsabilizado ao contribuir com a inexecução (e.g., responsabilidade civil do terceiro interferente).

A relatividade contratual, assim, tem sofrido, em diversos países, importantes alterações legais, para atualizar o seu sentido, restringindo-o ao conceito da força obrigatória dos contratos. Todavia, esta redução interpretativa não se restringe aos trabalhos dos legisladores, mas principalmente da doutrina, como se passará a brevemente discorrer.

2.2.1. Portugal

A eficácia externa das obrigações não tem encontrado solução pacífica na doutrina portuguesa. Uma análise histórica do tema, feita por Eduardo Santos Júnior, demonstra que, em Portugal, o princípio da relatividade dos contratos, em sua pureza, preponderou quase que de forma absoluta até a década de 1960[284]. A tese clássica, então, seja na doutrina ou na jurisprudência, reconhecia a inoponibilidade dos efeitos dos contratos a terceiros e negava a eficácia externa das obrigações.

Ainda hoje, muitos continuam a defender a inoponibilidade dos direitos de crédito ou dos contratos. Entre os autores clássicos portugueses, podemos citar Manuel A. Domingues de Andrade[285], Luís Menezes Leitão[286], João de Matos Antunes Varela[287], Adriano Paes da Silva Vaz Serra[288], Mário Júlio de Almeida Costa[289] e Jorge Leite Areias Ribeiro de Faria[290]. Todos estes doutrinadores clássicos demonstram clara preocupação com a adoção da tese da eficácia externa das obrigações. Porém, este receio se deve muito mais por mal compreendê-la ou pela simples

[284] SANTOS JÚNIOR, Eduardo. *Da responsabilidade civil de terceiro por lesão do direito de crédito.* Coimbra: Almedina, 2003, p. 413.

[285] ANDRADE, Manuel A. Domingues de. *Teoria Geral das Obrigações.* 3. ed. Coimbra: Almedina, 1966.

[286] LEITÃO, Luís Menezes. *Direito das obrigações.* 13. ed. Coimbra: Almedina, 2016. v. 1. p. 87-90.

[287] VARELA, João de Matos Antunes. *Das obrigações em geral.* 10. ed., Coimbra: Almedina, 2014. v. 1. p. 175-182.

[288] SERRA, Adriano Paes da Silva Vaz. Responsabilidade de terceiros no não-cumprimento de obrigações. *Boletim do Ministério da Ivstiça,* Lisboa, n. 84, abr., p. 345-360, 1959.

[289] COSTA, Mário Júlio de Almeida. *Direito das Obrigações.* 12. ed. Coimbra: Almedina, 2014, p. 93.

[290] FARIA, Jorge Leite Areias Ribeiro de. *Direito das Obrigações.* Coimbra: Almedina, 1990. v. 1. p. 41-47.

vontade de confrontá-la. Um dos erros da doutrina clássica é incluir entre as hipóteses supostamente defendidas pela teoria do efeito externo casos que esta não defende. Ao distorcerem o seu conteúdo, buscam criticá-la abertamente.

É o que acontece com a crítica de Manuel A. Domingues de Andrade, que crucifica a teoria do efeito externo por esta supostamente defender a responsabilidade do terceiro interferente sem conhecimento do contrato. E, de fato, se esta teoria defendesse isso, haveria um ônus demasiadamente grande aos contratantes, que a cada contratação deveriam inquirir se o contrato a firmar poderia impedir ou não a execução de outro contrato. Se não fosse realizada esta prévia análise, e o contrato interferisse no contrato alheio, haveria responsabilidade pelos danos causados na quebra do outro contrato. Somente neste caso as críticas de Manuel A. Domingues de Andrade fariam sentido, pois "enfraqueceria gravemente a vida económica"[291], levando longe demais a responsabilidade dos terceiros[292]. Porém, esta "nova teoria" não defende isso. O conhecimento de terceiro na teoria da eficácia externa é condição — regra de ouro — para impor o dever de não violar o contrato alheio. O terceiro cúmplice é chamado a responder justamente porque interfere com a plena ciência do contrato alheio (e muitas vezes com a intenção de interferir).

Outros argumentos ainda foram levantados[293], como o de Vaz Serra, repetindo o argumento já superado pela doutrina clássica francesa:

[291] ANDRADE, Manuel A. Domingues de. *Teoria Geral das Obrigações*. 3. ed. Coimbra: Almedina, 1966, p. 352.

[292] Diz Manuel de Andrade que "esta nova teoria não parece de aceitar. Leva longe de mais a responsabilidade do terceiro, podendo ser em grande número e de grande vulto os créditos prejudicados pelo facto ilícito, e podendo ele desconhecer inteiramente a sua existência e entidade" (ANDRADE, Manuel A. Domingues de. *Teoria Geral das Obrigações*. 3. ed. Coimbra: Almedina, 1966, p. 52.). Contudo a sua crítica não merece prevalecer. Ao criticar, Manuel de Andrade realizou uma ampliação indevida das hipóteses da doutrina da eficácia externa das obrigações. Nesta, inexiste a responsabilidade do terceiro que desconhece inteiramente a existência do crédito alheio (exceto, nos casos em que há presunção de conhecimento, como no registro do acordo de transmissão de bens imóveis).

[293] Por exemplo, segundo Manuel de Andrade, inexistiria no Código Civil qualquer indicação a favor desta "nova teoria", e assim, não mereceria acolhida, nem mesmo *de iure constituendo*. (ANDRADE, Manuel A. Domingues de. *Teoria Geral das Obrigações*. 3. ed. Coimbra: Almedina, 1966, p. 52-53)

"A obrigação só pode ser infringida pelo devedor, pois só a ele vincula"[294]. Neste ponto, na França, desde as obras de Alex Weill e de Simone Calastreng, o argumento de que uma obrigação só pode ser infringida pelo devedor não significa que o terceiro não possa ser responsabilizado; ou seja, não é argumento contra (nem a favor) a doutrina da responsabilidade do terceiro interferente. Uma é a questão da relatividade, que liga apenas os contratantes — que trata de afirmar que só o devedor pode descumprir o seu contrato —, e outra é a da oponibilidade, que liga os contratantes a terceiros — que trata de impor ao terceiro, conhecedor da relação contratual alheia, o dever de respeitá-la. A diferença, então, é que a obrigação é infringida pela parte contratual, mas o terceiro, quando auxilia na quebra do contrato, viola o seu dever de não causar dano a outrem e, nesta medida, é chamado a responder.

Também é comum escutar a advertência de que adotar a teoria da eficácia externa transformaria "as obrigações em direitos absolutos"[295], sem que haja "garantias de forma e de publicidade, a que está subordinada a constituição dos direitos reais"[296]. Entretanto, a teoria dos efeitos externos das obrigações não impõe imediata e concretamente um dever de não

[294] SERRA, Adriano Paes da Silva Vaz. Responsabilidade de terceiros no não-cumprimento de obrigações. *Boletim do Ministério da Ivstiça*, Lisboa, n. 84, abr., p. 345-360, 1959, p. 346. Este é o típico argumento de lógica formal, um dogma que desconsidera a realidade da vida dos contratos. Se, de um lado, cabe apenas ao contratante infringir uma obrigação contratual — e é disto que este "dogma" trata —; de outro, um terceiro pode auxiliar no incumprimento de um contrato ou ser determinante para que o contratante viole a obrigação contratual. A questão que se coloca é se o terceiro pode ou não ser responsabilizado, se tem ou não um dever de respeitar a relação alheia. A questão não gira em torno da responsabilidade contratual em virtude da quebra do vínculo do contrato (que sim, só pode ser incumprido pelo contratante), mas de saber se o terceiro pode ser responsabilizado extranegocialmente por auxiliar na quebra deste vínculo.

[295] Para Manuel de Andrade, esta "nova teoria" estaria "transformando as obrigações em direitos absolutos equiparáveis aos direitos reais, deveria admitir quanto a elas o princípio do *numero clausus*" (ANDRADE, Manuel A. Domingues de. *Teoria Geral das Obrigações*. 3. ed. Coimbra: Almedina, 1966, p. 52). Porém, a crítica não prospera. A teoria dos efeitos externos das obrigações não defende que todos os direitos de créditos ou pessoais tenham eficácia perante terceiros. Se assim fosse defendido, seria possível realizar esta crítica e conclusão. Porém, o que é defendido por esta teoria é que os direitos pessoais ou de crédito podem, sob certas condições, irradiar efeitos perante terceiros.

[296] ANDRADE, Manuel A. Domingues de. *Teoria Geral das Obrigações*. 3. ed. Coimbra: Almedina, 1966, p. 52.

interferir a todos os terceiros, mas apenas àqueles que têm conhecimento da relação contratual alheia.

Como bem ressalta Pedro Paes de Vasconcelos, a doutrina clássica, apegada a um conceitualismo exacerbado, diz que: "a obrigação não tem efeitos externos porque é relativa; a obrigação é relativa porque não tem efeitos externos. Trata-se de círculo vicioso que vêm sempre a cair as construções que assentam em métodos positivistas logicistas formais."[297] Deste vício metodológico, a doutrina tradicional construiu o conceito de obrigação como necessariamente relativa, impedindo que do conceito fizessem parte os efeitos externos. E, quando a obrigação produz efeitos não relativos, mas perante terceiros, por razões de lógica formal "foram imputados a exceção, a efeitos de lei, a protecção de terceiros, a aparência, ao que for necessário. Mas obrigação é que não. Salva-se a lógica formal na construção dos conceitos... '*et pereat mundus!*'"[298].

É interessante notar, ainda, que mesmo a doutrina clássica portuguesa reconhece que os contratos, em certos casos, produzem efeitos externos. Como excetua Manuel de Andrade, "Só nalguns casos particularmente escandalosos — quando o terceiro tenha tido a intenção ou pelo menos a consciência de lesar os credores da pessoa directamente ofendida ou da pessoa com quem contrata — é que poderá ser justificado quebrar a rigidez da doutrina tradicional"[299]. Então, como remédio para combater estes casos ditos "particularmente escandalosos", poderia o credor se servir da teoria do abuso do direito[300] e tão só, para a defesa do seu crédito. A questão

[297] VASCONCELOS, Pedro Paes de. O efeito externo da obrigação no contrato-promessa. *Scientia Ivridica*: revista de direito comparado português e brasileiro, t. 32, Braga, Livraria Cruz, p. 103-123, 1983, p. 104.

[298] ibid., p. 105.

[299] ANDRADE, Manuel A. Domingues de. *Teoria Geral das Obrigações*. 3. ed. Coimbra: Almedina, 1966, p. 53. De forma similar, Ribeiro de Faria limita a responsabilidade de terceiro só "em casos particularmente gravosos e que mereçam, pois, a reprovação da consciência ética imperante ou do sentimento jurídico mais profundo e mais vivo." (FARIA, Jorge Leite Areias Ribeiro de. *Direito das Obrigações*. Coimbra: Almedina, 1990. v. 1, p. 46)

[300] Este é o posicionamento majoritário da jurisprudência portuguesa e também a própria opinião de Almeida Costa de que, para a responsabilidade do terceiro cúmplice, faz-se necessária a prova de abuso de direito por parte do terceiro. (COSTA, Mário Júlio de Almeida. *Direito das Obrigações*. 12. ed. Coimbra: Almedina, 2014). Este posicionamento ainda é acompanhado por vários autores portugueses, entre eles, ANDRADE, Manuel A. Domingues de. *Teoria Geral das Obrigações*. 3. ed. Coimbra: Almedina, 1966, p. 53; SERRA, Adriano Paes da Silva

muda, então, de plano — do direito de crédito para a responsabilidade —, e passa a girar em torno da definição do que se configura conduta abusiva.

Para outros autores, além do instituto do abuso do direito, o credor poderá se valer de outros institutos, a depender da hipótese concreta, como a proibição da concorrência desleal, os negócios usurários, as sanções penais (como burla, abuso de confiança, simulação etc.)[301], enriquecimento sem causa, gestão imprópria de negócios e negócio existente entre terceiro e parte[302].

Numa análise geral[303], é possível concluir que a doutrina clássica portuguesa, apesar de formalmente negar a teoria da eficácia externa das obrigações, permite que o credor defenda o seu crédito por meio do abuso do direito[304]. Admitir esta solução importa, pois, ao qualificar a

Vaz. Responsabilidade de terceiros no não-cumprimento de obrigações. *Boletim do Ministério da Ivstiça*, Lisboa, n. 84, abr., p. 345-360, 1959, p. 355; VARELA, Antunes. Das obrigações em geral. 10. ed., Coimbra: Almedina, 2014. v. 1. p. 177; FARIA, Jorge Leite Areias Ribeiro de. *Direito das Obrigações*. Coimbra: Almedina, 1990. v. 1. p. 46.

301 Estes institutos são lembrados por Antunes Varela (VARELA, João de Matos Antunes. *Das obrigações em geral*. 10. ed., Coimbra: Almedina, 2014. v. 1. p. 179).

302 Estes outros institutos são lembrados por Vaz Serra. Em nota 24, Vaz Serra questiona até se é "Necessário este parágrafo?" (SERRA, Adriano Paes da Silva Vaz. Responsabilidade de terceiros no não-cumprimento de obrigações. *Boletim do Ministério da Ivstiça*, Lisboa, n. 84, abr., p. 345-360, 1959, p. 360).

303 Há, assim, aqueles que admitem a responsabilidade de terceiro por violação de crédito somente quando há abuso de direito, mas há também aqueles que estão em posição intermediária, como Antunes Varela, que considera existir os efeitos das obrigações em relação a terceiros, mas em duas hipóteses: (i) por lei, como na lei de locações portuguesa; e (ii) quando a "relação de crédito, na sua titularidade, constitua um valor absoluto, como tal oponível a terceiros" (VARELA, João de Matos Antunes. *Das obrigações em geral*. 10. ed., Coimbra: Almedina, 2014. v. 1, p. 172). De forma imprópria, poder-se-ia considerar também o caso de substituição do credor pelo seu credor. Mas, seria imprópria, pois, não se trata de exigir de terceiro a prestação, mas de exercer contra terceiro o crédito de seu devedor, o que é questão diversa (ibid., p. 175). Ainda, se considerar os contratos em favor de terceiros, há de considerar três hipóteses de efeitos das obrigações em relação a terceiros, pois, mesmo no Código Civil Português de 1867, que não previa a hipótese de contratos em favor de terceiros, a doutrina já a aceitava como válida no sistema português (TAVARES, José. *Os princípios fundamentais do Direito Civil*. 2. ed. Coimbra: Coimbra Editora, 1929. v. 1, parte 1, p. 525-529).

304 Diz Menezes Cordeiro que toda a doutrina portuguesa aceita a possibilidade de o credor defender os créditos contra terceiros, nem que seja pelo instituto do abuso do direito (CORDEIRO, António Menezes. *Da boa-fé no direito civil*. Coimbra: Almedina, 2013, p. 647).

conduta do terceiro por abusiva, não ficam sem resposta muitos dos casos de interferência de terceiros na relação creditória[305].

Na prática, seja pelo instituto do abuso do direito, seja pelas regras do regime geral de responsabilidade aquiliana[306] — em reconhecimento da atitude interferente como ato ilícito —, a parte contratante inocente é protegida e o terceiro sancionado. O ordenamento jurídico português, então, mesmo na acepção da doutrina clássica, reconhece a imposição do comportamento ético do terceiro, ao ser-lhe imposto um dever de respeito ou de não interferência na relação alheia. O terceiro é responsabilizado por ter abusado do seu direito de liberdade de contratar.

Já no último meio século, muitos são os autores portugueses que aceitam a teoria dos efeitos externos do contrato. Alguns, como I. Galvão Telles[307], J. Oliveira Ascensão[308], Pedro Romano Martinez[309], Pedro Paes

[305] Eduardo Santos Júnior, em nota n. 1456, traz duas considerações importantes sobre a obra de Manuel de Andrade. Em primeiro, os casos "particularmente escandalosos", considerados por Manuel de Andrade como passível de responsabilização de terceiro, são precisamente aqueles que a maioria dos defensores do efeito externo das obrigações considera como passiveis de responsabilização. Em segundo, Manuel de Andrade atribui à teoria do efeito externo o que ela normalmente não postula (como hipótese de responsabilidade de terceiro pela sua interferência sem conhecimento do contrato), para atribuir consequências não-queridas pelo ordenamento, como o enfraquecimento do tráfico jurídico (SANTOS JÚNIOR, Eduardo. *Da responsabilidade civil de terceiro por lesão do direito de crédito.* Coimbra: Almedina, 2003, p. 416).

[306] Para Almeida Costa a única diferença entre a doutrina tradicional, a que se filia, e a doutrina do efeito externo, "colocando de parte toda a roupagem conceitual, se resume numa outra que pode enunciar-se de modo muito simples: perante um dano provocado ao credor por terceiro, qual o critério de imputação jurídica a adoptar? O critério geral da causalidade adequada – responderão os adeptos da doutrina do efeito externo –, ou, pelo contrário, a acrescer a esse nexo de causalidade adequada, o critério mais limitativo do abuso do direito – responderão os adeptos da doutrina clássica" (COSTA, Mário Júlio de Almeida. *Direito das Obrigações.* 12. ed. Coimbra: Almedina, 2014, p. 98-99).

[307] Inocêncio Galvão Teles, na sétima edição, inclui observação acatando a orientação de que nas obrigações há além do elemento interno o elemento externo, que é o dever de todos de respeitar o direito do credor. (TELLES, Inocêncio Galvão. *Direito das obrigações.* 7. ed. Coimbra: Coimbra Editora, 1997, p. 20).

[308] Considerando que a obrigação, mesmo com a sua eficácia externa, continua a ser um direito relativo, José Oliveira Ascensão diz que "A eficácia externa das obrigações é uma pretensão da atual doutrina obrigacionista, que nos parece dever ser aplaudida" (ASCENSÃO, José Oliveira. *Direito Civil:* Teoria Geral. 2. ed. São Paulo: Saraiva, 2010. v. 3, p. 74).

[309] Para Pedro Martinez, "De facto, a relatividade dos contratos baseia-se numa concepção individualista segundo a qual a sociedade não tem de se ocupar das relações entre os indivíduos,

de Vasconcelos[310], mesmo em referências breves, manifestaram ser a favor dos efeitos externos das obrigações. Em estudos mais aprofundados sobre o tema, é possível citar Manuel Salvador[311], Pessoa Vaz, Fernando Pessoa Jorge, António Menezes Cordeiro[312] e Eduardo Santos Júnior[313].

A defesa da eficácia externa das obrigações em Portugal, principalmente, por António Menezes Cordeiro, parte de uma análise da relatividade sob três ângulos: (i) relatividade estrutural; (ii) relatividade na produção dos efeitos; e (iii) relatividade na responsabilidade civil.

Pela relatividade estrutural[314], identificam-se os limites da real diferença entre os direitos absolutos e relativos. Enquanto no direito relativo há uma relação jurídica, no direito absoluto o titular é habilitado a agir perante um bem corpóreo (direito real) ou um bem de personalidade (direito da personalidade) e encontra-se em posição isolada, já que se trata de um

nem estas lhe são oponíveis. A aceitação de um esquema menos rígido do vínculo contratual coaduna-se melhor com a complexidade dos factos e com a prossecução de uma justiça material." (MARTINEZ, Pedro Romano. *O Subcontrato.* Coimbra, Almedina, 2006, p. 157).

310 VASCONCELOS, Pedro Paes de. O efeito externo da obrigação no contrato-promessa. *Scientia Ivridica*: revista de direito comparado português e brasileiro, t. 32, Braga, Livraria Cruz, p. 103-123, 1983.

311 É mérito de Manuel J. G. Salvador ser um dos primeiros a tratar do tema em obra específica. Valendo, inclusive, da distinção dos efeitos internos e externos dos contratos, o autor trabalhou com o conceito de oponibilidade nos muitos exemplos que trouxe em seu livro (SALVADOR, Manuel J. G. *Terceiro e os efeitos dos actos ou contratos. A boa fé nos contratos.* Lisboa: Tip. Esc. Da Cadeia Penitenciária de Lisboa, 1962)

312 CORDEIRO, António Menezes. *Da boa-fé no direito civil.* Coimbra: Almedina, 2013, p. 647; CORDEIRO, António Menezes. *Tratado de direito civil português*: Direito das obrigações. Coimbra: Almedina, 2009. v. 2, t. 1, p. 347-407; CORDEIRO, António Menezes. *Tratado de Direito Civil.* 4. ed. Coimbra: Almedina, 2012. v. 1, p. 866-867; CORDEIRO, António Menezes. Eficácia externa: novas reflexões. *O Direito*, Coimbra, ano 141, n. 4, p. 779-799, 2009.

313 É completa a obra de Eduardo Santos Júnior (SANTOS JÚNIOR, Eduardo. *Da responsabilidade civil de terceiro por lesão do direito de crédito.* Coimbra: Almedina, 2003), que tratou da responsabilidade civil de terceiro por lesão do direito de crédito, em diversos ordenamentos, para então defender a oponibilidade do direito de crédito e a responsabilidade do terceiro interferente.

314 A relatividade estrutural ocupa-se em expor uma acepção inicial de relatividade, como aquela máxima apresentada por Ulpiano – *alteri stipulari nemo potest* – pelo artigo 1119 do Código Civil francês – *On ne peut, en général, s'engager, ni stipuler en son propre nom, que pour soi-même* – e ainda pelo artigo 406.º/2 do Código Vaz Serra, que estabelece "Em relação a terceiros, o contrato só produz efeitos nos casos e termos especialmente previstos pela lei".

direito "desligado"[315]. A questão que se coloca, enfrentada por A. Menezes Cordeiro, é que mesmo nos direitos reais há figuras relativas — como nas relações de vizinhança ou nos ônus reais, que são, quando do seu exercício, relativos[316]. Reconhecê-los não é colocar em xeque a classificação de direito real como direito absoluto. Trata-se de reconhecer que um direito real tem predominância da irradiação dos seus efeitos de forma absoluta (desligada), mas que pode produzir alguns efeitos relativos, derivados de obrigações secundárias ou de deveres acessórios[317]. E, se de um direito real irradia tanto direito absoluto quanto relativo, o caráter absoluto do direito real não é próprio do seu conceito, é um fenômeno estrutural que tendencialmente se reconhece aos direitos reais, mas nem sempre.

Por contraposição, mesmo em relação aos direitos de crédito, pode-se dizer que há figuras absolutas — mesmo que o seu cerne permaneça relativo. De um direito de crédito, o fato de irradiar efeitos majoritariamente relativos não impede que se reconheça a produção de efeitos absolutos[318], derivados de obrigações secundárias ou de deveres acessórios. Por isso, é de se dizer que o cerne de um direito real e de um direito pessoal é, respectivamente, absoluto e relativo; mas as obrigações secundárias ou os deveres acessórios de um direito real ou de um direito pessoal podem ser tanto relativos quanto absolutos. Se mesmo nas obrigações pessoais é possível constatar um direito absoluto, simetricamente, não se pode considerar a relatividade como característica necessária dos direitos creditórios.

Pela relatividade na produção dos efeitos, segundo A. Menezes Cordeiro, é necessário reconhecer os efeitos externos das obrigações

315 Escreve A. Menezes Cordeiro que é "construir uma dogmática real em que apenas o núcleo seria absoluto; teríamos, depois, um halo de obrigações secundárias e de deveres acessórios, estruturalmente relativos." CORDEIRO, António Menezes. *Tratado de direito civil português*: Direito das obrigações. Coimbra: Almedina, 2009. v. 2, t. 1, p. 350.

316 CORDEIRO, António Menezes. *Tratado de direito civil português*: Direito das obrigações. Coimbra: Almedina, 2009. v. 2, t. 1, p. 351.

317 ibid., p. 351.

318 A. Menezes Cordeiro considera, não sem discordância, que o direito potestativo é estruturalmente absoluto, pois "não há um obrigado, mas uma pessoa em sujeição. Tal pessoa nada pode (logo: não deve) fazer. O regime aplicável é muito diverso do dos débitos. O titular do direito potestativo está *ab solutum*: actua isoladamente." (CORDEIRO, António Menezes. *Tratado de direito civil português*: Direito das obrigações. Coimbra: Almedina, 2009. v. 2, t. 1, p. 351).

em três graus de oponibilidade[319]: forte, média e fraca, podendo nos três graus ser exercida *inter partes* ou *erga omnes*. Apesar de divergir do conceito francês de oponibilidade, que reserva — com acerto — a oponibilidade aos efeitos *erga omnes* — jamais existindo uma oponibilidade *inter partes* —, o autor se vale de um conceito mais aberto, que não se limita ao aspecto subjetivo. Sob o seu conceito, a oponibilidade do direito se refere à possibilidade de o beneficiário fazer valer o seu direito contra outras pessoas, exigindo, pela existência simples do direito como direito, determinados comportamentos.

A oponibilidade forte se refere à "pretensão que o titular de um direito tenha de exigir o *quid* valioso que o Direito lhe atribui"[320]. Como regra geral, quando se trata de um direito real (reivindicar posse ou propriedade), a oponibilidade forte é exercida *erga omnes*; e, quando se trata de um direito creditório (exigir a prestação principal ou cobrar a contraprestação), será exercida *inter partes*[321]. Mas há exceções: (i) o direito real pode perder sua oponibilidade *erga omnes*[322]; (ii) os créditos podem adquirir oponibilidade *erga omnes*[323]; e (iii) certos créditos podem ser atuados contra certos terceiros[324].

319 Sobre a oponibilidade, diz A. Menezes Cordeiro que: "Esta problemática nuclear, ainda que com terminologias diversas, consta, hoje, de todos os manuais, tratados e comentários: torna-se surrealista a falta de atenção que lhe é votada por alguma literatura nacional." (CORDEIRO, António Menezes. *Tratado de direito civil português*: Direito das obrigações. Coimbra: Almedina, 2009. v. 2, t. 1, p. 354).

320 CORDEIRO, António Menezes. *Tratado de direito civil português*: Direito das obrigações. Coimbra: Almedina, 2009. v. 2, t. 1, p. 353.

321 Há oponibilidade forte do direito do credor de exigir o cumprimento da prestação pelo devedor.

322 António Menezes Cordeiro exemplifica o caso do "proprietário contra o qual se forme uma aquisição tabular não perde, *ipso iure*, o seu direito; ele recuperá-lo-á caso a coisa volte ao património do alienante ou caso este, de modo espontâneo, lha entregue, renunciando a prevalecer-se da aquisição em causa" (CORDEIRO, António Menezes. *Tratado de direito civil português*: Direito das obrigações. Coimbra: Almedina, 2009. v. 2, t. 1, p. 354)

323 Nos casos de direitos de créditos passíveis de registro, como a promessa com eficácia real e o pacto de preferência. (CORDEIRO, António Menezes. *Tratado de direito civil português*: Direito das obrigações. Coimbra: Almedina, 2009. v. 2, t. 1, p. 354-355).

324 Nos casos de ação direta, o credor pode atuar diretamente contra terceiro. Há hipóteses de ação sub-rogatória e de ação pauliana. Ainda, os credores podem invocar a prescrição favorável ao devedor, arguir nulidade dos atos por ele praticados, aceitar herança do devedor

A oponibilidade média é aquela que "exprime a possibilidade, reconhecida ao titular, de solicitar o acatamento de deveres instrumentais que permitam o aproveitamento do *quid* valioso que lhe compita ou um melhor aproveitamento desse mesmo *quid*"[325]. No seio da obrigação creditória surgem, além da prestação principal, feixes de deveres acessórios[326], que atingem também terceiros, para beneficiá-los ou prejudicá-los. Estes feixes de deveres não se confundem com o cumprimento. Temos, na oponibilidade média, entre outros[327], os casos de responsabilidade civil do terceiro cúmplice e o de contrato com proteção de terceiros[328]. Nesses dois casos, a oponibilidade média é *erga omnes*, mas isso não impede que o contrato produza uma oponibilidade média *inter partes*, ao obrigar o devedor ao cumprimento de um dever acessório.

A oponibilidade fraca é aquela que impõe o dever geral de respeito, cuja violação dota a parte inocente de tutela aquiliana, não estando esta tutela

(CORDEIRO, António Menezes. *Tratado de direito civil português*: Direito das obrigações. Coimbra: Almedina, 2009. v. 2, t. 1, p. 355).

[325] CORDEIRO, António Menezes. *Tratado de direito civil português*: Direito das obrigações. Coimbra: Almedina, 2009. v. 2, t. 1, p. 353.

[326] Nas palavras de António Menezes Cordeiro, "Digamos que cada obrigação é (ou pode ser) acompanhada por feixes de deveres acessórios que acautelam os valores fundamentais do Ordenamento. E tais deveres acessórios – cuja natureza adiante será estudada – envolvem terceiros: seja protegendo-os, seja obrigando-os." (CORDEIRO, António Menezes. *Tratado de direito civil português*: Direito das obrigações. Coimbra: Almedina, 2009. v. 2, t. 1, p. 363).

[327] António Menezes Cordeiro inclui aqui ainda os casos (a) do proprietário que pede silêncio aos vizinhos; e (b) do contrato a favor de terceiros, pois o contrato obrigaria *inter partes* o promitente e o promissário, com efeitos nas esferas de terceiros. O terceiro adquire pelo contrato a favor de terceiros imediatamente (i) o direito à prestação, podendo exigi-la do promitente e (ii) os direitos potestativos de rejeitar ou aderir à promessa, e o fazendo torna irrevogável a promessa. (CORDEIRO, António Menezes. *Tratado de direito civil português*: Direito das obrigações. Coimbra: Almedina, 2009. v. 2, t. 1, p. 356-357).

[328] É valiosa a obra de Manuel A. Carneiro da Frada, quando diferencia dos deveres principais os deveres acessórios e os deveres laterais. No que se referem aos deveres laterais de conduta, distinguem-se aqueles que: (i) visam possibilitar o interesse perseguido pelo credor com a prestação e que a boa-fé é suscetível de determinar; e (ii) visam defender as partes de todas aquelas intromissões danosas na sua esfera de vida que o contato recíproco durante todo o ciclo vital da relação obrigacional propicia. E é nesta última distinção que os deveres de proteção são tratados, cuja "violação representa, numa opinião muito generalizada, um ilícito contratual na forma de violação contratual positiva" (FRADA, Manuel A. Carneiro. *Contrato e deveres de proteção*. Coimbra: Gráfica de Coimbra, 1994, p. 43).

limitada apenas à defesa dos direitos de propriedade ou de personalidade, mas podendo proteger também os direitos creditórios. Assim, constrói-se a responsabilidade aquiliana como o dever de "não contundir com os direitos alheios ou com interesses de terceiros legalmente protegidos. Esse dever geral de respeito visa tutelar direitos absolutos: por definição, eles não dependem de nenhum dever específico."[329]

E, por fim, pela análise da relatividade no regime de responsabilidade, busca-se realizar, como faz A. Menezes Cordeiro, uma análise da (i) tutela relativa dos direitos absolutos, que se dá com o reconhecimento da doutrina dos deveres de tráfego[330]; e da (ii) tutela absoluta dos direitos relativos. Por esta última, se um terceiro interferir na relação creditória, a sua responsabilização pode ser justificada pela infração a deveres acessórios, deveres de tráfego, ou mesmo pelo instituto do abuso do direito. Dessa forma, o credor terá uma tutela absoluta dos seus direitos relativos e poderá responsabilizar o terceiro com base no regime aquiliano de responsabilidade. É, assim, uma forma de conferir aos direitos relativos, quando presentes os pressupostos da responsabilidade, uma tutela absoluta[331].

Em específico sobre o tema da responsabilidade civil do terceiro interferente, é de fazer referência à obra de Eduardo Santos Júnior, que reconhece a eficácia externa das obrigações, dando-lhe novos contornos e fundamentos. Adotando o conceito de oponibilidade do direito francês, principalmente da lição de José Duclos, e, por consequente, afastando-se do conceito de oponibilidade de A. Menezes Cordeiro, o autor considera que a oponibilidade:

[329] CORDEIRO, António Menezes. *Tratado de direito civil português*: Direito das obrigações. Coimbra: Almedina, 2009. v. 2, t. 1, p. 365.

[330] Os deveres de tráfego não se limitam a um dever genérico de respeito de atuação negativa (abstenção), mas exigem, muitas vezes, um dever de atuação positivo, principalmente quando se trata de prevenção de perigo (mas não só). Os direitos absolutos, então, "mercê dos deveres do tráfego, eles dispõem, também de uma tutela 'relativa'. Tais deveres constituem-se em relações a condutas concretas, que podem ter natureza 'relativa'" (CORDEIRO, António Menezes. *Tratado de direito civil português*: Direito das obrigações. Coimbra: Almedina, 2009. v. 2, t. 1, p. 376).

[331] CORDEIRO, António Menezes. *Tratado de direito civil português*: Direito das obrigações. Coimbra: Almedina, 2009. v. 2, t. 1, p. 378.

> consiste na irradiação da eficácia do contrato para fora do círculo directo ou interno das partes, na sua afirmação jurídica perante terceiros, traduzida no dever de estes o respeitarem, na sua existência social e conformação jurídica, traduzida, enfim, no dever de terceiros se absterem de com ele interferir[332].

Em uma sequência lógica, há, em primeiro lugar, uma oponibilidade dos direitos subjetivos (inclusive o de crédito) *in potentia* (virtual) e, depois, há uma oponibilidade *in actu* (concreta). Nesse sentido, um direito subjetivo impõe em abstrato um dever geral a todos os terceiros de respeitarem-no. Porém, haverá concretização deste dever apenas a certos terceiros, "aqueles em relação a cujas esferas jurídicas se haja dado a concretização da oponibilidade"[333]. Quando a oponibilidade se concretiza e o terceiro infringe o dever específico de não violar o direito alheio, somente aí haverá a imputação de responsabilidade. Esta passagem da oponibilidade *in potentia* a *in actu* é esclarecedora para entender que: (i) os direitos são de imediato oponíveis a todos; (ii) a oponibilidade, em sua fase inicial, não significa a existência de uma relação jurídica entre terceiro e parte[334].

Desta forma, com alicerce neste conceito de oponibilidade dos direitos subjetivos — e não com base no abuso do direito[335] —, Eduardo Santos Júnior fundamenta e explica, em Portugal, a responsabilização do terceiro pela interferência na relação contratual alheia. O terceiro responde por ter violado um dever concreto de não causar dano a outrem, jamais responde por infração a uma obrigação contratual.

Por fim, cabe ainda fazer breve referência à hipótese legal de colisão de direitos, prevista no art. 335.º do Código Civil Português[336]. A colisão

[332] SANTOS JÚNIOR, Eduardo. *Da responsabilidade civil de terceiro por lesão do direito de crédito.* Coimbra: Almedina, 2003, p. 470.

[333] ibid., p. 486.

[334] Apenas quando o terceiro infringe um dever específico é que se poderá falar do surgimento de uma relação jurídica que liga parte a terceiro, por via, por exemplo, de uma obrigação de indenizar. (SANTOS JÚNIOR, Eduardo. *Da responsabilidade civil de terceiro por lesão do direito de crédito.* Coimbra: Almedina, 2003, p. 486).

[335] SANTOS JÚNIOR, Eduardo. *Da responsabilidade civil de terceiro por lesão do direito de crédito.* Coimbra: Almedina, 2003, p. 518-525.

[336] Artigo 335.º (Colisão de direitos)

1. Havendo colisão de direitos iguais ou da mesma espécie, devem os titulares ceder na medida do necessário para que todos produzam igualmente o seu efeito, sem maior detrimento para qualquer das partes.

existe quando há uma contradição de imperativos, uma antinomia jurídica existente no exercício de direitos. Os seus pressupostos são: (i) pluralidade de direitos; (ii) impossibilidade de exercício simultâneo e integral dos direitos colidentes; e (iii) existência de, pelo menos, dois titulares[337]. Resolvê-la é dizer como e qual direito poderá ser exercido. Porém, inexiste uma solução geral para todos os casos, mas existe uma solução específica para cada caso de colisão de direito.

É de notar-se que a teoria da colisão de direitos, mesmo nos casos em que não se reconheça por existente uma colisão efetiva[338] (e.g., os casos de dupla alienação de uma mesma coisa, seja de coisa móvel não registrável[339] ou imóvel sujeito a registro[340]), acaba por tratar de alguns casos ligados à teoria da oponibilidade.

2. Se os direitos forem desiguais ou de espécie diferente, prevalece o que deva considerar-se superior.

337 Estes três pressupostos são os comumente reconhecidos. Segundo explica Elsa Vaz de Sequeira, há quem adicione mais dois pressupostos: os direitos conflituantes terem identidade de objeto e a inexistência de normas preventivas, que regulam e evitam o conflito no exercício de direitos. (SEQUEIRA, Elsa Vaz de. *Dos pressupostos da colisão de direitos no direito civil.* Lisboa: Universidade Católica Editora, 2004, p. 15-17)

338 Pois para defender que não há colisão no caso, esta teoria acaba por explicar e tratar de alguns casos comumente tratados quando se fala de oponibilidade.

339 Em Portugal, a transmissão do direito de propriedade se dá com o contrato. Assim, em caso de A ter vendido o bem móvel não sujeito a registro a B e, depois, a C, apenas um será o titular do referido bem, inexistindo então colisão de direitos (inclusive em razão da inexistência de dois direitos validamente constituídos e eficazes). O titular, em Portugal, é B, pois quando da alienação a B por A, aquele se tornou proprietário. Por isso que, quando A vende novamente o bem a C, A já não era proprietário do bem móvel (vide SEQUEIRA, Elsa Vaz de. *Dos pressupostos da colisão de direitos no direito civil.* Lisboa: Universidade Católica Editora, 2004, p. 26-34). No Brasil, a transferência da propriedade de coisa móvel se dá com a tradição (art. 1.226, CC). Por aqui, se A vende a B sem ter realizado a tradição, e, depois, A vende a C, com a tradição, será C o titular do direito de propriedade do bem móvel, exceto se C estava de má-fé quando da aquisição do bem. Se C sabia da anterior venda do bem à B, poderá este último opor o seu contrato para fazer prevalecer o seu direito frente a C.

340 Para Florence Bertrand, no que se refere à oponibilidade dos contratos em relação aos imóveis e à transferência de propriedade, há dois tipos de conflitos: (i) conflito entre o proprietário do imóvel e o detentor da posse; e (ii) conflito entre dois adquirentes sucessivos de um mesmo autor. (BERTRAND, Florence. *L'opposabilite du contrat aux tiers.* Tese de doutorado, Paris, Universite de droit, d'economie et de sciences sociales de Paris, 1979, p. 41)

Isto porque a teoria da oponibilidade pode ser estudada de duas formas. A primeira visa analisar, em abstrato, se o fato ou o ato em causa produz efeitos perante terceiros. Mas a segunda forma de estudar a oponibilidade é justamente na sua efetividade, ou seja, na prática. E é nesta última forma que o estudo da colisão de direitos importa para o estudo da teoria da oponibilidade, pois mesmo que não se reconheça uma colisão de direitos, mas apenas uma colisão de interesses — o que é questão diversa —, é a oponibilidade que determinará qual será o verdadeiro titular do direito.

Do acima exposto e da análise breve da doutrina portuguesa, na fase atual em que se encontra, é possível afirmar que grandes nomes da doutrina sustentam ambas as correntes. Mas também é fato que há cada vez mais adeptos da doutrina da eficácia externa das obrigações. Se, em relação ao estudo do instituto da oponibilidade, Menezes Cordeiro dizia por problemática "a falta de atenção que lhe é votada por alguma literatura nacional" [341], pode-se dizer que as recentes obras portuguesas têm trazido muita da atenção que faltava ao tema, que tem cada vez mais por acolhida a correta adoção da oponibilidade em Portugal.

2.2.2. Itália

Em 1865, o primeiro Código Civil do Reino da Itália ("Codice Civile del Regno D'Italia") foi promulgado. No Título IV, "Da obrigação e do contrato em geral", parágrafo III, "Dos efeitos dos contratos", o legislador italiano reproduziu quase identicamente, nos artigos 1.123 a 1.130, as disposições do Código Civil francês[342].

Adotando o termo "contrato" ao invés de "convenção"[343], o artigo 1.130 do Código Civil de 1865 codificou o princípio da relatividade dos contratos com as seguintes palavras: "Os contratos têm efeito entre as

[341] CORDEIRO, António Menezes. *Tratado de direito civil português*: Direito das obrigações. Coimbra: Almedina, 2009. v. 2. t. 1. p. 354.

[342] Os artigos 1123, 1124, 1125, 1126, 1127, 1128, 1129 e 1130 do Código Civil italiano de 1865 se referiam aos seguintes artigos do Código Civil francês: 1134; 1134 e 1135; 1138, 1141, 1122; 1119 e 1121; 1121; 1165.

[343] ALPA, Guido; FUSARO, Andrea. L`esperienza italiana. In: ALPA, Guido; FUSARO, Andrea (Coord.). *Effetti del contratto nei confronti dei terzi*. Milão: Giuffrè Editore, p. 1-88, 2000, p. 8.

partes contratantes: eles não prejudicam nem beneficiam a terceiros, exceto nos casos previstos em lei"[344].

Em relação à versão francesa do princípio da relatividade, a versão italiana fez uma modificação importante de hermenêutica. A exceção legal ao princípio da relatividade não foi restringida somente ao caso de estipulação em favor de terceiros. Ao invés, o Código Civil italiano preferiu dar uma solução mais "aberta", reservando a possibilidade de efeitos perante terceiros a todos os casos "previstos em lei"[345].

Ao ver de Luigi Borsari[346], o parágrafo "Dos efeitos dos contratos" deveria iniciar com a disposição do artigo 1.130, pois lógica e estruturalmente se trata da regra mais geral, e, por isso, não deveria ter sido inserta no último artigo[347]. Esta evolução estrutural foi ouvida pelo Código Civil italiano de 1942, que, no primeiro artigo do Capítulo V, "Dos efeitos do contrato", estabeleceu uma previsão geral para a eficácia perante terceiro, nos seguintes termos: "O contrato produz efeito em relação a terceiros somente nos casos previstos em lei"[348] (artigo 1.372, segunda parte).

Seja no Código Civil de 1865 ou no de 1942, em ambos a eficácia dos contratos perante terceiros foi relegada aos casos ditados pela lei. Coube à doutrina interpretar quais seriam os limites do princípio da relatividade e quais seriam as suas exceções.

Sobre os limites do princípio da relatividade, se entendido como projeção do princípio do acordo, é na autonomia privada[349] que se encontrará a razão para a restrição dos efeitos dos contratos aos contratantes. Isto porque, conforme estabelece Achille Giovene, "A esfera jurídica de

[344] Tradução livre de: "I contratti non hanno effetto che fra le parti contraenti: essi non pregiudicano nè giovano ai terzi, fuorchè nei casi stabiliti dalla legge."

[345] GIOVENE, Achille. *Il negozio giuridico rispetto ai terzi.* 2. ed. Torino: Unione Tipografico-Editrice Torinense, 1917, p. 18; PACCHIONI, Giovanni. *Contratti a favore dei terzi.* Milano: Vallardi, 1912, p. 190-191.

[346] BORSARI, Luigi. *Commentario del codice civile italiano.* v. 3. parte 2. Torino: Unione Tipografico-Editrice Torinese, 1877, p. 266.

[347] Segundo Guido Alpa e Andrea Fusaro, esta disposição deveria ser colocada em segundo lugar, pois a primeira deve ser a enunciação da vinculatividade do contrato pelas partes (ALPA, Guido; FUSARO, Andrea. L`esperienza italiana. In: ALPA, Guido; FUSARO, Andrea (Coord.). *Effetti del contratto nei confronti dei terzi.* Milão: Giuffrè Editore, p. 1-88, 2000, p. 8).

[348] Tradução livre de: "Il contratto non produce effetto rispetto ai terzi che nei casi previsti dalla legge."

[349] ROPPO, Vincenzo. *Il Contrato.* Milano: Giuffrè, 2001, p. 563.

cada pessoa, que está sob o domínio de sua vontade, tem essa vontade como sua base e a sua medida"[350].

Porém, apesar destes silogismos, no direito italiano, o reconhecimento de que os efeitos dos contratos se limitam às partes contratantes não é interpretado de forma absoluta[351]. Por lá, leva-se em conta que, na realidade da vida, as relações jurídicas influenciam-se mutuamente. Por vezes, as relações jurídicas apresentam-se contíguas e conexas, concorrentes ou dependentes entre si, a fim de que, na sensibilidade de Emílio Betti, "as vicissitudes de uma relação exerçam uma influência, não apenas reflexa, mas até directa, sobre as vicissitudes da outra"[352]. Existe, por isso, uma solidariedade interna ou uma correlação mais íntima entre as relações, de tal modo que "o sujeito de uma das relações não pode nunca ficar indiferente às vicissitudes que a outra relação conexa tenha de suportar em virtude da autonomia privada dos respectivos sujeitos"[353]. Desta forma, a interpretação do princípio da relatividade dos contratos no direito italiano leva em conta a realidade, preocupando-se em não se distanciar dela.

Sobre as exceções do princípio da relatividade, muitos foram os autores italianos que buscaram coligi-las. Uma primeira obra que merece destaque, por dedicar-se ao tema do negócio jurídico em relação ao terceiro no início do século XX, é a de Achille Giovene. Em um estudo sistemático, porém não inovador, o autor agrupou em três ordens as exceções ao princípio da relatividade: (i) eficácia indireta ou reflexa, que traduz o fenômeno da reflexão ou repercussão dos efeitos dos contratos perante terceiros — não considerando por terceiro quem seja o "interessado direto" ou a quem o efeito do contrato tem "destinação determinada"[354] (e.g., concordata,

[350] Tradução livre de: "La sfera giuridica di ogni persona, che è sotto il dominio della sua volontà, ha questa volontà siccome suo fondamento e sua misura" (GIOVENE, Achille. *Il negozio giuridico rispetto ai terzi*. 2. ed. Torino: Unione Tipografico-Editrice Torinense, 1917, p. 17).

[351] GIOVENE, Achille. *Il negozio giuridico rispetto ai terzi*. 2. ed. Torino: Unione Tipografico-Editrice Torinense, 1917, p. 18-19.

[352] BETTI, Emilio. *Teoria Geral do Negócio Jurídico*. Tradução Fernando de Miranda. Coimbra: Coimbra Editora, 1969. t. 2, p. 112.

[353] ibid., p. 112.

[354] Esta categoria é criada por influência de Jhering, que observou que nem sempre é possível isolar o efeito do fato jurídico e a pessoa do interessado direto. Apesar de, em relação ao interessado direto, os efeitos do fato jurídico constituírem juridicamente a sua "destinação determinada", é possível a ocorrência do fenômeno da reflexão ("Reflexwirkung") ou de

fiança, herdeiro aparente) —; (ii) eficácia mediata, que decorre da própria natureza do direito (e.g., direito real)[355]; e (iii) contratos a favor de terceiros, cujos efeitos perante terceiros decorrem do permissivo legal e da vontade do agente. Porém, os casos por ele coligidos se limitaram às hipóteses já reconhecidas pela doutrina clássica.

De forma mais simplificada e inovadora são os ensinamentos de Emilio Betti. Por eles, os efeitos dos contratos dividem-se em somente duas categorias, os efeitos diretos — que são previstos pelas partes ou que decorrem da essência ou da natureza do negócio — e os indiretos. Esses efeitos indiretos só acidentalmente andam ligados a situações ou relações jurídicas que são produzidas por um negócio jurídico, sendo que "a maior importância dos efeitos indiretos ou reflexos, que se ligam à nova situação jurídica criada pelo negócio, manifesta-se não só nas relações entre as próprias partes do negócio, mas também quanto aos terceiros estranhos ao negócio"[356].

repercussão ("Rückwirkung"). A eficácia reflexa pode ser de duplo gênero, a eficácia reflexa simples e eficácia reflexa propriamente dita. A diferença entre elas estaria no interesse do terceiro, que, na eficácia reflexa simples, não torna este interesse em um direito subjetivo, enquanto, na eficácia reflexa propriamente dita, um tal efeito se verifica para terceiro. Segundo Achille Giovene, a eficácia reflexa propriamente dita, ainda, subdividir-se-ia de acordo com a sua fonte: (i) na igualdade de posição jurídica (casos de concordata; de comunhão; de consórcio; e de obrigação solidária e indivisível), (ii) na conexão da posição jurídica (casos de fiança; de garantia prestada por terceiros; entre herdeiro aparente e o herdeiro verdadeiro; entre o usufrutuário e o nu-proprietário; de renúncia e aceitação hereditária; de sub-rogação legal e convencional); e (iii) na só vontade da lei (casos de matrimônio e de testamento). (GIOVENE, Achille. *Il negozio giuridico rispetto ai terzi.* 2. ed. Torino: Unione Tipografico-Editrice Torinense, 1917, p. 50-51 e 56-79).

355 A eficácia mediata do negócio jurídico emana da natureza do direito, cujo negócio jurídico requer que a eficácia atinja os terceiros não interessados e até os terceiros "penitus extranei", impondo a estes o reconhecimento e o respeito da posição jurídica criada pelo negócio jurídico. O exemplo clássico do negócio com eficácia mediata é a aquisição de titularidade de um direito subjetivo absoluto (direitos reais, direitos sobre a própria pessoa) (GIOVENE, Achille. *Il negozio giuridico rispetto ai terzi.* 2. ed. Torino: Unione Tipografico-Editrice Torinense, 1917, p. 80).

356 É de ressaltar a importância do quanto reconhecido neste excerto por E. Betti. O negócio jurídico cria não só uma relação contratual entre as partes contratantes, mas cria uma situação jurídica, que é capaz de ligar diretamente as partes contratantes e indiretamente terceiros (BETTI, Emilio. *Teoria Geral do Negócio Jurídico.* Tradução Fernando de Miranda. Coimbra: Coimbra Editora, 1969. t. 2, p. 74-75).

E, por "terceiros estranhos ao negócio" [357], Emilio Betti define aquele que "seja estranho não só ao negócio, mas também à relação jurídica com ele constituída, modificada ou extinta"[358]. Da forma como definida pelo autor, a qualificação de terceiro, essencialmente relativa e variável, é vista em dois momentos, no momento de concreção do suporte fático ou, no momento posterior, já durante a relação jurídica[359].

Dentro desta concepção, entre partes e terceiros, Emilio Betti distingue quatro categorias, a saber: (i) partes da relação[360]; (ii) terceiros participantes do interesse, mas estranhos ao negócio, cuja posição jurídica está subordinada à da parte[361]; (iii) terceiros interessados, cuja posição jurídica é independente e incompatível com os efeitos do negócio[362]; e (iv) terceiros indiferentes e legitimados para reagir contra um prejuízo ilegal decorrente de efeitos do negócio[363].

[357] BETTI, Emilio. *Teoria Geral do Negócio Jurídico.* Tradução Fernando de Miranda. Coimbra: Coimbra Editora, 1969. t. 2, p. 75.

[358] ibid., p. 107.

[359] Por isso, por mais que o sucessor universal ou particular não seja parte no momento da concreção do suporte fático, será inevitavelmente considerado parte da relação jurídica.

[360] Emílio Betti inclui como parte da relação a parte estranha ao negócio jurídico, que é o caso dos contratos a favor de terceiros, nos quais o contrato tem por objeto o terceiro e destina a atribuir-lhe determinadas vantagens. (BETTI, Emilio. *Teoria Geral do Negócio Jurídico.* Tradução Fernando de Miranda. Coimbra: Coimbra Editora, 1969. t. 2, p. 114-115).

[361] É o caso das deliberações sociais (ou nos casos de comunhão de interesses ou de competência coletiva) tomadas pela maioria, que vinculam os outros interessados (minoria), mesmo os estranhos à deliberação (por ausência ou discordância). A minoria não pode ser considerada como um terceiro indiferente, pois cada membro faz parte da relação jurídica ou do complexo de relações em discussão.

[362] Aqui, "a parte do negócio está desprovida, relativamente a eles, de legitimidade para pôr em jogo a sua posição jurídica, quer por esta já estar adquirida e conservada anteriormente ao negócio (ex.: arts. 651.º, 1.478.º, 2.812.º), quer por haver sido tornada reconhecível mercê do registo (art. 2.644.º) ou inscrição (2.827.º), antes de se haver tornado conhecível o negócio em conflito com ele, quer, ainda, por a legitimação ser inerente à pessoa desses terceiros (1.381.º, 1399.º)." (BETTI, Emilio. *Teoria Geral do Negócio Jurídico.* Tradução Fernando de Miranda. Coimbra: Coimbra Editora, 1969. t. 2, p. 121).

[363] A qualidade de indiferente se dá em razão da compatibilidade da relação jurídica da parte com a de terceiro. Aqui não há concorrência ou dependência entre esferas e interesses, mas há uma relação de contiguidade e interferência.

Nesta última categoria de terceiro, Emilio Betti, influenciado pela doutrina francesa[364], defende no direito italiano o caso de responsabilidade civil do terceiro cúmplice, por considerar que a relação interferente ultrapassa os limites impostos pela "exigência geral da socialidade"[365]. Isto porque os negócios jurídicos serão reprovados pelo Direito, tornando-se ilícitos, "sempre que este instrumento da autonomia privada é empregado com fins anti-sociais, para realizar um torto, ou seja, para ofender interesses que a ordem jurídica de uma sociedade historicamente condicionada favorece e protege com as suas normas"[366].

Se, de um lado, a relação obrigacional se separa, como ressalta Emilio Betti, da esfera jurídica do terceiro por meio de um "diafragma de irrelevância" [367]; de outro lado, não exclui o fato de o interesse do credor poder assumir relevância jurídica no confronto com o comportamento doloso do terceiro, que visa intencionalmente a impedir o adimplemento[368]. Não há, então, qualquer impedimento para o reconhecimento da ilicitude da atitude dolosa do terceiro, determinando a sua responsabilização. Apesar

[364] Ao defender a hipótese de responsabilidade civil do terceiro cúmplice, E. Betti remete em nota de rodapé à leitura das obras de Alex Weill e de Pierre Hugueney.

[365] Segundo E. Betti, "A contiguidade e interferência entre esferas de interesses, que se encontra, sob múltiplos aspectos, na vida de relação, impõe aos gestores das esferas contíguas, no exercício da sua autonomia, limites que, numa convivência ordenada, provém da exigência geral da socialidade" (BETTI, Emilio. *Teoria Geral do Negócio Jurídico*. Tradução Fernando de Miranda. Coimbra: Coimbra Editora, 1969. t. 2, p. 124). Entre estes casos, "é de pôr a questão da relevância (para o credor) do comportamento do terceiro que tenha conscientemente determinado, graças a um nexo causal verificável, o inadimplemento da obrigação por parte do devedor" (ibid., p. 125), ou seja, trata-se do caso do terceiro cúmplice da violação de determinado contrato. Além deste, é possível se enquadrar as hipóteses de ilicitude do "acto anterior à constituição do crédito, que seja dolosamente preordenado com o fim de lhes prejudicar a satisfação" (ibid., p. 126) ou de renúncia de herança para prejudicar credores do renunciante.

[366] BETTI, Emilio. *Teoria Geral do Negócio Jurídico*. Tradução Fernando de Miranda. Coimbra: Coimbra Editora, 1969. t. 1, p. 224.

[367] No sentido de que o terceiro não é levado a colaborar com o credor no adimplemento da prestação (vide BETTI, Emilio. Sui limiti giuridici della responsabilità aquiliana. *Nuova Rivista di Diritto Commerciale, Diritto dell'Economia, Diritto sociale*. Padova, v. 4, n. 1, p. 143-150, 1951, p. 146).

[368] BETTI, Emilio. Sui limiti giuridici della responsabilità aquiliana. *Nuova Rivista di Diritto Commerciale, Diritto dell'Economia, Diritto sociale*. Padova, v. 4, n. 1, p. 143-150, 1951, p. 146.

de serem breves as suas referências ao tema, a autoridade de Emilio Betti influenciou a doutrina italiana a aceitar a eficácia das obrigações perante terceiros e a compreender, principalmente, as consequências jurídicas do aspecto da socialidade dos contratos.

Mais recentemente, Vincenzo Roppo, em 2001, ciente do desafio de colmatar o princípio da relatividade com a eficácia externa das obrigações, buscou definir os limites do significado do princípio da relatividade. Partindo do ponto de vista negativo, o autor buscou identificar o verdadeiro significado da palavra "efeito", constante da fórmula "O contrato não produz efeito em relação ao terceiro" (artigo 1.372 do Código Civil italiano). Para ele, o efeito que o contrato não produz em relação ao terceiro é o efeito jurídico, e não o fático. Daí a sua conclusão de que o princípio da relatividade não significa que o terceiro esteja imune a sofrer consequências factuais decorrentes do contrato. É fato da vida que um contrato alheio pode, no mundo dos fatos, beneficiar um terceiro ou prejudicá-lo[369].

Ainda do ponto de vista negativo, o princípio da relatividade não significa que uma parte possa concluir impunemente um contrato que danifica outrem. Por este princípio, ainda, não se permite, muito menos se justifica, a posição de um contratante que lesa um direito ou uma posição jurídica protegida de um terceiro. O princípio da relatividade, na linha do já exposto por Emilio Betti, não impede que o contrato crie uma situação jurídica que o terceiro deva respeitar. Se o terceiro violar o seu dever de respeito e interferir na relação alheia, poderá ser chamado a responder perante a parte inocente[370]. Para justificar esta responsabilidade, não se trata de excepcionar o princípio da relatividade, pois, segundo Roppo, estes casos nada teriam a ver com a relatividade dos efeitos do contrato[371].

[369] Vincenzo Roppo fornece os seguintes exemplos: em uma locação de uma bela casa pelo pai, tanto a mulher, quanto os filhos retiram vantagem da locação, sem serem partes do contrato. Ainda, se uma empresa contrata um diretor comercial muito capacitado, aumentando o faturamento da empresa, o fato desta contratação pode prejudicar os concorrentes desta empresa (ROPPO, Vincenzo. *Il Contrato*. Milano: Giuffrè, 2001, p. 564).

[370] São os casos de lesão de crédito por parte de terceiro ou de responsabilidade civil do terceiro cúmplice no inadimplemento contratual.

[371] ROPPO, Vincenzo. *Il Contrato*. Milano: Giuffrè, 2001, p. 565. Sobre esta assertiva, cabe realizar uma breve ponderação. O ordenamento jurídico, por razões várias, determina a produção de efeitos externos dos fatos e atos jurídicos. Os princípios e normas que determinam

A justificativa para a produção de efeitos externos dos contratos encontra-se nos princípios da ordem púbica e dos bons costumes.

Do ponto de vista positivo, há quatro significados que Vincenzo Roppo atribui ao princípio da relatividade. O primeiro significado inadmite exceções: o contrato não pode impor o cumprimento de obrigações por terceiros, ou seja, o contrato não pode impor que um terceiro cumpra uma prestação, sem dar o seu consentimento. O segundo é que o contrato não pode subtrair do terceiro o seu direito, exceto em poucos casos[372]. O terceiro significado é que o contrato não pode impedir o terceiro de adquirir um direito[373], exceto se um contrato lhe é oponível. E o quarto

esta eficácia indireta podem estar relacionados a uma multitude de fundamentos legais. Desde normas constitucionais de garantia da dignidade da pessoa humana, da proteção dos direitos de personalidade, da proteção da propriedade contra a intrusão alheia, da posição isolada do titular de direito real, da eficácia do registro, até conhecimento efetivo dos direitos creditórios alheios. Cada um destes atos/fatos produz eficácia perante terceiros por razões particulares. Nos contratos, o dever geral de respeito das relações creditórias, ou a imposição de um dever ético dos contratantes para com terceiros e vice-versa, ou o limite ao exercício da autonomia privada é reconhecido por diversos princípios, tais como da função social, boa-fé, bons costumes, segurança jurídica, publicidade, confiança ou ainda, pela teoria do abuso de direito, teoria da aparência e até pelo ressarcimento por ato ilícito de acordo com o princípio da proibição de causar dano injusto a outrem. Assim, a conclusão dada por Roppo de que o princípio da relatividade nada tem a ver com a eficácia externa das obrigações só pode ser admitida se considerar que o princípio da relatividade, ao ter o seu significado restrito ao caso de força obrigatória dos contratos (que impõe o cumprimento da prestação apenas às partes contratantes), não trata do caso de eficácia externa das obrigações. Não sendo, portanto, contraditória, mas complementar.

372 Ao segundo significado, como exceções, temos os casos de aquisição *a non domino* e da dupla alienação do mesmo direito, em razão da incidência de outras normas, como a da boa-fé do adquirente e da segurança jurídica na aquisição. Aqui, o contrato que dispõe de um direito de terceiro (titular do direito) é oponível a este terceiro (ROPPO, Vincenzo. *Il Contrato*. Milano: Giuffrè, 2001, p. 568).

373 Seria o caso, na análise de Vincenzo Roppo, de uma parte A adquirir um determinado bem de B, com uma obrigação de não transferir este bem. Se A aliena posteriormente a C, este não pode ser impedido de adquirir um direito (leia-se, o bem) por um contrato do qual não fez parte. Assim, o contrato anterior é inoponível ao terceiro (ROPPO, Vincenzo. *Il Contrato*. Milano: Giuffrè, 2001, p. 566). Porém, esta hipótese dada por V. Roppo somente é verdadeira se o terceiro C não tinha conhecimento da anterior condição de não alienação do bem. Caso tenha conhecimento, B poderá opor seu contrato a C.

e último significado é que o contrato não pode atribuir a um terceiro um direito real, sem o consentimento deste[374].

Da análise destes quatro significados, temos que o primeiro significado se refere à força obrigatória dos contratos, que liga apenas as partes contratantes. As exceções presentes no segundo e terceiro significados são os casos em que o terceiro sofre eficácia dos contratos alheios. Já o quarto significado é apenas uma constatação limitada aos direitos reais, pois, quanto aos direitos creditórios, uma parte pode atribuí-los a terceiro, por meio da estipulação em favor de terceiro.

Sucede, portanto, da própria definição de ao que se refere ou não o princípio da relatividade, que Roppo adota a teoria da oponibilidade no direito italiano, como o efeito derivado do contrato suscetível de ter qualquer relevância jurídica em relação a terceiro[375].

Na doutrina italiana sobre o tema, são importantes também as lições de Massimo Bianca. Nelas, a eficácia reflexa do contrato é produzida pela relevância externa do contrato[376], porém estaria adstrita aos contratos de alienação, nos quais se faz prevalecer um título contratual de aquisição sobre um título reivindicado por um terceiro[377]. De certa forma confundindo[378] oponibilidade do contrato com colisão ou conflito de direitos (aparente ou efetiva), Bianca determina três hipóteses de conflito: (i) o conflito com o terceiro titular, que ocorre quando uma parte aliena mais direitos do que tem[379]; (ii) o conflito com o terceiro sucessor, que ocorre

[374] ROPPO, Vincenzo. *Il Contrato*. Milano: Giuffrè, 2001, p. 567. Diante da existência da hipótese de estipulação em favor de terceiro, um contrato pode atribuir a um terceiro um direito de crédito. Assim, um contrato somente não pode atribuir um direito real a terceiro.

[375] ROPPO, Vincenzo. *Il Contrato*. Milano: Giuffrè, 2001, p. 569. A oponibilidade do contrato está aqui no significado de oponibilidade dos efeitos do contrato.

[376] BIANCA, Cesare Massimo. *Diritto Civile*: Il Contratto. 2. ed. Milano: Giuffrè, 2000. v. 3, p. 572.

[377] ibid., p. 574.

[378] Oponibilidade é efeito – externo - do contrato, que independe de outro contrato para existir, porém, a importância do seu estudo, em geral, se dá na efetividade, ou seja, na busca por uma solução jurídica ao conflito de direitos. A problemática da colisão ou conflito de direitos é questão posterior da qual a oponibilidade é prévia.

[379] Segundo Massimo Bianca, o contrato de alienação tem por objeto uma aquisição derivativa. A aquisição pressupõe que o direito pertença anteriormente a um sujeito determinado. Porém, se este pressuposto não é verdadeiro ou se o direito do alienante é menor do que o alienado,

quando uma parte vende mais de uma vez o mesmo bem[380]; e (iii) o conflito com o terceiro credor, que ocorre quando o devedor aliena um bem que o seu credor busca executar[381]. Em todos estes casos, há uma *crise de certeza*, principalmente quando o ordenamento jurídico não fornece uma resposta clara sobre se o adquirente poderá opor ou não o seu contrato frente a um terceiro reivindicante. Como consequência econômica desta incerteza jurídica, observa o autor que maior será a garantia que o alienante deverá oferecer na venda do bem ou maior será a depreciação de valor do mesmo bem no mercado.

Além de identificar os casos de conflito de direitos, Bianca buscou dar uma solução ao problema. Sugere, então, que antes de tudo se analise a exigência de tutela ao caso para cada parte em conflito. No caso em que uma parte aliena mais direitos do que tem (conflito do terceiro titular), há dois opostos a ponderar. Ou a tutela poderá estar do lado da segurança do comércio jurídico, ou seja, em prol do adquirente; ou do lado da segurança do titular do direito, para que possa conservá-lo contra o ato de disposição de sujeito privado de legitimidade[382]. Já no caso de dupla venda do mesmo bem (conflito com o terceiro sucessor), a exigência de tutela do adquirente é igual e oposta à exigência de tutela dos outros adquirentes. E, por fim, quando o devedor aliena um bem que o seu credor busca executar (conflito com o credor do alienante), a exigência de tutela do adquirente se contrapõe a outra exigência digna de tutela, que é a

a aquisição do adquirente entra em conflito com a posição de um terceiro titular. (BIANCA, Cesare Massimo. *Diritto Civile*: Il Contratto. 2. ed. Milano: Giuffrè, 2000. v. 3, p. 574)

380 O conflito com o terceiro sucessor ocorre quando o titular do direito o aliena sucessivamente a mais de uma pessoa. Assim, o evento translativo, constitutivo ou extintivo programado pelo contrato se encontra no todo ou em parte incompatível com o programado em outro contrato, de modo a não poder realizar ambos os eventos por incompatibilidade. (BIANCA, Cesare Massimo. *Diritto Civile*: Il Contratto. 2. ed. Milano: Giuffrè, 2000. v. 3, p. 575)

381 O terceiro credor é aquele que tem direito de crédito em relação a uma parte. A alienação por parte do devedor de um direito pode importar em uma diminuição do seu patrimônio, e por isso, esta alienação pode interessar aos credores do devedor (alienante), pois diminuirá a garantia patrimonial destes. O contrato de alienação conflitará com os credores do alienante que buscam exercer a garantia patrimonial sobre o bem alienado. (BIANCA, Cesare Massimo. *Diritto Civile*: Il Contratto. 2. ed. Milano: Giuffrè, 2000. v. 3, p. 575-576)

382 BIANCA, Cesare Massimo. *Diritto Civile*: Il Contratto. 2. ed. Milano: Giuffrè, 2000. v. 3, p. 576.

exigência de que a garantia patrimonial do devedor não resulte esvaziada pelo ato de alienação de seus bens[383].

Feita a análise da exigência de tutela em cada um dos conflitos, deve-se, de acordo com o autor, buscar o melhor critério para decidir a qual parte conflitante a tutela deverá ser concedida. Um possível critério é a adoção da anterioridade; porém, o princípio da prevalência do título precedente no tempo (*prior in tempore potior in iure*) nem sempre é o melhor critério para solucionar esses três tipos de conflito, pois resultará, em certos casos, em soluções injustas. A aplicação da anterioridade "empobrece a exigência de segurança do comércio jurídico, expondo o adquirente a toda pretensão fundada sobre título anterior"[384].

Outro possível critério seria a oponibilidade ilimitada do contrato de alienação, ou seja, a possibilidade de o contratante opô-lo sempre a terceiros (titulares, credores e sucessores) e fazer prevalecer a alienação decorrente do contrato. Porém, isto sacrificaria excessivamente a exigência de tutela do titular e a segurança do crédito. Ainda, este possível critério "exporia o credor ao prejuízo do esvaziamento do patrimônio do devedor em virtude de uma disposição oculta"[385].

Identificados os tipos de conflito, as tutelas e os possíveis critérios, Massimo Bianca articula a seguinte regra para a colisão de direitos nos contratos de alienação, a depender da natureza do tipo de conflito. Como requisito geral da oponibilidade de contratos translativos de bens móveis, o critério diferenciador é o da tradição, devendo tutelar a exigência de circulação do direito em prol do adquirente. Quem, de boa-fé, adquire a posse de uma coisa móvel, pode opor o seu contrato ao terceiro titular, ao terceiro sucessor e ao terceiro credor[386]. Igualmente, em solução análoga,

[383] ibid., p. 576.

[384] "mortificherebbe l'esigenza di sicurezza del commercio giuridico esponendo l'acquirente a tutte le pretese fondate su titoli anteriori" (BIANCA, Cesare Massimo. *Diritto Civile*: Il Contratto. 2. ed. Milano: Giuffrè, 2000. v. 3, p. 577).

[385] Tradução livre de: "esporrebbe i creditori al pregiudizio dello svuotamento del patrimonio del debitore a seguito di disposizioni oculte" (BIANCA, Cesare Massimo. *Diritto Civile*: Il Contratto. 2. ed. Milano: Giuffrè, 2000. v. 3, p. 577).

[386] Ainda sobre a oponibilidade dos contratos de alienação de bens móveis e de oponibilidade ao terceiro credor do alienante, confira BIANCA, Cesare Massimo. *Diritto Civile*: Il Contratto. 2. ed. Milano: Giuffrè, 2000. v. 3, p. 601-602.

no caso de posse de título de crédito, prevalecerá a tutela da exigência de circulação[387].

Já como requisito geral da oponibilidade do contrato imobiliário, o critério será a prioridade temporal da transcrição no respectivo registro[388]. O conflito com os terceiros é resolvido com base na prioridade da transcrição. A razão se dá pelo fato de a transcrição tornar firme a aquisição e prevalecer contra outro ato de disposição. Para Bianca, o ato não registrado deve ser considerado inoponível a terceiro, mesmo que este tenha conhecimento do ato não registrado[389].

Como requisito de oponibilidade dos contratos cujo objeto seja um direito de crédito, o critério, segundo o autor, será o da notificação. A notificação de uma cessão de crédito, por exemplo, resolve o conflito com os terceiros sucessores, pois, se o crédito for cedido a mais de uma pessoa, prevalece a cessão da qual o devedor seja notificado em primeiro lugar. Porém, se o conflito for com terceiros titulares, a notificação do titular não tornará o contrato de alienação a ele oponível, pois aquele que cede direito que não tem não vincula o titular. "A segurança do titular prevalece, portanto, sobre a segurança da circulação"[390].

[387] BIANCA, Cesare Massimo. *Diritto Civile*: Il Contratto. 2. ed. Milano: Giuffrè, 2000. v. 3, p. 606.

[388] ibid., p. 586-587. O critério também serve para os casos de registro de bens móveis (ibid., p. 596).

[389] BIANCA, Cesare Massimo. *Diritto Civile*: Il Contratto. 2. ed. Milano: Giuffrè, 2000. v. 3, p. 579. Em sentido diverso, na jurisprudência italiana, de acordo com Andrea Fusaro e Michele Graziadei, no caso de dupla venda do mesmo bem, o primeiro comprador poderá ajuizar ação pauliana contra a segunda alienação, desde que prove a participação ou a má-fé do segundo adquirente. A responsabilidade do vendedor é contratual e a do segundo adquirente é considerada quase-delitual (FUSARO, Andrea; GRAZIADEI, Michele. Tiers et contrat en Italie. In: *TRAVAUX de l'Association Henri Capitant*. Bruxelas: Éditeurs Bruylant e LB2V, 2015. t. 65, p. 129). Em nossa opinião, a solução a este conflito de direitos não se mostra adequada no ordenamento brasileiro. Como se verá adiante, o registro serve para dar conhecimento a terceiros. O registro tem função de tornar público e de presumir o conhecimento de terceiros, já que a esses caberá o ônus de verificar a situação registral. Porém, dar conhecimento a terceiros via registro serve para impedir que este terceiro interfira na relação alheia. O mesmo resultado do registro (dar conhecimento) é alcançado com o conhecimento efetivo de terceiro. A solução jurídica deve ser a mesma, ou seja, tornar oponível o contrato registrado ou conhecido por terceiro.

[390] Tradução livre de: "la sicurezza della titolarità prevale pertanto sulla sicurezza della circolazione" (BIANCA, Cesare Massimo. *Diritto Civile*: Il Contratto. 2. ed. Milano: Giuffrè, 2000. v. 3, p. 577).

Discordando de Bianca, Pietro Perlingieri, com razão, elucida que a oponibilidade não se limita aos contratos de alienação. A oponibilidade é um aspecto do fato jurídico[391], que se refere ao *conhecimento* ou ao *regime de publicidade*. E este fato jurídico pode ser tanto um direito real ou pessoal[392]. Isto porque o direito de crédito pode ser considerado como um bem, "um interesse juridicamente relevante, e enquanto tal deve ser respeitado por todos"[393], e, nessa medida, a relação entre credor e devedor não interessa somente ao devedor e ao credor, mas também a terceiros, pela sua relevância externa.

Em conclusão ao breve estudo do direito italiano, diversos autores foram importantes para se entender a relação entre terceiro e contrato. Luigi Borsari sistematizou os casos clássicos da posição de terceiros nos contratos. Emilio Betti realizou a importante distinção entre efeito direto e indireto dos contratos, tratando, no direito italiano, da hipótese de responsabilidade civil do terceiro cúmplice. Vincenzo Roppo, por sua vez, precisou o conceito da relatividade dos efeitos dos contratos, extremando--o da oponibilidade. Massimo Bianca, aceitando a teoria da oponibilidade, pretendeu dar solução uniforme aos casos de colisão de direitos. E, por fim, Pietro Perlingieri deu à oponibilidade um conceito mais apurado, não restrito à hipótese dos contratos de alienação.

Da lição tirada do direito italiano, compreende-se a importância da relatividade dos contratos, que se refere à eficácia interna[394] do contrato

[391] E não da situação subjetiva, haja vista que o objeto da publicidade não é o efeito (ou a situação subjetiva), mas sim o fato do qual se origina o efeito (PERLINGIERI, Pietro. *Perfis do direito civil.* Tradução Maria Cristina De Cicco. Rio de Janeiro: Renovar, 1999, p. 140).

[392] É atualmente considerada por falsa a correlação que se faz ao direito real como situação correlativa feita *a posteriori* e ao direito de crédito como situação correlativa feita *a priori.* Segundo Pietro Perlingieri, "Pode-se fundar a distinção entre situações absolutas ou relativas na sua estrutura se se considera que existem algumas situações subjetivas que se encontram a sua relação ou contraposição em outro centro de interesses determinado *a priori*, e outras que a encontram *a posteriori*" (PERLINGIERI, Pietro. *Perfis do direito civil.* Tradução Maria Cristina De Cicco. Rio de Janeiro: Renovar, 1999, p. 141).

[393] PERLINGIERI, Pietro. *Perfis do direito civil.* Tradução Maria Cristina De Cicco. Rio de Janeiro: Renovar, 1999, p. 142.

[394] Em nota 48, para Patrizia Di Martino, é possível distinguir no direito de crédito o momento dinâmico, considerado o lado interno, da relação, e o momento estático, que faz referência ao lado externo. "O primeiro se exprime no poder de exigir a prestação do devedor, o segundo na situação de pertencimento do interesse do credor a sua esfera jurídica patrimonial" (tradução

dirigida às partes, mas não se nega a existência da oponibilidade dos efeitos do contrato. Percebe-se, porém, que a oponibilidade italiana tem o seu âmbito operativo diferente da francesa. No direito italiano, talvez por ainda não tiver sido tão bem desenvolvido, a oponibilidade e a relatividade não são vistas como complementares, mas opostas e excludentes. Esta diferença de pensamento faz com que se trate como sinônimo de relatividade dos efeitos do contrato o caso de inoponibilidade do contrato.

Como na maioria dos casos o contrato importa somente às partes contratantes, não se questionando a sua eficácia perante terceiros, considera-se como regra geral que os efeitos dos contratos não são oponíveis a eles[395].

Tão somente em poucos casos esta regra geral, no direito italiano, admite exceção e o contrato é considerado oponível a terceiro. E, nestes casos, a relevância jurídica do contrato frente a terceiros não é analisada como uma exceção ao princípio da relatividade, mas como um caso em que o princípio da relatividade se encontra "neutralizado"[396] pela aplicação de outro princípio, que opera em outro plano. Este outro princípio justificaria a atribuição de relevância jurídica a terceiros e, assim, não seria o caso de aplicação do princípio da relatividade por exceção à regra. Exemplificativamente, seriam os casos de aplicação: (i) do dever de não lesar a outrem ("*neminem laedere*"), que projeta a eficácia do contrato a terceiros; (ii) do princípio da eficácia absoluta do direito real, que ao terceiro torna oponível o contrato (*rectius*, oponível o direito real criado pelo contrato)[397]; ou, ainda, (iii) da imposição ao terceiro do

livre de: "Il primo si esprime nel potere di esigere la prestazione dal debitore, il secondo nella situazione di appartenenza dell'interesse del creditore alla sua sfera giuridica patrimoniale") (MARTINO, Patrizia Di. La responsabilità del terzo "complice" nell'inadempimento contrattuale. *Rivista Trimestrale di Diritto e Procedura Civile*, Milano, ano 29, n. 4, dez., p. 1356-1420, 1975, p. 1379).

[395] O fato de um contrato ser relativo não o torna inoponível a terceiros. Ainda, o fato de ser oponível o contrato a terceiros não torna o contrato não relativo às partes.

[396] ROPPO, Vincenzo. *Il Contrato*. Milano: Giuffrè, 2001, p. 570.

[397] Vincenzo Roppo exemplifica dizendo que: (i) o terceiro X deve respeitar a posição ativa derivante de A em seu contrato com B, e se lesar, deverá responder; (ii) o terceiro X, adquirente de um bem de A hipotecado a favor de B, sofre efeitos da hipoteca nascida entre A e B; (iii) a parte A adquire do *non dominus* B um bem não registrado de X, que no caso de a aquisição ter sido feita de boa-fé, o contrato entre A e B passa a ser oponível a X; e (iv) é oponível a X (primeiro adquirente do bem de A) a venda do mesmo bem feita posteriormente por A a B, mas

dever de respeitar o contrato, segundo o princípio do respeito ao direito de outrem[398].

Esta forma de afastar o princípio da relatividade é construção tipicamente italiana. Mas a instituição e desenvolvimento do princípio da relatividade dos contratos e a adoção da oponibilidade tiveram influência determinante da França[399], embora a forma e o conteúdo das regras de oponibilidade e relatividade, como visto, tenham seguido as características do seu ordenamento.

2.2.3. Espanha

O princípio da relatividade foi instituído pelo artigo 1.257 do Código Civil espanhol[400], que estabelece o seguinte: "Os contratos só produzem efeitos

que foi registrada em primeiro lugar. Porém, se o caso for de má-fé de B, segundo adquirente e primeiro a registrar, ele pode ser responsabilizado pelo dano sofrido por C. Nestes exemplos, é possível dizer que o efeito do contrato entre A e B são oponíveis a X, porém, Vincenzo Roppo considera que esta oponibilidade não depende tanto da derrogação do princípio da relatividade, mas sim de um princípio que opera em outro plano. No primeiro exemplo, o princípio que proíbe causar dano injusto a outrem; no segundo, o princípio da eficácia absoluta do direito real; no terceiro, o princípio da boa-fé e da segurança jurídica do comércio; no quarto, o princípio da publicidade (e no caso da presença de má-fé da parte B na aquisição do mesmo bem para prejudicar o primeiro adquirente C, não dependeria tanto da oponibilidade a B do contrato entre C e A, mas sim da aplicação do art. 2043, ou seja, do ressarcimento por ato ilícito). (ROPPO, Vincenzo. *Il Contrato.* Milano: Giuffrè, 2001. p. 569-570).

398 BIANCA, Cesare Massimo. *Diritto Civile*: Il Contratto. 2. ed. Milano: Giuffrè, 2000. v. 3. p. 573.

399 De acordo com o confronto feito entre a experiência italiana e francesa do efeito do contrato em relação a terceiros, consideraram Guido Alpa e Andrea Fusaro que a experiência francesa "parece ser mais criativa: não só por referir-se ao abuso de direito, pelos efeitos prejudiciais a terceiros, mas especialmente por introduzir um meio processual que permite ao terceiro de fazer valer a sua própria pretensão no confronto com a contraparte do contratante" (tradução livre de "appare più creativa: non solo per il riferimento all'abuso di diritto, per quanto riguarda gli effetti dannosi per i terzi, ma soprattutto per l'introduzione di mezzi processuali che consentono al terzo di far valere in proprio le pretese nei confronti della controparte del proprio dante causa" (ALPA, Guido; FUSARO, Andrea. L`esperienza italiana. In: ALPA, Guido; FUSARO, Andrea (Coord.). *Effetti del contratto nei confronti dei terzi.* Milão: Giuffrè Editore, p. 1-88, 2000, p. 15).

400 Na Argentina, no Código Civil de 1871 havia expressa menção de que: "Art. 1199. Los contratos no pueden oponerse a terceros, ni invocarse por ellos, sino en los casos de los arts. 1161 y 1162.". Apesar da palavra "oponerse", o vocábulo era empregado como sinônimo de obrigar e não no sentido de oponibilidade. Esta é a observação em nota nº 21 de Jorge

entre as partes que os outorgam e seus herdeiros; exceto, em relação a estes, o caso em que os direitos e obrigações provenientes do contrato não sejam transmissíveis, ou por sua natureza, ou por acordo, ou por força da lei."[401]

Desse modo, expressamente, o direito espanhol reconheceu que o efeito dos contratos está limitado à órbita das partes, não podendo a eficácia do contrato irradiar sobre terceiros, quer em seu benefício, quer em seu prejuízo. O fundamento para tanto, segundo reconhecem Díez-Picazo e Luis Gullon, é que:

> O contrato é um ato de exercício do poder de autonomia privada, e a autonomia consiste em ditar a lei — o preceito — que há de regulamentar a própria esfera jurídica. Afetar a esfera jurídica de terceiros não seria um ato de autonomia, mas uma invasão da esfera jurídica alheia.[402] (Tradução nossa).

Pelo ato de autonomia, o contrato irradia o seu efeito imediato, pelo qual as partes resultam obrigadas pelas disposições expressamente

Mosset Iturraspe, que diz: "El vocablo 'oponerse' está empleado como sinónimo de 'obligar' e 'invocarse' como equivalente a ejercicio de un derecho creditorio. No es ese el sentido de 'oponibilidad' en la doctrina moderna" (ITURRASPE, Jorge Mosset. Contratos. Buenos Aires: Rubinzal - Culzoni Editores, 2003, p. 344). No atual Código Civil da Argentina de 2015, no Capítulo 9 sobre efeitos dos contratos, a relatividade contratual foi inserida no art. 1021, complementada em sentido pelo art. 1022: "Articulo 1021.- Regla general. El contrato sólo tiene efecto entre las partes contratantes; no lo tiene con respecto a terceros, excepto en los casos previstos por la ley." e "Articulo 1022.- Situación de los terceros. El contrato no hace surgir obligaciones a cargo de terceros, ni los terceros tienen derecho a invocarlo para hacer recaer sobre las partes obligaciones que éstas no han convenido, excepto disposición legal."

401 Tradução livre de: "Los contratos sólo producen efecto entre las partes que los otorgan y sus herederos; salvo, en cuanto a éstos, el caso en que los derechos y obligaciones que proceden del contrato no sean transmisibles, o por su naturaleza, o por pacto, o por disposición de la ley." O código civil peruano tem disposição abreviada no art. 1363, ao estipular que "Los contratos sólo producen efectos entre las partes que los otorgan y sus herederos, salvo en cuanto a éstos si se trata de derechos y obligaciones no trasmisibles." No Chile, não há uma disposição que reconheça expressamente o princípio do efeito relativo do contrato.

402 "El contrato es un acto de ejercicio del poder de autonomía privada, y la autonomía consiste en dictar la ley - el precepto - por el que ha de regirse la propria esfera jurídica. Afectar a la esfera jurídica de terceras personas no sería un acto de autonomía, sino una invasión de la esfera jurídica ajena" (DÍEZ-PICAZO, Luis; GULLON, Antonio. *Sistema de Derecho Civil.* Madrid: Editorial Tecnos, 1978. v. 2, p. 70).

contidas e pactuadas, "mas também a todas as consequências que, segundo sua natureza (do contrato), sejam conforme a boa-fé, ao uso ou à lei (art. 1.258)"[403]. Por este escopo ampliado, a doutrina espanhola reconhece que é possível um contrato ser eficaz em relação a terceiros, não só nas hipóteses legalmente reconhecidas de contratos em favor de terceiro e de promessa de fato de terceiro, mas também em casos de contratos em dano de terceiro, contratos com pessoa a declarar, cessão de contratos e subcontratos[404].

A todo o conjunto regulamentado se impõe tanto um dever de respeito quanto um dever de observância do contrato[405]. Ou seja, o contrato irradia uma obrigação positiva e uma negativa. De um lado, os contratos obrigam ao cumprimento do quanto estipulado e, de outro, os contratos projetam sobre terceiros uma obrigação "de respeitar as situações jurídicas nascidas a seu amparo. A relação contratual irradia plenamente este último efeito negativo; mas, no entanto, o positivo adere somente às partes que lhe deram vida"[406], como lembra o tratadista Federico Puig Peña.

Por regra geral, os efeitos limitam-se às partes e não atingem terceiros, exceto quando o terceiro expressamente o consinta, declarando sua vontade em aceitá-los[407]. "Para os terceiros, é dito que o contrato é *res inter alios acta*, isto é, um assunto feito entre outros."[408] Entretanto, esta

[403] "sino también a todas las consecuencias que, según su naturaleza (del contrato), sean conformes a la buena fe, al uso y a la ley (art. 1.258)" (ALBALADEJO, Manuel. *Derecho Civil*: derecho de obligaciones. Barcelona: Libreria Bosch, 1970. v. 2, p. 323).

[404] LASARTE, Carlos. *Principios de derecho civil*: Contratos. 8. ed. Madrid: Marcial Pons, 2004. t. 3, p. 137-148; PÉREZ, Pascual Marín. *Derecho Civil*: derecho de obligationes y contratos. Madrid: Editorial Tecnos, 1983. v. 2, p. 213-220.

[405] DÍEZ-PICAZO, Luis; GULLON, Antonio. *Sistema de Derecho Civil*. Madrid: Editorial Tecnos, 1978. v. 2, p. 69.

[406] PEÑA, Federico Puig. *Tratado de Derecho Civil Español*. 2. ed. Madrid: Editorial Revista de Derecho Privado, 1973. t. 4. v. 2, p. 66.

[407] Manuel Albaladejo diz que a "La necesidad de aceptación deriva de la regla acogida por nuestra ley, de que - al menos en materia de contratos - nadie queda obligado sino por su voluntad, y nadie adquiere tampoco derechos sino queriéndolo (*nemo nolenti acquiri potest*). La aceptación la exige explícitamente la ley para adquirir derechos (art. 1.257, 2), y, con mayor razón, se requiere para adquirir obligaciones" (ALBALADEJO, Manuel. *Derecho Civil*: derecho de obligaciones. Barcelona: Libreria Bosch, 1970. v. 2, p. 326)

[408] DÍEZ-PICAZO, Luis; GULLON, Antonio. *Sistema de Derecho Civil*. Madrid: Editorial Tecnos, 1978. v. 2, p. 70.

regra geral ignora a realidade, pois um contrato, uma vez celebrado, penetra no mundo da realidade jurídica, de modo que todo o comércio jurídico tenha que contar com os contratos já realizados[409]. Há, assim, de considerar-se que todo contrato se baseia "em situações jurídicas criadas por outros contratos que se realizaram antes. O contrato, como fenômeno que se instala no mundo da realidade jurídica, não é jamais indiferente a terceiros."[410] E, por isso, como bem pontua Luis Díez-Picazo, ainda que a relação obrigatória se constitua entre as partes contratantes, "não vive nem se desenvolve em uma redoma de cristal e lhe afetam inevitavelmente os atos de terceiros"[411].

E os terceiros sofrem efeitos dos contratos de duas formas, pela eficácia reflexa do contrato e pela eficácia indireta. Fala-se de eficácia reflexa quando o contrato anterior *repercute* — não há incidência, mas repercussão — na esfera jurídica alheia em virtude de um fenômeno de conexão entre diversas relações jurídicas pré-existentes. É, nos dizeres de Luis Díez-Picazo, a produção de um efeito anterior ou de segundo grau, que existe em três casos: (i) quando as relações jurídicas se encontram em ordem hierárquica (e.g., fiador em relação ao credor); (ii) quando as relações jurídicas coexistem entre si e se condicionam reciprocamente (e.g., concorrência universal de credores); e (iii) quando uma das relações jurídicas deriva ou descansa sobre a outra que lhe serve de base (e.g., sublocação em relação à locação).

Assim, nesses três casos, o contrato celebrado tem uma eficácia direta entre as partes e "uma eficácia reflexa ou de repercussão na relação derivada, subordinada ou coexistente"[412]. Já no que tange à eficácia indireta, fala-se no sentido de uma eficácia "provocada" do negócio jurídico, no qual é utilizado como fundamento para uma atitude ou uma pretensão do seu titular na defesa de um interesse. Oponibilidade, de acordo com

[409] ibid., p. 70.

[410] ibid., p. 70.

[411] "no vive ni se desarrolla en una campana de cristal y le afectan inevitablemente los hechos de terceros" (DÍEZ-PICAZO, Luis. *Fundamentos del derecho civil patrimonial.* Las relaciones obligatorias. 6. ed. Navarra: Civitas, 2008. v. 2, p. 740).

[412] Continua a exemplificar que o contrato entre credor e devedor pode extinguir a fiança, o acordo da maioria dos credores pode obrigar os dissidentes, e a extinção da locação determina também a extinção da sublocação. (DÍEZ-PICAZO, Luis. *Fundamentos del derecho civil patrimonial.* Introducción. Teoría del contrato. 6. ed. Navarra: Civitas, 2007. v. 1, p. 530).

Luis Díez-Picazo, é somente aquela que é utilizada pela parte contratante contra o terceiro. O sentido inverso não se trataria de oponibilidade, mas de uma "utilização" do contrato, como meio probatório, pelo terceiro contra uma ou mais partes[413].

O contrato, assim, na Espanha não é indiferente frente a terceiros, principalmente quando se analisa o aspecto negativo da eficácia contratual[414], que impõe a todos o reconhecimento do dever de respeitar a situação jurídica criada pelo contrato[415]. Esta questão dos terceiros em relação aos contratos, nos dizeres de Federico Puig Peña, "tem na atualidade uma transcendência extraordinária, pois são múltiplos os casos da vida real que nos fazem mostrar como elementos estranhos induzem uma das partes a romper o contrato que tinha celebrado"[416]. Temos, assim, como resultado do acatamento da doutrina da eficácia externa das obrigações na Espanha, o enfraquecimento, cada vez maior, das palavras e do sentido do art. 1.257 do Código Civil espanhol, que deixou de representar um dogma ou uma afirmação sem exceções.

[413] DÍEZ-PICAZO, Luis. *Fundamentos del derecho civil patrimonial*. Introducción. Teoría del contrato. 6. ed. Navarra: Civitas, 2007. v. 1, p. 530-531.

[414] Não só no direito espanhol, mas, no Argentino, já afirmava Jorge Mosset Iturraspe que "Pero es preciso señalar con toda claridad que sostener que el contrato 'no puede perjudicar a los terceros' (art. 1195, última parte), o sea la relatividad de los efectos del contrato, no significa afirmar que el contrato no existe frente a ellos, que los terceros lo pueden desconocer, que, en una palavra, no les es oponible. El contrato es oponible frente a todos, *erga omnes*. Es un error creer que sólo los derechos reales se dan *erga omnes* y que por eso son absolutos. Toda relación jurídica, sea real o personal, se da *erga omnes* y debe ser respetada por los terceros; su violación apareja siempre responsabilidad. Es de aplicación el principio *alterum non laedere*" (ITURRASPE, Jorge Mosset. Contratos. Buenos Aires: Rubinzal - Culzoni Editores, 2003, p. 344).

[415] PEÑA, Federico Puig. *Tratado de Derecho Civil Español*. 2. ed. Madrid: Editorial Revista de Derecho Privado, 1973. t. 4. v. 2, p. 71.

[416] Tradução livre de: "tiene en la actualidad una trascendencia extraordinaria, pues son múltiples los casos de la vida real que nos ponen de manifiesto cómo elementos extraños inducen a una de las partes a romper el contrato que éste tenía celebrado" (PEÑA, Federico Puig. *Tratado de Derecho Civil Español*. 2. ed. Madrid: Editorial Revista de Derecho Privado, 1973. t. 4. v. 2, p. 71)

2.3. Ordenamento jurídico brasileiro

Uma vez tratado do tema em alguns ordenamentos do direito estrangeiro, cabe tratar do modo como o ordenamento jurídico brasileiro encara o tema dos efeitos das obrigações perante terceiros, com enfoque especial na legislação e na doutrina brasileiras. Sem precisar superar o princípio da relatividade, mas desenvolvendo os institutos outros da boa-fé e da função social do contrato, atualmente se reconhece um número cada vez maior de deveres laterais de terceiros perante os contratantes e de contratantes perante terceiros.

A relatividade, então, entre nós, nunca foi um verdadeiro óbice, e, por aqui, sem estranhar, cada vez mais se reconhece que os contratos têm projeção eficacial perante terceiros. Apesar de acatarmos, quase sem hesitação, a teoria da eficácia externa das obrigações, é recente na doutrina brasileira o seu tratamento doutrinário. Vejamos.

O princípio da relatividade, por influência do *Code civil* francês, sempre esteve fortemente presente no nosso ordenamento. Expressa ou interpretativamente, guiou e continua a guiar muitas das soluções dadas na jurisprudência e na doutrina. Não há como negar a sua importância no dia a dia dos operadores do direito. É fenômeno de interesse primordial das partes privadas, cujo interesse constitui, por vezes se modifica, e extingue-se sem que, na sua maioria, resulte em conflito com o interesse alheio. Muito por isso, após a codificação do princípio da relatividade dos contratos no *Code civil* francês e em muitos países do continente, nós, pelas mãos de Augusto Teixeira de Freitas, demos os primeiros passos para a sua codificação. Foi ainda no esboço ao Código Civil que encontramos disposição similar ao art. 1.165 do *Code Civil*. A relatividade dos contratos por aqui estava refletida nos seus artigos 878 e 1.957:

> Art. 878. As obrigações não produzem effeito senão entre o credor e o devedor, e seus sucessores á quem se transmittirem (Art. 868). Em relação á terceiros, só produzirão effeito em casos de fraude (Arts. 527, e 528 á 548), ou por direito de preferencia ou rateio em concurso de credores.[417]
>
> Art. 1.957. Os contractos não prejudicão, nem aproveitão, á terceiros[418]

[417] TEIXEIRA DE FREITAS, Augusto. *Código Civil* – Esboço. Rio de Janeiro: Typographia Universal de Laemmert, 1860, p. 399.

[418] ibid., p. 784.

Além das exceções previstas na parte final do art. 878, outras exceções foram ainda legalmente previstas no esboço ao Código Civil de Teixeira de Freitas, como: promessa de fato de terceiro (art. 1.876); estipulação em favor de terceiros (art. 1.875); e representação necessária ou convencional (arts. 1.872 e 1.873). Mas também expressamente deu solução legal a outros tantos casos em que um terceiro sofre efeitos contratuais de uma obrigação alheia. Por exemplo, ao tratar dos "factos voluntarios", Teixeira de Freitas não se esqueceu de que o dolo praticado por terceira pessoa para induzir uma parte em erro, com a ciência da outra parte, é um caso de cumplicidade (arts. 475 a 477). Ainda, para resolução dos problemas ligados à tradição de coisas móveis e imóveis, o esboço ao Código Civil estipulava, para os bens móveis, que a preferência entre vários credores era daquele com quem primeiro se fez a tradição, não importando a data do título (art. 906, 2º); ou seja, a tradição do bem tornava-o oponível a terceiros[419]. Porém, quando a "cousa fôr immovel", a preferência seria concedida a quem primeiro registrava, e os demais, mesmo com títulos anteriores, não teriam direito contra o que primeiro registrou (há oponibilidade total do primeiro adquirente contra os terceiros). No caso de nenhuma parte registrar o seu instrumento, a preferência seria do instrumento público com data anterior, e, ainda, após aberto o concurso singular pelos respectivos protestos ou pelo concurso geral por falência, o registro posterior não aproveitaria a qualquer dos concorrentes (arts. 906 e 907).

Teixeira de Freitas ainda deu solução interessante aos casos de mandato aparente (art. 3.010 e seguintes). A ciência efetiva da cessação do mandato pelo terceiro contratante não necessariamente tornava oponível esta cessação ao terceiro. Se o mandatário não sabia da cessação, ainda que o terceiro dela soubesse, o contrato firmado era obrigatório ao mandante, que só teria ressalvado direito contra o terceiro (art. 3.011). Mas no caso clássico de desconhecimento do terceiro da cessação do mandato, o contrato seria obrigatório ao mandante, ressalvado o direito contra o mandatário que sabia da cessação (art. 3.012). E, ainda, em qualquer caso de cessação do mandato, o terceiro tinha a faculdade de escolher entre

[419] Exceto no caso em que o devedor tenha feito a tradição de coisa móvel por transferência de domínio ou constituição de penhor, mas o adquirente esteja de má-fé (art. 906, 1º). Neste caso, o credor preterido teria oponibilidade contra o adquirente.

obrigar ou não o mandante. A mesma escolha não tinha o mandante, que não poderia prevalecer-se da ignorância de terceiros quanto à cessação do mandato para obrigá-los (art. 3.013).

Da análise do seu esboço ao Código Civil, é notável a preocupação de Teixeira de Freitas, de um lado, em dar força ao princípio da relatividade, mas, de outro, em apontar exceções, seja expressamente no próprio artigo que trata da relatividade, seja nas diversas soluções pontuais, principalmente quando a ciência de terceiro importava para a definição da sua boa-fé.

No Código Civil de 1916, de forma mais sucinta, sem se referir aos efeitos perante terceiros, preferiu Clóvis Beviláqua estipular, no título "Dos efeitos das obrigações", que "A obrigação, não sendo personalíssima, opera assim entre as partes, como entre seus herdeiros" (art. 928). Ainda que não tenha instituído uma exceção expressa à regra geral de eficácia entre os contratantes, o Código Civil de 1916 reconheceu diversas hipóteses de eficácia perante terceiros, como nos casos de: promessa de fato de terceiro (art. 929); cessão de crédito (art. 1.067); estipulação em favor de terceiro (art. 1.098 a 1.100); e cumplicidade de terceiros (arts. 178, § 7º, VI; 1.393; 1.518, parágrafo único; e 1.595). Ainda, o Código Civil de 1916 tratou em diversos momentos da necessidade de preenchimento de determinados requisitos para a oponibilidade de certos fatos ou atos perante terceiros (em geral, de terceiro de boa-fé), como nos contratos de penhor (art. 761), nas procurações (art. 1.289, § 4º), no mandato aparente (art. 1.306), e na nulidade de dívida de jogo (art. 1.477). De forma ainda mais específica, nos casos em que ocorre a denominada publicidade organizada, o Código Civil de 1916 determinou expressamente a condição de registro ou de inscrições para oposição frente a terceiros, como nas convenções particulares (art. 135), nas convenções antenupciais (art. 261), na hipoteca (arts. 824, 828 e 848), na extinção da hipoteca (art. 850) e nas transferências de bens imóveis (art. 858 e seguintes).

Na doutrina da época, acompanhando o pensamento europeu contemporâneo, predominava a visão tradicionalista e individualista do contrato. Entre todos, João Manuel Carvalho Santos foi categórico ao afirmar que: "Em regra, as obrigações não podem ser opostas a terceiros, nem por eles invocadas." Justificando a sua razão, complementa ao dizer que: "É natural e lógico que assim seja, porque sem o consentimento válido não pode ter existência o ato jurídico, nem, por conseguinte, a obrigação, que, para essas pessoas que na sua formação não intervieram, é como se não existisse"[420]. O seu pensamento sintetiza a visão tradicional da relatividade dos efeitos contratuais. E este pensamento perdurou sem questionamentos por mais de meio século.

Mas, em 1962, Alvino Lima, influenciado pelos franceses e italianos, colocou dúvidas à visão tradicionalista do princípio da relatividade[421], dizendo que "O princípio da relatividade das convenções não pode ser entendido hoje, como o foi no século XIX, com a rigidez de regra absoluta, conferindo ao terceiro ampla liberdade de ação."[422] O contrato, por mais que produza efeitos diretos para ligar as partes contratantes, "não pode ser considerado apenas nos seus efeitos jurídicos; sendo uma realidade concreta, um fato social, um valor patrimonial"[423]. Por isso, a existência do contrato "não se limita às partes contratantes, mas age, como tal, '*erga omnes*'"[424], para impor ao terceiro um dever de abster-se de violar o contrato alheio ou de não interferir na atividade de outrem, como decorrência do *neminem laedere*. Como resultado, escreve Alvino Lima a respeito do princípio da oponibilidade:

[420] CARVALHO SANTOS, João Manuel de. *Código Civil brasileiro interpretado*. 2. ed. Rio de Janeiro: Freitas Bastos, 1938. v. 12, p. 14.

[421] Antes de Alvino Lima, a força obrigatória dos contratos já começava a ser questionada pelas teorias do equilíbrio contratual ou da onerosidade excessiva, principalmente no período de pós-guerra, quando diversos países viviam um intenso desequilíbrio econômico e instabilidade política. A rigidez do sinalagma contratual tornava inquebrantável o vínculo, mas aplicar as regras ordinárias de período de paz para o período de guerra causava inúmeras situações de injustiças que o sistema jurídico não mais poderia resistir, sem sucumbir. A saída foi retomar o tema da cláusula *rebus sic stantibus*. Em Paris, a temática desta cláusula foi objeto de intensas discussões, como lembra Arnoldo Medeiros da Fonseca a respeito de "Os trabalhos da Semana Internacional de Direito, de 1937" (FONSECA, Arnoldo Medeiros da. *Caso Fortuito e Força Maior*. 2. ed. Rio de Janeiro: Imprensa Nacional, 1943, p. 198-201). No Brasil, o tema da cláusula *rebus sic stantibus* foi debatido no Congresso Jurídico Nacional, em agosto de 1943, com a presença de Noé Azevedo e Arnoldo Medeiros da Fonseca.

[422] LIMA, Alvino. A interferência de terceiros na violação do contrato. *Revista dos Tribunais*. São Paulo, v. 51, n. 315, p. 14-30, 1962. Referido artigo foi republicado na coleção Doutrinas Essenciais (TEPEDINO, Gustavo; FACHIN, Luiz Edson (org.). *Contratos*: formação e regime. São Paulo: RT, 2011, p. 367).

[423] TEPEDINO, Gustavo; FACHIN, Luiz Edson (org.). *Contratos*: formação e regime. São Paulo: RT, 2011, p. 367.

[424] ibid., p. 367.

> O contrato, pois, como fato social, em virtude da sua existência, conferindo direitos e deveres, não pode deixar de produzir certas repercussões relativamente a terceiros; não pode deixar de ser logicamente oponível contra terceiros, não quanto aos seus efeitos diretos, imediatos, mas os indiretos, nascidos do jôgo de interferências entre êles e as situações marginais.[425]

Apesar de, no seu artigo, tratar especialmente do caso de tutela externa do crédito — que poderia ser resolvido tanto no plano da responsabilidade civil do terceiro cúmplice quanto pela aplicação da máxima "*fraus omnia corrumpit*" para justificar a ineficácia do ato fraudulento[426] —, Alvino Lima, entre nós, estava à frente de seu tempo. Falava de oponibilidade dos contratos, de tutela aquiliana dos direitos do crédito, quando a visão tradicionalista jamais permitiu que o crédito ou uma obrigação surtissem efeitos além das partes. Suas palavras, na dimensão querida e compreendida, só seriam ouvidas anos mais tarde, já próximo da virada do século.

Antes do século XXI, não foram muitos os que trataram de oponibilidade do contrato no Brasil. O tema da oponibilidade estava restrito e era estudado apenas em relação aos direitos reais. Entre os poucos estudiosos da oponibilidade, Orlando Gomes reconhecia, mesmo que brevemente, que a existência do contrato se diferenciava dos seus efeitos internos. "A existência de um contrato é um *fato* que não pode ser indiferente a outras pessoas, às quais se torna *oponível*"[427]. Ao compreender a diferenciação entre os efeitos internos e externos do contrato, o autor conclui que o princípio da relatividade não tem um caráter absoluto, admitindo exceções[428].

Como era de se esperar, o tema da oponibilidade não fugiu da análise de F. C. Pontes de Miranda, que conceituou o instituto da oponibilidade a terceiros como "eficácia, que se confere a algum negócio jurídico (ou fato jurídico), quando a quem não é sujeito na negociação."[429].

[425] ibid., p. 367.

[426] ibid., p. 371.

[427] GOMES, Orlando. *Contratos*. 26. ed. Rio de Janeiro: Forense, 2007, p. 46.

[428] Diferentemente, consideramos que a exceção do princípio da relatividade não é a oponibilidade. A exceção da relatividade é a extensão da eficácia direta a terceiros. A oponibilidade é o lado complementar do princípio da relatividade.

[429] MIRANDA, F. C. Pontes de. *Tratado de Direito Privado*. São Paulo: RT, 2012. t. 13, p. 218.

Segundo o autor, os efeitos dos direitos reais não se confundem com a oponibilidade. Os direitos reais, porque são reais, são oponíveis a todos, mas desta constatação não se pode entender a oponibilidade como característica exclusiva dos direitos reais. Outros direitos, como o direito de crédito, têm oponibilidade, eficácia *erga omnes*. Apesar de Pontes de Miranda restringir a oponibilidade aos casos de publicidade registária, a sua influência foi preponderante para se reconhecer que os direitos de crédito também têm oponibilidade[430].

Mas o tema da oponibilidade dos contratos apenas se fez realmente ressurgir por influência direta de Antonio Junqueira de Azevedo. Em sua tese de titularidade, o autor inicia por dar o reconhecimento social ao negócio jurídico, com a seguinte constatação: "O negócio jurídico é uma criação do povo. Ele é, antes de mais nada, um fato social"[431]. Afasta-se, assim, da visão individualista, tradicional, para compreender o negócio jurídico no meio social. No que se refere aos efeitos perante terceiros, situa o tema nas condições de eficácia, mais propriamente nas *condições extensivas de eficácia*, que conceitua como "aquelas que dilatam a eficácia própria do negócio jurídico"[432]. Entre os casos mais típicos, menciona o dos registros não constitutivos, que só aumentam o raio da eficácia do negócio jurídico.

A sua contribuição ao tema dos efeitos indiretos do contrato não parou por aí. Posteriormente, tanto em suas aulas de Pós-Graduação na Universidade de São Paulo[433] como em seus pareceres (de 1997 e 1998)[434], Antonio Junqueira de Azevedo aprofundou-se na questão da interferência

[430] MIRANDA, F. C. Pontes de. *Tratado de Direito Privado*. São Paulo: RT, 2012. t. 24. p. 274.

[431] AZEVEDO, Antônio Junqueira de. *Negócio jurídico e declaração negocial (Noções gerais e formação da declaração negocial)*. Tese (Professor Titular em Direito Civil) – Faculdade de Direito, Universidade de São Paulo, São Paulo, 1986, p. 3.

[432] ibid., p. 118.

[433] Conforme informado por Otavio Luiz Rodrigues Junior em artigo valioso a respeito do tema (RODRIGUES JUNIOR, Otavio Luiz. A doutrina do terceiro cúmplice: autonomia da vontade, o princípio res inter alios acta, função social do contrato e a interferência alheia na execução dos negócios jurídicos. *Revista dos Tribunais*. São Paulo, v. 821, mar. 2004, p. 9).

[434] AZEVEDO, Antonio Junqueira. Os princípios do atual direito contratual e desregulamentação do mercado. Direito de exclusividade nas relações contratuais de fornecimento. Função social do contrato. Responsabilidade aquiliana do terceiro que contribui para o inadimplemento contratual. *Estudos e pareceres de direito privado*. São Paulo: Saraiva, 2004, p. 142; AZEVEDO, Antonio Junqueira. Diferenças de natureza e efeitos entre o negócio jurídico sob condição suspensiva e o negócio jurídico a termo inicial. A colaboração de terceiro para o

de terceiros. Baseando-se em grandes nomes do direito francês — como José Duclos, Jean-Louis Goutal, Jacques Ghestin e Marcel Fontaine —, Antonio Junqueira de Azevedo tratou da oponibilidade em seus pareceres para reconhecer a responsabilidade do terceiro interferente, defendendo a tutela aquiliana do crédito. A relação entre eficácia e oponibilidade continuou a ser confirmada e aprimorada, sendo inserida inclusive na sua classificação de negócio jurídico. O negócio jurídico continuava a irradiar seus efeitos normalmente, mas na presença de certos "fatores de atribuição de eficácia mais extensa"[435], ou seja, na ocorrência da passagem da oponibilidade *in potentia* para *in actu*, o negócio com plena eficácia visada dilatava ainda mais o seu campo de atuação para atingir terceiros.

Alcides Tomasetti Jr., em 1991, em específico estudo do contrato de locação com cláusula de vigência, reconheceu, com acuidade e técnica impecável, a oponibilidade do locatário em relação ao adquirente nos seguintes precisos termos:

> [...] a *oponibilidade da posição jurídica contratual de locatário*, no sentido de *tornar eficazes, em face de qualquer pessoa* (*erga omnes*), que venha a ser *adquirente* (em sentido lato) do imóvel urbano, as pretensões, as faculdades, os poderes e as imunidades estritamente pertinentes à parte contratual locatária, a qual, por haver no seu *núcleo* um *direito subjetivo de crédito* (posição jurídica subjetiva ativa, complexa e *relativa*; supra, §1.º, nos comentários ao art. 7.º), seria em princípio contraponível *apenas à pessoa do locador*, isto é, *relativamente ao figurante*, ou aos *figurantes*, na parte contratual locadora (*supra*, § 4, 5, 7, nos comentários ao art. 1.º).[436]

Fernando Noronha, por sua vez, em 1994, em parte influenciado por Antonio Junqueira de Azevedo a respeito da importância da realidade social na análise dos negócios jurídicos, deu a sua contribuição para um melhor entendimento a respeito dos limites da relatividade. Ao tratar

inadimplemento de obrigação contratual. A doutrina do terceiro cúmplice. A eficácia externa das obrigações. *Estudos e pareceres de direito privado*. São Paulo: Saraiva, p. 208-225, 2004, p. 208.

[435] AZEVEDO, Antonio Junqueira. *Negócio jurídico:* existência, validade e eficácia. 4. ed. São Paulo: Saraiva, 2002, p. 57.

[436] OLIVEIRA, Juarez de. *Comentários à lei de locação de imóveis urbanos*. São Paulo: Saraiva, 1992, p. 109.

do efeito relativo do contrato e da autonomia do direito privado, o autor expressamente reconheceu a via de mão dupla da oponibilidade: "Efetivamente, se um contrato deve ser considerado como fato social, como temos insistido, então a sua real existência há de impor-se por si mesma, para poder ser invocada contra terceiros, e, às vezes, até para ser oposta por terceiros às próprias partes."[437] Apesar das breves indicações de posicionamento, o autor expressou o seu pesar ao deixar de aprofundar sobre o tema da oponibilidade, reconhecendo, inclusive, a sua importância dogmática ao dizer que "Infelizmente, não é possível analisar aqui estes aspectos, aliás de alta relevância teórico-doutrinal"[438]. Se naquele momento não lhe cabia analisar, em sua obra posterior, Fernando Noronha defendeu a tutela externa do crédito, pela distinção entre "as relações entre credor e devedor (efeitos *inter partes*) da oponibilidade que o direito de crédito também tem em relação a terceiros, já que todos devem respeitá-lo, como 'valor' ou 'bem' que integra o patrimônio de uma pessoa — o credor"[439].

Ainda antes do advento do novo Código Civil, mas já inspirado pelo seu então projeto, Teresa Negreiros, em 2001, defende a sua tese de doutorado a respeito da "Teoria do contrato: novos paradigmas". Considera que a liberdade contratual, por uma releitura do direito civil sob a ótica constitucional, deve ser remodelada a novos contornos, alterando, inclusive, no processo de despatrimonialização e de funcionalização do direito civil, a autonomia da vontade[440]. Entre os novos princípios do contrato, a função social, conforme pensa a autora, é o fundamento para o reconhecimento de que um terceiro pode ser prejudicado pelo descumprimento de uma obrigação contratual[441]. Ou seja, contrapondo a visão individualista do contrato, cabe à função social dar o devido fundamento para "a relevância externa do crédito, na medida em que propicia uma apreensão do contrato

[437] NORONHA, Fernando. *O direito dos contratos e seus princípios fundamentais:* autonomia privada, boa-fé, justiça contratual. São Paulo: Saraiva, 1994, p. 119.

[438] ibid., p. 119.

[439] NORONHA, Fernando. *Direito das obrigações.* 4. ed. São Paulo: Saraiva, 2013, p. 486.

[440] NEGREIROS, Teresa. *Teoria do contrato: novos paradigmas.* 2. ed. Rio de Janeiro: Renovar, 2006, p. 106-109.

[441] Exemplifica com as hipóteses de grupo de contratos e de responsabilidade frente aos consumidores (NEGREIROS, Teresa. *Teoria do contrato: novos paradigmas.* 2. ed. Rio de Janeiro: Renovar, 2006, p. 244).

como fato social"[442]. Porém, compreender esta relevância não é suficiente para explicar dogmaticamente a interferência de terceiro no crédito alheio, por isso que Teresa Negreiros afirma ser fundamental a diferença entre a oponibilidade e a eficácia das obrigações contratuais. Porém, segundo a autora:

> A obscuridade dos contornos desta distinção, de que se ressente a doutrina brasileira, está associada à tendência para se tratar o contrato como um fenômeno exclusivamente privado, concernente apenas aos interesses particulares dos contratantes. Turva-se, desta forma, a distinção entre relatividade e oponibilidade, negligenciando, em prejuízo do credor lesado, o princípio da função social do contrato e seus efeitos sobre a liberdade contratual.[443]

Apesar das dificuldades, realizar esta distinção é fazer boa dogmática a respeito dos efeitos contratuais. O exercício da liberdade contratual, segundo Negreiros, deve respeitar o princípio da função social. Este princípio, ao tornar o contrato oponível *erga omnes*, impõe a todos o dever de se abster de praticar certos atos que saibam comprometedores de créditos alheios. A oponibilidade seria, então, "uma obrigação de não fazer, imposta àquele que conhece o conteúdo de um contrato, embora dele não seja parte". Não se está, com esta afirmação, tornando "as obrigações contratuais exigíveis em face de terceiros (é o que a relatividade impede), mas impõe aos terceiros o respeito por tais situações jurídicas, validamente constituídas e dignas da tutela do ordenamento (é o que a oponibilidade exige)"[444].

Também com base na função social, Francisco Eduardo Loureiro, em sua dissertação de mestrado defendida antes do novo Código Civil, já questionava a tradicional visão da relatividade dos contratos. Para o autor, "O princípio da função social do contrato conduz ao dever de terceiros respeitar situações jurídicas alheias — obrigacionais ou reais —, sob pena de responderem por perdas e danos."[445] A oponibilidade, então, para

[442] ibid., p. 267.

[443] NEGREIROS, Teresa. *Teoria do contrato: novos paradigmas.* 2. ed. Rio de Janeiro: Renovar, 2006, p. 268.

[444] ibid., p. 272-273.

[445] LOUREIRO, Francisco Eduardo. *A propriedade como relação jurídica complexa.* Rio de Janeiro: Renovar, 2003, p. 65.

Loureiro, já não estava circunscrita aos direitos reais, mas abrangia as obrigações, inexistindo, "portanto, no mundo da realidade jurídica, uma indiferença para terceiros que, caso criem situações incompatíveis ou impossibilitem o cumprimento da avença, incorrerão em responsabilidade aquiliana"[446]. Em suma, terceiros não podem ser indiferentes à realidade jurídica e a relatividade não impede a responsabilidade civil de terceiros, no caso de, com as suas ações, impossibilitarem o cumprimento do contrato.

No nosso atual Código Civil, não há uma menção expressa ao princípio da relatividade, muito menos ao princípio geral de oponibilidade. Em contraposição a este silêncio, o Código Civil atual, em comparação com o anterior, tratou em muito mais hipóteses os casos em que fatos e atos jurídicos atingem a esfera jurídica de terceiros. Preocupou-se o legislador de, a todo tempo, ressalvar direitos de terceiros[447]; tratar dos efeitos de atos de terceiros de boa-fé[448] ou de má-fé[449]; condicionar o preenchimento de determinados requisitos (arquivamento, averbação, registro, etc.) para oposição em face de terceiros[450]; permitir atos de interferência de terceiros[451]; beneficiar expressamente terceiros[452]; limitar os atos ou direitos de terceiros[453]; e responsabilizar por atos de terceiros[454].

Mas, principalmente, o novo Código Civil renovou e codificou os princípios da boa-fé objetiva, do equilíbrio contratual e da função social do contrato, presididos pelos princípios maiores da eticidade, socialidade e operabilidade[455]. Novos princípios e novos fundamentos foram colocados para retirar do contrato uma visão individualista, eminentemente patrimonial. Tudo para passar a preocupar-se com a sociedade em si,

446 ibid., p. 65.

447 Artigos 191; 380; 385; 563; 974; 1.577; 1.639; 1.881.

448 Artigos 167; 686; 814, § 1°; 891, parágrafo único; 1.268; 1.563; 1.817; 1.827, parágrafo único.

449 Artigos 148; 154; 161; 1.212.

450 Artigos 221; 288; 522; 926; 980; 1.048; 1.057, parágrafo único; 1.062, §3°; 1.138, parágrafo único; 1.144; 1.154; 1.174; 1.333; 1.387; 1.446, parágrafo único; 1.657; 1.783-A, §4º.

451 Artigos 299; 304 a 307; 653 e seguintes.

452 Artigos 436 a 438; 523; 987; 997, parágrafo único; 1003, parágrafo único; 1.229; 1.646.

453 Artigos 673; 991, parágrafo único; 1015, parágrafo único; 1.247; 1.418.

454 Artigo 932.

455 Como sempre fez questão de lembrar Miguel Reale a respeito do que, a seu ver, são os três princípios (eticidade, socialidade e operabilidade) que presidem à atual Lei Civil (REALE, Miguel. *Estudos preliminares do Código Civil.* São Paulo: RT, 2003, p. 75).

nas suas iterações com os indivíduos, de forma mais ética, coibindo fins antissociais[456]. Ou, nas palavras do seu criador, Miguel Reale observa-se que a nova Lei Civil preserva, de um lado, as numerosas contribuições valiosas da codificação anterior, mas substitui as disposições que não se coadunam com os atuais valores ético-jurídicos, "operando a necessária passagem de um ordenamento individualista e formalista para outro de cunho socializante e mais aberto à recepção das conquistas da ciência e da jurisprudência"[457].

E, neste deslinde, grandes obras foram produzidas para homenagear principalmente a função social do contrato[458]. Entre tantas, temos a tese de doutorado de Cláudio Luiz Bueno de Godoy, a dissertação de

[456] De acordo com Rogério Ferraz Donnini, mesmo antes do advento do novo Código Civil, mas posterior à Constituição Federal e aos influxos teóricos dos defensores da constitucionalização do direito civil: "não deve ser considerado lícito um contrato firmado com fins anti-sociais e com a intenção de ofender interesses protegidos por normas constitucionais. O negócio jurídico, nessas condições, é considerado ilícito, por ofender interesses sociais que podem ser de toda sociedade, ou pela defesa dos bons costumes e valores sociais, previstos na Constituição Federal." (DONNINI, Rogério Ferraz. A Constituição Federal e a concepção social do contrato. VIANA, Rui Geraldo Camargo; NERY, Rosa Maria de Andrade. *Temas atuais de direito civil na Constituição Federal.* São Paulo: RT, 2000, p. 77). Ainda, o autor indica a Grécia como origem destes preceitos, em especial nas lições de Epicuro (ibid., p. 484-487).

[457] REALE, Miguel. *Estudos preliminares do Código Civil.* São Paulo: RT, 2003, p. 21.

[458] De forma contrária, entende Custodio da Piedade Ubaldino Miranda, ao comentar o art. 421 do Código Civil, que "não se deve confundir e consequentemente recorrer-se ao art. 421, quando o caso tem a ver, ou se pode resolver, com a chamada *eficácia externa das obrigações* (*lato sensu*)." Apesar de Custodio Miranda assim entender, é de clareza exemplar a sua síntese a respeito da eficácia externa das obrigações, que se refere "quando qualquer dos contratantes viola direitos de terceiros, ou os direitos de qualquer dos contratantes são violados por terceiros, pessoas determinadas, que conheciam ou deveriam conhecer, mediante o uso de diligência normal, a existência do contrato e de tais direitos dos contratantes e estes, do mesmo modo, os direitos de terceiros, caso em que poderão fazer valer seus direitos, reciprocamente, uns em face dos outros". E continua, com razão, a dizer que "Não nos parece justo nem razoável, nem mesmo jurídico, ir além desses limites, isto é, responsabilizar o terceiro que não conhece nem tinha o dever de conhecer, mediante o uso de diligência normal, a existência do contrato e os direitos dos contratantes, ou quando estes, nas mesmas condições, no exercício normal de seus direitos, acabam por prejudicar terceiros; não há como estabelecer-se neste domínio uma espécie de responsabilidade contratual objetiva" (MIRANDA, Custodio da Piedade Ubaldino. *Comentário ao Código Civil*: dos contratos em geral. São Paulo: Saraiva, 2013. v. 5, p. 46-48).

mestrado de Luís Gustavo Haddad, e também a obra de Humberto Theodoro Júnior.

Cláudio Luiz Bueno de Godoy, em sua tese, reconhece como conteúdo do princípio da função social do contrato a eficácia externa do contrato, "representada pelos efeitos, dele oriundos, que se projetam diante de terceiros não contratantes, corolário da admissão de que, no mundo de hoje, o contrato se insere no tecido das relações sociais"[459]. Ainda, considerando o trabalho de Jacques Ghestin sobre oponibilidade, Cláudio Luiz Bueno de Godoy trata como expansão da eficácia dos contratos[460] os casos de oponibilidade probatória, oponibilidade do contrato pelas partes a terceiro (dimanada do contrato real ou derivada dos casos de tutela externa do crédito) e de eficácia protetiva de terceiros.

Já Luís Gustavo Haddad identificou com precisão que um dos cinco usos e sentidos para a função social do contrato é a mitigação do princípio da relatividade dos efeitos contratuais. A função social do contrato é vista como uma nova fonte de deveres laterais de conduta, que não se limitam às partes contratantes. Sem fazer descaso à diferenciação entre direitos absolutos e relativos, o autor coloca acertadamente limites ao princípio da relatividade aos contratos, ao considerar que nem todo ingresso de terceiros na relação contratual fere ou mitiga a relatividade. Aqueles terceiros que ingressam na relação contratual por vontade própria (estipulação a favor de terceiro, promessa de fato de terceiro, contrato com pessoa a declarar) ou por sucessão (universal ou singular) não enfraquecem, mas reforçam a autonomia privada e, por conseguinte, o princípio da relatividade. A mitigação do princípio da relatividade contratual[461] é operada pela

[459] GODOY, Claudio Luiz Bueno de. *Função social do contrato.* São Paulo: Saraiva, 2004, p. 2.

[460] ibid., p. 141-147.

[461] Otavio Luiz Rodrigues Junior, em artigo sobre responsabilidade civil do terceiro cúmplice, faz precisas e embasadas incursões históricas sobre o princípio da relatividade dos efeitos do contrato para tratar dos efeitos reflexos do contrato. No que se refere à mitigação da relatividade, assim como Luís Gustavo Haddad, segue a linha dos pensamentos de A. Junqueira de Azevedo, para quem há "excepcional oponibilidade dos contratos perante terceiros, pela existência de um fator de atribuição de eficácia mais extensa", como na hipótese da publicidade ligada aos registros notariais para dotar o contrato de efeitos *extra alios.* (RODRIGUES JUNIOR, Otavio Luiz. A doutrina do terceiro cúmplice: autonomia da vontade, o princípio res inter alios acta, função social do contrato e a interferência alheia na execução dos negócios jurídicos. *Revista dos Tribunais.* São Paulo, v. 821, mar. 2004).

função social do contrato, e o instrumento desta mitigação é a oponibilidade, tal qual construído pela doutrina francesa[462].

Humberto Theodoro Júnior, por sua vez, busca uma análise da função social do contrato pela abordagem dos reflexos sobre a sociedade da liberdade de contratar. Afirma o autor que o art. 421 do Código Civil consagrou os efeitos externos das obrigações, sendo este o significado preciso de função social mencionado pelo artigo[463]. A atuação dos efeitos externos propaga em dois sentidos, "terceiros têm de respeitar seus efeitos no meio social" e "Têm também os terceiros direito de evitar reflexos danosos e injustos que o contrato, desviado de sua natural função econômica e jurídica, possa ter na esfera de quem não participou de sua pactuação"[464]. Quando uma parte abusa de sua liberdade de contratar, há desvio da função social do contrato, em especial desvio ético ou econômico. Neste caso, o terceiro prejudicado poderá impedir a conclusão do negócio, fazer cessar os efeitos do contrato já concluído, e ainda exigir reparação pelos prejuízos suportados[465]; ou seja, os terceiros prejudicados poderão opor o contrato desviado perante os contratantes.

Outro fundamento dos contratos, que em certa medida também amaina a visão individualista e patrimonialista do contrato, é a boa-fé objetiva. Tal qual a função social, a boa-fé também serve, na linha já exposta por Judith Martins-Costa, de fonte para a criação — por interpretação integrativa — de novos deveres de proteção[466] contra danos que poderiam resultar da relação obrigacional. E, na análise destes novos deveres em relação a terceiros, a autora faz questão de deixar claro que o contrato é um fato social e, como tal, pode atingir terceiros, inclusive para que seja

[462] HADDAD, Luís Gustavo. *Função social do contrato:* um ensaio sobre seus usos e sentidos. São Paulo: Saraiva, 2013, p. 133-170.

[463] THEODORO JÚNIOR, Humberto. *O contrato e sua função social.* Rio de Janeiro: Forense, 2014, p. 42-43.

[464] ibid., p. 37.

[465] O autor exemplifica com os casos de propaganda enganosa, contrato simulado, fraude de credores, concorrência desleal, pacto comissório, contratos com objeto ilícito. De forma mais genérica, engloba todos os contratos que importem desvio ético ou econômico de finalidade, com prejuízo para terceiros. (THEODORO JÚNIOR, Humberto. *O contrato e sua função social.* Rio de Janeiro: Forense, 2014, p. 99)

[466] E também para a criação de deveres anexos instrumentalizados à otimização dos deveres de prestação.

respeitado por terceiros. O contrato não pode se encerrar nas relações entre os contratantes, pois, pela função social, o interesse de proteção contratual deve ser analisado tanto em favor como contra terceiros. E, nesta distinção da relação entre contrato e terceiro, a autora pondera, acertadamente, que o seu tratamento dogmático implica ter a distinção entre relatividade e oponibilidade, afirmando, ainda, que "a distinção entre *relativité* e *opposabilité* integra o '*aquis*' cultural do Direito, sendo aceita sem objeções pela doutrina brasileira"[467]. Para a autora, a eficácia da oponibilidade admite gradação de intensidade: (i) quando da natureza e da função do contrato decorrem obrigações em relação a terceiros, como na estipulação em favor de terceiro; (ii) na hipótese de oponibilidade do contrato a terceiros que tenham conhecimento efetivo ou presumido; (iii) no caso de dever geral de respeito, que se abre para dois lados: (iii.1) nos contratos com eficácia em benefício de terceiros e (iii.2) na doutrina do terceiro cúmplice (esta fundada na teoria do abuso de direito)[468].

Obras específicas sobre o tema dos efeitos dos contratos perante terceiros foram publicadas por Luciano de Camargo Penteado e por Humberto Theodoro Neto. Aquele, em sua obra "Efeitos contratuais perante terceiros", vale-se bastante do conceito de oponibilidade para realizar as induções generalizantes a partir dos casos de eficácia perante terceiros[469], mas não sem antes trazer importante consideração da fenomenologia da oponibilidade no direito brasileiro. Por aqui, considera o autor, com acerto e inovação, que a oponibilidade contratual se refere a um poder

[467] MARTINS-COSTA, Judith. *A boa-fé no direito privado:* critérios para a sua aplicação. São Paulo: Marcial Pons, 2015, p. 549. Veja ainda MARTINS-COSTA, Judith. Tiers et contrat au Brésil. In: *TRAVAUX de l'Association Henri Capitant.* Bruxelas: Éditeurs Bruylant e LB2V, 2015. t. 65, p. 74. Ou, ainda, no parecer: MARTINS-COSTA, Judith. Obrigação de abstenção do direito de preferência: violação do direito de crédito por "terceiro cúmplice" e desconsideração da personalidade jurídica. In: LEVI-MINZI, Maurizio; PARGENDLER, Mariana; GOUVÊA, Carlos Portugal (org.). *Fusões e aquisições*: pareceres. São Paulo: Almedina, p. 143-193, 2022, p. 169.

[468] MARTINS-COSTA, Judith. Tiers et contrat au Brésil. In: *TRAVAUX de l'Association Henri Capitant.* Bruxelas: Éditeurs Bruylant e LB2V, 2015. t. 65, p. 74-75.

[469] PENTEADO, Luciano de Camargo. *Efeitos contratuais perante terceiros.* São Paulo: Quartier Latin, 2007, p. 165-175.

formativo[470] — de relação jurídica entre uma parte e terceiro — e a uma imunidade[471] da situação jurídica conflitante com o contrato — conferida a quem opõe. Ou seja, considera o autor que a oponibilidade se refere a dois tipos de posições jurídicas ativas elementares, o poder (em sentido estrito), que é o poder formativo, e a imunidade[472].

Porém, o enfoque de análise da oponibilidade feito por Luciano de Camargo Penteado foi em relação ao exercício da preferência nos contratos, em especial na sua correlação com o princípio da prioridade registral. Um enfoque mais amplo e genérico foi dado por Humberto Theodoro Neto. Este autor, após sistemático tratamento de partes e terceiros, abordou em sua obra não só os "Efeitos externos do contrato", como o próprio nome da obra sugere. A obra se relaciona mais aos efeitos dos contratos perante terceiros, pois abordou de forma aprofundada os casos envolvendo terceiros, mas relacionados aos efeitos internos do contrato[473]. No que se refere aos efeitos indiretos, Humberto Theodoro Neto deu tratamento metodológico ao tema, separando-o em duas hipóteses: (i) terceiro que se obriga perante os contratantes, como ocorre principalmente nos casos de tutela externa do crédito[474]; e (ii) terceiro que se beneficia ou adquire direitos em face do contrato ou da conduta dos contratantes, cuja categoria abrange em especial os casos de contrato com eficácia

[470] Manifesta-se este poder formativo, segundo Luciano de Camargo Penteado, no direito de preferência e na opção de compra (PENTEADO, Luciano de Camargo. *Efeitos contratuais perante terceiros*. São Paulo: Quartier Latin, 2007, p. 174-175).

[471] Manifesta-se, segundo o autor, "na inalegabilidade do desconhecimento do conteúdo do contrato, na mera permanência do vínculo obrigacional, ainda contra a vontade do interessado" (PENTEADO, Luciano de Camargo. *Efeitos contratuais perante terceiros*. São Paulo: Quartier Latin, 2007, p. 175).

[472] Vide comentário de Alcides Tomasetti Jr. ao art. 7º em OLIVEIRA, Juarez de. *Comentários à lei de locação de imóveis urbanos*. São Paulo: Saraiva, 1992, p. 81-82.

[473] Tratou como fazem alguns manuais franceses que incluem no capítulo sobre os efeitos do contrato perante terceiros não só os efeitos externos, mas também os efeitos internos, como estipulação em favor de terceiros, promessa de fato de terceiro e contrato com pessoa a declarar (vide THEODORO NETO, Humberto. *Efeitos Externos do Contrato*. Rio de Janeiro: Forense, 2007, p. 213-259).

[474] Ou ainda nos casos de sucessor singular de coisa cedida com constrição; e de terceiros obrigados por força da lei (adquirente de imóvel locado, que, em certos casos, deve respeitar a locação; o subadquirente de produto com garantia contra o fornecedor) (THEODORO NETO, Humberto. *Efeitos Externos do Contrato*. Rio de Janeiro: Forense, 2007, p. 171-199).

protetiva a terceiros e de responsabilidade *ex delicto* do contratante em face do terceiro[475].

De fazer menção especial a outras obras, como a de Felipe Raminelli Leonardi e a de Roberta Mauro Medina Maia. O primeiro realizou incursões, com base primordial no direito alemão e italiano, sobre os efeitos contratuais protetivos de terceiros. Para o autor, para o reconhecimento de tais efeitos, a relatividade não é um óbice. O princípio da relatividade teria sido mitigado pela função social do contrato, tornando-se poroso o "contorno formador da relação contratual"[476]. Essa porosidade seria a razão para a eficácia, antes restrita às partes, ultrapassar e atingir terceiros. Desta forma, entende o autor que os fundamentos do ordenamento que permitem a extensão dos efeitos contratuais e protetivos a terceiros são a função social e a boa-fé, "Uma para viabilizar a expansividade do efeito e a outra para determiná-lo"[477].

A segunda obra que merece atenção é a de Roberta Mauro Medina Maia. De longe, é a obra mais relevante a respeito de oponibilidade no Brasil[478]. Apesar de a proposta do livro ser uma "Teoria Geral dos Direitos

[475] Ou ainda os casos em que o terceiro se beneficia expressamente por decorrência da lei, e.g., (i) a estipulação em favor de terceiro; e (ii) terceiro credor *ex lege* em face do contrato alheio (adquirente de imóvel locado que se torna credor em face do contrato de locação; o subadquirente de produto com garantia contra o fornecedor; os empregados de uma empresa vendida tornam-se titular de direito exercível contra o contratante sucessor). (THEODORO NETO, Humberto. *Efeitos Externos do Contrato*. Rio de Janeiro: Forense, 2007, p. 199-211).

[476] O autor ainda chega ao ponto de afirmar, com certa dose de exagero, merecer revisão o próprio conceito de contrato (vide LEONARDI, Felipe Raminelli. *Direito Contratual Moderno*: complexidade, eficácia do contrato e proteção de terceiros. Curitiba: Juruá, 2013, p. 194-195).

[477] LEONARDI, Felipe Raminelli. *Direito Contratual Moderno*: complexidade, eficácia do contrato e proteção de terceiros. Curitiba: Juruá, 2013, p. 245. Ou ainda, vide artigo do mesmo autor: LEONARDI, Felipe Raminelli. A produção dos efeitos contratuais e o contrato com efeito protetivo de terceiro (Vertrag MIT Schutzwirkung für Dritte): esboço dogmático e tentativa inicial de aproximação com situações concretas no direito brasileiro. *Revista de Direito Privado*, São Paulo, v. 30, ano 08, abr./jul., 2007.

[478] A autora foi feliz na sua análise sobre oponibilidade, dando profundidade necessária ao tema para realizar uma correta distinção entre direitos reais e pessoais. Compreendeu que oponibilidade e relatividade se complementam. Apontou a confusão em torno do conceito de oponibilidade, antes ligada exclusivamente ao direito real, e, depois de desfeita a confusão, concluiu que os direitos de crédito também são oponíveis. Tratou ainda dos mecanismos de publicidade e da distinção entre publicidade provocada e conhecimento efetivo. (MAIA, Roberta Mauro Medina. *Teoria Geral dos Direitos Reais*. São Paulo: RT, 2013, p. 159-263).

Reais", é muito mais um estudo aprofundado da distinção funcional e da aproximação estrutural dos vínculos jurídicos reais e pessoais. O caminho que a autora percorreu para chegar até as conclusões serve para imensa reflexão a respeito da distinção (ou, ainda, da utilidade da distinção) entre os direitos reais e os de crédito, bem como sobre o papel de cada um desses direitos.

Na jurisprudência brasileira do Superior Tribunal de Justiça, até o início dos anos 2000, o tema da oponibilidade dos contratos chegava às cortes nos julgamentos dos casos de responsabilidade civil do terceiro cúmplice ou interferente[479], sem atribuir, porém, tal nomenclatura no momento do julgamento. No Superior Tribunal de Justiça, o tema do terceiro cúmplice ou interferente foi suscitado de forma específica, pela primeira vez, em 2008 pelo Ministro Humberto Martins[480] em julgamento na Segunda Turma. Posteriormente, o tema foi tratado em algumas decisões monocráticas[481].

Em 2018, foi publicada a obra de Gilberto Fachetti Silvestre que fez uma boa distinção entre oponibilidade e relatividade em estudo sobre a função social do contrato (SILVESTRE, Gilberto Fachetti. *A responsabilidade civil pela violação à função social do contrato.* São Paulo: Almedina, 2018).

[479] Otavio Luiz Rodrigues Junior lembra de caso de 1988 envolvendo apresentador famoso de programas de auditório (RODRIGUES JUNIOR, Otavio Luiz. A doutrina do terceiro cúmplice: autonomia da vontade, o princípio res inter alios acta, função social do contrato e a interferência alheia na execução dos negócios jurídicos. *Revista dos Tribunais.* São Paulo, v. 821, mar. 2004, p. 9).

[480] STJ, REsp n. 468.062/CE, Segunda Turma, Ministro Humberto Martins, j. 11/11/2008. Em 2007, o mesmo ministro já havia citado em seu voto o artigo de Otavio Luiz Rodrigues Junior (A doutrina do terceiro cúmplice: autonomia da vontade, o princípio res inter alios acta, função social do contrato e a interferência alheia na execução dos negócios jurídicos) (vide STJ, REsp n. 870.856, Ministro Humberto Martins, j. 9.8.2007).

[481] Em três decisões monocráticas, o tema foi analisado no mérito. Duas decisões citaram a teoria do terceiro cúmplice para afastar a sua aplicação em caso de violação do dever de fidelidade recíproca (STJ, AREsp n. 405.136, Ministro Ricardo Villas Bôas Cueva, j. 25.2.2014; e STJ, AREsp n. 1.521.067, Ministro Moura Ribeiro, j. 25.3.2020). E outra decisão monocrática versou sobre concorrência desleal e auxílio ao descumprimento de exclusividade no contrato de fornecimento de combustíveis a postos de gasolina (STJ, AREsp n. 927.701, Ministro Marco Aurélio Bellizze, j. 1.8.2016). Em específico sobre o art. 608, do Código Civil: STJ, REsp n.º 2.023.942, Terceira Turma, Min. Ricardo Villas Bôas Cueva, j. 25.10.2022. De fazer menção ao voto vencido da Min. Nancy Andrighi, que fez excelentes ponderações sobre o tema. Veja também os comentários de Adisson Leal a tal recurso especial, bem como sobre outros julgados

Em 2022, a Terceira Turma do Superior Tribunal de Justiça, ao analisar o Recurso Especial n.º 1.895.272/DF, de relatoria do Ministro Marco Aurélio Bellizze, adentrou em conceitos importantes para reafirmar o reconhecimento da responsabilidade civil do terceiro cúmplice. O tratamento dado pelo acórdão ao caso e o fundamento utilizado para adentrar no mérito da questão baseiam-se no reconhecimento do âmbito alargado da responsabilidade civil. Como resultado da evolução da sociedade e do surgimento de relações jurídicas cada vez mais complexas, temos, segundo reconhece o Ministro Marco Aurélio Bellizze, "a expansão da responsabilidade civil". Ainda nas palavras do relator, uma das frentes surgidas com essa nova realidade é o tratamento jurídico dado à conduta do "terceiro que interfere ou induz o inadimplemento de um contrato sob o prisma de uma proteção extracontratual, do capitalismo ético, da função social do contrato e da proteção das estruturas de interesse da sociedade, tais como a honestidade e a tutela da confiança.". Reconhece-se, assim, não só a pluralidade de fundamentos jurídicos que o ordenamento jurídico brasileiro adota para justificar a oponibilidade do contrato perante terceiros, mas também para fundar a sanção a tal conduta de terceiro no âmbito da responsabilidade extracontratual[482].

Todas essas obras e julgados são relevantes para a compreensão do atual estágio de desenvolvimento do tema no ordenamento jurídico brasileiro. Pode-se concluir que a oponibilidade dos contratos tem recebido importante, mas recente, desenvolvimento. Com mais recorrência, apenas após o século XX é que a oponibilidade dos contratos se tornou reconhecida a ponto de Judith Martins-Costa afirmar que a distinção entre relatividade e oponibilidade é "aceita sem objeções pela doutrina

do Superior Tribunal de Justiça (LEAL, Adisson. A responsabilização do terceiro interferente nas relações negociais na jurisprudência do superior tribunal de justiça: comentários ao Recurso Especial 2.023.942/SP. *Revista de Direito Civil Contemporâneo*, vol. 34, p. 451-460, 2023).

482 De fazer uma breve nota a respeito de referido julgado. O voto em comento não trata, entretanto, de um caso típico de terceiro cúmplice. Não há no caso nem (i) cumplicidade entre parte e terceiro; nem (ii) rompimento do contrato. Ao que consta do voto, o rompimento do contrato não seria necessário para aplicar-se a teoria do terceiro cúmplice. Aliás, o rompimento do contrato seria um elemento eventual, cuja materialização resultaria em fixação de indenização de prejuízos patrimoniais. Apesar de divergirmos de tais conclusões, o referido voto faz importantes constatações sobre o estado atual do direito dos contratos.

brasileira"[483]. Entretanto, cabe aqui uma ressalva. No direito brasileiro, a oponibilidade é quase sempre exposta como hipótese da responsabilidade civil do terceiro cúmplice, e, como se verá, a sua utilização pode servir para explicar muitas outras situações nas quais um ato, fato, direito subjetivo ou situação jurídica tenha dimensão eficacial perante terceiros.

483 MARTINS-COSTA, Judith. *A boa-fé no direito privado:* critérios para a sua aplicação. São Paulo: Marcial Pons, 2015, p. 549.

3.
A EFICÁCIA DOS ELEMENTOS JURÍDICOS PERANTE TERCEIROS

"Pas besoin de gril: l'enfer, c'est les Autres»

(SARTRE, Jean-Paul[484])

Segundo Hans-Georg Gadamer, o fenômeno hermenêutico encerra em si o caráter de conversação, apresentando uma estrutura de pergunta e resposta. A orientação de sentido do texto é entendida como o horizonte do perguntar, e, assim, "quem quer compreender tem de retroceder com suas perguntas mais além do que foi dito"[485].

[484] "Não há necessidade de grelhas: o inferno são os Outros" (SARTRE, Jean-Paul. *Huis clos*. Paris: Éditions Gallimard, 1947, p. 93).

[485] GADAMER, Hans-Georg. *Verdade e Método*: traços fundamentais de uma hermenêutica filosófica. Tradução Flávio Paulo Meurer. Petrópolis: Editora Vozes, 1999, p. 544. Da mesma forma, lembra Daisy Gogliano, com base na lição heideggeriana, que "é justamente no perguntar que a verdade sempre encoberta acaba se revelando. Mas, não se trata de um perguntar qualquer. É preciso, acima de tudo, saber perguntar e a pergunta de Martin Heidegger, é esta: 'Como isso acontece?'" (GOGLIANO, Daisy. A função social do contrato (causa e motivo). *Revista da Faculdade de Direito da Universidade de São Paulo*, São Paulo, v. 99, 2004, p. 156-157). Claus-Wilhem Canaris, ao tratar dos fundamentos hermenêuticos

Nessa lógica da pergunta, o primeiro capítulo foi endereçado a responder como, de um contrato, se fez surgir um efeito perante terceiro — de que tanto se fala atualmente em nosso ordenamento — e como o princípio da relatividade dos contratos se conforma à luz dos efeitos externos dos contratos. A resposta encontrada foi mais bem dada pelo direito francês, principalmente com o desenvolvimento da teoria da oponibilidade. Mas não foi só o ordenamento francês que reconheceu a eficácia de um contrato perante terceiro, e esta é a resposta à pergunta endereçada no capítulo segundo. No atual estágio em que nos encontramos, algumas perguntas são feitas para as quais serão esboçadas algumas respostas: qual o conceito e o fundamento da oponibilidade? Qual a diferença entre a oponibilidade e a relatividade do contrato? Como se pode analisar a oponibilidade?

A resposta para esta última pergunta converte-se em outras perguntas: apenas o contrato é oponível a terceiros? Qual função que se pode retirar do uso da oponibilidade? A oponibilidade do contrato é a mesma oponibilidade do objeto do contrato? Na busca, certamente incompleta, de respostas, o cerne deste terceiro capítulo é reconhecer que os fatos, atos — e, aqui, o contrato —, os direitos subjetivos e as situações jurídicas irradiam efeitos externos. Se alcançado êxito, para o próximo capítulo, a questão que se coloca é como e quando se irradiam tais efeitos; mas a resposta a tais perguntas se submete à questão de formular-se o porquê dos efeitos externos. A resposta para o porquê está na cognoscibilidade dos elementos jurídicos associada ao dever geral de respeito, ou simplesmente: na relação entre conhecimento e oponibilidade.

3.1. Noções gerais

O conceito abstrato de obrigação foi construído pela doutrina clássica como sendo, por regra geral, necessariamente relativo às partes e inoponível a terceiros. Por razões de pura lógica e mero formalismo, na busca de

e filosófico-linguísticos, apoiando-se em Heidegger, Gadamer e Karl Engisch, "Una teoría es una respuesta a preguntas; que la comprensión de una respuesta presupone, en prin cipio, el conocim iento de la pregunta correspondiente y que en un «ir y venir de la mirada» pueden ambas influenciarse recíprocamente, constituye una experiencia hermenéutica elemental." (CANARIS, Claus-Wilhem. *Función, estructura y falsación de las teorías jurídicas*. Trad. Daniela Brückner e José Luis de Castro. Madrid: Editorial Civitas, S.A., 1995, p. 46-47) "dicotomias exclusivas irredutíveis"[486], os efeitos externos dos contratos foram deixados de lado. Tal qual um dogma, uma vez dito que o contrato é relativo e inoponível, todo caso encontrado de eficácia indireta dos contratos passou a ser reconhecido como exceção à regra geral, seja uma exceção expressa em lei, seja uma exceção em decorrência da aplicação de outros institutos, como a proteção de terceiros, teoria da aparência, boa-fé, publicidade organizada, entre outros. "Mas obrigação é que não. Salva-se a lógica formal na construção dos conceitos... '*et pereat mundus!*'."[487]

Construída assim pelos doutrinadores tradicionais, a obrigação adquiriu contornos certos e bem-definidos. Por razões práticas, deu-se relevo e atenção somente aos efeitos diretos. De fato, durante a execução da grande maioria dos contratos, não há necessidade de discutir a existência ou não de eficácia indireta, pois raramente uma parte acaba por colidir o seu interesse — jurídico ou econômico — com os interesses de terceiros. Nascem e extinguem-se centrados em interesses das partes para as partes. Apesar disso, o reconhecimento desta realidade fática não conduz ao reconhecimento da ineficácia perante terceiros. Ao contrário, é também dado da realidade que terceiros podem sofrer consequências fáticas do contrato. Em relação a algumas dessas consequências, nosso ordenamento jurídico se importou com os efeitos perante terceiros, e, por isso, regulou, em muitos dispositivos, casos em que o terceiro sofre consequências jurídicas de fatos e atos jurídicos.

A oponibilidade se traduz na irradiação indireta (ou externa) de determinado fato ou ato em relação a terceiros; em contrapartida, a relatividade se refere à irradiação direta (ou interna) de determinado fato ou ato em relação às partes. Em verdade, cada um destes conceitos implica o outro. Nesse sentido, a relatividade e a oponibilidade não se concebem uma sem a outra, sem, porém, confundir-se. São, como diz José Duclos, ao mesmo tempo antinômicos e complementares[488].

[486] VASCONCELOS, Pedro Paes de. O efeito externo da obrigação no contrato-promessa. *Scientia Ivridica*: revista de direito comparado português e brasileiro, t. 32, Braga, Livraria Cruz, p. 103-123, 1983, p. 105.

[487] ibid., p. 105.

[488] José Duclos considera existir antinomia, pois a oponibilidade se define por contraste ao efeito direto da relatividade (DUCLOS, José. *L'Opposabilite* (essai d'une theorie generale). Paris: LGDJ, 1984, p. 277). Contudo, apesar da antinomia, não há contradição entre os princípios. Cada princípio atua na sua esfera própria de atuação, em complementariedade ao

A relatividade garante que, em princípio, as partes somente podem ser obrigadas diretamente por suas próprias ações, estando o efeito obrigatório do contrato limitado a elas, não sendo os terceiros obrigados a executar o convencionado pelas partes. Por outro lado, diante da interdependência dos indivíduos, inerente à vida em sociedade, o terceiro deve, ao menos, reconhecer o que existe fora de si e ter em conta a existência da convenção alheia, respeitando-a. Cabe dizer que os terceiros não estão obrigados a levar as convenções alheias como partes, mas, por sofrerem apenas os efeitos indiretos dos contratos, são obrigados a tomá-los em consideração. Não por outro motivo, todos os atos e fatos jurídicos são, em princípio ou virtualmente, relativos e oponíveis[489].

3.1.1. Efeitos diretos e indiretos do contrato

Na qualificação dos efeitos, principalmente dos contratos, é de origem francesa a contraposição entre efeito obrigatório e oponibilidade. É de origem belga a distinção entre efeitos internos e externos[490]. Atualmente, ambos os países utilizam uma terminologia ou outra, adotando ainda a qualificação de efeitos diretos e indiretos (ou reflexos) do contrato, tudo

outro. Seguindo também a doutrina francesa, Marcelo Cama Proença Fernandes considera que a oponibilidade não constitui uma mitigação à relatividade (FERNANDES, Marcelo Cama Proença. *Contratos*: eficácia e relatividade nas coligações contratuais. São Paulo: Saraiva, 2014, p. 155-56). Para Gilberto Fachetti Silvestre, a relação é de simetria, ao dizer que: "só pode haver relatividade quando houver oponibilidade: a segunda garante a primeira em relação de simetria." (SILVESTRE, Gilberto Fachetti. *A responsabilidade civil pela violação à função social do contrato*. São Paulo: Almedina, 2018, p. 170). Contra o sentido de ser a oponibilidade complementar à relatividade, veja BERTRAND, Florence. *L'opposabilite du contrat aux tiers*. Tese de doutorado, Paris, Universite de droit, d'economie et de sciences sociales de Paris, 1979, p. 5. Esta autora é contra a ideia de complementaridade, pois considera dentro do âmbito operacional da oponibilidade a exceção da relatividade, o que, a nosso ver, é um equívoco conceitual.

489 GHESTIN, Jacques; JAMIN, Christophe; BILLIAU Marc. *Traité de Droit Civil:* Les effets du contrat. 3. ed. Paris: LGDJ, 2001, p. 723. Exemplificativamente, num contrato de venda, pela força obrigatória dos contratos, somente o vendedor A é obrigado a entregar a coisa e o comprador B a pagar o preço. Mas o terceiro C, ciente da compra e venda entre A e B, é obrigado a respeitar a situação jurídica nascida da compra e venda (transferência da propriedade em benefício do comprador), eis aqui um exemplo simples de oponibilidade dos contratos.

490 FONTAINE, Marcel. Les effets <internes> et les effets <externes> des contrats. In: FONTAINE, Marcel; GHESTIN, Jacques (Coord.). *Les effets du contrat a l'egard des tiers*: comparaisons franco-belges. Paris: LGDJ, p. 40-66, 1992, p. 41-42.

para tratar da mesma situação: o efeito em relação às partes e o efeito em relação a terceiros.

Feita a ressalva terminológica, os efeitos contratuais podem, em simples termos, ser resumidos a dois: os diretos e os indiretos. Quando se trata de *relatividade*, quer-se referir aos efeitos diretos, que são os efeitos obrigacionais, ou à eficácia obrigatória do contrato. Os efeitos diretos, dentro desta concepção, impõem ao devedor, e somente ao devedor, um dever primário de prestação; e concedem ao credor, e somente ao credor, o direito de receber a prestação. A projeção, então, da relação jurídica contratual liga apenas as partes contratantes (ou os figurantes dos polos contratuais)[491], e, por isso, é dito que os efeitos diretos do contrato ligam uma parte à outra parte (credor a devedor). É também pela regra da relatividade que um terceiro não pode ser constrangido a cumprir ou demandar que se cumpra uma obrigação (ou uma prestação), interpretação esta que deriva do próprio conceito de relatividade.

Ao lado do dever principal, pode haver ainda deveres secundários, deveres acessórios ou deveres laterais, podendo atingir uma parte, ou um terceiro, ou os dois. Há, assim, deveres que complementam a gama de efeitos diretos, como os deveres acessórios à obrigação principal ou os deveres secundários substitutivos[492]. Há, ainda, deveres que ligam uma parte a terceiro, sendo denominados de efeitos indiretos[493]. Toda essa

[491] Como complementa, com propriedade, Alcides Tomasetti Jr., "A *relação jurídica contratual já é a eficácia do contrato*, daí dizer-se que as posições jurídicas subjetivas ativas (e.g., direito subjetivo de crédito) e passivas (e.g., dever jurídico de prestação) constituem 'efeitos do efeito'. Essa eficácia (= conjunto potencial de efeitos) não pode beneficar ou prejudicar terceiros. Eis o chamado 'princípio da eficácia relativa do contrato'" (OLIVERA, Juarez de. *Comentários à lei de locação de imóveis urbanos*. São Paulo: Saraiva, 1992, p. 11).

[492] Por exemplo, os deveres acessórios da prestação principal também visam a satisfação do interesse do credor (e.g., dever de transportar a coisa vendida para determinado local, de prestar assistência por determinado período). Ainda, os deveres secundários substitutivos ou complementares, como o dever de indenização por não cumprimento. Por fim, os deveres laterais "são, por natureza rebeldes a qualquer enumeração ou descrição definitivas. O seu conteúdo é diversificado, podendo descobrir-se deveres de informação e conselho, de cooperação, de segredo e não-concorrência, de custódia e vigilância, de legaldade, etc." (FRADA, Manuel A. Carneiro. *Contrato e deveres de proteção*. Coimbra: Gráfica de Coimbra, 1994, p. 40)

[493] Seria o caso, por exemplo, de um dever de não interferir na relação alheia, ou de respeitar a situação jurídica criada pelo contrato, por exemplo.

gama de deveres completa, complementa e integra o plexo eficacial dos contratos, sem se confundir com os deveres primários de prestação[494].

A oponibilidade não é uma exceção à relatividade. A *exceção à relatividade* se refere ao elemento subjetivo do contrato, seja do seu polo ativo ou do polo passivo, que será substituído por um terceiro[495]. Ao invés de uma obrigação (em sentido técnico) operar entre as partes contratantes, operará entre uma parte e um terceiro. A exceção da relatividade tem, portanto, sentido próprio e preciso. Considera-se presente quando o *efeito direto* do contrato liga uma parte a um terceiro, impondo a este último um efeito obrigatório, ou seja, um dever de prestação. Trata-se, então, de um *efeito direto excepcional* em jogo, que caracteriza o fenômeno da *extensão do efeito obrigatório* a terceiros, por permissão do ordenamento jurídico (e não de oponibilidade[496]). É o caso de estipulação em favor de terceiro, de promessa de fato de terceiro, de contrato com pessoa a declarar, de representação, de cessão de crédito ou de posição contratual, e de sucessão hereditária[497].

Nos casos de extensão da força obrigatória a terceiros, devem-se diferenciar os casos em que o terceiro se torna parte e os casos em que o terceiro se mantém na qualidade de terceiro, porém sujeito aos efeitos diretos.

Quando o terceiro se torna parte, o que só ocorre por força de expressa permissão do ordenamento jurídico, podemos estar diante de um fenômeno de sucessão (uma parte torna-se terceiro e um terceiro torna-se

[494] Como diz Carneiro da Frada, "Todos estes deveres [acessórios e secundários] visam conferir ao credor um determinado benefício através de um direito à prestação, em relação ao devedor, e para eles reserva a nossa lei a designação de *obrigação.*" (FRADA, Manuel A. Carneiro. *Contrato e deveres de proteção.* Coimbra: Gráfica de Coimbra, 1994, p. 38)

[495] A exceção aqui não se trata de ausência de efeito direto do elemento jurídico.

[496] Esta confusão é feita inclusive na doutrina francesa, principalmente quando se adota um conceito largo de oponibilidade para incluir os casos de exceção da relatividade (vide SAINT-HILAIRE, Philippe Delmas. *Le Tiers à L'Acte Juridique.* Paris: LGDJ, 2000, p. 367-370; GHESTIN, Jacques; JAMIN, Christophe; BILLIAU Marc. *Traité de Droit Civil:* Les effets du contrat. 3. ed. Paris: LGDJ, 2001, p. 768).

[497] José Duclos cita ainda os atos coletivos, as ações diretas, os casos de aparência e os casos de solidariedade entre o terceiro e a parte (DUCLOS, José. *L'Opposabilite* (essai d'une theorie generale). Paris: LGDJ, 1984, p. 89-97). Nesta última hipótese, encontram-se albergadas hipóteses diversas como os negócios travados pelo cônjuge do ausente em relação aos bens do ausente (art. 22-25 do Código Civil de 2002).

parte), ou de representação (que é uma ficção jurídica na qual o representante vincula diretamente um terceiro, que é o representado). Em ambos os fenômenos, um terceiro adquirirá a posição de parte (representado, mandatário, cessionário, herdeiro tornar-se-ão partes no ato ou fato). Nestes casos, não se fala em oponibilidade, mas em obrigação. É certo, ainda, que, nestes casos, o terceiro que se torna parte por força de contrato ou da lei pode estar sujeito à oponibilidade.

Quando o terceiro, mesmo após a ocorrência da extensão da força obrigatória dos contratos, continuar terceiro, há aqui eficácia direta em relação às partes (por projeção normal) e ao terceiro (por extensão). Mas este terceiro, neste caso, pode também estar sujeito à oponibilidade. Diferentemente do que se passa em outras hipóteses, aqui o terceiro está sujeito à eficácia direta (por exceção) e indireta (por regra geral). Seria, por exemplo, a eficácia que alcança partes de um grupo de contratos coligados. Nesta hipótese, uma parte deve respeitar as obrigações das outras partes do grupo (oponibilidade), mas o eventual descumprimento de um deles pode resultar no descumprimento dos demais contratos (extensão da força obrigatória, por previsão contratual)[498]. Ou, ainda, como no contrato entre

[498] A jurisprudência nos traz interessante caso de coligação contratual. Trata-se de compra e venda parcelada de uma cozinha planejada entre consumidor e fornecedor. No ato da compra, o consumidor deu uma entrada e o restante foi parcelado. No mesmo momento, o fornecedor cedeu seus créditos ao banco, e este passou a cobrar do consumidor as parcelas remanescentes do preço ajustado. Após os ajustes, o fornecedor inadimpliu, deixando de entregar a cozinha planejada. A questão que se colocou foi se é possível ao consumidor opor o fato do inadimplemento do fornecedor ao banco. Em voto não unânime, de relatoria de Ministro Marcos Buzzi, restou assim decidido: "Assim, a posição jurídica ativa conferida ao consumidor de um produto financiado/parcelado relativamente à oponibilidade do inadimplemento do lojista perante o agente financiador constitui efeito não de um ou outro negócio isoladamente considerado, mas da vinculação jurídica entre a compra e venda e o mútuo/parcelamento." (STJ, REsp 1127403/SP, Rel. Ministro Luis Felipe Salomão, Rel. p/ Acórdão Ministro Marco Buzzi, j. 4.2.2014). Na doutrina, em caso de coligamento contratual, a principal consequência é a oponibilidade do fato do descumprimento de um contrato ao outro contratante coligado: "é cabível afirmar que o fundamento jurídico das conseqüências da coligação contratual formada por financiamento e fornecimento para consumo ostenta dupla índole. Por um lado, apóiam-se elas, diretamente, na existência de coligação contratual e na respectiva teoria, que tipifica as conseqüências mais importantes e permite a fértil transposição, para esse campo, das soluções gerais ali encontradas. Por outro, baseiam-se nas normas de tutela do consumidor, especificamente na cláusula geral, dispersa por diversas normas do CDC, de responsabilidade solidária dos fornecedores participantes da mesma cadeia de fornecimento. O que permite concluir pela participação na

locatário e sublocatário, em que o locador é terceiro, devendo respeitar a relação alheia (oponibilidade). Mas, quando o locatário descumpre sua obrigação de pagamento, o sublocatário responde ao locador, subsidiariamente, pela importância que dever ao sublocador (extensão da força obrigatória), por previsão do art. 16 da Lei n. 8.245/1991 (Lei de Locações)[499].

Quando se trata de *oponibilidade*, reitera-se, quer-se tratar dos efeitos indiretos, que ligam parte a terceiro. Estes efeitos indiretos são conceituados por exclusão. São os efeitos que ligam parte a terceiro e que não sejam efeitos obrigacionais (em sentido estrito) ou diretos. Trata-se, em geral, de deveres de terceiros ou das partes de absterem-se de cometer intromissões danosas na esfera da vida alheia. Logo se vê que nem todo efeito que liga parte a terceiro se refere à oponibilidade, pois os efeitos diretos excepcionais ligam parte a terceiro, e não se trata de oponibilidade[500], mas de exceção da relatividade ou da extensão dos efeitos obrigacionais.

mesma cadeia de fornecimento é, precisamente, a existência de coligação entre os contratos. A principal conseqüência do coligamento em questão será a possibilidade de o consumidor opor ao financiador o descumprimento do contrato de compra e venda ou prestação de serviços por parte do respectivo fornecedor, o que remete às considerações gerais feitas a esse respeito" (MARINO, Francisco Paulo de Crescenzo. *Contratos coligados no direito brasileiro*. São Paulo: Saraiva, 2009, p. 221-222)

[499] Estas hipóteses são citadas por Mireille Bacache-Gibeli, que vê nesta extensão da força obrigatória um melhor respeito às exigências da justiça comutativa. (BACACHE-GIBEILI, Mireille. *La relativité des conventions et les groupes de contrats*. Paris: LGDJ, 1996, p. 260-262).

[500] Faz-se necessário trazer aqui posição de Jacques Ghestin, que adota um conceito mais genérico de oponibilidade, cujo âmbito operacional se refere a todo efeito que atinge terceiro, não importando se o efeito é ou não um efeito obrigatório. Sob tal ótica, os casos de eficácia direta excepcional são frutos não de uma exceção da relatividade, mas da própria oponibilidade. Na prática, a diferença entre a posição ora adotada e a de Jacques Ghestin é que para este a oponibilidade pode estender aos terceiros os efeitos obrigatórios do contrato. (GHESTIN, Jacques; JAMIN, Christophe; BILLIAU Marc. *Traité de Droit Civil:* Les effets du contrat. 3. ed. Paris: LGDJ, 2001, p. 768). Divergimos desta forma de conceituar oponibilidade, pois, se o âmbito operativo dessa fosse todo e qualquer efeito sofrido por terceiros, ao tratarmos de inoponibilidade, ou seja, de negação de oponibilidade, teríamos que conceituar como ausência de todo e qualquer efeito do ato/fato perante terceiro. Inoponibilidade, neste caso, significaria tanto ausência de efeitos diretos, quanto indiretos perante terceiros. Ou seja, inoponibilidade estaria a tratar de relatividade (de ausência de efeitos diretos), confundindo, então, os âmbitos operacionais entre relatividade e oponibilidade. A evolução da doutrina francesa foi justamente

E é por isso que, quando um terceiro sofre efeito de um contrato, pode ser por duas razões: efeito direito excepcional ou efeito indireto. Se for o primeiro, é obrigação a que se refere; ou seja, de relatividade, por exceção. Se for o segundo, é de não obrigação, ou, ainda, de oponibilidade.

No que se refere à *exceção da oponibilidade*, não se excetua aqui o elemento subjetivo do contrato, tal qual na exceção da relatividade. A exceção a que se faz é relativa à própria oponibilidade, ou seja, trata-se de negação da oponibilidade, ou, simplesmente, de inoponibilidade[501]. O seu significado também é preciso, significa ausência de efeito indireto[502], e tão só. Ou seja, quando se diz que um contrato é inoponível a terceiros, isso não significa que o contrato não existe perante terceiros, mas que este contrato não irradia efeitos indiretos (em geral, para proteger um terceiro de boa-fé ou, ainda, para permitir que um terceiro interfira no contrato, sendo-lhe permitido ignorar determinados efeitos jurídicos do contrato alheio[503]). Exemplificativamente, deste contrato não decorre um dever de

realizar esta distinção. Um contrato relativo não significa inoponível, e vice-versa. Para que esta conclusão seja verdadeira sempre, inoponibilidade não pode significar ausência de efeitos diretos, mas somente ausência de efeitos indiretos.

[501] Na classificação de Antônio Junqueira de Azevedo, "A carência de um fator extensivo da eficácia leva à situação de *ineficácia relativa*, que é interamente semelhante à inoponibilidade. A diferença parece consistir somente em que a inoponibilidade é uma *sanção*, para uma irregularidade da declaração, e a ineficácia relativa propriamente dita é *conseqüência* lógica da falta de uma condição de eficácia". (AZEVEDO, Antônio Junqueira de. Negócio jurídico e declaração negocial (Noções gerais e formação da declaração negocial). Tese de titularidade, São Paulo, Faculdade de Direito da Universidade de São Paulo, 1986, p. 119). Para Florence Bertrand, o Código Civil francês reconhece quatro causas para a inoponibilidade: (i) por falta de publicidade; (ii) por falta de data certa; (iii) por clandestinidade; e (iv) por fraude pauliana. (BERTRAND, Florence. *L'opposabilite du contrat aux tiers*. Tese de doutorado, Paris, Universite de droit, d'economie et de sciences sociales de Paris, 1979, p. 5-6)

[502] Entre os possíveis sentidos de inoponibilidade, José Duclos apresenta o de "ineficácia em relação a terceiros de um direito nascido como resultado da execução ou como resultado da nulidade de um ato jurídico" (tradução livre de: "l'inefficacité au regard des tiers d'un droit né par suite de la passation ou par suite de la nullité d'un acte juridique") (DUCLOS, José. *L'Opposabilite* (essai d'une theorie generale). Paris: LGDJ, 1984, p. 27)

[503] Neste ponto, cabe criticar parcialmente as conclusões de Robert Wintgen. Apesar de este autor bem compreender inoponibilidade como ausência de determinados efeitos jurídicos perante terceiros, ele considera que inoponibilidade também pode ser advinda da ausência de efeitos obrigatórios do contrato. Assim, o autor acabou por tratar identicamente casos distintos, pois colocou o caso de exceção ao princípio da relatividade junto com o de inoponibilidade

não interferência ou um dever de respeito. Feita tal precisão, fica evidente o erro ao dizer que inoponibilidade é sinônimo de que o contrato não pode obrigar terceiros. O contrato não pode obrigar terceiros por conta da relatividade, e não por conta da inoponibilidade[504].

Assim assentado, percebe-se também o erro presente em muitos doutrinadores tradicionais que afirmam ser o contrato inoponível a terceiros, com fundamento na relatividade. Porém, a relatividade contratual, nos seus devidos termos, significa que os efeitos das obrigações se limitam aos contratantes e que os terceiros não sofrem *efeitos diretos* do contrato.

A oponibilidade (ou inoponibilidade) é questão diversa, que não está no conceito de relatividade, muito menos no seu âmbito de operatividade. Por se complementarem e não colidirem, torna-se desnecessário revisar o conceito de relatividade para reconhecer os efeitos do contrato em relação ao terceiro ou à tutela externa do crédito (como, de forma bem-intencionada, programa o Enunciado n. 21 da I Jornada de Direito Civil[505]). O que falta é uma melhor compreensão do sentido e alcance da

(WINTGEN, Robert. *Étude critique de la notion d'opposabilité* – les effets du contrat à l'égard des tiers en droit français et allemande. Paris: LGDJ, 2004, p. 120).

504 No mesmo sentido, veja Robert Wintgen que divide a análise da inoponibilidade como aplicação da relatividade e como exceção ao caso de oponibilidade (WINTGEN, Robert. *Étude critique de la notion d'opposabilité* – les effets du contrat à l'égard des tiers en droit français et allemande. Paris: LGDJ, 2004, p. 114-120).

505 Enunciado 21 da I Jornada de Direito Civil: "A função social do contrato, prevista no art. 421 do novo Código Civil, constitui cláusula geral a impor a revisão do princípio da relatividade dos efeitos do contrato em relação a terceiros, implicando a tutela externa do crédito." Entendemos pela desnecessidade de revisão do princípio da relatividade, pois o que se precisa não é alterar ou modificar o conceito da relatividade (que vem sendo adotado corretamente pela doutrina brasileira), mas é uma melhor compreensão sobre o conceito de oponibilidade. De toda forma, é de respeitar a boa intenção da opinião contrária, que vê na revisão do princípio da relatividade uma justificativa para adoção dos efeitos contratuais perante terceiros (nesse sentido: LEONARDI, Felipe Raminelli. *Direito Contratual Moderno*: complexidade, eficácia do contrato e proteção de terceiros. Curitiba: Juruá, 2013, p. 242; GAZZI, Fábio Pinheiro. *Vínculo obrigacional e seus efeitos perante terceiros*. São Paulo, Lex, 2014, p. 120; MAZZEI. Rodrigo. O princípio da relatividade dos efeitos contratuais e suas mitigações. In: HIRONAKA, Giselda Maria Fernandes Novaes; TARTUCE, Flávio (Coord.) *Direito contratual*: temas atuais. São Paulo: Editora Método, 2008, p. 202). Ainda que não explicitamente no sentido de revisão, Gilberto Fachetti Silvestre diz que: "O princípio da relatividade encontra-se, hoje, relativizado. Não por causa das modalidades de estipulação em favor de terceiro, mas em razão de uma reconhecida eficácia *erga omnes* assumida pelo contrato a partir de sua funcionalização social."

oponibilidade e da relatividade contratual[506]. Quando a doutrina clássica diz, impropriamente, que um contrato é inoponível a terceiros, em verdade quer-se dizer outra coisa: que o contrato não produz efeitos diretos perante terceiros, e é disto que a relatividade se trata. Porém, ao se valer da palavra "inoponível" para tratar o fenômeno da ausência de efeitos diretos a terceiros, acabou-se por cometer grave confusão nos sentidos, ligando a relatividade à consequência de inoponibilidade.

Um uso equivocado do termo "inoponibilidade", no âmbito da simulação, é ressaltado por Luiz Carlos de Andrade Júnior. O autor refuta a justificativa dogmática centrada na inoponibilidade da nulidade do negócio simulado para proteção dos direitos de terceiros de boa-fé, defendida principalmente por Francesco Ferrara. Isto porque a doutrina italiana, para justificar a proteção dos terceiros de boa-fé frente aos negócios simulados, dizia que a nulidade do negócio simulado lhes era inoponível, o que permitiria a terceiros valerem-se da ilusão negocial. Porém, a justificativa da doutrina italiana revela em si um contrassenso ao ligar na mesma frase oponibilidade à nulidade.

Esta falta de rigor técnico foi ressaltada pelo referido autor ao dizer que: "Ora, falar de 'efeito da nulidade' não faz sentido, tanto quanto não cabe cogitar de 'existência da nulidade', e muito menos da 'validade da nulidade'. A tese da inoponibilidade da nulidade revela-se, nestes termos, falaciosa porquanto o negócio nulo não nasce válido". E, de fato, não faz sentido uma nulidade ser oponível, já que oponibilidade se trata de eficácia e nulidade de ausência de validade (e, por conseguinte, de ineficácia)[507].

(SILVESTRE, Gilberto Fachetti. *A responsabilidade civil pela violação à função social do contrato*. São Paulo: Almedina, 2018, p. 166-167).

[506] Nas palavras de José Roberto de Castro Neves, as novas teorias que admitem os efeitos externos das obrigações teriam "rachado" o princípio da relatividade. Nas suas palavras: "Uma rachadura nesse princípio [da relatividade] foi a construção do conceito do terceiro cúmplice e o estudo dos efeitos externos do contrato" (NEVES, José Roberto Castro. *Teoria Geral dos Contratos*. Rio de Janeiro: GZ, 2021, p. 50).

[507] Em continuação, Luiz Carlos de Andrade Júnior esclareceu que: "Para se pensar em inoponibilidade da nulidade é necessário supor que o negócio nulo se torna insubsistente *por efeito* da nulidade; assim sendo, dir-se-ia que a ineficácia, entendida como efeito da nulidade, não se torna oponível aos terceiros. Ocorre, contudo, que a ineficácia do negócio nulo, assim como sua inaptidão de integrar o sistema jurídico positivo, não é um efeito da nulidade, mas a

Ainda, o mesmo erro, segundo os termos ora assentados, aparece no uso da palavra "oponibilidade" para se referir a qualquer efeito do contrato em relação a qualquer sujeito (parte ou terceiro). É o erro de quem diz que uma parte *opôs* um contrato a outra parte. Não se trata aqui de oponibilidade, mas de efeito obrigatório dos contratos. Há ainda quem utilize "oponibilidade" para designar tanto o caso de verdadeira oponibilidade quanto de extensão do efeito obrigatório. Trata-se de fenômenos distintos, um a supor o efeito indireto e outro o direto[508].

No âmbito estrito da oponibilidade, quando um contrato é oponível a terceiro ou por terceiro, este não se torna parte do contrato, por mais que se valha dele. O terceiro remanesce terceiro.

Esta confusão entre eficácia direta e indireta fez com que muitos juristas sustentassem[509] que apenas os direitos reais seriam oponíveis a

própria nulidade enquanto estado de coisas." (ANDRADE JÚNIOR, Luiz Carlos de. *A simulação no direito civil.* São Paulo: Malheiros, 2016, p. 288). Este autor ainda lembra que o art. 291° do Código Civil português trata do uso equivocado do termo "Inoponibilidade da nulidade e da anulação", que seria defensável tal uso apenas como ficção (ibid., p. 288-289). Por certo, a utilização legal do termo inoponibilidade pelo legislador português está no uso encurtado. A expressão longa deveria ser "Inoponibilidade do contrato nulo ou anulável".

[508] DUCLOS, José. *L'Opposabilite* (essai d'une theorie generale). Paris: LGDJ, 1984, p. 87.

[509] A controvérsia doutrinária a respeito da distinção (*summa divisio*) dos direitos subjetivos patrimoniais em direitos reais e direitos pessoais é bem ponderada por diversos doutrinadores. Merece destaque a obra de Marcel Planiol, por estar no centro de toda a discussão. Em sua obra *Traité élémentaire de droit civil,* M. Planiol superou a dificuldade anteriormente existente de explicar uma relação jurídica entre pessoa e coisa (para ele, esta relação nada mais é do que um fato, sendo o seu nome: posse). Pela sua teoria personalista, todo direito subjetivo tem um sujeito ativo, um sujeito passivo e um objeto. A teoria precedente suprimia, nos direitos reais, o sujeito passivo, criando erroneamente uma relação entre coisa e pessoa. O correto, então, seria reconhecer que, seja no direito real ou no direito pessoal, há uma relação de obrigação, que liga necessariamente duas pessoas (dois polos). No direito pessoal, a relação liga um credor e um devedor e, no direito real, liga uma pessoa e todas as outras pessoas. Nas palavras de Planiol: "L'obligation imposée à tous autres que le titulaire du droit est purement négative: elle consiste à s'abstenir de tout ce qui pourrait troubler la possession paisible que la loi veut assurer à ce dernier." Tradução livre: "A obrigação imposta a outrem, além do titular do direito, é puramente negativa: consiste em se abster de tudo que possa perturbar a posse pacífica que a lei deseja assegurar a este último." (PLANIOL, Marcel. *Traité élémentaire de Droit Civil.* 11. ed. Paris: LGDJ, 1928. t. 1, p. 703). Ainda de acordo com o autor, os sujeitos passivos universais estão presentes nas obrigações legais, como na obrigação de respeitar a vida, a honra e a saúde de outrem. Para ele, na comparação entre direitos reais e pessoais, (i) o direito real é oponível a todo o mundo, enquanto o direito de crédito só existiria contra a pessoa do devedor (ibid.,

terceiros, pois, quando tratavam de direitos relativos (e aqui o contrato, como categoria principal), repetiam que nesta categoria os direitos não eram oponíveis a terceiros, mas querendo dizer que não irradiavam efeitos diretos a terceiros.

A relatividade e a oponibilidade, nos seus precisos termos, significam, respectivamente, que um contrato, de um lado, não tem efeitos diretos perante terceiros e, de outro, tem efeitos indiretos perante terceiros.

Na precisão de suas conceituações, um contrato pode ser perfeitamente relativo, obrigando as partes contratantes pelo seu vínculo interno, e ao mesmo tempo ser oponível a terceiros, impondo, por exemplo, um dever de não interferir. Temos aqui, sem que haja contradições, a exemplificação de um contrato relativo e oponível.

p. 704); e (ii) o direito real, considerado como relação obrigatória universal, somente pode impor uma simples abstenção, enquanto o direito de crédito, muito mais enérgico, permite exigir do devedor um fato positivo, a prestação (ibid., p. 704). A tese personalista de M. Planiol significou um grande avanço para a explicação científica da distinção dos direitos reais, porém, a sua tese fez sedimentar o erro em caracterizar apenas o titular do direito real como detentor de oponibilidade. A teoria personalista de M. Planiol, mais recentemente, recebeu críticas de S. Ginossar, professor da universidade hebraica de Jerusalém, que analisou o direito subjetivo como uma relação de pertencimento. Para o autor, o crédito é um bem pertencente ao credor, e liga ao patrimônio deste por efeito de um direito de propriedade. A propriedade não se resume ao direito real, mas à relação de princípio entre pessoas e bens. (BERGEL, Jean-Lous; BRUSCHI, Marc; CIMAMONTI, Sylvie. *Traité de droit civil*: les biens. Paris: LGDJ, 2000, p. 32-40). Esta teoria de S. Ginossar sofreu críticas de Jean Dabin (DABIN, Jean. Une nouvelle définition du droit réel. *Revue Trimestrielle de Droit Civil*, Paris, t. 60, p. 20-44,1962), tendo sido respondidas pelo primeiro (GINOSSAR, Samuel. Pour une meilleure définition du droit réel et du droit personel. *Revue Trimestrielle de Droit Civil*, Paris, t. 60, p. 573-589, 1962). Sobre uma breve exposição da teoria de M. Planiol e de S. Ginossar, veja CARBONNIER, Jean. *Droit civil*: les biens, les obligations. Paris: Presses Universitaires de France, 2017. v. 2, p. 1587-1588; ou ainda BERTRAND, Florence. *L'opposabilite du contrat aux tiers*. Tese de doutorado, Paris, Universite de droit, d'economie et de sciences sociales de Paris, 1979, p. 249-262). Entre os adeptos da teoria de S. Ginossar, temos a opinião de F. Danos, que sintetiza a demonstração técnica da existência de um princípio de propriedade dos créditos. Explica o autor que o direito de crédito é provido de oponibilidade *erga omnes*, pois é objeto de propriedade. Há uma objetivação da relação obrigatória, que se desdobra em duas relações que coexistem, sendo uma relativa e outra absoluta. A primeira relação, relativa, é a relação obrigatória, que constitui a substância mesma do crédito. A segunda relação, absoluta, é a propriedade, que assegura ao credor uma proteção contra terceiros, já que todo credor é proprietário de seu crédito, e nesse sentido, todos os terceiros devem respeitá-lo (DANOS, Frédéric. *Propriété, possession et opposabilité*. Paris: Economica, 2007, p. 237).

3.1.2. Conceito

Por ser geral e abstrato, em certo grau, o conceito de "oponibilidade" varia ao sabor de quem o constrói[510]. Quando se diz que determinado efeito decorre da oponibilidade, a bem da verdade pouco se sabe sobre o seu conteúdo. Sabe-se que, em geral, trata-se dos efeitos dos contratos em relação a terceiros, mas só. Por vezes, encontra-se uma correlação entre este efeito e o respeito ao contrato. Tornou-se um lugar comum tratar da oponibilidade ou da inoponibilidade como eficácia ou ineficácia perante terceiros.

Porém, a teoria da oponibilidade é muito maior e ainda mais rica — *e muito mais complexa e profunda* — do que usualmente se apresenta. Colocando o conceito nos seus devidos termos, as diversas hipóteses a que se refere serão possíveis de enquadrar e sistematizar.

Apesar de seu precoce desenvolvimento na França, apenas em 1984, nas mãos de José Duclos, sistematizou-se uma teoria geral da oponibilidade. Para além de José Duclos, poucos foram os que, como Florence Bertrand, Philippe Delmas Saint-Hilaire e Robert Wintgen, dedicaram obras próprias sobre a oponibilidade. Mas o tema é tratado na quase totalidade dos manuais franceses e em algumas obras coletivas, mesmo que somente a respeito da sua distinção em relação ao efeito relativo dos contratos. No Brasil, o conceito de oponibilidade dos contratos aparece em diversas obras ligadas à função social e boa-fé, e também em alguns manuais.

Lá como cá, o uso jurídico da palavra "oponibilidade" e das palavras derivadas ("oposição" e "opor") tem diversos sentidos (e.g., impor; apresentar um meio de defesa; invocar um argumento). Pela sua polissemia, sua adoção como conceito jurídico encontrou certa resistência,

[510] Sobre a construção de conceitos gerais abstratos, para Pedro Paes de Vasconcelos, "À subida indutiva segue-se uma descida dedutiva em que por vezes as notas afastadas não regressam aos conceitos inferiores. As realidades são assim irrecuperavelmente mutiladas" (VASCONCELOS, Pedro Paes de. O efeito externo da obrigação no contrato-promessa. *Scientia Ivridica*: revista de direito comparado português e brasileiro, t. 32, Braga, Livraria Cruz, p. 103-123, 1983, p. 105). Ou seja, quanto mais abstrato ou genérico o conceito, há maior risco de os elementos característicos do início se perder, quando da posterior concreção. Na construção de um conceito amplo de oponibilidade, deve-se ter em conta o risco de não se perder em conceitos de cada vez maior extensão e menor compreensão.

uns qualificando-a até de "infeliz noção da oponibilidade"[511]. Apesar das críticas, a questão centra-se muito mais na dificuldade de sistematização das hipóteses de oponibilidade do que no seu conceito em si.

A conceituação de oponibilidade depende, em primeiro lugar, do elemento a ser oposto, ou seja, do seu objeto. Identificado o objeto, são atribuídos ao conceito um ou alguns efeitos e dois sujeitos. Ao todo, principalmente de acordo com a função a que se atribui o efeito, são reconhecidas consequências diversas.

Assim, entre aqueles que adotam como objeto da oponibilidade o contrato, temos, entre todos, a opinião forte de Jacques Ghestin, para quem oponibilidade é um complemento necessário da força obrigatória do contrato, sem se confundir com esta. Mais ainda, "é um fenômeno geral que tende a fazer reconhecer a existência do contrato pelos terceiros, pois se estes últimos forem autorizados a ignorá-lo, dificilmente poderia alcançar a eficácia, mesmo entre as partes"[512]. De fato, tanto a relatividade quanto a oponibilidade garantem a eficácia do contrato. Permitir que um terceiro, em todos os casos, ignore o contrato alheio, autorizando-o a impunemente interferir nele, é reduzir a sua importância social. Nessa medida, a oponibilidade garante a existência social do contrato e promove uma conduta ética por parte de todos na medida em que assegura o respeito e a importância deste instrumento no convívio social[513]. A oponibilidade,

[511] Tradução livre de: "malencontreuse notion d'opposabilité", que faz parte da crítica de Ginosar a respeito do termo oponibilidade como característica dos direitos reais. Vejamos o excerto por inteiro: "Quant à la malencontreuse notion d'opposabilité, elle est prise ici dans deux sens bien distincts, parmi les cinq qu'on pourrait lui attribuer (213): d'une part, c'est la qualité d'un droit part, c'est celle d'avoir pour sujet passif tout personne individuellement tenue 'a raison du bien grevé (nous dirions plutôt erga quemque)". (GINOSSAR, Samuel. *Droit Réel, propriété et créance*: élaboration d'um système rationnel des droits patrimoniaux. Paris: LGDJ, 1960, p. 118)

[512] Tradução livre de: "est un phénomène général qui tend à faire reconnaître l'existence du contrat par les tiers, car si ces derniers étaient autorisés à le méconnaître il ne pourrait pratiquement pas atteindre à l'efficacité, même entre les parties" (GHESTIN, Jacques; JAMIN, Christophe; BILLIAU Marc. *Traité de Droit Civil:* Les effets du contrat. 3. ed. Paris: LGDJ, 2001, p. 723).

[513] Não só os direitos reais impõem o respeito dos terceiros. Mesmo num contrato, o ordenamento jurídico pressupõe que a sua eficácia será respeitada, ou mais, imposta a terceiros, cuja existência estes não podem ignorar. Sobre este ponto, Jacques Ghestin escreve que "Se, por exemplo, a venda pudesse ser ignorada por terceiros, os credores do vendedor poderiam

então, "é destinada a fazer o contrato produzir todos os seus efeitos, nada mais do que seus efeitos"[514].

Ainda sobre a oponibilidade que tenha por objeto o contrato, segundo François Terré, Philippe Simler e Yves Lequette, "A oponibilidade do contrato, ou seja, a faculdade para as partes ou para os terceiros de prevalecer-se da situação jurídica engendrada, é evidente quando esta situação apresenta um caráter absoluto, oponível a todos"[515]. Similarmente, entende Florence Bertrand que oponibilidade admite o sentido de exigibilidade e de inviolabilidade, mas, no tocante à oponibilidade dos contratos não submetidos à publicidade, o sentido correto seria o da inviolabilidade, que nada mais é do que uma obrigação (*rectius*, dever) de abstenção e de respeito pelos terceiros, por conta do cumprimento de uma formalidade legal ou da tomada de conhecimento do contrato por qualquer meio[516].

Mas, ao se adotar no conceito um objeto mais amplo, capaz de incluir ato jurídico, fato jurídico, situação jurídica, direito — ou seja, todos os elementos jurídicos —, temos aqui o conceito dado por José Duclos. Este autor buscou um conceito autônomo, não exclusivo do Direito Privado, pertencente à Teoria Geral do Direito, definido nas seguintes palavras: "como *a qualidade reconhecida a um elemento da ordem jurídica pelo qual se irradia indiretamente para fora de seu círculo de atividade direta*. É, por conseguinte,

sempre considerar que este é o proprietário e, assim, perseguir o bem em prejuízo dos direitos do comprador". Tradução livre de: "Si, par exemple, la vente pouvait être ignorée des tiers, les créanciers du vendeur pourraient toujours considérer que celui-ci est resté propriétaire et, ainsi, saisir le bien au préjudicie des droits de l' acheteur." (GHESTIN, Jacques; JAMIN, Christophe; BILLIAU Marc. *Traité de Droit Civil:* Les effets du contrat. 3. ed. Paris: LGDJ, 2001, p. 767).

514 "est destinée à faire produire au contrat tous ses effets, mais rien que ses effets" (GHESTIN, Jacques; JAMIN, Christophe; BILLIAU Marc. *Traité de Droit Civil:* Les effets du contrat. 3. ed. Paris: LGDJ, 2001, p. 768).

515 Tradução livre de: "L'opposabilité du contrat, c'est-à-dire la faculté pour les parties ou pour les tiers de se prévaloir de la situation juridique qu'il a engendrée, est évidente lorsque cette situation présente un caractère absolu, opposable à tous". (TERRÉ, François; SIMLER, Philippe; LEQUETTE, Yves. *Droit civil:* Les obligations. 8. ed. Paris: Dalloz, 2002, p. 483).

516 BERTRAND, Florence. *L'opposabilite du contrat aux tiers.* Tese de doutorado, Paris, Universite de droit, d'economie et de sciences sociales de Paris, 1979, p. 129-130.

uma técnica, cuja finalidade consiste em conectar o elemento oposto ao meio jurídico geral."[517]

De forma similar, o vocábulo oponibilidade é definido por Gérard Cornu, no "Vocabulaire juridique", como:

> Aptidão de um direito, de um ato (convenção, julgamento, etc.), de uma situação de direito ou de fato a fazer sentir seus efeitos em relação a terceiros (ou seja, as pessoas aqui que não são titulares de direito, nem partes do ato, nem cessionários, ou credores dessas partes nem se interessam primeiramente pela situação) sem submeter estes terceiros a obrigações decorrentes diretamente desses elementos (o que constitui, em casos especificados onde esta se produz, uma extensão do efeito obrigatório de um ato por exceção ao princípio da eficácia relativa do mesmo), mas forçá-los a reconhecer a existência dos fatos, direitos e atos ditos oponíveis (se eles são de outra forma legalmente provados), a respeitá-los como elementos de ordem jurídica e a sofrer os efeitos, sujeitos à sua oposição quando a lei lhes dá direito. [518] (Tradução nossa).

Para Jacques Flour, Jean-Luc Aubert e Éric Savaux, "Dizer que o contrato é oponível a terceiros não implica qualquer agressividade particular contra eles. O verdadeiro significado da fórmula é em verdade perfeitamente neutro: ela só indica que o contrato é um elemento da vida social que os

[517] Tradução livre de: "*comme la qualité reconnue à un élément de l'ordre juridique par laquelle il rayonne indirectement hors de son cercle d'activité directe.* Il s'agit par conséquent d'une technique, dont la finalité consiste à connecter l'élément opposé au milieu juridique général." (DUCLOS, José. *L'Opposabilite* (essai d'une theorie generale). Paris: LGDJ, 1984, p. 22)

[518] Tradução livre de: "Aptitude d'un droit, d'un acte (convention. jugement, etc.), d'une situation de droit ou de fait à faire sentir ses effets à l'égard des tiers (c'est-à-dire ici de personnes qui ne sont ni titulaires du droit ni parties à acte ni ayants cause ou créanciers de ces parties ni concernées en premier par la situation) non en soumettant ces tiers aux obligations directement nées de ces éléments (ce qui constitue, dans les cas spécifiés où cela se produit, une extension de l'effet obligatoire d'une acte par exception au principe de l'effet relatif de celui-ci), mais en les forçant à reconnaître l'existence des faits, droits et actes dits opposables (s'ils sont par ailleurs légalement prouvés), à les respecter comme des éléments de l'ordre juridique et à en subir les effets, sous réserve de leur opposition lorsque la loi leur en ouvre le droit." (CORNU, Gérard (dir.). *Vocabulaire juridique*. 4. ed. Paris: Quadrige/PUF, 2003, p. 612).

terceiros devem ter em conta."[519] Apesar de ser uma fórmula neutra, caberá aos terceiros suportar as consequências do contrato ou valer-se do contrato para constituir-lhes uma vantagem. Assim, segundo esses autores, "Em resumo, significa que a oponibilidade do contrato comporta dois aspectos: a situação criada pelo contrato pode, indiferentemente, ser invocada pelos terceiros, ou contra eles."[520]

Entre nós, na Enciclopédia Saraiva do Direito, de coordenação do Professor Rubens Limongi França, define-se "oponibilidade" como: "na terminologia jurídica, esta palavra designa a qualidade de um direito ou de um meio de defesa idôneo de que alguém se vale para frustrar a pretensão de outrem, em resguardo do seu próprio direito"[521]. Já o vocábulo "inoponibilidade" é definido como sendo a "Qualidade daquilo que, não sendo suscetível de produzir efeitos, por sua ineficácia, não pode ser oposto como fundamento de um direito ou de uma defesa"[522].

Tal é a importância do conceito jurídico de oponibilidade que F. C. Pontes de Miranda considera-a como um dos três elementos lógicos — junto com alienação e oneração — com que se há de trabalhar, sem existir outros[523]. De forma ampla, porém precisa, Pontes de Miranda extremou o conceito de oponibilidade como:

> A *oponibilidade a terceiros* é a eficácia, que se confere a algum negócio jurídico (ou fato jurídico), quando a quem não é sujeito na negociação. O conceito implica o de extensão a outrem, que é, aí, quem quer que possa ser

519 Tradução livre de: "Dire que le contrat est opposable aux tiers n'implique aucune agressivité particulière à leur endroit. La véritable signification de la formule est en vérité parfaitement neutre: elle signale seulement que le contrat est un élément de la vie sociale dont les tiers doivent tenir compte." (FLOUR, Jacques; AUBERT, Jean-Luc; SAVAUX, Éric. *Droit Civil.* Les Obligations. 1. L'acte juridique. 14. ed. Paris: Dalloz, 2010, p. 408)

520 Tradução livre de: "En bref, cela signifie que l'opposabilité du contrat comporte deux aspects: la situation créée par le contrat peut, indifféremment, être invoquée par les tiers, ou contre eux." (FLOUR, Jacques; AUBERT, Jean-Luc; SAVAUX, Éric. *Droit Civil.* Les Obligations. 1. L'acte juridique. 14. ed. Paris: Dalloz, 2010, p. 408)

521 Verbete definido pela Comissão de Redação (FRANÇA, Rubens Limongi (coord). *Enciclopédia Saraiva do Direito.* São Paulo: Saraiva, 1977. v. 56. p. 151).

522 Verbete definido pela Comissão de Redação (FRANÇA, Rubens Limongi (coord). *Enciclopédia Saraiva do Direito.* São Paulo: Saraiva, 1977. v. 44. p. 336).

523 MIRANDA, F. C. Pontes de. *Tratado de Direito Privado.* São Paulo: RT, 2012. t. 13. p. 217.

interessado fora do outorgante (*primus*) e do outorgado (*secundus*): outrem, aí, é o *tertius*[524].

Ou seja, o autor compreendeu a oponibilidade como efeito de um contrato ou de um fato jurídico que, por extensão, atinge terceiros. Chamou, também, de "eficácia de efeitos"[525].

Por sua vez, Antonio Junqueira de Azevedo, em parecer, vê a oponibilidade dos negócios jurídicos como técnica de resolução de conflito entre posições jurídicas emergentes de contratos distintos[526]. Os efeitos indiretos, segundo o autor, seriam uma decorrência da presença de "fatores de atribuição de eficácia mais extensa"[527]. Ou seja, o negócio jurídico, já com plena eficácia, irradiando a *eficácia diretamente visada*, dilata, na presença de um *fator de atribuição de eficácia mais extensa*, o seu campo de atuação, tornando-se oponível a terceiros. Da sua definição, denota-se a preocupação com a oponibilidade tanto em sua efetividade (como método de resolução de conflitos ou, ainda, de colisão de direitos) quanto em sua teoria (explicar o prolongamento da eficácia a terceiros).

Para Luciano de Camargo Penteado, a oponibilidade é "norma secundária ou de competência, que se pode traduzir ou em um poder formativo ou em uma imunidade"[528]. O primeiro se manifesta no direito de preferência e na opção de compra e o segundo na inalegabilidade do desconhecimento

524 ibid., p. 218.

525 "Eficácia de efeitos. – A eficácia que se irradia em direitos, deveres, pretensões, obrigações, ações e exceções não é tôda a eficácia dos fatos jurídicos. Daí poder o negócio jurídico não produzir dívida ou direito a favor do terceiro, mas estender-se a êle a eficácia da dívida ou do direito. A distinção merece tôda atenção." (MIRANDA, F. C. Pontes de. *Tratado de Direito Privado.* São Paulo: RT, 2012. t. 26. p. 423).

526 Diz Antonio Junqueira de Azevedo: "O problema, aqui, sobre o conflito de posições jurídicas, emergentes de contratos distintos, nos quais um deve prevalecer em relação a outro, deve ser resolvido tecnicamente com atenção à oponibilidade dos negócios jurídicos." Em seguida, atento à problemática central da oponibilidade, considera que "A oponibilidade de uma posição jurídica (ou de um negócio) em relação a outra depende, via de regra, de um requisito de publicidade" (AZEVEDO, Antonio Junqueira de. *Novos Estudos e Pareceres de Direito Privado.* São Paulo: Saraiva, 2009, p. 117).

527 AZEVEDO, Antonio Junqueira. *Negócio jurídico:* existência, validade e eficácia. 4. ed. São Paulo: Saraiva, 2002, p. 57.

528 PENTEADO, Luciano de Camargo. *Efeitos contratuais perante terceiros.* São Paulo: Quartier Latin, 2007, p. 175.

do conteúdo do contrato. Em obra sobre os direitos reais, considera que "A oponibilidade de um direito significa a possibilidade de que o mesmo seja invocado para fora da situação jurídica que o configura"[529].

De todos estes conceitos, é possível se concluir que a oponibilidade é caracterizada de diversas formas, como: (i) um fenômeno geral; (ii) uma qualidade jurídica[530]; (iii) uma aptidão do elemento jurídico; (iv) uma técnica; ou (v) eficácia ou fator de atribuição de eficácia mais extensa.

A qualquer destas características que define oponibilidade se atribui um ou alguns efeitos, como: (a) conectar um elemento ao meio jurídico legal; (b) irradiar um efeito indireto[531] para fora da atividade direta; (c) fazer sentir ou sofrer os efeitos do objeto oposto, (d) sujeitar a sua oposição quando a lei lhes dá direito; (e) fazer reconhecer ou respeitar a existência do objeto oposto; (f) conferir o direito de invocar o objeto oposto[532] ou se prevalecer dele; (g) invocar um meio de defesa para frustrar a pretensão alheia; (h) resguardar o próprio direito.

Qualquer desses efeitos liga necessariamente dois sujeitos[533], um considerado sujeito ativo, que é aquele que opõe o objeto, e outro considerado sujeito passivo, que é aquele contra quem se opõe o objeto. Desta forma, é possível estabelecer três tipos de relações subjetivas ativa e passiva da

[529] PENTEADO, Luciano de Camargo. *Direito das coisas*. 3. ed. São Paulo: RT, 2014, p. 100.

[530] DUCLOS, José. *L'Opposabilite* (essai d'une theorie generale). Paris: LGDJ, 1984, p. 29.

[531] José Duclos define efeito indireto como "o dever de cada pessoa de ter em conta o que existe fora dela e de abster-se eventualmente de prejudicá-lo". Tradução livre de: "le devoir de toute personne de tenir compte de ce qui existe en dehors d'elle et de s'abstenir éventuellement d'y porter atteinte" (DUCLOS, José. *L'Opposabilite* (essai d'une theorie generale). Paris: LGDJ, 1984, p. 23).

[532] "Dizer que um contrato é oponível aos terceiros não significa apenas que as partes têm o direito de invocar contra ele, se a oponibilidade é suscetível de os prejudicar, ela é também suscetível de os beneficiar. Os terceiros têm, por sua vez, a faculdade de invocar a existência do contrato contra uma das partes, seja por adquirir um direito, seja por evitar uma obrigação." Tradução livre de: "Dire qu'un contrat est opposable aux tiers ne signifie pas, uniquement, que les parties aient le droit de s'en prévaloir contre eux; si l'opposabilité est susceptible de leur nuire, elle est aussi susceptible de leur profiter. Les tiers ont, à leur tour, la faculté d'invoquer l'existence du contrat contre l'une des parties, soit pour acquérir un droit, soit pour se soustraire à une obligation." (STARCK, Boris; ROLAND, Henri; BOYER, Laurent. *Droit civil*: Obligations. Contrat. 3. ed. Paris: Libraire de la Cour de cassation, 1989, p. 500)

[533] DUCLOS, José. *L'Opposabilite* (essai d'une theorie generale). Paris: LGDJ, 1984, p. 22.

oponibilidade: (1) uma parte[534] e um terceiro; (2) um terceiro e uma parte; e (3) um terceiro e um terceiro.

Pela própria definição de oponibilidade, exclui-se a relação subjetiva entre parte e parte, pois necessariamente a oponibilidade se refere a um efeito do objeto oposto em relação a um terceiro, logo, por lógica-conceitual, quando se trata de oponibilidade não se refere a efeitos diretos. Definidos partes, objeto e efeitos, é possível retirar alguma consequência ou função, como a de garantir a eficácia ou a importância social do objeto oposto, ou complementar necessariamente a força obrigatória do contrato.

Em síntese, oponibilidade pode ser conceituada como a eficácia que se confere a um fato ou ato jurídico, irradiada para além das partes (para terceiros), por meio de um fator de eficácia mais extensa, sem tornar terceiros partes e sem submetê-los ao cumprimento de obrigações principais, mas impondo aos terceiros e às partes o reconhecimento e o respeito da existência dos fatos ou atos jurídicos. Ou, de forma ainda mais breve, oponibilidade é poder exigir o respeito, ou é a aptidão que se reconhece ao seu objeto como merecedor de respeito.

3.1.3. Fundamento

A partir da aceitação pela doutrina de que o contrato é um fato social, cuja existência cria uma situação jurídica merecedora de tutela, buscou-se definir qual seria o verdadeiro fundamento para a oponibilidade.

Quando se trata de força obrigatória do contrato, esta pode explicar a relatividade contratual ou mesmo a responsabilidade do devedor frente ao credor. Porém, pela força obrigatória do contrato ou pela autonomia da vontade, não é possível justificar o respeito de terceiros em relação à obrigação alheia[535], já que não está sequer em seus âmbitos operacionais a imposição de tais deveres.

Em certos casos, há autonomia da vontade, mas o contrato, por ausência de um elemento de existência, não chegou a formar-se; ou, formado, porém defeituosamente, pode ser anulado ou nulificado. Ou, mesmo

[534] José Duclos critica o termo parte, pois esta denominação se reserva aos atos jurídicos. Para abranger os fatos jurídicos, as situações jurídicas e os direitos subjetivos, o autor, na sua obra, utiliza o termo "ator direto" ou "sujeitos diretos", como definição mais abrangente.

[535] GHESTIN, Jacques; JAMIN, Christophe; BILLIAU Marc. *Traité de Droit Civil:* Les effets du contrat. 3. ed. Paris: LGDJ, 2001, p. 726.

que válido, e com plena eficácia, pode, por razões várias, ser permitida a interferência alheia neste contrato (e.g., contratos livremente denunciáveis ou desconhecimento da relação alheia).

Nesses casos, o terceiro não tem o dever de respeitar a relação alheia, pois ou não há contrato, logo não há eficácia indireta (nem direta); ou há contrato, porém a eficácia indireta está comprometida (pela anulabilidade ou nulificação); ou o próprio contrato é inoponível (por permitir interferência).

A autonomia da vontade aqui não consegue explicar o fenômeno da oponibilidade, pois a justificativa para um elemento jurídico ser oposto não se encontra no respeito à palavra dada (principalmente quando a palavra dada não pode produzir algum efeito), mas no respeito do direito de outrem (*neminem laedere*[536]). Portanto, o fundamento para a oponibilidade não se encontra no autorregramento da vontade.

O fundamento da oponibilidade (ou da necessidade de respeito do direito alheio) encontra-se, segundo tese majoritária[537], no próprio direito

[536] Como já tratado por Rogério Donnini, "O princípio *neminem laedere* consta do *Digesto* (*Pandectas*) (...) No *Digesto* 1.1.10.1 *Ulpiano), entre os três preceitos do direito há o *neminem laedere* (*alterum non laedere*), não lesar a outrem, que é utilizado como fundamento para a teoria da responsabilidade civil, ao lado de outros dois preceitos: viver honestamente e dar a cada um o que é devido (*Iuris praecepta sunt haec: honeste vivere, alterum non laedere, suum cuique tribuere* – 'Os preceitos do direito são estes: viver honestamente, não lesar a outrem, dar a cada um o que é seu'." (DONNINI, Rogério. Prevenção de danos e a extensão do princípio *neminem laedere*. In: NERY, Rosa Maria de Andrade, DONNINI, Rogério (Coord.). *Responsabilidade civil*: estudos em homenagem ao professor Rui Geraldo Camargo Viana. São Paulo: RT, 2009, p. 483-484). Segundo o mesmo autor, em outra obra, discorre que o preceito *alterum non laedere* se trata de uma regra básica do direito natural e a "sua finalidade não guarda relação com o cálculo da justa parte que deve corresponder a cada um, mas o de não causar sofrimento a outrem, não lesar (*non laedere*), desde que haja reciprocidade. (...) Dessa forma, a ideia de não ofender a outrem, considerado elemento negativo da justiça, idealizado muito antes do *Digesto*, nos mostra a exata noção do princípio *neminem laedere*, que indica verdadeiro limite, real empecilho à livre ação ou omissão que prejudique outrem, que abrange não apenas a noção de reparação do dano, mas, antes de tudo, sua prevenção." (DONNINI, Rogério. *Responsabilidade civil pós-contratual no direito civil*: no direito do consumidor, no direito do trabalho, no direito ambiental e no direito administrativo. 3 ed. São Paulo: Saraiva: 2011, capítulo III, E-book).

[537] Em 2007, foi publicada obra de Frédéric Danos que trata da distinção entre propriedade e posse, com base no fenômeno da oponibilidade. Nesta obra, é interessante a visão do autor a respeito do fundamento da oponibilidade. Diferentemente da grande maioria da doutrina francesa, ele entende que está no conceito de propriedade o fundamento para a oponibilidade

subjetivo[538]. É o ensinamento de Jacques Ghestin, Christophe Jamin, e Marc Billiau, que afirmam que os direitos subjetivos devem ser colocados

(DANOS, Frédéric. *Propriété, possession et opposabilité.* Paris: Economica, 2007, p. 193). Para o autor, da estrutura da propriedade e mais largamente, dos direitos subjetivos patrimoniais, decorre a oponibilidade. Na visão de F. Danos, todos os outros casos de oponibilidade não são, de forma alguma, efeitos jurídicos, mas são fatos colocados em consideração pela aplicação de uma regra de direito, que produz efeitos jurídicos. Neste sentido, a oponibilidade é dita simples para esses casos residuais (ibid., p. 195). Como resultado da oponibilidade, há uma relação de exclusão de terceiros, que nada mais é do que o caráter objetivo do pertencimento da coisa a uma pessoa. O poder absoluto do proprietário, dessa forma, nada mais é do que uma consequência da oponibilidade (ou seja, a oponibilidade não é uma consequência do poder absoluto). Os direitos de crédito também têm oponibilidade, pois, para o autor, seguindo concepção de direitos patrimoniais de S. Ginossar, "ao direito de crédito traduz, em efeito, a existência de um direito de propriedade dos créditos". Tradução livre de: "au droit de créance traduit, en effet, l'existence d'un droit de propriété des créances" (ibid, p. 194; ou ainda, no mesmo sentido, veja p. 212 e 236-249).

538 Merece ser realizada breve referência à obra de Joseph Louis Elzéar Ortolan, pois, em 1840, o autor fazia referência aos efeitos perante terceiros dos direitos pessoais. O autor, seguindo a doutrina da época, considerava que havia direito pessoal quando uma pessoa era individualmente sujeito passivo do direito, enquanto no direito real inexistia esta individuação do sujeito passivo. Mas para o autor, em qualquer hipótese, todos estavam obrigados a se abster de interferir, de obstar o gozo e o exercício do direito. E ainda, complementou Ortolan: "Du reste, les droits personnels existent, dans la société, à l'égard de tous, aussi bien que les droils réels. C'est une erreur de se figurer le contraire. Quand je suis créancier, cela est vrai, non- seulement pour mon débiteur, mais pour tous. Mon droit de créance existe et fait partie de ma fortune, en cette qualité, à l'égard de chacun; il sera protégé, au besoin, contre chacun, s'il est possible qu'un tiers vienne y porter atteinte. Mais, outre la masse générale, mon débiteur est individuellement le sujet passif de ce droit. Dans le droit réel, au contraire, aucune personne, si ce n'est la masse générale, n'en est individuellement passive: pas plus l'une que l'autre.". Tradução livre: "Além disso, os direitos pessoais existem, na sociedade, em relação a todos, assim como os direitos reais. É um erro imaginar o contrário. Quando eu sou um credor, isso é verdade, não só para o meu devedor, mas para todos. O meu direito de crédito existe e faz parte da minha fortuna, e nesta qualidade, em relação a cada um; será protegido, se necessário, contra cada um, se for possível que um terceiro venha infringi-lo. Mas, além da massa geral, meu devedor é individualmente o sujeito passivo deste direito. No direito real, pelo contrário, nenhuma pessoa, exceto a massa geral, é individualmente passiva: nem uma mais do que a outra." (ORTOLAN, Joseph Louis Elzéar. *Explication Historique des instituts de l'Empereur Justinien.* 5. ed. Paris: Libraire de la Cour de Cassation, 1851. t. 1, p. 75). Este texto está inserido no capítulo "Généralisation du Droit Romain", que precede o livro desde a segunda edição. Assim, com praticamente igual redação, mas igual sentido, vide ORTOLAN, Joseph Louis Elzéar. *Explication Historique des instituts de l'Empereur Justinien.* 2. ed. Paris: Joubert, 1840,

no plano das relações sociais, existindo o dever de todos de absterem-se de prejudicar o direito alheio. Igual orientação é dada por Jacques Flour, Jean-Luc Aubert e Éric Savaux, para quem o princípio da oponibilidade "constitui o prolongamento necessário da noção de direito subjetivo"[539].

A dificuldade inicial de aceitar-se uma proteção aos direitos subjetivos centrava-se nas proposições inexatas a respeito da diferença entre direito real e pessoal[540], principalmente nas conclusões de que o direito real tem efeitos perante todos e o direito de crédito somente produz efeito entre as partes.

Porém, estas conclusões, como já foram esclarecidas primeiramente no direito francês, tratavam de efeitos diversos: o primeiro da oponibilidade, o segundo da relatividade. Não há contradição, mas complementaridade, ou, ainda, indissociabilidade, estando ambos os princípios "sobre o mesmo plano em relação ao direito objetivo: estes dois mecanismos complementares para garantir a eficácia do contrato, o primeiro, a força obrigatória, entre as partes, e o segundo, a oponibilidade, em relação a terceiros."[541]

Entre nós, no que se refere à tutela externa do crédito, o fundamento dado por A. Junqueira de Azevedo para a oponibilidade frente a terceiros deita raízes no princípio da função social, que, por sua vez, funda-se no princípio da solidariedade social[542]. Ambos os princípios são fundamentos

p. LXXI-LXXII. Já recentemente, Stéphane Zinty qualifica a teoria da oponibilidade dos direitos subjetivos como "théorie de l'opposabilité absolue des droits subjectifs" (ZINTY, Stéphane. *La constitution du droit réel par l'effet de la tradition.* Aix-en-Provence: Presses Universitaires d'Aix-Marseille, 2015, p. 250).

539 FLOUR, Jacques; AUBERT, Jean-Luc; SAVAUX, Éric. *Droit Civil.* Les Obligations. 1. L'acte juridique. 14. ed. Paris: Dalloz, 2010, p. 411.

540 Sobre o histórico desta diferença, bem como sobre a necessária revisitação da teoria de direito real, confira a obra de Roberta Mauro Medina Maia, que, com base na evolução do conceito de oponibilidade, promoveu um novo olhar, sob o aspecto funcional, dos direitos reais (MAIA, Roberta Mauro Medina. *Teoria Geral dos Direitos Reais.* São Paulo: RT, 2013, p. 159-201).

541 Tradução livre de: "sur le même plan au regard du droit objectif: il s'agit de deux mécanismes complémentaires visant à assurer l'efficacité du contrat, le premier, la force obligatoire, entre les parties, et le second, l'opposabilité, à l'égard des tiers." (GHESTIN, Jacques; JAMIN, Christophe; BILLIAU Marc. *Traité de Droit Civil:* Les effets du contrat. 3. ed. Paris: LGDJ, 2001, p. 726)

542 AZEVEDO, Antonio Junqueira. Os princípios do atual direito contratual e desregulamentação do mercado. Direito de exclusividade nas relações contratuais de fornecimento. Função social do contrato. Responsabilidade aquiliana do terceiro que contribui para o inadimplemento

para a eficácia indireta dos contratos. Para Judith Martins-Costa, a tutela externa do crédito é defendida no direito brasileiro com fundamento na teoria do abuso de direito, tal qual apreendido no artigo 187 do Código Civil[543].

A nosso ver, a oponibilidade encontra, em princípio, fundamento no dever geral de respeito, que não se funda na palavra dada pelos contratantes[544]. É este dever que é subjacente a todo ordenamento jurídico[545], ao

contratual. *Estudos e pareceres de direito privado*. São Paulo: Saraiva, p. 137- 147, 2004, p. 141, 143 e 146.

543 Já o princípio da relatividade decorreria do princípio da incolumidade das esferas jurídicas (MARTINS-COSTA, Judith. *A boa-fé no direito privado:* critérios para a sua aplicação. São Paulo: Marcial Pons, 2015, p. 551-554). Veja ainda o parecer: MARTINS-COSTA, Judith. Obrigação de abstenção do direito de preferência: violação do direito de crédito por "terceiro cúmplice" e desconsideração da personalidade jurídica. In: LEVI-MINZI, Maurizio; PARGENDLER, Mariana; GOUVÊA, Carlos Portugal (org.). *Fusões e aquisições*: pareceres. São Paulo: Almedina, p. 143-193, 2022, p. 173.

544 É o quanto explica Manuel A. Carneiro Frada, para quem "o recurso aos deveres de proteção afigura-se ser o de assegurar, na área do contacto social postulada pelo contrato, uma zona de proteção especial contra a lesão de determinadas posições. Quando ocorre a violação de um desses deveres não há, por conseguinte, nenhuma quebra da palavra dada e parece que o que é decisivo no fundamento da responsabilidade é, simplesmente, o causa de um prejuízo". (FRADA, Manuel A. Carneiro. *Contrato e deveres de proteção*. Coimbra: Gráfica de Coimbra, 1994, p. 116). No mesmo sentido, Pedro Romano Martinez, ao tratar da cláusula geral de responsabilidade civil do direito português, afirma que a violação de deveres de proteção não se funda no acordo das partes (MARTINEZ, Pedro Romano. *Cumprimento defeituoso:* em especial na compra e venda e na empreitada. Coimbra: Almedina, 2015, p. 223)

545 No mesmo sentido, considera Roberta Mauro Medina Maia ser o dever geral de inviolabilidade o fundamento da oponibilidade. A autora faz crítica às expressões "oponibilidade *erga omnes*" e "oponibilidade virtual, *in potentia* ou fraca", que são expressões adotadas por Menezes Cordeiro e E. Santos Junior. A crítica é direcionada ao fato de que a "oponibilidade virtual, *in potentia* ou fraca" seria utilizada "para definir um dever jurídico que não exige o prévio conhecimento de terceiros" (MAIA, Roberta Mauro Medina. *Teoria Geral dos Direitos Reais*. São Paulo: RT, 2013, p. 193), contudo, tanto Menezes Cordeiro, quanto E. Santos Junior, ao adotarem tais expressões, não deixaram de exigir o prévio conhecimento, ao menos em abstrato (vide SANTOS JÚNIOR, Eduardo. *Da responsabilidade civil de terceiro por lesão do direito de crédito*. Coimbra: Almedina, 2003, p. 486; ou CORDEIRO, António Menezes. *Tratado de direito civil português*: Direito das obrigações. Coimbra: Almedina, 2009. v. 2. t. 1. p. 365). Em verdade, oponibilidade virtual ou *in potentia* se refere à capacidade do ato ou fato jurídico de produzir efeitos perante terceiros e oponibilidade fraca é aquela que somente impõe o dever geral de respeito. Em nenhum destes conceitos exige-se o conhecimento concreto do terceiro, mas apenas em princípio, ou em tese. A concreção da oponibilidade é o momento

respeito das próprias leis[546], ao respeito de seus semelhantes, como lembra Immanuel Kant[547]. Sem este dever, e.g., não haveria respeito ao direito

em que a oponibilidade é exigível a um terceiro determinado; aqui sim há necessidade de conhecimento concreto (ou reputado). Para Roberta Mauro Medina Maia, a oponibilidade só existiria neste segundo momento. Sobre o conceito de oponibilidade virtual, Robert Wintgen ressalta o cuidado que deve ser tomado ao analisá-lo, alertando que o fato em si não produz efeitos jurídicos, exceto se há norma que os prevê (WINTGEN, Robert. *Étude critique de la notion d'opposabilité* – les effets du contrat à l'égard des tiers en droit français et allemande. Paris: LGDJ, 2004, p. 93). Apesar do acerto do aviso, a questão da oponibilidade virtual é justamente demonstrar que os fatos e atos jurídicos têm existência perante terceiros e que esta existência é valorada e tomada em conta pelo ordenamento jurídico, e, em geral, de forma lógica.

546 É notório que os franceses seguem uma visão do direito espelhada no modelo de Kelsen. Não é comum encontrar nos manuais franceses uma explicação técnica da fenomenologia da incidência das normas, como, por aqui, foi brilhantemente exposta por F. C. Pontes de Miranda. Entre nós, dentro de uma concepção pontesiana, coube à Antonio Junqueira de Azevedo explicar a oponibilidade como extensão ou prolongamento da eficácia dos contratos a terceiros. Para os franceses, na falta de uma compreensão clara da incidência das normas, atribui-se consequência jurídica e, por conseguinte, efeitos aos contratos vistos como fatos. A crítica que colocou R. Wintgen, ou mesmo F. Danos, é que fatos, por si só, não produzem consequências jurídicas. E realmente, na ausência de norma, não há fato que se torne fato jurídico. Porém, o que os franceses querem dizer é que, quando o direito valora determinado fato e lhe atribui relevância jurídica, por meio da incidência de normas, quer, a bem da verdade, que as suas normas sejam eficazes (juridicamente), ou melhor, eficientes (socialmente). O respeito às normas é a base de todo e qualquer ordenamento jurídico. Assim, quando um suporte fático é composto e faz incidir sobre os fatos a norma, tornando-o fato jurídico, o ordenamento jurídico valora a aplicação deste fato jurídico socialmente, prevendo o seu respeito por todos. Desta forma, é importante notar que, neste sentido mais amplo, a oponibilidade é vista como o complemento do fenômeno de incidência. Enquanto a incidência se dá em relação a um sujeito, a oponibilidade concede importância ao fato jurídico em sentido amplo em relação a todos. Para além da oponibilidade advinda do respeito da própria lei, outras razões se somam que impõem o respeito pelo e ao terceiro, como o dever de respeitar o direito alheio (*neminem laedere*), ou normas específicas que regulam a proteção de terceiros ou que lhes impedem de agir em prol dos interesses de alguma parte (com uma visão diferente, porém, ciente da fenomenologia da inciência da regra jurídica, vide DANOS, Frédéric. *Propriété, possession et opposabilité.* Paris: Economica, 2007, p. 195-199; ainda, sobre a oponibilidade, não como uma regra de direito, mas como um "raciocínio jurídico", vide WINTGEN, Robert. *Étude critique de la notion d'opposabilité* – les effets du contrat à l'égard des tiers en droit français et allemande. Paris: LGDJ, 2004, p. 94).

547 Segundo Immanuel Kant, "Todo ser humano tem um direito legítimo ao respeito de seus semelhantes e está, por sua vez, obrigado a respeitar todos os demais. A humanidade ela mesma é uma dignidade, pois um ser humano não pode ser usado meramente como um meio

de propriedade, ao direito de personalidade, ao direito das obrigações, em suma, a qualquer direito. Se terceiros pudessem desrespeitar relações alheias, nenhuma transação seria segura, um bem poderia ser vendido múltiplas vezes, ou terceiros poderiam sempre ignorar uma anterior venda para negar o direito de propriedade alheio. Afinal de contas, não seria preciso respeitar o direito alheio. Mas a civilização evoluiu para estabelecer como norte o princípio "*alterum non laedere*", que serve de premissa básica nas relações entre os homens para a manutenção do equilíbrio social e da paz.

Enquanto o princípio da relatividade tem por fundamento um dever específico de respeito, a oponibilidade tem por fundamento um dever geral de respeito. Um com projeção eficacial interna, *entre as partes*; outro com projeção eficacial externa, *perante terceiros*.

Além do dever geral de respeito (ou de inviolabilidade[548]), o ordenamento jurídico pode impor o respeito a uma situação jurídica ou a um fato ou ato jurídico por meio de outros fundamentos, mais específicos. Em outras palavras, a oponibilidade surge não só do dever geral de respeito, mas também por outras razões. Justamente com base nesta conclusão, as situações envolvendo a oponibilidade são heterogêneas e, certamente, estão predispostas em múltiplos fundamentos, uns mais gerais e outros mais específicos, que podem colidir ou convergir. Somente por este prisma se entende que alguns efeitos indiretos estão regulados expressamente por lei — *e aqui há muitas leis que tratam da oponibilidade incidentalmente*[549] —,

por qualquer ser humano (quer por outros quer, inclusive, por si mesmo), mas deve sempre ser usado ao mesmo tempo como um fim. (...) Por conseguinte, cabe-lhe um dever relativo ao respeito que deve ser demonstrado a todo outro ser humano" (KANT, Immanuel. *A metafísica dos costumes*. Tradução Edson Bini. Bauru: EDIPRO, 2003, p. 306)

[548] Contrapondo exigibilidade com inviolabilidade, Roberta Maia entende que "a obrigação passiva universal imposta pela oponibilidade *erga omnes* nada mais é que um dever genérico de inviolabilidade" (MAIA, Roberta Mauro Medina. *Teoria Geral dos Direitos Reais*. São Paulo: RT, 2013, p. 183), já "exigibilidade se aproxima da relação existente entre o credor e o devedor" (ibid., p. 186). A diferenciação, na prática, entre inviolabilidade e exigibilidade é que a primeira se refere ao dever de respeito em abstrato e a segunda ao dever de respeito em concreto (ibid., p. 188 ou 192).

[549] Exemplificativamente, o art. 1.015 do Código Civil prevê a oponibilidade a terceiros dos atos cometidos em excesso pelos administradores, quando a limitação de poderes estiver inscrita ou averbada no registro próprio da sociedade (inciso I), o terceiro tiver conhecimento do excesso ou dos limites (inciso II), e a operação for evidentemente estranha aos negócios da

sendo, portanto, mais específicos e mais evidentes; outros são inferidos por outros institutos, como boa-fé[550], função social do contrato[551], confiança,

sociedade (inciso III). O art. 8º da Lei de Locações (nº 8.245/91) permite o locatário opor seu contrato ao adquirente, desde que a locação seja por tempo determinado, o contrato preveja cláusula de vigência e o contrato tenha sido averbado junto à matrícula do imóvel. O art. 891 do Código Civil prevê a oposição do título de crédito incompleto ao adquirente do título de má-fé (e a inoponibilidade ao de boa-fé). O art. 550 do Código Civil prevê a oponibilidade do direito do cônjuge inocente de anular a doação feita entre o cônjuge adúltero e o seu cúmplice. O art. 608 do Código Civil prevê a oponibilidade do contrato da parte ao terceiro que alicia o prestador de serviço por prazo determinado e por escrito daquele. O art. 221 do Código Civil prevê num primeiro momento que um instrumento particular assinado por quem esteja na livre disposição e administração de seus bens pode ser objeto de oponibilidade por uma parte ou por um terceiro como prova da obrigação (a norma não limita o sujeito que se pode valer do instrumento particular, sendo este artigo o fundamento para a oponibilidade probatória dos instrumentos particulares); num segundo momento, prevê que, se for registrável este instrumento particular (incluindo os instrumentos que visam a transferência ou cessão de bens), ele só será oponível a terceiros se tiver sido registrado. O art. 123 do Código Tributário Nacional prevê a inoponibilidade pela parte ao Fisco da convenção particular que modifica a definição legal do sujeito passivo das obrigações tributárias correspondentes. O art. 40 da Lei 6404/76 trata da oponibilidade da promessa de venda da ação e do direito de preferência à sua aquisição a terceiros, desde que averbados corretamente. O art. 58 da Lei 6404/76 dispõe que, se for averbada no competente registro, há oponibilidade a terceiros de obrigação assumida pela companhia na escritura de emissão de debêntures de não alienar ou onerar bem imóvel ou outro bem sujeito a registro de propriedade. O art. 118, §1º da Lei 6404/76 dispõe sobre a oponibilidade das obrigações ou ônus previstos no Acordo de Acionistas a terceiros, desde que averbado nos livros de registro e nos certificados das ações (se emitidos).

[550] Segundo Roberta Maia, a boa-fé subjetiva é limite à aplicação da oponibilidade, ou seja, "onde há boa-fé, não há espaço para a aplicação prática do conceito de oponibilidade" (MAIA, Roberta Mauro Medina. *Teoria Geral dos Direitos Reais.* São Paulo: RT, 2013, p. 193). Sobre esta assertiva, cabe alguns comentários. A boa-fé é, em geral, caso de inoponibilidade para proteção de terceiros (vide WINTGEN, Robert. *Étude critique de la notion d'opposabilité* – les effets du contrat à l'égard des tiers en droit français et allemande. Paris: LGDJ, 2004, p. 117). Somente neste sentido se poderia dizer que seria o caso de não aplicação prática do conceito de oponibilidade. Em caso de responsabilidade civil do terceiro interferente, por exemplo, o segundo contratante não pode opor o seu contrato ao primeiro contratante (inoponibilidade), mas poderá o primeiro contratante opor o seu contrato ao segundo contratante (oponibilidade). Há oponibilidade do ato do contratante de boa-fé, mas não há oponibilidade por parte do contratante de má-fé. Logo, mesmo quando há boa-fé deve-se ter em mente que há aplicação do conceito de oponibilidade.

[551] Para Gilberto Fachetti Silvestre, a função social serve de princípio orientador da tutela externa do crédito (SILVESTRE, Gilberto Fachetti. *A responsabilidade civil pela violação à função*

direito, moral, solidariedade, incolumidade das esferas jurídicas, eticidade, socialidade, publicidade, alteridade, segurança etc., portanto menos evidentes e mais gerais.

Todos estes princípios, com outras regras específicas, impõem a terceiros ou às partes deveres em relação a outrem. Uma vez quebrados tais deveres, outras regras ainda passam a ter importância, como as da responsabilidade civil[552]. Diante desses múltiplos fundamentos, a análise em concreto da oponibilidade depende, quando é menos evidente, de descobrir se o fator de eficácia mais extensa está presente em relação ao ato ou fato. A presença deste fator nestes casos se dá pela existência de algum fundamento que justifique a sua eficácia indireta. As razões ficarão mais claras quando se tratar da relação entre oponibilidade e cognoscibilidade.

3.1.4. Funções e usos da oponibilidade

Apesar de a oponibilidade fundar-se, muitas vezes, em princípios ou em normas específicas, a oponibilidade se apresenta sob três[553] diferentes

social do contrato. São Paulo: Almedina, 2018, p. 167). Ainda, para o autor, "a funcionalização social do contrato implica em: 1) preservar a incolumidade do vínculo contratual, coibindo a interferência ofensiva por parte de terceiros; e 2) impedir que as partes contratem sobre objetos ou executem as prestações de modo prejudicial à esfera jurídica de terceiros (abuso de direito)." (ibid., p.171).

[552] Geneviève Viney, ao tratar da responsabilidade de terceiros em relação ao credor de uma obrigação inexecutada, explica que, para fins de responsabilidade civil do terceiro interferente, o direito francês, na sua jurisprudência, adotou múltiplos fundamentos, como a ação pauliana, ação de concorrência desleal, abuso de direito, fraude, ou ainda princípios gerais que dominam a solução de conflitos de direitos pessoais. Ainda, segundo o autor, a maior parte dos autores franceses reconhece que a responsabilidade é consequência da oponibilidade do contrato ao terceiro, ou mais precisamente, da obrigação de inviolabilidade. (VINEY, Geneviève. *Traité de Droit Civil*: Introduction à la responsabilité. 2. ed. Paris: LGDJ, 1995, p. 367-368).

[553] Florence Bertrand, no capítulo "La notion d'opposabilite", reconheceu três funções da oponibilidade. A primeira função por ela apontada foi a de transmissão de uma obrigação a terceiros em razão de uma sucessão. Esta pode ser configurada, segundo a autora, por força de uma exceção do princípio da relatividade, ou por força de uma obrigação "propter rem", ou, ainda, pela natureza real da obrigação oposta. Contudo, diversamente do exposto, a oponibilidade jamais transfere uma obrigação em sentido estrito a terceiros. Isto porque a oponibilidade não se confunde com exceção da relatividade. Ainda, as obrigações "propter rem" e de natureza real, apesar de tratarem de oponibilidade, não transferem obrigações em sentido estrito a terceiros, mas sim deveres de não interferência ou de abstenção. Por isso, discordamos da primeira função atribuída por Florence Bertrand. No mais, as outras duas

funções: (i) fazer prevalecer a eficácia de determinado fato ou ato em detrimento do fato ou ato de outrem; (ii) impor a terceiros o dever de respeito do fato, ato, direito ou da situação jurídica pelas partes[554]; e (iii) valer-se de um contrato alheio para provar a existência de uma situação jurídica, seja frente aos terceiros ou às partes.

Em relação à segunda função, quando o terceiro viola o seu dever de respeito, o direito subjetivo da parte ofendida será protegido pela tutela aquiliana (extranegocial), independentemente de o direito ser real ou pessoal. De notar-se que a presença de uma das funções não exclui as demais, podendo estar presentes cumulativamente. Inclusive, tanto a segunda quanto a terceira função têm, no final das contas, o intuito de fazer prevalecer a posição do opoente contra o oposto (ou seja, a primeira função exposta).

Adiante, quando tratarmos da oponibilidade formal dos atos jurídicos, serão detalhadas tanto a oponibilidade probatória quanto a oponibilidade substancial. É nesta última categoria que têm relevância as duas primeiras funções acima exposta, para demonstração teórica da existência de oponibilidade dos elementos jurídicos formais (ato e fato jurídico) e substanciais (direito e situações jurídicas).

3.1.5. Forma de análise

Com a admissão da oponibilidade, os franceses, desde cedo, deram atenção à forma de análise da eficácia indireta dos contratos (ou dos elementos jurídicos), realizando estudos cada vez mais profundos a respeito da oponibilidade. Numa primeira forma de análise[555], a oponibilidade é vista

funções apontadas, com as quais concordamos, são as funções segunda e terceira ora expostas. (BERTRAND, Florence. *L'opposabilite du contrat aux tiers.* Tese de doutorado, Paris, Universite de droit, d'economie et de sciences sociales de Paris, 1979, p. 169-170)

554 Ou seja, todo direito subjetivo é oponível pelo simples fato de ser merecedor de respeito (*neminem laedere*).

555 Esta forma de análise é a feita por Jacques Flour, Jean-Luc Aubert e Éric Savaux (FLOUR, Jacques; AUBERT, Jean-Luc; SAVAUX, Éric. *Droit Civil.* Les Obligations. 1. L'acte juridique. 14. ed. Paris: Dalloz, 2010, p. 407-412). Ainda, de forma similar, é utilizada por Florence Bertrand, que dividiu a sua tese em duas partes, "L'opposabilite du contrat par les parties aux tiers" e "L'opposabilite du contrat par les tiers a l'encontre des parties" (BERTRAND, Florence. *L'opposabilite du contrat aux tiers.* Tese de doutorado, Paris, Universite de droit, d'economie et de sciences sociales de Paris, 1979).

pelo prisma da *subjetividade* em três dimensões[556]: (i) oponibilidade às partes e pelos terceiros; (ii) oponibilidade aos terceiros e pelas partes; e (iii) oponibilidade dos terceiros e pelos terceiros[557].

A oponibilidade do contrato *aos terceiros e pelas partes* é aquela em que a parte opõe o contrato a um terceiro para impedir que o direito de outrem nasça ou possa ter efeito. É, assim, um fenômeno de reconhecimento essencialmente negativo[558], que visa proteger os direitos adquiridos pelo contratante. Este tipo de oponibilidade de longe é a mais problemática e existe tanto em caso de o direito a que o contrato se refere ser real[559] quanto pessoal[560].

[556] Poder-se-ia dizer que há uma oponibilidade à parte pela parte, porém, neste caso, estaríamos falando da eficácia direta, denominada quando os efeitos das convenções ligam somente as partes. Menezes Cordeiro vale-se da noção de oponibilidade como sinônimo de efeitos, então, denomina em grau a oponibilidade à parte pela parte como oponibilidade forte, existente na oponibilidade *inter partes*. (CORDEIRO, António Menezes. *Tratado de direito civil português*: Direito das obrigações. Coimbra: Almedina, 2009, v. 2. t. 1. p. 353).

[557] GOUTAL, Jean-Louis. *Essai sur le principe de l'effet relatif du contrat*. Paris: LGDJ, 1981, p. 34-38. Apesar de o Código das obrigações e dos contratos do Líbano não prever a oponibilidade — só prevê, no art. 225, o princípio da relatividade dos contratos —, a jurisprudência libanesa faz uma análise da oponibilidade dos contratos pelas partes aos terceiros e pelos terceiros às parets. KHORIATY, Rita. Tiers et contrat au Liban. In: *TRAVAUX de l'Association Henri Capitant*. Bruxelas: Éditeurs Bruylant e LB2V, 2015. t. 65, p. 141-146.

[558] GOUTAL, Jean-Louis. *Essai sur le principe de l'effet relatif du contrat*. Paris: LGDJ, 1981, p. 34.

[559] Em um caso de usucapião, o autor poderá opor o direito à prescrição aquisitiva contra o verdadeiro proprietário, ou contra qualquer outro adquirente. A oposição pelo usucapiente impede que o direito do usucapido de propriedade tenha efeito.

[560] Exemplifica ainda Jean-Louis Goutal que, num contrato de locação, o primeiro locatário pode opor seu contrato contra um segundo locatário do mesmo bem, para impedir o nascimento de direito de terceiro. Neste caso, seria dizer que "você não pode pretender gozar a coisa, pois eu já aluguei antes de você" (tradução livre de: "vous ne pouvez prétendre jouir de la chose, car je l'ai louée avant vous") (GOUTAL, Jean-Louis. *Essai sur le principe de l'effet relatif du contrat*. Paris: LGDJ, 1981, p. 35). Ainda na seara das locações, na jurisprudência do Líbano, um locatário processou o anterior locatário por este não ter deixado o imóvel, mesmo após a resolução do contrato de locação. Apesar de o anterior locatário ter alegado a relatividade dos contratos, a Corte de Beyrouth confirmaram a qualidade do terceiro de nominar um perito e, indiretamente, intentar uma ação de responsabilidade delitual contra o anterior locatário. (KHORIATY, Rita. Tiers et contrat au Liban. In: *TRAVAUX de l'Association Henri Capitant*. Bruxelas: Éditeurs Bruylant e LB2V, 2015. t. 65, p. 142). Também se pode exemplificar pelo caso de enriquecimento sem causa, no qual a parte contratante empobrecida opõe o seu

A oponibilidade do contrato *às partes e pelos terceiros* ocorre, em geral, quando o terceiro opõe aos contratantes ou a um dos contratantes um ato de inexecução contratual, como nexo de causalidade suficiente para responsabilizar as partes ou uma das partes por um dano sofrido pelo terceiro (visto, assim, como um terceiro-vítima)[561]. É o caso de um transeunte que se acidenta pela má-execução do serviço de terceiros[562], que pode ser oposta pelo terceiro-transeunte aos contratantes da execução do serviço. Não há, aqui, confusão entre efeito obrigatório e oponibilidade. O terceiro não demanda a execução do contrato, mas a reparação do dano sofrido pelo fato da inexecução[563].

Mas é de se fazer uma ressalva. Nem todo descumprimento contratual constitui, "*ipso facto*", uma falta delitual[564]; por outro lado, há descumprimentos contratuais que podem ser vistos como violadores de um dever

contrato ao terceiro que se enriqueceu em virtude do fato do cumprimento do contrato. Ou ainda, de lembrar a hipótese de interferência ilícita de terceiros nas relações contratuais alheias.

561 Os exemplos aqui são diversos: acidentes causados por (i) um caibro de madeira que despenca de um edifício em construção; (ii) elevador mal construído; (iii) automóvel defeituoso; (iv) defeito de fabricação de produtos etc.

562 Philippe Saint-Hilaire fornece tanto esse exemplo quanto o dos danos causados em determinada propriedade pela construção de um prédio vizinho (SAINT-HILAIRE, Philippe Delmas. *Le Tiers à L'Acte Juridique.* Paris: LGDJ, 2000, p. 377). No Brasil, o segundo exemplo está expressamente previsto no art. 1277 do Código Civil.

563 GOUTAL, Jean-Louis, op. cit., p. 37. GHESTIN, Jacques; JAMIN, Christophe; BILLIAU Marc. *Traité de Droit Civil:* Les effets du contrat. 3. ed. Paris: LGDJ, 2001, p. 769.

564 Christian Larroumet critica a posição da corte suprema francesa que, em julgado de 2006, reiterado por outro de 2019, considerou que toda inexecução contratual constituía uma fonte de responsabilidade extracontratual em face de terceiros. Ao dar uma tal conclusão, "turvou todos os critérios para distinguir entre o que é contratual e o que é extracontratual" (tradução livre de: "Ce faisant, elle a brouillé tous les critères de distinction entre ce qui relève du contractuel et ce qui relève de l'extracontractuel.") (LARROUMET, Christian. La responsabilite du debiteur contractuel envers les tiers et l'avant projet de loi de reforme de la responsabilite civile en France. Liber Amicorum *Teresa Ancona Lopez*: estudos sobre responsabilidade civil. São Paulo: Almedina, 2021 (e-book)). O "Projet de reforme de la responsabilite civile" na França, apresentado em 13 de março de 2017, busca reforçar o posicionamento de que terceiro, ainda que tenha sofrido prejuízo decorrente de um descumprimento contratual, somente pode buscar reparação contra o devedor com base na responsabilidade extracontratual, desde que provada a ocorrência dos pressupostos da responsabilidade aquiliana (vide art. 1234 de tal anteprojeto). Referida alteração legal é importante para se evitar um alargamento indevido da hipótese de responsabilidade aquiliana pelo fato do descumprimento contratual.

geral de cuidado. Somente neste último caso é possível analisar o fato do descumprimento como nexo causal suficiente para reparação de um dano injusto, ou seja, somente neste caso poderá o terceiro-vítima opor o fato da inexecução às partes contratantes, para, então, perseguir a responsabilidade das partes frente a terceiros[565]. É neste sentido, então, que se deve tomar em conta a proteção do terceiro, cuidando para que não se amplie demasiadamente o seu significado[566]. Outro exemplo que

[565] Como lembra Florence Bertrand, para a ação do terceiro vítima, é necessário que haja, não só um descumprimento, mas uma falta delitual (BERTRAND, Florence. *L'opposabilite du contrat aux tiers.* Tese de doutorado, Paris, Universite de droit, d'economie et de sciences sociales de Paris, 1979, p. 373-374). Ainda, o terceiro-vítima não tem nenhum benefício de presunção de responsabilidade (como há no descumprimento contratual, que basta provar o descumprimento para se responsabilizar a parte faltosa) (ibid., p. 382). É de notar-se que não há qualquer estranheza ao se analisar o fato do descumprimento contratual como ato delitual, pois, como já lembrou Judith Martins-Costa, as categorias de responsabilidade (negocial ou extranegocial) têm identidade ontológica e principiológica, diferenciando-se pelas consequências por mera política legislativa (MARTINS-COSTA, Judith. *Comentários ao novo Código de Processo Civil.* Rio de Janeiro: Forense, 2003. v. 5, t. 2, p. 100). Em certos casos, as diferenças entre responsabilidade negocial e extranegocial não são claras, existindo verdadeiros "vasos comunicantes", como denomina Antunes Varela (VARELA, João de Matos Antunes. *Das obrigações em geral.* 10. ed., Coimbra: Almedina, 2014. v. 1. p. 522). Estes casos têm sido tratados pela alcunha de "concurso de responsabilidades" ou de "cúmulo de responsabilidades" (SILVA, Jorge Cesa Ferreira da. *Inadimplemento das obrigações.* São Paulo: RT, 2007, p. 63-64) ou ainda de "responsabilidade supranegocial" (NORONHA, Fernando. *Direito das obrigações.* 4. ed. São Paulo: Saraiva, 2013, p. 480-481). Na jurisprudência, confira o voto divergente do Min. Luis Felipe Salomão (REsp 903.258), que, em 2011, ao tratar de um caso de negação de cobertura, atribuiu ao ato causador de dano moral a característica de superar o descumprimento contratual, enquadrando-se a negativa de cobertura não só como um descumprimento contratual, mas um ato ilícito, fazendo contabilizar os juros desde o evento danoso (e não desde o ajuizamento da ação, como seria se fosse o caso de descumprimento contratual).

[566] Na proteção de terceiros, não estão incluídos os casos em que o ato que provoca a infração contratual não seja cumulativamente uma violação de um dever geral de cuidado (mesmo que o terceiro venha sofrer danos dessa infração contratual). Segundo Geneviève Viney, ao lado das obrigações essenciais que concorrem diretamente à realização de uma operação jurídica projetada pelos contratantes, a jurisprudência francesa reconhece obrigações acessórias que se traduzem em regras de comportamento em prol de todos, ligados ou não à relação contratual. Se a falta é do cumprimento de uma obrigação, o terceiro deverá provar que o descumprimento é também uma falta delitual (imprudência, negligência etc.), porém, se a falta for de uma obrigação acessória, a prova deste descumprimento já seria o suficiente para estabelecer uma falta delitual em relação a terceiros (VINEY, Geneviève. *Traité de Droit Civil*: Introduction à la responsabilité. 2. ed. Paris: LGDJ, 1995, p. 402-403). Este entendimento é repisado por

pode ser dado a respeito da oponibilidade do contrato às partes e pelos terceiros é o conflito de um contrato com a posição jurídica de um terceiro. O ordenamento, por razões várias (por exemplo, por força da teoria da aparência, ou da simulação, ou mesmo pelas regras de publicidade ou de conhecimento efetivo), atribui o direito de terceiro de fazer prevalecer a sua posição jurídica em face de outros contratantes[567].

Ainda nesta dimensão da oponibilidade (oponibilidade do contrato às partes e pelos terceiros), é possível que um terceiro retire informações de um contrato para opô-las frente aos contratantes, seja para estabelecer um interesse de agir ou uma qualidade[568], ou mesmo a falta deste[569].

Philippe Saint-Hilaire (SAINT-HILAIRE, Philippe Delmas. *Le Tiers à L'Acte Juridique*. Paris: LGDJ, 2000, p. 386). Christian Larroumet comenta em especial o art. 1234 do "avant projet de loi sur la responsabilité civile", que proíbe que terceiros se valham da responsabilidade contratual contra as partes contratantes, permitindo, porém, o recurso à responsabilidade extracontratual quando se provar a presença dos fatos geradores da responsabilidade extracontratual. Para Larroumet, a grande maioria dos casos de responsabilidade do devedor contratual em relação a terceiros é composta pela categoria de danos por ricochete, das "ações diretas" (e.g., ação de cobrança de um credor contra o devedor de seu devedor) e dos casos de sucessão a título particular — que não é propriamente um terceiro, como próprio reconhece o autor. (LARROUMET, Christian. La responsabilite du debiteur contractuel envers les tiers et l'avant projet de loi de reforme de la responsabilite civile en France. Liber Amicorum *Teresa Ancona Lopez*: estudos sobre responsabilidade civil. São Paulo: Almedina, 2021 (e-book)).

567 A depender do polo subjetivo que se olhe, pode-se concluir que se trata de oponibilidade de terceiros às partes ou das partes aos terceiros. Por exemplo, em caso de dupla venda do mesmo bem, pode-se concluir que se trata da oponibilidade da parte (do primeiro contrato) ao terceiro (segundo contratante) ou, ainda, do terceiro (em relação ao segundo contrato) contra a parte (do segundo contrato).

568 Jacques Ghestin fornece o exemplo de uma seguradora que paga a indenização da vítima de um sinistro. Neste caso, a seguradora subroga-se nos direitos da vítima, retirando da vítima a qualidade e interesse de agir contra o responsável pelo prejuízo (GHESTIN, Jacques; JAMIN, Christophe; BILLIAU Marc. *Traité de Droit Civil:* Les effets du contrat. 3. ed. Paris: LGDJ, 2001, p. 772)

569 É o caso da ação direta movida pela vítima contra a seguradora. Sem necessidade de valer-se de uma interpretação extensiva de estipulação em favor de terceiros, Teresa Negreiros já defendeu que é possível concluir, com base no princípio da solidariedade e da função social, que o terceiro pode ingressar diretamente com a ação contra a seguradora (NEGREIROS, Teresa. *Teoria do contrato: novos paradigmas*. 2. ed. Rio de Janeiro: Renovar, 2006, p. 230). Nesse caso, se a solução jurídica estiver correta, estar-se-ia diante da oponibilidade do contrato de seguro por parte de terceiro frente a uma das partes, para que a seguradora indenize o terceiro pelo risco assumido. O terceiro (a vítima) poderá se valer das informações contidas no contrato alheio

Numa segunda forma de análise, é possível examinar a oponibilidade segundo o referencial do *benefício ou malefício* ao terceiro ou à parte. Neste caso temos duas situações: (i) a parte opõe o fato ou ato jurídico em prejuízo de terceiros (terceiro ofendido); e (ii) o terceiro opõe o fato ou ato jurídico em prejuízo da parte ou das partes (terceiro ofensor)[570].

Esta forma é adotada por Teresa Negreiros, mas, por tratar somente dos efeitos do contrato, limitou-se a análise da problemática a duas ordens: (i) o terceiro prejudicado pelo descumprimento de uma obrigação contratual[571], exemplificado pelos casos de grupo de contratos e de responsabilidade frente aos consumidores; e (ii) o credor prejudicado pelo comportamento do terceiro[572], que se reduz ao caso de tutela externa dos créditos. Igualmente de forma limitada aos contratos, Humberto Theodoro Neto também sistematiza os efeitos indiretos como: (i) o terceiro que se obriga perante os contratantes[573]; e (ii) o terceiro que se beneficia ou adquire direitos em face do contrato ou da conduta dos contratantes[574].

como prova da sua pretensão indenizatória contra a seguradora. Mais evidente fica a hipótese de seguro de responsabilidade legalmente obrigatório, que, por disposição legal (art. 787 do Código Civil), determina que "a indenização por sinistro será paga pelo segurador diretamente ao terceiro prejudicado".

570 Como aquele que opõe visa obter ou manter determinada vantagem ou privilégio em detrimento da pessoa oposta, não há as categorias de terceiro beneficiário (ou beneficiado) ou de terceiro benfeitor. Seria ilógico que uma pessoa opusesse determinado elemento jurídico em benefício de outra pessoa e em prejuízo próprio. Isto, contudo, não quer dizer que efeitos de contratos não sejam benéficos a terceiros. Ou ainda, pode ocorrer que terceiro sofra um benefício e venha a parte cobrar valores por conta do benefício recebido. É o caso da contribuição de melhoria. A Prefeitura, aqui, realiza determinada obra que provoca valorização de imóvel de terceiros. Os atos da Prefeitura beneficiam terceiros, porém, por previsão legal, a Prefeitura está autorizada a opor a terceiros o benefício recebido.

571 NEGREIROS, Teresa, op. cit., p. 244.

572 ibid., p. 244-266.

573 Compreendem nesta categoria os casos de (i) tutela externa do crédito; (ii) sucessor singular de coisa cedida com constrição; e (iii) terceiros obrigados por força da lei (adquirente de imóvel locado, que, em certos casos, deve respeitar a locação; o subadquirente de produto com garantia contra o fornecedor) (THEODORO NETO, Humberto. *Efeitos Externos do Contrato*. Rio de Janeiro: Forense, 2007, p. 171-199).

574 Os casos que abrangem esta categoria, segundo Humberto Theodoro Neto, são: (i) estipulação em favor de terceiro; (ii) o contrato com eficácia de proteção para terceiros; (iii) terceiro credor *ex lege* em face do contrato alheio (adquirente de imóvel locado, que torna-se credor em face do contrato de locação; o subadquirente de produto com garantia contra o

Outra forma de analisar-se a oponibilidade dos contratos é a feita por Jacques Ghestin, Christophe Jamin e Marc Billiau, que, tendo por base o *direito* que o contrato tem por objeto, diferenciam: (i) oponibilidade do contrato que tenha por objeto um direito de crédito, que pode traduzir-se em uma obrigação de não fazer[575] ou numa extensão dos efeitos obrigatórios a terceiros[576]; e (ii) oponibilidade do contrato que tenha por objeto um direito real. Em ambos os tipos de direito, aplica-se a regra do conhecimento para explicar a efetivação da oponibilidade[577].

Porém, entre todas as formas de análise da oponibilidade, temos a feita por José Duclos como a melhor. Em primeiro lugar, por ser a mais completa; não tratou só da oponibilidade dos contratos[578], mas também de todos os demais elementos (fatos, atos, direitos subjetivos e situações jurídicas). Ainda, por ser a mais sistematizada; diferenciou tanto a oponibilidade dos elementos jurídicos formais e substanciais quanto a oponibilidade probatória e substancial. Desta forma, ao adotarmos a forma de análise de José Duclos, a oponibilidade deve ser tratada: (i) em uma primeira

fornecedor; os empregados de uma empresa vendida torna-se titular de direito exercível contra o contratante sucessor); e (iv) responsabilidade *ex delicto* do contratante em face do terceiro (quando uma inexecução causa prejuízo a terceiro) (THEODORO NETO, Humberto. *Efeitos Externos do Contrato*. Rio de Janeiro: Forense, 2007, p. 199-211).

575 Ghestin, Jamin e Billiau neste ponto tratam de: (i) oponibilidade que se traduz na obrigação de não-fazer; (ii) oponibilidade que se traduz na recusa legítima da parte de não se obrigar frente a terceiros; e (iii) não constituição de "falta" a execução de um contrato. (GHESTIN, Jacques; JAMIN, Christophe; BILLIAU, Marc. *Traité de Droit Civil:* Les effets du contrat. 3. ed. Paris: LGDJ, 2001, p. 776-781)

576 GHESTIN, Jacques; JAMIN, Christophe; BILLIAU Marc. *Traité de Droit Civil:* Les effets du contrat. 3. ed. Paris: LGDJ, 2001, p. 781-794.

577 A diferença primordial entre a forma de análise exposta por Jacques Ghestin, Christophe Jamin, e Marc Billiau e a forma de José Duclos é que aqueles consideram existir hipótese em que o conhecimento é indiferente, enquanto este não. Naquela, a oponibilidade pode não estar associada ao conhecimento, nesta sempre.

578 Roberto Wintgen tratou de criticar, mesmo que timidamente, a distinção feita por José Duclos entre oponibilidade dos fatos e dos atos, para afirmar inexistir uma boa razão para tanto, já que as oponibilidades seriam iguais. Considera Robert Wintgen que a oponibilidade do contrato (do ato) é a mesma do contrato visto como um fato (WINTGEN, Robert. *Étude critique de la notion d'opposabilité* – les effets du contrat à l'égard des tiers en droit français et allemande. Paris: LGDJ, 2004, p. 93). Os efeitos da oponibilidade do ato ou do fato, realmente, não são distintos, porém, a distinção tem a utilidade para compreender o jogo da oponibilidade, *i.e.*, quando se está a tratar de oponibilidade na sua efetivação.

parte, para demonstrar como a oponibilidade está presente em todos os elementos jurídicos, mas buscando dar o enfoque necessário aos contratos; e, (ii) em uma segunda parte, para explicar como a oponibilidade funciona em sua efetivação.

3.1.6. Partes e terceiros

Uma concepção unitária e positiva de parte ou de terceiro, embora relevantes os esforços da doutrina, não é possível. Parte e terceiro são concepções relativas, a depender do referencial adotado[579] ou do centro de interesses aglutinado[580]. Porém, esta constatação não torna inútil a diferença entre ambas as categorias, apenas torna em vão uma tentativa de concepção que abranja todos os casos. Assim, no que se refere à relatividade ou à oponibilidade, principalmente considerando a evolução contemporânea de seus conceitos, adotando os referenciais certos, é possível construir uma categoria de parte e de terceiro para este grupo.

Antes de conceituar, porém, é preciso constatar o óbvio: nem todo terceiro é igual. Juridicamente, há terceiros tão afastados das partes que se denominam terceiros absolutos; por outro lado, há terceiros tão próximos que se tornam partes. Entre um extremo e outro, há diversas outras categorias intermediárias de terceiros. O referencial de proximidade é sempre o mesmo, a relação contratual (ou, amplamente, o ato ou fato jurídico).

Os terceiros absolutos (ou também denominados terceiros "*penitus extranei*") são, por definição, completamente estranhos. Não são sucessores a título particular ou universal com uma das partes. Nem possuem vínculo próximo ou qualquer interesse conflitante. Sua distância (não necessariamente espacial, mas eficacial) é tamanha que tais terceiros não

[579] Francesco Messineo diz que: "En verdad, es imposible dar una noción unitaria, que no sea simplemente negativa, de terceros" (MESSINEO, Francesco. *Manual de derecho civil y comercial.* Tradução Santiago Sentis Melendo. Buenos Aires: Ediciones Juridicas Europa-America, 1979. t. 2. p. 7).

[580] Como a de Alcides Tomasetti Jr., "*Parte contratual* é o conceito pelo qual se aglutinam, numa só expressão lingüística, os centros de *interesses* que nos contratos de formação bilateral – e.g., locação, compra e venda, empréstimo – apresentam-se *contrapostos*, de modo que a *composição* ou harmonização dos interesses que se contrapõem vai ser, em princípio, livre e espontaneamente lograda no momento da conclusão do contrato." (OLIVERA, Juarez de. *Comentários à lei de locação de imóveis urbanos.* São Paulo: Saraiva, 1992, p. 10).

estão sujeitos ao risco do negócio, direta ou indiretamente. Entre todos os graus de proximidade do terceiro com as partes, são os mais distantes. Não sofrem, segundo Alex Weill e François Terré, qualquer efeito do contrato[581].

No outro extremo, há outras categorias de terceiros, que, como lembra A. Junqueira de Azevedo, "por fato superveniente, venham a se tornar partes da relação contratual (é o que pode ocorrer na estipulação em favor de terceiros)"[582]. Não tão próxima da categoria de parte e não tão distante da categoria de terceiro absoluto, numa zona intermediária, situam-se os terceiros interessados, "cuja posição jurídica em relação ao negócio reflete proximidade em relação a uma das partes ou em relação ao objeto, de modo a torná-los suscetíveis a sofrer os efeitos contratuais"[583]. Estes terceiros interessados, sem assentir ou intervir na formação contratual, ou sem sequer aderir ao contrato, são aqueles sujeitos à oponibilidade do contrato.

No que se refere às categorias de partes, numa concepção tradicional, partes sujeitas ao princípio do efeito relativo são aquelas que contrataram, ou seja, seriam aquelas que, no momento da formação do contrato, exerceram a sua autonomia da vontade. Quem não participou com a sua vontade na formação contratual, nesta visão tradicional, é denominado de "terceiro". Esta solução simplificada acaba, contudo, por ser incompleta. Os sucessores ou os cessionários que, por ato superveniente, sujeitam-se aos efeitos obrigatórios do contrato não seriam qualificados como partes.

Aos poucos, esta tradicional visão de parte precisou ser alterada ou complementada, principalmente com o reconhecimento de um número cada vez maior de casos de terceiros sujeitos aos efeitos obrigatórios. Um dos casos se refere ao instituto da representação. As pessoas representadas são consideradas, por permissão legal, partes no contrato, ou, como prefere dizer o artigo 116 do Código Civil, "A manifestação de vontade pelo representante, nos limites de seus poderes, produz efeitos em relação ao representado". É a técnica pela qual se imputa a manifestação de vontade praticada pelo representante ao representado. É uma ficção jurídica que alarga o conceito de parte para nela incluir o representado. Se bem se

[581] WEILL, Alex; TERRÉ, François. *Droit civil*: Les obligations. 4. ed. Paris: Dalloz, 1986, p. 579.

[582] AZEVEDO, Antonio Junqueira de. *Novos Estudos e Pareceres de Direito Privado*. São Paulo: Saraiva, 2009, p. 118.

[583] ibid., p. 118.

reparar, o representado é considerado parte por manifestação de vontade alheia, ou seja, sem manifestar no ato a sua vontade. O conceito de parte, então, está fundamentado não só na manifestação de vontade, mas também em outras razões de ordem legal. Desta forma, dependendo da necessidade de incluir um caso ou outro (por exemplo, incluir o representado, ou o cessionário, ou o sucessor, ou o aderente etc.), foi-se modelando diferentemente o conceito de parte.

O conceito de parte ainda pode ser alterado a depender do referencial de análise. Por exemplo, pelo aspecto funcional do contrato[584], no qual se analisa o contrato como instrumento de respeito das previsões e de realização da justiça comutativa[585], dentro do conceito de parte pode estar enquadrado todo aquele que participa da operação de troca realizada pelo contrato. Partindo deste referencial, um membro do grupo de contratos coligados poderá ser considerado parte de contratos do grupo[586]. Outro exemplo, ainda, advém da análise do contrato pelo referencial da confiança legítima: "tal concepção permitiria explicar, por exemplo, a extensão do contrato a pessoas que não tenham consentido pela teoria da aparência"[587]. Ou, ainda, adotando o referencial do direito do consumidor, a diferença entre parte e terceiro, para fins de formação de um conceito de "consumidor", torna-se frágil ou irrelevante, pois não interessa "se 'contratam' os serviços, se os 'utilizam' diretamente, se nele 'intervêm' ou se são apenas

[584] NEGREIROS, Teresa. *Teoria do contrato: novos paradigmas*. 2. ed. Rio de Janeiro: Renovar, 2006, p. 262.

[585] BACACHE-GIBEILI, Mireille. *La relativité des conventions et les groupes de contrats*. Paris: LGDJ, 1996, p. 262.

[586] WINTGEN, Robert. *Étude critique de la notion d'opposabilité* – les effets du contrat à l'égard des tiers en droit français et allemande. Paris: LGDJ, 2004, p. 53. Este autor critica a distinção feita na obra de Mireille Bacache-Gibeili entre "cocontratante" (partes contraentes de um mesmo contrato) e "simples partes contratantes" (partes contratantes a um grupo de contrato), por considerar uma incoerência à noção de contrato. Considera este autor que o consentimento dado a um contrato não implica em consentimento a outros contratos do grupo. A extensão dos efeitos obrigatórios do contrato aos membros do grupo de contrato não se explica pela relatividade, mas sim pela exceção à relatividade (ibid., p. 61-63).

[587] Tradução livre de: "telle conception permettrait d'expliquer, par exemple, l'extension du contrat à des personnes qui n'y ont pas consenti par la théorie de l'apparence" (WINTGEN, Robert. *Étude critique de la notion d'opposabilité* – les effets du contrat à l'égard des tiers en droit français et allemande. Paris: LGDJ, 2004, p. 53). Neste exemplo, a teoria da aparência torna o terceiro (verdadeiro titular do direito) em relação ao negócio aparente parte sem a sua vontade.

'expostos' a eles"[588]. Em outras palavras, não é necessário ser parte (no sentido de contratante do contrato consumerista) para ter proteção do direito do consumidor. Pouco importa, sob este ponto de vista, se parte ou terceiro[589]. Em conclusão, por conta destas múltiplas formas de analisar-se o contrato, de acordo com as especificidades do contrato em análise, é de se reconhecer que um conceito unitário e final de parte e de terceiro não é possível de ser encontrado[590].

Reconhecer esta impossibilidade, contudo, não significa que os conceitos já formulados devam ser descartados. Muito pelo contrário, nem a visão tradicional de partes e terceiros precisa ser necessariamente descartada, pois enuncia uma assertiva correta num determinado momento contratual: o da formação.

O importante é buscar incluir ou adaptar novos conceitos a uma realidade nova ou específica. Nesse sentido, Jacques Ghestin buscou formular um conceito de "parte" sem descartar por completo a concepção tradicional, mas atento ao conceito moderno de contrato. Para tanto, como referencial, o autor parte da premissa de que a qualidade de ser parte é daquela pessoa legalmente atribuída a ser credora ou devedora em relação a um contrato; o que é dizer, aquela pessoa obrigada pelos efeitos do contrato. Desta forma, o autor conceitua parte como:

> São partes todas as pessoas que, tendo concluído elas mesmas ou por efeito de uma representação convencional ou legal o contrato, e tendo aderido quando a lei o permite, ou tendo sido substituídas as partes contratantes pela transmissão de sua situação contratual, autorizadas ou exigidas por lei, estão ligadas, ativa e passivamente, pelos efeitos obrigatórios e que têm as características prerrogativas desta qualificação, ou seja, o poder de modificar ou extinguir o contrato pelo procedimento contratual, é dizer, um acordo de vontades.[591] (Tradução nossa).

588 MARQUES, Claudia Lima. Direitos básicos do consumidor na sociedade pós-moderna de serviços: o aparecimento de um sujeito novo e a realização de seus direitos. *Revista de Direito do Consumidor*, São Paulo, v. 35, p. 61-96, 2000, p. 93.

589 Mas certamente importa a proximidade deste terceiro (que, deve ao menos estar exposto aos efeitos do direito do consumidor) para fins de merecimento da tutela consumerista.

590 E se fosse encontrado um conceito unitário, para abranger todos os possíveis casos de parte e de terceiro, certamente será tão amplo que não será útil.

591 Tradução livre de: "Sont parties toutes les personnes qui, ayant conclu elles-mêmes ou par l'effet d'une représentation conventionnelle ou légale le contrat, y ayant adhéré lorsque la loi le

Já terceiro, por negação, é aquele que não tem a qualidade de parte. Deve-se ter em mente que na categoria de terceiro incluem-se aqueles que estão "ligados por determinados efeitos obrigatórios do contrato, a partir do momento que eles não têm as características prerrogativas da qualidade de partes, a saber, o poder de concluir, modificar ou extinguir o contrato segundo o procedimento contratual"[592].

Apesar de não estar imune a críticas[593], e de existirem outras definições relevantes, nesta categorização de partes e terceiros, leva-se em conta não

permet, ou ayant été substituée aux parties contractantes par la transmission de leur situation contractuelle, autorisée ou imposée par la loi, sont liées, activement e passivement, par ses effets obligatoires et qui disposent des prérogatives caractéristiques de cette qualification, à savoir le pouvoir de modifier ou d'anéantir le contrat par la procédure contractuelle, c'est-à-dire un accord de volontés" (GHESTIN, Jacques; JAMIN, Christophe; BILLIAU Marc. *Traité de Droit Civil:* Les effets du contrat. 3. ed. Paris: LGDJ, 2001, p. 756)

592 Tradução livre de: "liées activement ou passivement par certains effets obligatoires du contrat, dès l'instant qu'elles ne disposent pas des prérogatives caractéristiques de la qualité de parties, à savoir le pouvoir de conclure, modifier ou anéantir le contrat selon la procédure contractuelle." (GHESTIN, Jacques; JAMIN, Christophe; BILLIAU Marc. *Traité de Droit Civil:* Les effets du contrat. 3. ed. Paris: LGDJ, 2001, p. 756)

593 Antes de 1994, Jacques Ghestin defendia a subdivisão do conceito de parte, considerando "parte contratual" aquela no momento da formação do contrato e "parte ligada pelo contrato" como aquela que adquire a posição de parte durante a execução; ambas submetidas ao princípio da força obrigatória dos contratos. Porém, considerando o alargamento do conceito de parte de Jacques Ghestin perigoso, Jean-Luc Aubert escreveu artigo criticando-o, basicamente por considerar que o critério voluntarista para definição de parte não teria sido respeitado (Jacques Ghestin dizia que a vontade era um dos critérios preponderantes para a definição do conceito de parte) e o art. 1.165 do Código Civil francês se referiria apenas ao momento da formação e não da execução; o que, segundo o autor, não justificaria uma subdivisão do conceito de parte e terceiros, principalmente por considerar irrelevante uma diferenciação que levasse em conta o conceito de oponibilidade (AUBERT, Jean-Luc. A propos d'une distinction renouvelée des parties et des tiers. *Revue trimestrielle de droit civil*, Paris, n. 2, abr.-jun., p. 263-278, 1993). No ano seguinte, Catherine Guelfucchi-Thibierge apresentou suas considerações sobre o tema. Para a autora, a vontade não é o único critério relevante para definição de parte, pois a lei também pode permitir que terceiro se torne parte. Ainda, considerou nociva ou inútil a subdivisão de Jacques Ghestin em relação ao conceito de parte (GUELFUCCI-THIBIERGE, Catherine. De l'élargissement de la notion de partie au contrat... à l' élargissement de la portée du principe de l'effet relatif. *Revue trimestrielle de droit civil*, Paris, n. 2, abr.-jun., p. 275-285, 1994). Após as duas publicações, Jacques Ghestin respondeu as críticas, acatando-as parcialmente, no artigo "Nouvelles propositions pour un renouvellement de la distinction des parties et des tiers" publicada na *Revue trimestrielle de droit civil*. Neste artigo, Jacques Ghestin excluiu as

só o momento de formação do contrato, mas também a fase de execução do contrato.

Quando se trata de oponibilidade dos contratos, faz muito mais sentido adotar o conceito de parte e de terceiro de Jacques Ghestin, pois é o conceito que abrange, em relação aos efeitos obrigatórios do contrato, tanto a fase de formação quanto a de execução. Definir parte como aquela sujeita aos efeitos obrigatórios do contrato é o que importa para fins de oponibilidade. Terceiro, por exclusão, será aquele que não é considerado parte.

3.1.7. Da reforma do Código Civil francês

Na França, a "ordonnance n. 2016-131", de 10 de fevereiro de 2016 (i) reescreveu inteiramente os títulos III a IV bis [594] do *Code civil*, alterando o regime dos seus artigos 711 a 1.386-18; e (ii) aprovou a reforma dos direitos dos contratos, do regime geral e da prova das obrigações. A reforma, em verdade, "codifica" um grande número de soluções jurisprudenciais já adotadas, que divergiam em maior ou menor grau do texto frio legal. A mudança foi organizada sob os títulos "Fontes das obrigações" (título III), "Do regime geral das obrigações" (título IV) e "Da prova das obrigações" (título IV bis). O escopo da reforma foi garantir, em primeiro

categorias intermediárias e híbridas e considerou parte, tanto a do momento da formação do contrato, quanto a do momento da execução do contrato, levando em conta ainda que uma parte pode perder a qualidade de parte (GHESTIN, Jacques. Nouvelles propositions pour un renouvellement de la distinction des parties et des tiers. *Revue trimestrielle de droit civil*, Paris, n. 4, out.-dez., p. 777-800, 1994). As conclusões deste artigo de Jacques Ghestin foram inseridas posteriormente tanto nas futuras edições do seu "Traité de Droit Civil: Les effets du contrat", quanto no capítulo introdutório da coletânea de artigos coordenados por ele e por Marcel Fontaine (GHESTIN, Jacques. Introduction. FONTAINE, Marcel; GHESTIN, Jacques (Coord.). *Les effets du contrat a l'egard des tiers*: comparaisons franco-belges. Paris: LGDJ, p. 4-39, 1992, p. 18-39). Para um panorama mais detalhado sobre o debate francês sobre a diferenciação de parte e terceiros, confira a obra de Roberta Mauro Medina Maia (MAIA, Roberta Mauro Medina. *Teoria Geral dos Direitos Reais*. São Paulo: RT, 2013, p. 164-172) ou ainda a obra de Robert Wintgen (WINTGEN, Robert. *Étude critique de la notion d'opposabilité* – les effets du contrat à l'égard des tiers en droit français et allemande. Paris: LGDJ, 2004, p. 51-59).

594 O título III se referia ao "Dos Contratos e das obrigações convencionais em geral" (artigos 711 a 1.369-11); o título IV ao "Dos vínculos que se formam sem convenção" (artigos 1.370 a 1.386) e o título IV bis ao "Da responsabilidade do fato dos produtos defeituosos" (artigos 1.386-1 a 1.386-18).

lugar, a segurança jurídica e a eficácia da norma, mas, também entre as suas medidas, visou, expressamente, "Precisar as regras relativas aos efeitos do contrato entre as partes e em relação a terceiros"[595]. Na gênese da reforma, encontrava-se o anseio de adaptação e modernização do Direito Comum às obrigações, que não eram modificadas há mais de dois séculos. Na prática, o *Code civil* dificultava inclusive o aprendizado do direito civil francês, pois:

> A só leitura do código civil não permite mais, sob estas condições, dar uma visão clara e precisa do estado do direito positivo, que se tornou em grande parte pretoriano, mudou desde 1804, os tribunais tiveram que tomar conta da evolução dos costumes, das tecnologias e das práticas[596]. (Tradução nossa).

Esta defasagem tornava o direito francês complexo, imprevisível e pouco atrativo. No cenário internacional, multiplicavam-se novos projetos de direitos dos contratos, como os Princípios do Unidroit, os Princípios do Direito Europeu dos Contratos (elaborados pela Comissão Lando), o Projeto do Código Europeu dos Contratos (conhecido também por Código Gandolfi), o "Draft Common Frame of Reference" e ainda os Princípios Contratuais Comuns redigidos pela associação Henri Capitant. No cenário acadêmico francês, importantes trabalhos influenciaram a redação e a reforma, entre eles dos autores Pierre Catala e François Terré.

No que se refere ao princípio da relatividade, para atualizar e modernizar o seu sentido, o antigo artigo 1.165 foi reescrito completamente. Temos agora nos artigos 1.199 e 1.200 a "codificação" de um conceito estrito de relatividade contratual e um conceito amplo de oponibilidade.

[595] Tradução livre de: "Préciser les règles relatives aux effets du contrat entre les parties et à l'égard des tiers". Tal frase traduz uma das medidas relevantes para a reforma do Código Civil francês, descrita na Introdução do Relatório ao Presidente da República relativo ao "ordonnace nº 2016-131" de 10 de fevereiro de 2016.

[596] Tradução livre de: "La seule lecture du code civil ne permet plus dans ces conditions de donner une vision claire et précise de l'état du droit positif qui, devenu en grande partie prétorien, a changé depuis 1804, la jurisprudence ayant tenu compte de l'évolution des moeurs, des technologies et des pratiques." (Introdução do Relatório ao Presidente da República relativo ao "ordonnace nº 2016-131" de 10 de fevereiro de 2016). Neste Relatório ainda se afirma que países como Portugal, Países Baixos, Quebec, Alemanha e Espanha, antes inspirados pelo código de Napoleão, reformaram seus respectivos códigos civis, afastando-se do modelo francês, antigo demais para continuar a ser fonte de inspiração.

Na disposição geral da seção sobre os efeitos do contrato em relação a terceiros, faz-se constar o princípio da relatividade estrita dos efeitos dos contratos (art. 1.199) nos seguintes termos: "O contrato cria obrigações somente entre as partes contratantes. Os terceiros não podem nem demandar a execução do contrato nem ser constrangidos a executá-lo, salvo disposições da presente seção e daquelas do capítulo III do Título IV."[597]

O art. 1.200[598] consagra legal e expressamente o princípio da oponibilidade, nos seguintes termos "Os terceiros devem respeitar a situação jurídica criada pelo contrato"; e, em seguida, dispõe que "Eles [os terceiros] podem invocá-lo especialmente para fazer prova de um fato". Assim, há o reconhecimento da oponibilidade em sentido amplo, no primeiro ponto, e, ainda, no segundo ponto, o reconhecimento da oponibilidade probatória.

Apesar de o sentido de ambos os artigos já ter sido consolidado há muito tempo na doutrina, esta recente atualização legislativa, seja em matéria do princípio da relatividade, seja em matéria de obrigações e contratos, foi importante para colocar a França novamente como importante fonte legislativa em matéria de contratos.

3.2. Oponibilidade dos elementos jurídicos formais

Quando se diz que um elemento jurídico é oponível, quer-se referir à característica ou à aptidão do elemento da ordem jurídica de irradiar efeitos para fora do seu círculo direto de atividade. Em termos de oponibilidade, quaisquer elementos da ordem jurídica podem ser analisados em duas frentes, na sua *forma* e na sua *substância* (ou no seu *continente* e no seu *conteúdo*). O primeiro se apresenta como a *fonte da criação jurídica*, ou seja, os fatos e atos jurídicos (elementos formais, portanto). O segundo, o *resultado desta criação*, refere-se aos direitos subjetivos e às situações jurídicas (e, por isso, são denominados elementos substanciais)[599].

[597] "Art. 1199. Le contrat ne crée d'obligations qu'entre les parties.
Les tiers ne peuvent ni demander l'exécution du contrat ni se voir contraints de l'exécuter, sous réserve des dispositions de la présente section et de celles du chapitre III du titre IV."

[598] "Art. 1200. – Les tiers doivent respecter la situation juridique créée par le contrat.
Ils peuvent s'en prévaloir notamment pour apporter la preuve d'un fait."

[599] DUCLOS, José. *L'Opposabilite* (essai d'une theorie generale). Paris: LGDJ, 1984, p. 35.

Nesta linha de análise, para apresentar uma sistematização da eficácia dos elementos jurídicos perante terceiros, os elementos jurídicos que são *continentes* serão diferenciados dos que são *conteúdo*. Sistematicamente, faz-se a seguinte diferenciação: de um lado, (i) a oponibilidade dos *elementos jurídicos formais* composta pela oponibilidade dos fatos jurídicos e atos jurídicos; e, de outro, (ii) oponibilidade dos *elementos jurídicos substanciais* formada pela oponibilidade dos direitos subjetivos e pelas situações jurídicas.

A importância desta divisão serve para atrair a atenção do intérprete na hora de analisar se a ordem jurídica atribui relevância externa ao direito criado ou ao fato jurídico em si. Por vezes, a oponibilidade se cumulará, pois reconhecer uma oponibilidade não exclui a outra. Ou, ainda, o fato de um elemento jurídico ser inoponível por uma via não torna o elemento jurídico de todo inoponível, pois ele poderá ser oponível a terceiros pela outra via[600].

3.2.1. Oponibilidade dos fatos jurídicos

Os fatos jurídicos em sentido estrito, como elementos jurídicos formais, constituem-se de situações de fato ou de ações[601], a que o ordenamento dá relevo para delas decorrerem certos efeitos (direitos, pretensões, ações e exceções). Estes efeitos são produzidos independentemente da vontade de qualquer das partes. Mesmo quando são fatos voluntários (ou atos humanos vistos como fatos jurídicos[602]), o ato humano, na verdade,

[600] Por exemplo, como será tratado adiante, um contrato real não registrado será inoponível por ausência de cumprimento das regras gerais de publicidade. Porém, a inoponibilidade que surge das regras legais não torna o elemento jurídico (direito real) inoponível no todo. O contrato real não registrado poderá ser de conhecimento efetivo de terceiros, o que tornará o contrato oponível a estes terceiros de modo a estarem sujeitos ao dever de não interferência.

[601] Para Marcos Bernardes de Mello, os fatos jurídicos constituem-se de "Todo fato jurídico em que, na composição do seu suporte fáctico, entram apenas fatos da natureza, independentemente de ato humano como dado essencial" (MELLO, Marcos Bernardes de. *Teoria do fato jurídico:* Plano da Existência. 14. ed. São Paulo, Saraiva, 2007, p. 131).

[602] Diz Pontes de Miranda: "Os atos humanos são, por vêzes, fatos jurídicos. São-nos também o transcurso do tempo, a morte, o nascimento, a destruição das coisas e a invasão definitiva de terras pelo mar. A regra jurídica, incidindo sobre o suporte fático (destruição da casa, ou nascimento do animal doméstico, ou do homem), faz jurídico o fato. O estar de acôrdo, a

não altera o caráter de evento da natureza para constituir o suporte fático e fazer produzir a eficácia do fato jurídico em sentido estrito. A eficácia se irradia pela só existência do fato, sem passar, portanto, pelo plano da validade, pois "entram no mundo jurídico, sem que haja, na composição dêles, ato humano"[603].

Os fatos jurídicos em sentido estrito são vários e diversos, como, por exemplo, nascimento, morte, filiação, maioridade, posse, detenção, estado civil, sexo, duração da vida, parentesco, defeitos fisiológicos, ausência, aluvião, prescrição, caso fortuito e força maior[604]. Da sua análise, percebe-se que os fatos jurídicos, apesar de se referirem a um sujeito, são destinados a ser tomados em consideração por terceiros.

Por se tratar de direitos absolutos (desligados)[605], a oponibilidade dos fatos jurídicos em sentido estrito é evidente, pois, uma vez que tal fato jurídico incide, a realidade deste fato se impõe a todos. Entre todos os tipos de oponibilidade, a oponibilidade dos fatos jurídicos em sentido estrito é tão facilmente perceptível que parece natural concluir que a sua existência se impõe a todos. Basta surgir o fato jurídico que a sua oponibilidade se

anuência, é, por vêzes, suporte fático; e não se confunde com a declaração de estar de acordo" (MIRANDA, F. C. Pontes de. *Tratado de Direito Privado.* São Paulo: RT, 2012. t. 1, p. 149).

603 MIRANDA, F. C. Pontes de. *Tratado de Direito Privado.* São Paulo: RT, 2012. t. 2, p. 257.

604 WEILL, Alex. *Droit civil*: Introduction générale. 2. ed. Paris: Dalloz, 1970, p. 211-214; MIRANDA, F. C. Pontes de. *Tratado de Direito Privado.* São Paulo: RT, 2012. t. 2. p. 259-263. No que se refere à prescrição, F. C. Pontes de Miranda diferencia fato jurídico da prescrição de ato-fato jurídico da prescrição: "Incidindo no suporte fáctico a regra jurídica sôbre prescrição, o *fato jurídico* da prescrição se produz (= o suporte fáctico entra no mundo jurídico). Entrando no mundo jurídico o suporte fáctico, temos, nesse mundo, mais um *fato jurídico*, que havemos de considerar *ato-fato jurídico*, devido ao ato humano negativo, talvez involuntário, que é de mister ao suporte fáctico. O ato-fato jurídico da prescrição sòmente produz, no mundo jurídico, o efeito de criar o *ius exceptionis*, isto é, o direito de exceção de prescrição. Direito que se exerce, ou não." (MIRANDA, F. C. Pontes de. *Tratado de Direito Privado.* São Paulo: RT, 2012. t. 6, p. 238).

605 Mesmo quando a ofensa provém de determinada pessoa, de modo nenhum relativiza os direitos de personalidade. É como demonstra Pontes de Miranda: "Nenhum dos direitos de personalidade é relativo; o fato de serem dirigidos ao Estado, se a ofensa provém de autoridade pública, de modo nenhum os relativiza (...) Direitos a sujeitos passivos totais, como são os direitos à personalidade, o Estado apenas é um dos sujeitos que se compreendem na totalidade de sujeitos" (MIRANDA, F. C. Pontes de. *Tratado de Direito Privado.* São Paulo: RT, 2012. t. 7, p. 58)

faz de imediato, "se impõe, por assim dizer, como um axioma, sem ter, portanto, que ser verdadeiramente demonstrado"[606].

Ante a ausência do concurso da vontade para a sua formação, o seu círculo de atividade direta se refere apenas ao sujeito do fato jurídico em sentido estrito (ao morto, ao filho, ao possuidor, ao parente etc.). Todos os demais estão sujeitos aos efeitos indiretos do fato jurídico.

Por exemplo, quando uma pessoa atinge a maioridade, os direitos que a acompanham são impostos a todos. Se um terceiro conhece ou desconhece a maioridade alheia não tem relevância jurídica, pois o desconhecimento, neste caso, não tem o condão de interferir na oponibilidade do fato da maioridade. O maior pode opor o fato da sua maioridade a terceiros, para exigir, por exemplo, o respeito à sua plena capacidade negocial.

Isso fica ainda mais evidente quando se refere ao "ser pessoa", que constitui fato jurídico atributivo de personalidade jurídica. A ordem jurídica, então, valorando este fato jurídico, determina o respeito ou a incolumidade da esfera jurídica, principalmente por se tratar do núcleo duro da vida. Ninguém duvida que a existência do ser humano deva ser respeitada, ou, ainda, que os seus direitos de personalidade devam ser preservados. Um fato jurídico tão importante, ou "de alta significação"[607], que nem os próprios titulares podem deles dispor (artigos 11 e 13 do Código Civil).

Segundo Pontes de Miranda, "O direito de personalidade, os direitos, as pretensões e ações que dêle se irradiam são irrenunciáveis, inalienáveis, irrestringíveis"[608], mas, também, como complementa Daisy Gogliano, absolutos, vitalícios e necessários, não pecuniários, imprescritíveis, impenhoráveis e inexpropriáveis[609]. Por sua vez, Ingo Wolfgang Sarlet

[606] Tradução livre de: "s'impose pour aussi dire comme un axiome, sans avoir par conséquent à être vraiment démontré" (DUCLOS, José. *L'Opposabilite* (essai d'une theorie generale). Paris: LGDJ, 1984, p. 39)

[607] No excerto completo, F. C. Pontes de Miranda escreve o seguinte: "O ser pessoa é fato jurídico: com o nascimento, o ser humano entra no mundo jurídico, como elemento do suporte fáctico em que o nascer é o núcleo. Êsse fato jurídico tem a sua irradiação de eficácia. A civilização contemporânea assegurou aos que nela nasceram o serem pessoas e ter o fato jurídico do nascimento efeitos da mais alta significação." (MIRANDA, F. C. Pontes de. *Tratado de Direito Privado.* São Paulo: RT, 2012. t. 1, p. 243)

[608] MIRANDA, F. C. Pontes de. *Tratado de Direito Privado.* São Paulo: RT, 2012. t. 1, p. 255.

[609] GOGLIANO, Daisy. *Direitos Privados da Personalidade.* São Paulo: Quartier Latin, 2013, p. 237-241.

destaca que "a dignidade, como qualidade intrínseca da pessoa humana, é irrenunciável e inalienável"[610], não se podendo, por isso, "cogitar da possibilidade de determinada pessoa ser titular de uma pretensão a que lhe seja concedida a dignidade"[611].

Nesta relevante parte da esfera jurídica, o titular tem pretensão para afastar qualquer intromissão danosa de terceiros (art. 12 do Código Civil). A oponibilidade dos direitos de personalidade frente a terceiros é manifesta, pois não pode ser ignorada por terceiros. A estes terceiros não é permitida a alegação de ignorância, seja da lei, seja destes direitos de personalidade, para afastar o seu dever de abstenção de interferência na esfera jurídica alheia. Irrelevante o conhecimento deste terceiro para que lhe sejam opostos este direito ou este fato jurídico.

Em outro exemplo, a alguém que, ao causar injustamente um dano, provoca um acidente mortal, os fatos jurídicos de parentesco poderão ser opostos pelos membros próximos da família do morto a fim de indenizarem-se[612]. Não se discute aqui se o causador do dano tinha ou não conhecimento do fato jurídico do parentesco dos familiares com o morto; o conhecimento disto ou não tem relevância ou é presumido. Não poderá aquele que causou a morte alheia alegar o desconhecimento do parentesco do morto para furtar-se a responsabilizar pelo prejuízo de fato por ele causado. A morte, como fato jurídico que é, faz preencher o suporte fático que determina a abertura sucessória, com as consequências jurídicas a ela atribuídas pelo ordenamento. O conhecimento efetivo aqui não é relevante juridicamente. A oponibilidade se faz sentir de

[610] SARLET, Ingo Wolfgang. Algumas notas em torno da relação entre o princípio da dignidade da pessoa humana e os direitos fundamentais na ordem constitucional brasileira. In: LEITE, George Salomão. *Dos princípios constitucionais*: considerações em torno das normas principiológicas da Constituição. São Paulo: Malheiros, 2003, p. 203.

[611] ibid. E continua o autor a dizer que: "Esta [dignidade], portanto, como expressão da própria condição humana, pode (e deve) ser reconhecida, respeitada, promovida e protegida, não podendo, contudo (no sentido ora empregado), ser criada, concedida ou retirada, já que existe em cada ser humano como algo que lhe é inerente." (ibid.)

[612] Este e outros exemplos são fornecidos por José Duclos, como uma pessoa que possui determinada coisa pode exercer uma ação possessória contra um terceiro que perturbar a sua posse; ou um possuidor pode opor a usucapião contra terceiros diante da prescrição aquisitiva de propriedade. (DUCLOS, José. *L'Opposabilite* (essai d'une theorie generale). Paris: LGDJ, 1984, p. 40)

imediato, independentemente do conhecimento efetivo do causador do dano.

Portanto, é de se reconhecer que, quando se trata de oponibilidade dos fatos jurídicos em sentido estrito, o conhecimento efetivo pouco importa. Há aqui presunção (ou suposição) de conhecimento. A sua oponibilidade é imediata, e se faz tão logo haja incidência do fato jurídico em sentido estrito.

3.2.2. Oponibilidade dos atos jurídicos

No que se refere ao fato jurídico em sentido estrito, já se demonstrou acima que o direito se preocupa com os fatos jurídicos que transferem direitos, como, por exemplo, a morte, que faz promover a sucessão universal dos bens; a prescrição aquisitiva, pela tomada ou pela transmissão da posse[613], em determinada qualidade, por determinado tempo. A oponibilidade destes fatos jurídicos a terceiros não cria dúvidas.

Mas a mesma facilidade em perceber-se a oponibilidade não se tem quando se trata de atos jurídicos. Estes, na prática, muitas vezes nascem e, durante a sua eficácia, não precisam ser efetivamente opostos contra a vontade de determinados terceiros, seja porque tais terceiros respeitam ou seja porque os terceiros que poderiam opor contra tais atos jurídicos não o fazem[614]. Ainda, deve-se considerar que os atos jurídicos (bilaterais) têm importância prática primeiramente às partes; e, apenas em certas situações, a terceiros. É por isso que a relevância atribuída pelo ordenamento (e pela doutrina) é no sentido de regular o efeito primário, deixando, muitas vezes, de tratar expressa e detalhadamente os efeitos perante terceiros.

Quando se trata de atos jurídicos, especialmente dos contratos, a oponibilidade está ligada, de certa forma, à regra da vontade das partes; mais ainda: ao respeito da vontade destas partes. E é natural que assim seja, pois uma pessoa, ao adquirir determinado direito por contrato, espera o reconhecimento de terceiros como novo titular deste direito adquirido. O ordenamento jurídico atribui relevância à vontade dos indivíduos para

[613] MIRANDA, F. C. Pontes de. *Tratado de Direito Privado.* São Paulo: RT, 2012. t. 5, p. 308.

[614] É o que diferencia a oponibilidade *in potentia,* que existe, independentemente de efetiva oposição do direito, da oponibilidade *in actu.*

a produção de efeitos jurídicos[615] entre as partes, mas, na medida em que o contrato existe no meio social, atribui relevância a terceiros.

Em outras palavras, é dito que o contrato, apesar de ligar as partes credoras e devedoras, "é um fato, uma realidade no mundo social; ele existe *erga omnes*. É oponível a todo o mundo"[616]. E esta oponibilidade faz com que terceiros não possam ignorar a existência do contrato, pois por ele são afetados.

E esta forma com que o contrato afeta terceiros, que nada mais é do que a oponibilidade dos contratos, manifesta-se de diversas maneiras. Isto porque, como expressa Robert Wintgen, a existência do contrato, o seu conteúdo, a sua execução ou inexecução são fatos que podem ter consequências jurídicas perante terceiros em razão de a lei ter assim previsto, ou podem servir de indícios que interessam a terceiros[617]. Por economia de palavras, diz-se, muitas vezes, que determinado contrato é oponível ou que há oponibilidade do contrato, porém querendo fazer-se referência à oponibilidade do direito derivado do contrato. Na classificação acima delineada, estes casos se referem à oponibilidade de elementos jurídicos substanciais, e mais, referem-se aos elementos jurídicos que são *conteúdos*.

Mas a oponibilidade do ato jurídico, que ora se faz análise, é a oponibilidade de elementos jurídicos formais, ou seja, que se relaciona aos elementos jurídicos que são *continentes*. Não se refere, nesse momento, ao objeto do contrato, mas ao próprio contrato em si. Desta forma, dizer aqui somente "oponibilidade do contrato" é dizer não de forma abreviada, mas na sua correta acepção. Para enfatizar os seus termos, pode-se ainda dizer que há oponibilidade da existência do contrato contra terceiro.

Assim exposto, na oponibilidade dos elementos jurídicos formais é possível distinguir a oponibilidade dita probatória — na qual "o contrato é oposto como um fato puro e simples, suscetível de fornecer informações, presunções ou indicações a fim de estabelecer a verdade ou o conteúdo

[615] WEILL, Alex. *Droit civil*: Introduction générale. 2. ed. Paris: Dalloz, 1970, p. 222.

[616] WEILL, Alex. *Droit civil*: Introduction générale. 2. ed. Paris: Dalloz, 1970, p. 232. Tradução livre: "est un fait, une réalité dans le monde social; il existe *erga omnes*, il est *opposable* à tout le monde." De forma similar, MARTY, Gabriel; RAYNAUD, Pierre. *Droit Civil*: Introduction générale a l'étude du droit. 2. ed. Paris: Sirey, 1972. t. 1, p. 282.

[617] Ou seja, o contrato pode ser utilizado por terceiros como fonte de provas ou como fonte de informações (WINTGEN, Robert. *Étude critique de la notion d'opposabilité* – les effets du contrat à l'égard des tiers en droit français et allemande. Paris: LGDJ, 2004, p. 96).

de um outro elemento da ordem jurídica"[618] — da oponibilidade dita substancial. A *oponibilidade substancial* trata somente do caso em que a parte opõe ao terceiro o contrato no sentido de operação jurídica. A diferença entre uma e outra está no uso que pode fazer o opoente do contrato. Vejamos com mais detalhes cada uma.

3.2.2.1. Oponibilidade probatória

Quando alguém (parte ou terceiro) retira de um contrato uma informação, um indício ou uma presunção e o opõe contra outra pessoa (terceiro ou parte) como um meio probatório, especificadamente dentro de um contexto de um debate judiciário[619], temos o caso denominado de oponibilidade probatória, ou, ainda, como prefere F. C. Pontes de Miranda, "*eficácia probatória*"[620].

Aqui, diversamente do conceito de "prova", esta forma de oponibilidade não implica nenhuma apreciação a respeito da pertinência do argumento alegado[621]. Este tipo de oponibilidade concentra-se mais no aspecto prático da oponibilidade dos fatos e atos, e tem sua importância na medida em que é aceita no Judiciário para sustentar as razões de uma parte ou mesmo do juiz. Ou seja, "as partes ou o juiz vão examinar no contrato as informações

[618] "le contrat est opposé comme un fait pur et simple, susceptible de fournir des renseignements, présomptions ou indices afin d'établir la réalité ou le contenu d' un autre élément de l 'ordre juridique" (DUCLOS, José. *L'Opposabilite* (essai d'une theorie generale). Paris: LGDJ, 1984, p. 54).

[619] DUCLOS, José. *L'Opposabilite* (essai d'une theorie generale). Paris: LGDJ, 1984, p. 54; SAINT-HILAIRE, Philippe Delmas. *Le Tiers à L'Acte Juridique.* Paris: LGDJ, 2000, p. 332. Na origem, o fato de um contrato servir de prova era um argumento a favor da oponibilidade das convenções (CALASTRENG, Simone. *La relativité des conventions:* étude de l'article 1165 du Code civil. Paris: Recueil Sirey, 1939, p. 354), entre nós a discussão do uso de contratos como prova de direito alheio não nos causou nem nos causa aversão, a força probante dos documentos é considerada existente em si, independentemente de quem os opõe.

[620] "As pretensões e acções pessoais só se dirigem a determinadas pessoas, que são o pólo passivo. Todavia, podem terceiros ter de alegar e sofrer que se alegue a existência dessas pretensões e ações (eficácia probatória)." (MIRANDA, F. C. Pontes de. *Tratado de Direito Privado.* São Paulo: RT, 2012. t. 24. p. 62). A eficácia probatória também é uma das funções da escritura pública, que "é poderem os terceiros, com ela, provar a existência dos negócios jurídicos; outra, poderem os figurantes provar a existência dos negócios jurídicos, com a sua data" (ibid., p. 74).

[621] DUCLOS, José. *L'Opposabilite* (essai d'une theorie generale). Paris: LGDJ, 1984, p. 28.

destinadas a sustentar sua tese ou a forjar suas convicções"[622], da mesma forma como poderiam as partes, terceiros ou o juiz examinar as declarações de uma testemunha, uma consulta, um perito[623].

O uso de um contrato como prova não deve ser confundido como forma de infração à relatividade contratual. Uma parte, ao retirar de um contrato determinada informação[624], indício ou presunção contra terceiro, não executa nem busca obrigar a outra parte à execução, ou seja, não se beneficia do resultado do contrato, mas se vale do contrato apenas "como um simples fato suscetível, em um processo, de fornecer uma indicação da existência ou de conteúdo de um fato, de um direito, de uma situação ou mesmo de um outro contrato"[625].

Os casos de oponibilidade probatória são diversos[626]. Por exemplo, desde questões simples como apresentar uma certidão de matrícula de um imóvel para provar a propriedade e a legitimidade em ações de imissão na posse ou reivindicatória. Ou, ainda, como exemplificam François Terré, Philippe Simler e Yves Lequette: entre um locador e locatário, na ausência de prova em contrário, presume-se que o locatário tenha recebido o imóvel em estado de servir ao uso a que se destina. Porém, poderá o locatário se valer do relatório do estado do imóvel elaborado na entrega deste pelo

[622] Tradução livre de: "les parties ou le juge vont chercher dans un contrat des renseignements destinés à étayer leur thèse ou à forger leurs convictions" (GHESTIN, Jacques; JAMIN, Christophe; BILLIAU Marc. *Traité de Droit Civil:* Les effets du contrat. 3. ed. Paris: LGDJ, 2001, p. 769).

[623] GOUTAL, Jean-Louis. *Essai sur le principe de l'effet relatif du contrat.* Paris: LGDJ, 1981, p. 38.

[624] Como um contrato-indício ("contrat-indice") nas palavras de Isabelle Marchessaux (MARCHESSAUX, Isabelle. L'Opposabilite du contrat aux tiers. In: FONATAINE, Marcel; GHESTIN, Jacques (Coord.). *Les effets du contrat a l'egard des tiers*: comparaisons franco-belges. Paris: LGDJ, p. 67-99, 1992, p. 81).

[625] Tradução livre de: "comme un simple fait susceptible, lors d'un procès, de fournir des indications sur l'existence ou le contenu d'un fait, d'un droit, d'une situation, ou même d'une autre convention" (DUCLOS, José. *L'Opposabilite* (essai d'une theorie generale). Paris: LGDJ, 1984, p. 55).

[626] Philippe Saint-Hilaire traz exemplos da jurisprudência francesa de utilização de contratos para provar a qualificação do contrato, provar a extinção de um vínculo contratual, provar a execução de um contrato, ou ainda provar um título de propriedade imobiliária (SAINT-HILAIRE, Philippe Delmas. *Le Tiers à L'Acte Juridique.* Paris: LGDJ, 2000, p. 338-341).

anterior locatário como prova em contrário[627]. Neste caso, não pode o locador alegar que o anterior relatório apenas vincula ele e o seu antigo locatário para afastar a sua utilização como prova pelo novo locatário. A oponibilidade probatória tem serventia para afastar alegações deste gênero e encontra limites na força probante dos documentos[628].

Outro exemplo é a oponibilidade da exceção de pagamento pelo avalista ao credor de título de crédito[629]. Muito já se discutiu a respeito da inoponibilidade das exceções pessoais no direito cambiário, porém, a doutrina tem dado especial relevo ao tema, para permitir, em certas hipóteses, que o terceiro (avalista) oponha o fato do pagamento feito pelo avalizado ao credor. O exemplo ora dado é tirado da jurisprudência[630]. Avalistas assinaram notas promissórias dadas em garantia de um contrato de compra e venda firmado entre credor e devedor. O título de crédito,

[627] TERRÉ, François; SIMLER, Philippe; LEQUETTE, Yves. *Droit civil:* Les obligations. 8. ed. Paris: Dalloz, 2002, p. 488.

[628] No *caput* e parágrafo único do art. 408, do CPC, "As declarações constantes do documento particular escrito e assinado ou somente assinado presumem-se verdadeiras em relação ao signatário. Parágrafo único. Quando, todavia, contiver declaração de ciência de determinado fato, o documento particular prova a ciência, mas não o fato em si, incumbindo o ônus de prová-lo ao interessado em sua veracidade." A força probante dos documentos também encontra paralelo no art. 219, *caput* e parágrafo único do Código Civil: "As declarações constantes de documentos assinados presumem-se verdadeiras em relação aos signatários. Parágrafo único. Não tendo relação direta, porém, com as disposições principais ou com a legitimidade das partes, as declarações enunciativas não eximem os interessados em sua veracidade do ônus de prová-las." No tocante à transação de direitos contestados, o fato de uma parte transacionar não prejudice os demais devedores solidários (art. 848, do Código Civil). Exceptuadas as hipóteses dos parágrafos do art. 844, do Código Civil, a transação, ainda, não aproveita, nem prejudica senão aos que nela intervierem.

[629] Caso similar é lembrado por Christian Larroumet. Se um terceiro indenizar a vítima de um dano por contrato, esta vítima não poderá se ressarcir contra o causador do dano, sob pena de dupla reparação do mesmo dano. Assim, o causador do dano poderá opor o contrato entre vítima e terceiro para afastar a sua responsabilidade pela indenização no caso. Seria o caso, por exemplo, de uma seguradora pagar a vítima de um dano e, posteriormente, a vítima cobrar novamente pelo mesmo dano indenização do causador do dano. Contra esta tentativa, o causador do dano (segurado) poderá opor o pagamento pela seguradora para escapar da obrigação de reparar (desde que o valor indenizatório tenha sido integralmente pago pela seguradora) (LARROUMET, Christian; BROS, Sarah. *Traité de Droit Civil*: Les Obligations. Le Contrat. 8. ed. Paris: Economica, 2016. t. 3. p. 869).

[630] STJ, REsp 204.626/RS, Rel. Ministro Sálvio de Figueiredo Teixeira, j. 20.2.2003.

no caso, não circulou, sendo o seu portador quem originalmente figurou como beneficiário. O avalizado realizou pagamento parcial ao credor, porém, tal quitação não se fez lançar na própria cártula. O credor, mesmo tendo recebido parte do pagamento, acabou executando os avalistas pela dívida inteira. Em sede de embargos, os avalistas lograram demonstrar a parcialidade do pagamento pelo avalizado. A questão girava em saber o grau de autonomia destas relações e a possibilidade de retirar a informação do pagamento feito na relação originária para opô-la na relação de aval. Numa análise tradicional, a literalidade do título de crédito conduziria à inoponibilidade das exceções pessoais do avalizado pelo avalista ao credor, inclusive o pagamento feito pelo avalizado. Porém, esta opinião ignora que o pagamento do avalizado faz desaparecer a responsabilidade do avalista, principalmente considerando que o fato do pagamento não é exceção que se liga exclusivamente ao avalizado[631]. Portanto, deve-se aceitar, sem causar espanto, a oponibilidade da exceção de pagamento pelo avalista ao credor de título de crédito para que seja o fato do pagamento utilizado como prova. Opinião contrária, no mérito, conduziria ao enriquecimento ilícito do credor, inclusive como acentuado pelo Ministro Eduardo Ribeiro em caso similar[632].

[631] Como seria a moratória concedida ao devedor, por "sua falência, ou a concordata que lhe haja sido deferida". (STJ, REsp 162.332/SP, Rel. Ministro Eduardo Ribeiro, j. 29.6.2000)

[632] "Mais se patenteia insatisfatória a solução quando se considera que, exercendo o avalista o direito de regresso contra o avalizado, a esse, por seu turno, será dado voltar-se contra o credor do título, postulando a reposição do que recebeu excedendo o que teria direito com base na relação originadora da cambial. Negar-se essa possibilidade seria a consagração do enriquecimento ilícito. A simples exposição do fenômeno evidencia a falha gritante da concepção autonomista em exame. Em lugar de permitir que o avalizado desde logo oponha a exceção ao credor, o mesmo resultado será alcançado, exercitando-se o direito de regresso por duas vezes. Isso, caso eventual insolvência do avalizado não venha a frustrar a eficácia da cobrança do avalista, o que apenas acentuaria a injustiça da situação, com o locupletamento do credor. Manifesta a inconveniência prática que decorre da doutrina, só haveria de ser adotada caso da lei resultasse a impossibilidade de outra solução. Assim não é, entretanto. Não se nega seja válido o aval, e isso o que decorre do artigo 32. A exceção cuja oponibilidade ora se discute supõe, aliás, exatamente essa validade. A importância não será exigível por existir outra razão que o impede. Não obstante válido, o credor não poderá receber o respectivo valor porque a ele não tem direito. E isso pode verificar-se, em virtude de algum motivo derivado da obrigação originadora do título ou, por exemplo, porque já foi pago". (STJ, REsp 43.119/RS, Rel. Ministro

Por vezes o ordenamento jurídico afasta a oponibilidade probatória de determinado elemento jurídico, o que impede uma parte de alegar tal elemento para retirar dele consequências jurídicas ou mesmo provas ou informações. Como exemplo, o art. 123 do Código Tributário Nacional prevê a inoponibilidade pela parte ao Fisco da convenção particular que modifica a definição legal do sujeito passivo das obrigações tributárias correspondentes. Ou seja, mesmo que as partes convencionem a assunção do débito fiscal por uma das partes, esta assunção não servirá de prova. As partes estão vedadas de retirar do contrato informações, presunções ou indícios para opô-los perante o Fisco.

De notar, ainda, mais uma importância da oponibilidade probatória. Por não se tratar aqui da função de impor respeito ao ou por terceiro, mas sim de retirar informações de certos atos jurídicos para opô-los a terceiros ou por terceiros, as funções da oponibilidade podem se cumular. Na inexistência de oponibilidade de determinada função — como, por exemplo, a inoponibilidade derivada do não preenchimento da formalidade de publicidade legal —, a parte estará obstada de utilizar o contrato como operação jurídica, mas poderá utilizá-lo, ao menos, como instrumento de prova. Há inoponibilidade substancial, mas há oponibilidade probatória.

Por fim, ainda no que tange à oponibilidade probatória, em certos casos, um terceiro poderá opor um contrato contra outro terceiro (oponibilidade a terceiro e por terceiro). Quando isso acontece, o caso é sempre de oponibilidade probatória[633]. Não se trata de analisar, nem de buscar o sentido da força obrigatória do contrato. Um terceiro que opõe contra outro terceiro não busca impor o respeito ao contrato ou as suas consequências jurídicas,

Eduardo Ribeiro, j. 21.11.1995; referenciado também no STJ, REsp 162.332/SP, Rel. Ministro Eduardo Ribeiro, j. 29.6.2000).

[633] Nesse sentido, GHESTIN, Jacques; JAMIN, Christophe; BILLIAU Marc. *Traité de Droit Civil:* Les effets du contrat. 3. ed. Paris: LGDJ, 2001, p. 769. Exemplos interessantes de conflitos entre terceiros de boa-fé são trazidos por Luiz Carlos de Andrade Júnior, a saber, conflitos entre (i) credores dos simuladores; (ii) herdeiros dos simuladores; (iii) subadquirentes dos simuladores; e (iv) credor do alienante simulado e subadquirente do adquirente simulado. Nestes casos, enquanto um terceiro terá interesse na declaração de nulidade do negócio simulado; o outro terceiro terá interesse na manutenção da eficácia do "negócio aparente". A resolução do conflito, segundo o autor, está na prevalência do interesse de terceiro em decretar a nulidade do negócio jurídico (ANDRADE JÚNIOR, Luiz Carlos de. *A simulação no direito civil.* São Paulo: Malheiros, 2016, p. 296).

mas somente busca valer-se das informações retiradas do contrato para sustentar suas convicções.

3.2.2.2. Oponibilidade substancial

Há ainda outro uso que o opoente pode fazer do contrato. Na oponibilidade substancial, uma pessoa opõe o contrato para forçar um terceiro a respeitar tanto a sua existência[634] como as consequências da operação jurídica nela contida[635].

Porém, a consequência da operação jurídica varia a depender do direito ou da situação criada. E a oponibilidade deste direito ou da situação jurídica se cumula com a oponibilidade do próprio contrato. Por conta disto, a primeira análise que deve fazer o intérprete é buscar identificar a qual oponibilidade se refere o caso concreto.

No caso de responsabilidade civil do terceiro interferente, A contrata B por prazo (*rectius*, tempo) determinado e com cláusula de exclusividade, porém C, mesmo ciente da relação contratual e da exclusividade de B, resolve aliciá-lo, firmando com B contrato incompatível com o contrato de A. Neste caso, há oponibilidade tanto do contrato quanto do direito pessoal, pois "o credor lesado não se contenta em opor de uma forma estática a existência de seu ato, ele opõe no seu dinamismo o seu próprio crédito"[636].

Ainda, quando se trata de um direito real, pela sua própria estrutura, não há um sujeito passivo determinado, mas sim sujeitos passivos totais[637]. Todos, então, têm, sem gradação, o dever geral de abstenção. Dentre os atributos dos direitos reais, temos o direito de sequela e o direito de

[634] "L'opposabilité d'un contrat, c'est la nécessité pour tous, parties et tiers, de reconnaître son existence et de la respecter, dans sa réalité légale. C'est par conséquent le devoir qui incombe à tous d'ajouter foi à son contenu." Tradução livre: "A oponibilidade de um contrato, é a necessidade por todos, partes e terceiros, de reconhecer sua existência e de a respeitar, na sua realidade legal. É, por consequência, o dever que incumbe a todos de dar credibilidade ao seu conteúdo" (CALASTRENG, Simone. *La relativité des conventions:* étude de l'article 1165 du Code civil. Paris: Recueil Sirey, 1939, p. 363).

[635] DUCLOS, José. *L'Opposabilite* (essai d'une theorie generale). Paris: LGDJ, 1984, p. 68.

[636] Tradução livre de: "le créancier lésé ne se contente pas d'opposer de façon statique l'existence de son acte, il oppose dans son dynamisme sa créance elle-meme" (DUCLOS, José. *L'Opposabilite* (essai d'une theorie generale). Paris: LGDJ, 1984, p. 71).

[637] MIRANDA, F. C. Pontes de. *Tratado de Direito Privado.* São Paulo: RT, 2012. t. 5, p. 326.

preferência, o que permite ao titular recuperar o bem que se encontra injustamente na posse de outro. Assim, pela natureza do direito real, o titular pode opor este direito contra aquele que injustamente o detenha. Também é o caso daquele que vende coisa alheia. Ao titular, basta opor o seu direito de propriedade contra o usurpador para obter a restituição do bem. Não se trata de opor necessariamente o contrato que deu origem obrigacional ao seu direito de propriedade, mas ao direito em si mesmo considerado.

Segundo José Duclos, é pelo contrato que um direito ou uma situação contratual se cria, modifica, transmite ou extingue, e, por isso, quando se opõe um direito ou uma situação contratual pode se estar, na origem, opondo o próprio contrato. Nesse sentido, quando se opõe um contrato, pode se estar diante de uma oponibilidade específica do direito contratual em jogo ou, simplesmente, da oponibilidade do próprio contrato, para impor ao terceiro o respeito à operação jurídica derivada do contrato[638].

Assim, por exemplo, quando se trata de casos de enriquecimento ilícito, em geral, desde cedo se permitiu a oponibilidade dos contratos em si mesmos considerados. Na França, desde o caso paradigmático Boudier-Patureau-Miran[639] considerou-se possível a oponibilidade do contrato em si. Trata-se de um vendedor de fertilizantes que, tendo entregado seus produtos ao arrendatário, este acaba se tornando insolvente antes do pagamento do preço. O vendedor, então, reclama do arrendante uma indenização pelo melhoramento de sua terra em decorrência do uso dos fertilizantes não pagos. O arrendante justamente alega que não foi parte no contrato, não devendo pagar o preço do fertilizante, nem cumprir o contrato no lugar do arrendatário. A Corte de Cassação, porém, rejeitou a objeção, e pela primeira vez afirmou existir uma diferença entre força obrigatória dos contratos e a oponibilidade do contrato, pois a existência desse contrato é a origem e razão do empobrecimento de um e do enriquecimento de outro.

638 DUCLOS, José. *L'Opposabilite* (essai d'une theorie generale). Paris: LGDJ, 1984, p. 72-73.

639 Req. 15 de junho de 1892, Boudier-Patureau-Miran, D. 1892. 1. 596, S. 1893. 1. 281, note Labbe. (MARCHESSAUX, Isabelle. L'Opposabilite du contrat aux tiers. In: FONATAINE, Marcel; GHESTIN, Jacques (Coord.). *Les effets du contrat a l'egard des tiers*: comparaisons franco-belges. Paris: LGDJ, p. 67-99, 1992, p. 85; veja também DUCLOS, José, DUCLOS, José. *L'Opposabilite* (essai d'une theorie generale). Paris: LGDJ, 1984, p. 76-77; SAINT-HILAIRE, Philippe Delmas. *Le Tiers à L'Acte Juridique*. Paris: LGDJ, 2000, p. 359.

Neste caso, não se tratou de opor o direito ou a situação jurídica criada pelo contrato de venda de fertilizantes. O empobrecido (vendedor) não tem pretensão para obrigar o enriquecido (arrendante) ao pagamento do preço da mercadoria. Porém, apesar disto, o empobrecido poderá opor seu contrato como um elemento da ordem jurídica.

A causa do enriquecimento do réu da ação *in rem verso* não é um efeito direto irradiado do contrato firmado pelo empobrecido, mas sim um efeito indireto que surge da transmissão de valor realizada no patrimônio do enriquecido[640] por esta operação jurídica em si considerada. Assim, não se trata de extensão da eficácia direta, mas se trata de um efeito indireto derivado do contrato.

Outro caso ainda bem tratado sobre a oponibilidade substancial é a responsabilidade de contratantes por danos causados a terceiros, em virtude de uma inexecução contratual ou de uma execução defeituosa. Exemplo típico é a queda de um objeto desprendido de um prédio em reforma, que vem a atingir um transeunte. Não há relação contratual entre o transeunte e a empreiteira responsável pela obra, mas não há como negar que a execução defeituosa da reforma tenha causado danos severos a um terceiro. A vítima, neste caso, não pretende tornar-se credora pelos efeitos diretos do contrato, mas invocar a sua inexecução ou execução deficiente (ou, amplamente, a violação do dever de segurança) para justificar sua reparação. O efeito que o terceiro retira deste contrato é o indireto, cuja inexecução parcial ou total é o fundamento jurídico da ação de responsabilidade delitual da parte em relação a terceiro.

Exemplos de oponibilidade substancial não faltam, sendo numerosos[641]. Em todas essas situações, o opoente busca impor ao oposto o respeito tanto da existência do seu ato jurídico como as consequências da operação jurídica nela contida.

640 DUCLOS, José, op. cit., p. 78.

641 Por exemplo, no caso de dupla venda do mesmo bem, a oponibilidade do primeiro adquirente contra o segundo adquirente é caso de oponibilidade substancial do próprio contrato. Ainda, em caso de simulação ou de teoria da aparência, em geral o caso é de oponibilidade substancial da operação jurídica.

3.3. Oponibilidade dos elementos jurídicos substanciais

Quando se trata de opor o ato jurídico, já se disse que pode ser oposto tanto como *continente* (como ato jurídico em si considerado) ou como *conteúdo* (objeto do ato jurídico, em especial do contrato[642]). Os elementos jurídicos substanciais a que se refere esta categoria do *conteúdo* do contrato são os direitos subjetivos — dotados da oponibilidade dos direitos subjetivos — e as situações jurídicas — dotadas da oponibilidade das situações jurídicas.

Porém, como a existência do *conteúdo* pressupõe a existência do *continente*, a oponibilidade de um direito subjetivo ou de uma situação jurídica depende da existência, da validade ou da eficácia do próprio contrato. O contrato dá base jurídica à situação ou ao direito oposto, pois é pelo contrato que os direitos ou as situações jurídicas[643] são criados, extintos ou modificados.

Não por outra razão, quando se trata, então, de oponibilidade dos contratos, deve-se atentar que há a oponibilidade do contrato em si considerado, como já foi tratado acima sobre os elementos jurídicos formais, mas também há a oponibilidade do próprio direito ou situação, objeto do contrato, que será detalhada abaixo.

Por isso, quando vulgarmente se diz oponibilidade do contrato, há duas espécies de oponibilidade a considerar, que podem se sobrepor e se cumular. Por exemplo, um contrato que tenha por objeto um direito real ou de crédito tem a oponibilidade derivada do próprio direito (cada um com as suas características e requisitos); mas esta oponibilidade se difere e se cumula com a oponibilidade derivada do próprio contrato, e "a oponibilidade será então sujeita a preocupações variadas e específicas ligadas à substância mesma desses elementos"[644].

Diante do acima considerado, no que se refere à oponibilidade dos elementos jurídicos substanciais, ao se tratar de direitos subjetivos, o assunto deve ser tratado não só na esfera individual, mas também na

[642] Ou, amplamente, negócio jurídico.

[643] Os direitos ou as situações jurídicas que aqui se referem são os conteúdos do continente. Como o continente é o contrato, os direitos ou as situações jurídicas são os contratuais.

[644] Tradução livre de: "l'opposabilité sera alors soumise à des préocuupations variables et spécifiques liées à la substance même de ces éléments" (DUCLOS, José. *L'Opposabilite* (essai d'une theorie generale). Paris: LGDJ, 1984, p. 69).

social. Esta constatação permite examinar tais elementos por um ângulo mais amplo ou mais restrito. Forte na lição de José Duclos, a oponibilidade dos direitos subjetivos se refere a um ângulo de análise mais restrito, ou seja, aos elementos simples da ordem jurídica. Estes versam sobre as prerrogativas particulares de cada direito, o que permite um enfoque isolado. Já a oponibilidade das situações jurídicas, por sua vez, refere-se aos elementos complexos, cujo conjunto determina o estado jurídico em que se encontra uma coisa ou uma pessoa, dentro de um contexto[645]. A acepção adotada está no *sentido muito amplo*, como lembra Alcides Tomasetti Jr.[646], para abranger, principalmente, posições jurídicas e relações jurídicas relacionadas tanto às pessoas quanto aos direitos reais.

3.3.1. Oponibilidade do direito subjetivo

Dentre os direitos subjetivos[647], temos: (i) os direitos reais; e (ii) os direitos pessoais. A doutrina nunca teve dificuldades em aceitar a oponibilidade dos direitos reais. Desde a antiga controvérsia sobre a distinção dos direitos reais e pessoais, considerou-se que os direitos reais, por sua própria natureza, têm eficácia *erga omnes* e a sua oponibilidade, então, não pode ser considerada relativa, mas absoluta.

Apesar de existirem fortes críticas à teoria clássica, esta exerceu grande influência na consideração de que o direito real possui oponibilidade perante terceiros[648]. O direito real liga, numa relação interna, a coisa à

[645] DUCLOS, José. *L'Opposabilite* (essai d'une theorie generale). Paris: LGDJ, 1984, p. 154.

[646] Vide comentário de Alcides Tomasetti Jr. ao art. 7º, que, na nota 4, conscientemente utiliza a expressão "situação jurídica" na acepção ampla de modo a abranger as posições jurídicas, as relações jurídicas, e até mesmo o *status*. (OLIVEIRA, Juarez de. *Comentários à lei de locação de imóveis urbanos*. São Paulo: Saraiva, 1992, p. 83).

[647] F. C. Pontes de Miranda denomina de "eficácia de direitos" para tratar da oponibilidade de direitos. Explica o autor que: "Os direitos são efeitos, mas êles, por si, também os têm. Daí ter-se de falar da eficácia dos direitos." (MIRANDA, Francisco Cavalcanti Pontes de. *Tratado de Direito Privado*. São Paulo: RT, 2012. t. 26, p. 427)

[648] C. Aubry e C. Rau conceituam os direitos reais como: "Les droit réels sont ceux qui, créant un rapport immédiat et direct entre une chose et la personne au pouvoir de laquelle elle se trouve soumise, d'une manière plus ou moins complète, sont par cela même susceptibles d'être exercés, non pas seulement contre telle personne déterminée, mais envers et contre tous." (AUBRY, Charles; RAU, Charles. *Cours de Droit Civil Français d'après la method de Zachariae*. 5. ed. Paris: Marchal et Billard, 1897, t. 2, p. 72) Tradução livre: "Os direitos reais são aqueles que, criando uma relação imediata e direta entre uma coisa e a pessoa a cujo poder está sujeita,

pessoa, sem necessidade de intermédio de outro sujeito, e, numa relação externa, a todos. Caracteriza-se, então, pela ausência de um devedor determinado.

Pela própria definição, segundo J. Oliveira Ascensão, "Direitos Reais ou Direito das Coisas é o ramo que regula a atribuição das coisas, de tal modo que uma pessoa fica com um direito oponível a terceiros que lhe outorga a possibilidade de tirar vantagem da coisa"[649]. Todos devem respeitar o exercício do direito pelo titular do direito real. A sua oponibilidade, contudo, deve ser estudada com cuidado, para não se confundir com efeito obrigatório dos contratos que têm esse tipo de direito como objeto.

Os direitos pessoais, por sua vez, referem-se tanto aos direitos patrimoniais (ou obrigacionais) exercidos contra outra pessoa quanto aos direitos de personalidade. A oponibilidade da primeira espécie demorou a ser reconhecida pela doutrina em virtude da resistência dos teóricos clássicos. Para eles, o direito pessoal é considerado um direito relativo por excelência, ligando tão somente credor e devedor. O contrato, por sua vez, ligaria as partes contratantes apenas. Contudo, estas conclusões estão equivocadas. Tais doutrinadores associaram a relatividade dos contratos com a relatividade do crédito, concluindo que tanto o contrato quanto o crédito não possuíam qualquer eficácia perante terceiros.

Porém, seja o contrato, seja o crédito são oponíveis, em princípio, *erga omnes*, como foi demonstrado pela doutrina francesa do início do século XX ao diferenciar relatividade de oponibilidade. Os primeiros casos que consideraram a oponibilidade dos direitos de crédito a terceiros foram os de responsabilidade civil do terceiro cúmplice/interferente por violação de uma obrigação contratual[650], que animaram fortes discussões para, ao final, reconhecerem a oponibilidade dos direitos pessoais creditórios. Nestes casos de responsabilidade civil do terceiro cúmplice, a parte credora opõe contra o terceiro cúmplice/interferente tanto a existência

de uma maneira mais ou menos completa, são por isso mesmo suscetíveis de serem exercidos, não somente contra tal pessoa determinada, mas contra todos".

649 ASCENSÃO, José de Oliveira. *O direito: introdução e teoria geral*, 13. ed. Coimbra: Almedina, 2013, p. 345.

650 HUGUENEY, Pierre. *Responsabilité civile du tiers complice de la violation d'une obligation contractuelle*. Paris: A. Rousseau, 1910.

do contrato firmado entre a parte devedora e terceiro, quanto opõe o seu próprio direito creditório[651].

Quanto aos direitos de personalidade, que dizem respeito à pessoa naquilo que ela é[652], a sua oponibilidade a terceiros tem apoio pacífico na doutrina[653]. O direito de personalidade tem por objeto a própria pessoa e não tem um sujeito passivo determinado. Os direitos sobre o corpo, o nome, a honra, a imagem e a vida privada impõem-se a todos[654].

Desta forma, atualmente, não se nega que há oponibilidade dos direitos subjetivos, quaisquer que sejam eles. A única questão que merece melhor tratamento — o que será feito no capítulo seguinte — é como funcionam as regras da oponibilidade em exercício.

3.3.2. Oponibilidade da situação jurídica

Esclarecida a oponibilidade dos direitos subjetivos, a oponibilidade das situações jurídicas é tratada em duas partes: (i) situação jurídica ligada à transmissão de direitos reais, e (ii) situação jurídica da pessoa.

Nos ordenamentos de origem francesa, a transmissão dos direitos reais por contrato se opera mediante a eficácia do próprio contrato, pois o contrato é um dos modos de aquisição de domínio. No Brasil, cuja influência alemã fez condicionar a transferência da propriedade a atos formais, a oponibilidade dependente da publicidade formal dos contratos em cujo objeto há direitos reais[655] — é, assim, dependente não só da formalização do contrato, mas também da tradição, para as coisas móveis, e do registro, para as coisas registráveis.

[651] "ils opposent non seulement une création dans son inertie, mais les effets créés dans leur dynamism". Tradução livre: "eles [litigantes] opõem não somente uma criação em suas inércias, mas os efeitos criados em seus dinamismos. (CALASTRENG, Simone. *La relativité des conventions:* étude de l'article 1165 du Code civil. Paris: Recueil Sirey, 1939, p. 387)

[652] LUMIA, Giuseppe. *Elementos de teoria e ideologia do direito*. São Paulo: Martins Fontes, 2003, p. 108.

[653] Por todos, confira obra de Daisy Gogliano (GOGLIANO, Daisy. *Direitos Privados da Personalidade*. São Paulo: Quartier Latin, 2013).

[654] DUCLOS, José. *L'Opposabilite* (essai d'une theorie generale). Paris: LGDJ, 1984, p. 209.

[655] No Direito pátrio, o artigo 108 do Código Civil aperfeiçoou a terminologia técnica para "negócios jurídicos que visem à constituição, transferência, modificação ou renúncia de direitos reais sobre imóveis", deixando evidente o caráter obrigacional do negócio jurídico que tenha como objeto um direito real.

Entre nós, diferentemente dos franceses, "embora a obrigação contratual tenha como objeto a entrega de determinado bem, permanece o efeito pessoal do contrato"[656]. Apesar desta grande diferença entre os ordenamentos, é possível valer-se da classificação francesa de oponibilidade da situação das coisas, pois encontra por aqui idêntico tratamento.

A situação jurídica ligada à transmissão de direitos reais se refere ao caso em que há, por exemplo, um bem gravado que é transferido para outro proprietário. Este novo titular do direito real não pode alegar-se terceiro para desrespeitar o direito onerador[657], ou seja, não poderá afirmar que não fez parte da anterior avença para escapar dos efeitos da oneração prévia. O direito real, por sua estrutura jurídica, impõe que todos devem respeitar o bem gravado, inclusive o sucessor a título particular, o que está de acordo com o adágio "*Nemo plus juris ad alium transferre potest quam ipse habet*"[658]. Situações jurídicas similares quanto a esta oponibilidade são encontradas, por exemplo, nas obrigações *propter rem*, nas servidões e também no direito de superfície.

No que se refere à oponibilidade da situação jurídica da pessoa[659] (ou do *status* da pessoa), diante da pertença de uma pessoa a um grupo social, do qual resultam à pessoa direitos e deveres[660], temos como principal exemplo a oponibilidade dos atos de estado civil. O estado da pessoa pode se referir a fato (como nascimento ou morte, por exemplo), mas também pode se referir aos atos do estado civil, tratando, então, de hipóteses de adoção, casamento, separação, divórcio e união estável[661]. Os atos do estado civil são praticados e opostos perante todos. Pela sua própria natureza, eles irradiam para além das pessoas e servem como instrumento de prova e

[656] GOMES, Orlando. *Contratos*. 26. ed. Rio de Janeiro: Editora Forense, 2007, p. 200.

[657] "Da transmissão se deve distinguir a oneração. Dá-se esta quando um direito fica restringido no seu conteúdo em consequência da atribuição de um direito novo sobre o mesmo objeto a outra pessoa. [...] O titular do direito onerador faz uma aquisição derivada, porque o seu direito se funda no direito onerado; mas não há transmissão, há antes constituição, porque o direito onerador é um direito constituído *ex novo*" (ASCENSÃO, José de Oliveira. *Direito Civil: Teoria Geral, Direito Civil*, 2. ed. São Paulo: Saraiva, 2010. v. 3, p. 122).

[658] DUCLOS, José. *L'Opposabilite* (essai d'une theorie generale). Paris: LGDJ, 1984, p. 214-215.

[659] Pode-se tratar da oponibilidade tanto da pessoa física como jurídica.

[660] LUMIA, Giuseppe. *Elementos de teoria e ideologia do direito*. São Paulo: Martins Fontes, 2003, p. 104.

[661] DUCLOS, José. *L'Opposabilite* (essai d'une theorie generale). Paris: LGDJ, 1984, p. 251.

de publicidade. Para exemplificar, temos o casamento, que pode implicar sensível alteração de patrimônio, realizando mudanças importantes para credores de qualquer dos nubentes. Os atos, então, da vida civil não são analisados apenas sob o ponto de vista relativo, mas, pela relevância das suas consequências a terceiros, são reconhecidos externamente e regulados muitas vezes pelas regras do sistema de publicidade. Os efeitos indiretos irradiados, muitas vezes, dos registros e das averbações[662] não podem ser considerados uma exceção à relatividade[663], pois não se referem ao efeito principal do ato, mas somente ao dever de reconhecer a existência desta situação jurídica, sujeitando-se aos seus efeitos.

[662] Por exemplo, por determinação dos artigos 9º e 10 do Código Civil e artigos 29 e seguintes da Lei nº 6015/73.

[663] SAVATIER, René. Le prétendu principe de l'effet relatif des contrats. *Revue Trimestrielle de Droit Civil,* Paris, t. 33, p. 525-545, 1934, p. 527-528.

4.
CONHECIMENTO E OPONIBILIDADE

"la connaissance par les tiers des éléments juridiques représente la pièce maîtresse de la mise en oeuvre de l'opposabilité"

(DUCLOS, José[664])

O capítulo anterior teve por escopo reconhecer a oponibilidade de cada um dos elementos jurídicos, principalmente dos atos jurídicos convencionais (contratos). Porém, não se preocupou em demonstrar as regras gerais de aplicação da oponibilidade. Tais regras, objeto deste capítulo, veem no conhecimento dos elementos jurídicos pelos terceiros a regra de ouro da oponibilidade, ou melhor, a «peça-mestra da efetivação da oponibilidade»[665], como qualificou José Duclos. As consequências jurídicas deste conhecimento são definidas, então, pelo ordenamento para cada elemento jurídico[666], e, como se verá, obedecem às regras gerais

[664] Tradução livre: "o conhecimento pelos terceiros dos elementos jurídicos representa a peça-mestra da efetivação da oponibilidade" (DUCLOS, José. *L'Opposabilite* (essai d'une theorie generale). Paris: LGDJ, 1984, p. 281).

[665] Tradução livre de: "pièce maîtresse de la mise en oeuvre de l'opposabilité". (DUCLOS, José. *L'Opposabilite* (essai d'une theorie generale). Paris: LGDJ, 1984, p. 281)

[666] WINTGEN, Robert. *Étude critique de la notion d'opposabilité* – les effets du contrat à l'égard des tiers en droit français et allemande. Paris: LGDJ, 2004, p. 90.

da problemática — que ora se coloca e se estuda — da *cognoscibilidade dos elementos jurídicos* e do *conhecimento efetivo.*

Quando um elemento jurídico é dito *cognoscível*[667], há a possibilidade fática de conhecimento do direito, seja por conta de sua natureza, seja por conta das regras do conhecimento organizado. A cognoscibilidade do elemento jurídico admite gradação e, quando se trata de impor um dever de abstenção frente a este direito, o ordenamento jurídico exige um conhecimento deste direito pelo outrem ora mais ora menos extenso.

Há cognoscibilidade completa ou absoluta quando, em determinada situação, é possível identificar por completo tanto o direito quanto o seu titular. É o caso aqui do registro de bens imóveis, pelo qual se identifica o titular e a extensão do direito real. Outras vezes, porém, o conhecimento não é tão evidente; sabe-se que há direito, sem necessariamente saber o seu titular. Mesmo assim, o ordenamento jurídico pode impor um dever de abstenção, impedindo que se prejudique um direito alheio (*neminem laedere*).

É o caso de um carro estacionado na rua, que, apesar de não se saber de imediato quem é o dono, terceiros sabem que não são titulares daquele

[667] F. C. Pontes de Miranda tratou da relação entre o conhecimento e o suporte fático. Foram várias observações por ele colocadas a respeito do elemento cognoscitivo. A cognoscibilidade que se trata na oponibilidade não se refere obrigatoriamente ao elemento cognoscitivo do suporte fático (como elemento de existência ou requisito de validade) no momento de sua incidência. Neste, o conhecimento compõe o suporte fático, naquele serve de fator de eficácia perante terceiros. O conhecimento (ou ausência de conhecimento) que importa ao suporte fático é aquele, por exemplo, do conhecimento do vício da coisa para enjeitá-la, do conhecimento por notificação da cessão de crédito, da boa-fé do possuidor que ignora o vício que lhe impede a adquirir a coisa. O conhecimento que trata a oponibilidade é aquele que, nas relações sociais, impõe um dever de abstenção ao conhecedor ou ao que deveria conhecer. Sobre os princípios que regem o conhecimento em relação ao suporte fático, F. C. Pontes de Miranda estabelece que: "O fato do *conhecimento* entra, por vêzes, nos suportes fácticos, especialmente do direito civil e do penal. Tem relevância, então, o conhecer, ou o não-conhecer. À base da teoria da relevância do conhecimento estão dois princípios: *a*) o *princípio do difícil equivalente ao impossível*, segundo o qual se tem por desconhecido o que os interessados dificilmente poderiam conhecer (e.g., art. 251, 'lugar remoto, ou não sabido'; Código de Processo Civil, art. 177, I); *b*) o *princípio da difusão suficiente*, segundo o qual se tem por fato conhecido o que se apresenta com grande probabilidade de ser conhecido. Onde um ou outro não pode ser invocado, precisa-se provar o conhecimento, ou o não-conhecimento. Para se fazer invocável o princípio *b*), usam-se expedientes como o dos editais, o dos registos públicos e outros." (MIRANDA, F. C. Pontes de. *Tratado de Direito Privado.* São Paulo: RT, 2012. t. 1, p. 218).

carro, nem possuem direitos em relação ao carro estacionado. Neste exemplo dado, há uma menor exigência da ordem jurídica quanto ao juízo de cognoscibilidade do direito, mas mesmo assim há o dever de não interferência com o direito alheio, em termos de "atuação material"[668].

Por certo, a exigência da ordem jurídica quanto à extensão da cognoscibilidade do direito é modulada a depender da proximidade do outrem com este direito. Quanto mais próxima ou mais estreita a relação entre o titular e o outrem, maior será o leque de deveres que os envolvidos devem levar em conta na hora de aproximarem-se e maior será a probabilidade de a lei impor um dever de abstenção.

Mesmo quando não se saiba se há ou não direito, nem se tenha conhecimento do seu titular, por vezes, o ordenamento jurídico impede que se atue de forma imprudente pela relevância do possível direito envolvido em jogo. É o caso extremo retratado por Eduardo Santos Júnior, mas que se refere, no final das contas, a uma exigência mínima da ordem jurídica a respeito da cognoscibilidade do direito:

> Num caso extremo, suponha-se que alguém maneja uma arma com um alcance de vários quilómetros: não deverá deixar de se entender, nessa situação, que a existência de pessoas (e dos respectivos direitos de personalidade) e dos direitos delas sobre as coisas, pessoas e coisas que têm existência física e que como tal podem ser atingidos pelo projéctil da arma, mesmo que nem sejam conhecidos ou sequer visíveis à pessoa que maneja a arma, são cognoscíveis por esta: na base de um entendimento amplo da cognoscibilidade, assente na possibilidade normal da existência de tais pessoas e coisas no raio de acção da arma de que se trate.[669]

Em todos esses casos, a cognoscibilidade do direito faz pesar sobre terceiros a presunção de conhecimento e o ônus de não interferir com o direito alheio. Por isso, como regra geral para os elementos cognoscíveis, a oponibilidade se faz de imediato. Diz-se, então, que "a *cognoscibilidade do direito* constitui condição de concretização, na respectiva situação, da

[668] Este exemplo é tirado da obra de E. Santos Júnior (SANTOS JÚNIOR, E. *Da responsabilidade civil de terceiro por lesão do direito de crédito*. Coimbra: Almedina, 2003, p. 484).

[669] SANTOS JÚNIOR, E. *Da responsabilidade civil de terceiro por lesão do direito de crédito*. Coimbra: Almedina, 2003, p. 484.

oponibilidade do direito, da sua passagem de oponibilidade *in potentia* a oponibilidade *in actu*"[670].

Porém, em outros casos, quando o elemento jurídico não é normalmente cognoscível, i.e., quando o ato é clandestino, escondido ou dificilmente conhecido por terceiros — como nos direitos de crédito —, é o conhecimento efetivo de terceiro que importa para definir se a oponibilidade será aplicada em concreto, ou seja, o conhecimento efetivo é a condição para a passagem de oponibilidade *in potentia* a oponibilidade *in actu*, como acima retratado. O ordenamento jurídico faz aqui conter a irradiação dos efeitos indiretos, mas é o conhecimento efetivo dos elementos jurídicos ocultos que remove a contenção e permite a plena oponibilidade, ou seja, que o elemento jurídico irradie e atinja terceiros.

Dessa forma, esta é a regra geral da oponibilidade, que serve para auxiliar-nos nos casos em que não há uma oponibilidade regida por lei específica. Na oponibilidade geral, o ordenamento jurídico, então, diferencia a oponibilidade dos casos em que: (i) há plausível cognoscibilidade do elemento jurídico por terceiros; e (ii) não há plausibilidade do conhecimento dos elementos jurídicos por terceiros, exigindo-se, por isso, o conhecimento efetivo de terceiro para que haja oponibilidade. Cada um destes grupos de casos tem consequências jurídicas distintas, principalmente para o terceiro, que poderá ter ou não o dever de não interferir a depender se a oponibilidade *in actu* se faz presente no caso.

4.1. Oponibilidade específica

Antes de tratarmos com mais detalhes da regra geral de oponibilidade, um primeiro olhar deve pairar sobre a existência de regras especiais que regulam a eficácia indireta de determinados elementos jurídicos. Considerando que a oponibilidade é definida pela lei, para se deduzir as consequências jurídicas do conhecimento é necessário tomar em consideração, em primeiro lugar, se há ou não regra específica de oponibilidade para o caso concreto. Quando há um regramento especial em determinada matéria, denomina-se o caso de *oponibilidade específica*. Ela pode ou não estar direcionada no mesmo sentido da regra geral da oponibilidade.

[670] SANTOS JÚNIOR, E. *Da responsabilidade civil de terceiro por lesão do direito de crédito*. Coimbra: Almedina, 2003, p. 483.

Dentre as diversas normas que dispõem sobre a oponibilidade específica, é no Código Civil que encontramos os melhores exemplos. Sem pretender exauri-los, temos: (i) a oponibilidade a terceiros dos atos cometidos em excesso pelos administradores (art. 1.015); (ii) a oponibilidade probatória por uma parte ou por um terceiro de instrumento particular assinado por quem esteja na livre disposição e administração de seus bens (art. 221); (iii) a oponibilidade de título de crédito incompleto ao adquirente de má-fé (art. 891); (iv) a oponibilidade do direito do cônjuge inocente de anular a doação feita entre o cônjuge adúltero e o seu cúmplice (art. 550); e (v) a oponibilidade do contrato da parte ao terceiro que alicia o prestador de serviço por tempo determinado e por escrito (art. 608)[671].

Outras normas ainda estabelecem a oponibilidade específica, por exemplo: (i) a oponibilidade pelo locatário ao adquirente quando cumpridas

[671] No julgamento do REsp n.º 2.023.942, o Ministro Ricardo Villas Bôas Cueva restringiu a incidência do art. 608, do CC, cumulando, além dos pressupostos de configuração da responsabilidade civil do terceiro interferente, a configuração de "quebra de contrato em virtude dos postulados da função social do contrato, dos deveres decorrentes da boa-fé objetiva, da prática de concorrência desleal e da responsabilidade por ato ilícito ou abusivo" (STJ, REsp n.º 2.023.942, Terceira Turma, Min. Ricardo Villas Bôas Cueva, j. 25.10.2022). O voto vencedor considerou que o "aliciamento" se traduz numa prática desleal entre agentes econômicos. Referido julgado teve voto vencido da Ministra Nancy Andrighi, com quem concordamos. Ainda que o art. 608, do CC não seja, na grande maioria das situações, equitativo, o termo aliciamento não se reduz à hipótese de prática e concorrência desleais. Tal interpretação — contrária à interpretação histórica e sistemática, como pontuou a Ministra Nancy Andrighi — não só esvazia o sentido do art. 608, do CC, mas também coloca em perigo toda a evolução da responsabilidade civil do terceiro cúmplice ou interferente. Como foi colocado no voto vencido, a responsabilidade civil do terceiro interferente tem os seus pressupostos e nem toda contração por um concorrente conduz a tal responsabilidade. Na tentativa de aumentar o rigor para aplicação da dura sanção do art. 608, do CC, o julgado deu um passo atrás na evolução do tema, permitindo uma interpretação (equivocada) de legalidade irrestrita da interferência de terceiros nas contratações (com exceção da hipótese de prática e concorrência desleais). Nem toda hipótese de interferência culposa de terceiros se dá entre agentes econômicos concorrentes e, mesmo nesses casos, não se é possível admitir, em nome da livre iniciativa ou da modernidade, que haja permissão livre de interferência alheia nos contratos fora dos casos de concorrência desleal. Os pressupostos de responsabilidade civil do terceiro interferente aplicam-se a todos os contratos. Em sentido favorável ao resultado do REsp n.º 2.023.942, temos a opinião respeitável de Daniel A. Carnaúba (vide CARNAÚBA, Daniel Amaral. *O dia em que o STJ salvou o artigo 608 do Código Civil*, 2023. Disponível em <https://www.conjur.com.br/2023-set-25/direito-civil-atual-dia-stj-salvou-artigo-608-codigo-civil>. Acesso em: 15 out. 2023).

as formalidades do art. 8º da Lei de Locações (Lei n. 8.245/1991); (ii) a oponibilidade da promessa de venda da ação e do direito de preferência à sua aquisição a terceiros (art. 40 da Lei n. 6.404/1976); (iii) a oponibilidade das obrigações ou ônus previstos no acordo de acionistas a terceiros (art. 118, §1º, da Lei n. 6.404/1976); ou, ainda, (iv) a oponibilidade do direito à impenhorabilidade do bem de família (art. 3º da Lei n. 8.009/1990).

Ou mesmo, também por lei, pode-se estabelecer regramento para a inoponibilidade específica. São os casos dos seguintes exemplos não exaustivos: (i) a inoponibilidade pela parte ao Fisco da convenção particular que modifica a definição legal do sujeito passivo das obrigações tributárias correspondentes (art. 123 do Código Tributário Nacional)[672]; (ii) inoponibilidade ao advogado do defensor das restrições de acesso aos autos do inquérito policial (art. 7º, XIV, da Lei n. 8.906/1994)[673]; e (iii) inoponibilidade do direito à impenhorabilidade do bem de família nos casos estabelecidos nos incisos do art. 3º da Lei n. 8.009/1990[674].

Mas a ausência de disposição legal expressa não significa que os demais elementos jurídicos sejam inoponíveis. Há, como já dito, uma regra de oponibilidade geral, que depende das regras a respeito da cognoscibilidade dos direitos e do conhecimento efetivo.

672 Na jurisprudência do Superior Tribunal de Justiça, o Ministro Dias Trindade abordou o tema, mesmo que subsidiariamente. No caso, tratava-se de alienação de negócio ou de arrendamento de instalações, e, por conta deste contrato, a empresa adquirente passou a ser sujeito passivo da obrigação tributária (contribuição de FGTS, no caso). O recorrente alegava que haveria, no caso, transferência de obrigação tributária, vedada pelo dispositivo do art. 123 do CTN. Porém, o Ministro entendeu que tal artigo não abrange o caso de alienação de negócio ou de arrendamento de instalações, para a continuidade da atividade, por outra empresa. Assim, concluiu o Ministro que "Não ocorreu qualquer transmissão de obrigação tributária, anteriormente constituída, à nova empresa" (STJ, REsp 11.323/RJ, Rel. Ministro Dias Trindade, j. 8.11.1993).

673 "A oponibilidade ao defensor constituído esvaziaria uma garantia constitucional do indiciado (CF, art. 5º, LXIII), que lhe assegura, quando preso, e pelo menos lhe faculta, quando solto, a assistência técnica do advogado, que este não lhe poderá prestar se lhe é sonegado o acesso aos autos do inquérito sobre o objeto do qual haja o investigado de prestar declarações." (STF, HC 82354, Relator Min. Sepúlveda Pertence, j. 10.8.2004)

674 No inciso V, do art. 3º da Lei n. 8009/90, inclui-se a inoponibilidade do direito de impenhorabilidade no caso de o imóvel ter sido oferecido como garantia hipotecária de dívida contraída por empresa familiar, que tenha a família se beneficiado do ato de disposição. Vide STJ, REsp 1421140/PR, Rel. Ministra Nancy Andrighi, j. 3.6.2014.

4.2. Cognoscibilidade como condição para oponibilidade

Em verdade, se todos conhecessem tudo e todos, a aplicação da oponibilidade dos elementos jurídicos seria absoluta. Porém, diante da real possibilidade de os elementos jurídicos restarem ocultos a terceiros, o ordenamento jurídico faz esta importante distinção de tratamento.

O elemento jurídico cognoscível é aquele que, pela sua própria natureza, é perceptível pelos sentidos. Sua publicidade é dita natural, ínsita ao objeto, por isso o conhecimento natural é inerente ao elemento oposto. O existir do ser humano, ou, ainda, de qualquer coisa corpórea, carrega em si uma publicidade, da qual não se pode desconhecer os direitos inerentes à coisa ou à pessoa. A manifestação externa do próprio elemento é a sua forma de divulgação a terceiros, tratando-se, assim, de uma publicidade de fato, que, por certas marcas ou signos, é reconhecida por terceiros[675].

Um elemento pode ainda ser cognoscível se for organizado o seu conhecimento por um sistema de publicidade. Denomina-se, neste caso, simplesmente de *conhecimento organizado*, que é aquele criado por determinados sujeitos de direito ou pelo legislador para organizar e disponibilizar informações a terceiros. "Esta aparência criada apenas legitima a suposição geral de conhecimento, nada mais"[676].

É de se lembrar que o objeto do conhecimento organizado (direito real, por exemplo) já é, muitas vezes, objeto de um conhecimento natural. O conhecimento organizado (registro de propriedade) se soma ao conhecimento natural (posse) para formar todo o conhecimento possível sobre o seu objeto. O fato de não se ter obedecido as regras para efetivar o conhecimento organizado (registro, averbação) não significa que o objeto perca o conhecimento natural que ele em si revela. As diferentes consequências que o ordenamento jurídico atribui como sanção para o descumprimento das regras de conhecimento organizado devem ser harmonizadas com as regras do conhecimento natural, ou mesmo do conhecimento efetivo. A harmonia destas regras é o escopo precípuo deste capítulo.

[675] DUCLOS, José. *L'Opposabilite* (essai d'une theorie generale). Paris: LGDJ, 1984, p. 285.

[676] "l'apparence créée se borne à legitimer la supposition générale de connaissance, sans plus." Tradução livre: "A aparência criada se limita a legitimar a suposição geral de conhecimento, sem mais." (DUCLOS, José. *L'Opposabilite* (essai d'une theorie generale). Paris: LGDJ, 1984, p. 284).

4.2.1. Regra geral

Como regra geral para os elementos jurídicos cognoscíveis, o terceiro tem o dever de informar-se, pois a ordem social supõe o seu conhecimento, não sendo sequer admissível a prova em contrário. Caso o terceiro não se informe, não poderá alegar a sua ignorância para escapar da oponibilidade. Nesta categoria de oponibilidade, a parte inclusive desnecessita demonstrar a má-fé de terceiro e caberá ao terceiro sair da zona de ignorância para agir com a prudência necessária e informar-se da realidade. É ônus que lhe incumbe.

A suposição[677] ou a presunção absoluta somente é possível quando há forte plausibilidade do conhecimento efetivo e fático pelo terceiro. Esta forte plausibilidade se dá por duas razões, pelo conhecimento natural ou pelo conhecimento organizado do elemento jurídico. Justamente por ser plausível, ou melhor, fortemente possível o conhecimento de terceiro, o ordenamento jurídico pode impor um tamanho ônus de presunção de conhecimento[678].

Se um contrato de compra e venda é assinado às escondidas, o ordenamento jurídico jamais poderia exigir o seu conhecimento por todos, pois não há plausibilidade de conhecimento alheio. Inoponibilidade, neste caso, é a regra, e só o conhecimento efetivo por um terceiro determinado — que passa a ser um terceiro cognoscente — deste contrato oculto é que será a exceção, tornando o contrato, antes inoponível, oponível para o específico terceiro.

[677] Para José Duclos, prefere-se suposição a presunção, pois neste último termo se poderia cogitar de prova em contrário. Entre nós, esta é a presunção absoluta, e aqui se usará um termo ou outro. (DUCLOS, José. *L'Opposabilite* (essai d'une theorie generale). Paris: LGDJ, 1984, p. 283, nota 3).

[678] Uma exceção criticável a essa regra geral era a hipótese de retrovenda estabelecida pelo art. 1.142 do anterior Código Civil. Estabelecia-se que "Na retrovenda, o vendedor conserva sua ação contra os terceiros adquirentes da coisa retrovendida, ainda que eles não conhecessem a cláusula de retrato". Ou seja, nesse caso, ao terceiro de boa-fé era imposto um ônus de presunção de conhecimento sem que o elemento jurídico fosse plausível de ser conhecido. "Era uma aberração do legislador", como criticou Vitor Frederico Kümpel, que foi corrigida pelo art. 507, do Código Civil de 2002, ao suprimir a frase "ainda que eles não conhecessem a cláusula de retrato" (KÜMPEL, Vitor Frederico. *Teoria da aparência no Código Civil de 2002*. São Paulo: Editora Método, 2007, p. 106-107).

Mas, se o contrato adquire eficácia real por meio das regras do conhecimento organizado, torna-se plausível o seu conhecimento e, independentemente do conhecimento efetivo, será oponível o contrato[679]. Na hipótese, então, de cognoscibilidade do elemento jurídico, a presunção de conhecimento de terceiro é a regra geral de aplicação, o que torna mais fácil o ônus probatório da parte, que desnecessita provar a informação deste terceiro do conteúdo ou da existência de determinado elemento jurídico. E a suposição de conhecimento de terceiros do elemento jurídico faz impor sobre eles a oponibilidade[680], sem importar aqui a ciência efetiva por terceiros do elemento jurídico.

4.2.2. Oponibilidade ao terceiro pelas partes

Apenas a título de esclarecimento, o conhecimento somente é importante para a oponibilidade pelas partes e aos terceiros. Somente nesta via da oponibilidade é que se discute se o terceiro conhecia o elemento oposto ou não, ou se tinha ou não dever de conhecer o elemento jurídico em questão. Na via contrária (quando o terceiro opõe contra as partes), não há discussão a respeito do conhecimento ou não de terceiro, pois é pressuposto lógico que o terceiro apenas irá opor se conhece o elemento jurídico; e mais, as partes já necessariamente conhecem o elemento jurídico que o terceiro pretende lhes opor. É questão prévia, que não se submete à regra da cognoscibilidade ou do conhecimento efetivo.

Ainda, na oponibilidade aos terceiros por terceiros, deve-se lembrar de que se trata de oponibilidade probatória[681]; e esta via não se submete à regra de conhecimento para sua aplicação[682]. Afinal de contas, não se necessita

[679] Para que se evite dúvida, nem todo contrato que se submete a registro em órgãos públicos torna-se um elemento jurídico cognoscível, pois tal efeito externo somente se produz se constar das regras, diretas ou indiretas, ligadas ao conhecimento organizado.

[680] Nos casos de cognoscibilidade, os elementos jurídicos, segundo José Duclos, são considerados conhecidos por terceiros, pois a suposição segue a regra de que ninguém deve ignorar a lei (o que, por aqui, está estatuído no art. 3º do Decreto-Lei n. 4.657/1942, ao dizer que "Ninguém se escusa de cumprir a lei, alegando que não a conhece"). Todos, continua o autor, "devem respeitar a atividade regular de outrem e mostrar-se prudente e diligente" (DUCLOS, José. *L'Opposabilite* (essai d'une theorie generale). Paris: LGDJ, 1984, p. 282).

[681] DUCLOS, José. *L'Opposabilite* (essai d'une theorie generale). Paris: LGDJ, 1984, p. 282.

[682] Excluem-se, então, os casos de oponibilidade ao terceiro e por terceiro, que sempre se referem à oponibilidade probatória.

de conhecimento de terceiro para retirar determinada informação, indício ou presunção de um contrato. A prova, considerando sua natureza[683], por si só pode ser oposta a outrem, sem exigir-se que o outro saiba dela. Então, se o terceiro ignora a existência da prova, não pode alegar sua ignorância para impedir que haja a oponibilidade probatória.

Dessa forma, neste capítulo, a oponibilidade que está em discussão é a dita substancial[684].

4.2.3. Conhecimento natural

A uma coisa corpórea, seja ela um bem móvel ou imóvel, ou mesmo uma pessoa, o ordenamento jurídico atribui certas consequências decorrentes da própria publicidade, por conta da cognoscibilidade intrínseca do direito envolvido. Isto porque as coisas corpóreas deixam marcas ou signos, ora mais fortes ora mais fracos, sendo, portanto, consideradas fontes de informações imediatas, que não precisam de registro para se fazer reveláveis a terceiros. É evidente que não se faz necessário o registro para se reconhecer que uma pessoa possui direitos de personalidade, ou que determinado bem imóvel ou móvel não me pertence. O registro aqui não interessa, assim como não interessa averiguar se o terceiro o conhecia ou não para a oposição de certos direitos derivados do elemento jurídico dotado de publicidade natural. A publicidade natural da coisa ou da pessoa é razão suficiente para perfazer a oponibilidade a terceiros. Terceiros devem respeitar os direitos de personalidade e terceiros devem respeitar os bens imóveis e móveis alheios. Os direitos aqui são cognoscíveis, independentemente de registro.

683 DUCLOS, José. *L'Opposabilite* (essai d'une theorie generale). Paris: LGDJ, 1984, p. 281.

684 Apesar de o conhecimento importar para a oponibilidade substancial, mesmo aqui, nos casos de oponibilidades ditas fortuitas, a regra do conhecimento de terceiros não se aplica. José Duclos exemplifica: "A supor, por exemplo, que um filho intente uma ação de responsabilidade contra o autor do acidente que causou a morte de seu pai; é impensável ver o terceiro alegar como bom direito sua ignorância da qualidade de pai da vítima, para fugir da oponibilidade deste fato jurídico". Tradução livre de: "A supposer, par exemple, qu'un fils intente une action en responsabilité contre l'auteur de l'accident ayant causé le décès de son père; il n'est pas pensable de voir le tiers assigné alléguer à bon droit son ignorance de la qualité de père de la victime, pour échapper à l'opposabilité de ce fait juridique" (DUCLOS, José. *L'Opposabilite* (essai d'une theorie generale). Paris: LGDJ, 1984, p. 282).

Assim sendo, por estar ligada à natureza dos elementos jurídicos, a publicidade se refere ao seu objeto, que é constituído por pessoas ou por coisas. Portanto, o conhecimento natural é subdivido em (i) relativo às coisas corpóreas; e (ii) relativo às pessoas.

As coisas corpóreas, por serem perceptíveis aos olhos alheios, beneficiam-se da publicidade de sua própria existência. Mesmo que a propriedade, assim como os direitos, seja uma abstração, o exercício do direito de propriedade se revela por atos visíveis[685], de tal modo que certos signos e marcas das coisas corpóreas produzem a própria publicidade da coisa corpórea. Estas marcas e signos, em geral, da propriedade são materializados pela posse. Assim, apesar de a posse não revelar em si a que título o possuidor a tem (se propriedade, locação, detenção, ocupação irregular, usurpação, invasão etc.), a posse em si, como fonte de informações[686], permite que o ordenamento jurídico retire diversas conclusões jurídicas.

A primeira se refere à titularidade da própria coisa. Ainda que a posse não esteja sendo exercitada no momento, é do conhecimento de todos que todas as coisas corpóreas têm a sua titularidade, sendo propriedade e posse de alguém, pelo princípio da individualidade dos direitos[687]. Apesar de

[685] GHESTIN, Jacques; GOUBEAUX, Gilles. *Traité de Droit Civil:* introduction générale. Paris: LGDJ, 1977, p. 658.

[686] Roberta Maia, apesar de reconhecer que a posse é um mecanismo natural de publicidade, considera que não confere, em nenhuma hipótese, conhecimento reputado, pois, no seu entender, o ônus probatório estaria com o possuidor. Em outras palavras, caberia a ele demonstrar que "o terceiro sabe ou *deveria* saber que os direitos por ele adquiridos eram incompatíveis com os direitos alheios" (MAIA, Roberta Mauro Medina. *Teoria Geral dos Direitos Reais.* São Paulo: RT, 2013, p. 219). Sobre esse ponto, como se demonstrará pelo exemplo da posse, o ordenamento jurídico nem sempre se dá por satisfeito com as informações advindas do estado de posse. Quando há satisfação, pode-se dizer que há oponibilidade. Por vezes, o ordenamento exige uma atitude mais cautelosa por parte de outrem, exigindo mais do que a informação advinda da posse e, aqui sim, não basta a posse para se considerar a informação dela advinda como a de um conhecimento reputado.

[687] É o que estabelece F. C. Pontes de Miranda, ao dizer que "O 'direito' e o 'dever', concretamente, têm de ser de um só, ou de sujeitos plurais, de modo que é princípio da teoria geral do direito, vindo do conceito mesmo de direito, que duas pessoas, separadamente, não podem ter o 'mesmo' direito. O 'direito' é dotado, assim, de individualidade, como eu, a minha filha mais velha, o marido de A. Estamos no plano dos individuais. Rege, pois, o princípio da individualidade dos direitos." (MIRANDA, F. C. Pontes de. *Tratado de Direito Privado.* São Paulo: RT, 2012. t. 5. p. 225-226)

existir exceção a esta afirmação (*res nullius* e coisas vacantes, por exemplo), é fato que toda pessoa, ao conhecer o seu patrimônio, sabe os limites do que não é seu, ou seja, conhece o que é propriedade alheia. Este raciocínio intuitivo consta inclusive das palavras de Samuel Ginossar: "sabendo a extensão do meu próprio patrimônio, eu saberei por simples eliminação que todos os outros bens existentes sobre a terra não pertencem a mim"[688]. O resultado deste raciocínio é que, se a pessoa está ciente de que a coisa não lhe pertence, tem o dever de abstenção frente ao exercício pelo titular do direito sobre a coisa. O ordenamento jurídico permite esta conclusão do só fato de que todas as coisas têm sua titularidade. O conhecimento em si que o terceiro retira da posse alheia já é suficiente para lhe ser oposto o dever geral de respeito[689].

A segunda informação retirada pelo ordenamento jurídico do fato da posse é para atribuir ao possuidor os efeitos da posse. A posse é uma marca de propriedade, mas sem se confundir com o próprio direito de propriedade. Definida em nosso Código Civil (art. 1.196) por meio do conceito de possuidor, a posse é exercício de poder de fato, inerente ao domínio (usar, gozar, dispor e reaver). Não se precisa de título para possuir, trata-se de poder de fato exercido pelo possuidor, a que o ordenamento jurídico atribui as consequências denominadas de *efeitos da posse*[690]. Assim, a

[688] Tradução livre de: "connaissant l'étendue de mon propre patrimoine, je saurai par simple élimination que tous les autres biens existants sur la terre ne m'appartiennent point". (GINOSSAR, Samuel. *Droit réel, propriété et créance*. Élaboration d'un système rationnel des droits patrimoniaux. Paris: LGDJ, 1960, p. 82).

[689] Ou como prefere Eduardo Santos Júnior: "a posse é como que uma imagem da propriedade, uma exteriorização natural dela, um meio natural ou espontâneo de publicidade, afinal, de um direito. O contacto que possamos ter então com o titular e a coisa há-de pautar-se pelo dever de respeitar o direito do possuidor/proprietário" (SANTOS JÚNIOR, E. *Da responsabilidade civil de terceiro por lesão do direito de crédito*. Coimbra: Almedina, 2003, p. 475-476).

[690] Com precisão, Rui Geraldo Camargo Viana escreve que: "Posse é um fato que induz o direito. *Ex facto oritur ius*. [...] a posse é um fato que produz efeitos jurídicos (presunção de propriedade, possibilidade de usucapir, legitimidade para propositura dos interditos)" (VIANA, Rui Geraldo Camargo. Os Direitos Reais no Novo Código Civil. In: AZEVEDO, Antonio Junqueira de; TÔRRES, Heleno Taveira; CARBONE, Paolo (Coord.). *Princípios do Novo Código Civil Brasileiro e Outros Temas*: homenagem a Tullio Ascarelli. 2. ed. São Paulo: Quartier Latin, 2010, p. 611-613). O Autor ainda, após diferenciar os efeitos da posse de boa-fé e de má-fé, aponta os três "meios específicos de defesa da posse em face dos direitos de vizinhança, quais sejam: a) Ação de Nunciação de Obra Nova, cujo objeto é a suspensão de obra circunvizinha que

própria posse, ao preencher o suporte fático, faz incidir "normas jurídicas, notadamente das referentes às ações possessórias, quer materiais, quer processuais, e das normas sobre usucapião"[691]. Tais efeitos podem inclusive ser opostos ao verdadeiro titular do direito real e, a depender do lapso temporal, pelas regras de usucapião, transformar o que era aparência em verdade[692].

Outras conclusões se retiram do fato da posse. Em conflitos mobiliários corpóreos, apesar de inexistir um sistema de publicidade formal, a oponibilidade é fundada sobre o conhecimento natural dos direitos, principalmente da posse e da sua tradição. A exigência de publicidade dos bens móveis é possível, mas não desejável. Diferentemente dos bens imóveis, cujas operações jurídicas em geral têm alto valor e são mais lentas e dispendiosas, as tradições de bens móveis são mais rápidas, volumosas e de baixo custo. Exigir o cadastro de titularidade de todos os bens móveis para verificação do comprador de sua titularidade, significaria um entrave ao comércio jurídico (se possível fosse). Por isso, opta-se por menor segurança jurídica, porém maior rapidez nas transações.

Assim esclarecido, na tradição de bem móvel, o ordenamento jurídico permite presumir como proprietário o possuidor da coisa, oferecida ao público, em leilão ou estabelecimento comercial, conforme o art. 1.268 do Código Civil. Não há aqui a exigência de tanta cautela pelo comprador, para facilitar a fluidez do comércio. Aquele que detém a posse é presumido

ameace prejudicar a posse ou o domínio do imóvel do proponente; b) Ação de Dano Infecto, que almeja prevenir danos que possam vir a ser provocados por prédio contíguo (o réu é obrigado a prestar caução) por força de demolição ou reforma; proteger o sossego, segurança e saúde ou sanar conflitos entre vizinhos; c) Embargos de Terceiros, ação pela qual se tem a possibilidade de ingresso nos autos de um processo em que, originalmente, não se é parte, a fim de defender direito real próprio ali discutido como se a outrem pertencesse." (ibid., p. 613)

691 PENTEADO, Luciano de Camargo. *Direito das coisas*. 3. ed. São Paulo: RT, 2014, p. 596.

692 Benedito Silvério Ribeiro diz expressamente que "O efeito primacial da usucapião, forma de adquirir o domínio, é a formação de título ao prescribente, com oponibilidade *erga omnes* (...)" (RIBEIRO, Benedito Silvério. *Tratado de Usucapião*. 7. ed. São Paulo: Saraiva, 2010, v. 1, p. 219). O registro da sentença em cartório não é constitutivo de propriedade, inclusive, conforme ensinamento de F. C. Pontes de Miranda: "A usucapião opera-se *ipso iure*. A sentença, que se profere, é *sentença declarativa*. O registo apenas dá à sentença a publicidade registária, que se passa no plano da eficácia. (...) a sentença é declarativa, a usucapião preexiste e pode ser alegada como objeção" (MIRANDA, F. C. Pontes de. *Tratado das ações*. São Paulo: RT, 1971, t. 2, p. 227).

proprietário da coisa, salvo prova em contrário, isto porque "a posse da coisa por alguém — e 'a posse vê-se' — através dela, revela-se aquele que posso ou devo presumir ser o titular do direito"[693]. Já na tradição de bem imóvel não há presunção do possuidor como proprietário. O conhecimento natural advindo da posse de bem imóvel não é suficiente para caracterizar o possuidor como proprietário para fins de transferência da propriedade. Entre vivos, é necessário o registro do título translativo.

Em outras situações, para afastar os efeitos da posse, prefere-se categorizar diferentemente situações similares. É a posição daquele que ocupa indevidamente um bem público. A ocupação aqui não se enquadra no conceito de posse (art. 1.196 do Código Civil) nem de detenção (art. 1.198 do Código Civil). O ocupante não tem poder de fato de usar, gozar, dispor e reaver, nem o ordenamento jurídico lhe confere as consequências jurídicas dos efeitos da posse. Não tem direito de retenção nem de indenização. Pode-se dizer, ainda, que o ocupante não tem direito oponível ao Poder Público, seja para pleitear indenização, seja para requerer a aquisição dominial da coisa pública. A ocupação de bem público é fato de *tença* (na classificação pontesiana[694]), mas sem qualquer efeito e qualquer poder fático.

Em situação análoga está o possuidor injusto. Aquele que adquire a posse mediante emprego de violência (posse violenta)[695], ou mediante abuso de confiança (posse precária), ou que oculta a posse obtida (posse clandestina)[696] — "tem efeitos da posse a seu favor, não podendo, entretanto, exercer as ações possessórias em face do possuidor diante de

[693] SANTOS JÚNIOR, E. *Da responsabilidade civil de terceiro por lesão do direito de crédito*. Coimbra: Almedina, 2003, p. 475.

[694] MIRANDA, F. C. Pontes de. *Tratado de Direito Privado*. Rio de Janeiro: RT, 2012, t. 10, p. 85-86.

[695] É assente na jurisprudência, com base no art. 1.208 do Código Civil, que invasores de terras não detêm posse. (REsp 219.579/DF, Rel. Ministro Humberto Gomes de Barros, Primeira Turma, j. 26.9.2000).

[696] Luciano de Camargo Penteado traz os seguintes exemplos de posse clandestina: "um cessionário que tenha adquirido bem alienado ao credor por alienação fiduciária ou que seja cessionário de *leasing*, perante o credor fiduciário ou a arrendante, tem posse clandestina se o proprietário não anuiu à cessão" (PENTEADO, Luciano de Camargo. *Direito das coisas*. 3. ed. São Paulo: RT, 2014, p. 614-615). A posse precária impede tanto o alienante fiduciário, quanto o seu cessionário, de adquirir o bem pela usucapião, como estabelecido no Recurso Especial n. 844098, "A posse, nesse caso, é justa enquanto válido o contrato. Ocorrido o inadimplemento,

quem está em situação de vício objetivo de violência, clandestinidade ou precariedade"[697]. Os direitos então decorrentes dos efeitos da posse do possuidor injusto não são oponíveis ao possuidor injustiçado.

Mas, a depender do título do possuidor, outros efeitos poderão ser irradiados. No caso de arrendamento rural, a posse do arrendatário faz nascer uma restrição ao direito do arrendante de alienar o imóvel a terceiros, por força do previsto no artigo 45 do Decreto n. 59.566/1966[698] e no artigo 95, inciso IV, da Lei n. 4.504/1964[699]. A restrição a que se refere é a do pacto de preferência, que obriga o arrendante, quando da alienação do imóvel arrendado, a oferecê-lo em igualdade de condições ao arrendatário, cuja aquisição se prefere a terceiros. Para o exercício do direito de preferência, não há necessidade de registro do contrato de arrendamento, inclusive conforme entendimento do Superior Tribunal de Justiça[700].

De ressaltar, ainda, que o registro do contrato de arrendamento é inútil. O registro não torna o contrato de arrendamento oponível a terceiros, pois o arrendamento, para fins do exercício do direito de preferência, por si só já é oponível (oponibilidade específica). A oponibilidade, então, do direito de preferência pelo arrendatário prescinde de publicidade organizada, faz-se oponível pela só existência fática do arrendamento. Pode-se, ainda, notar que, por mais que haja aproximação das figuras contratuais, o direito de

transforma-se em posse injusta, incapaz de gerar direito a usucapião." (STJ, REsp 844.098/MG, Rel. Ministra Nancy Andrighi, Rel. p/ Acórdão Ministro Sidnei Beneti, j. 6.11.2008).

697 PENTEADO, Luciano de Camargo. *Direito das coisas*. 3. ed. São Paulo: RT, 2014, p. 613.

698 Art. 45. Fica assegurado a arrendatário o direito de preempção na aquisição do imóvel rural arrendado. Manifestada a vontade do proprietário de alienar o imóvel, deverá notificar o arrendatário para, no prazo, de 30 (trinta) dias, contado da notificação, exercer o seu direito.

699 Art. 92. (...) § 3º No caso de alienação do imóvel arrendado, o arrendatário terá preferência para adquiri-lo em igualdade de condições, devendo o proprietário dar-lhe conhecimento da venda, a fim de que possa exercitar o direito de perempção dentro de trinta dias, a contar da notificação judicial ou comprovadamente efetuada, mediante recibo.

§ 4° O arrendatário a quem não se notificar a venda poderá, depositando o preço, haver para si o imóvel arrendado, se o requerer no prazo de seis meses, a contar da transcrição do ato de alienação no Registro de Imóveis.

700 STJ, REsp 1148153/MT, Rel. Ministro Paulo de Tarso Sanseverino, j. 20.3.2012; STJ, REsp 164.442/MG, Rel. Ministro Luis Felipe Salomão, j. 21.8.2008; STJ, REsp 263.774/MG, Rel. Ministro Aldir Passarinho Junior, j. 15.8.2006; STJ, REsp 904.810/PR, Rel. Ministro Humberto Gomes de Barros, j. 15.2.2007.

preempção não se estende por analogia aos demais contratos agrícolas[701] — por isso, importa saber o título do possuidor, de modo a descobrir se há ou não oponibilidade no caso.

Por fim, no que se refere ainda à posse, temos a situação especial do cônjuge sobrevivente, que estabelece no imóvel a residência de sua família. Por meio do art. 1.831 do Código Civil, resguarda-se o direito real de habitação do cônjuge do falecido a ter um direito mínimo de morada, mesmo que "contra o anseio dos herdeiros em se apropriarem da herança, ainda que deixando um dos pais ao desabrigo"[702]. O direito de morada, então, do cônjuge sobrevivente de imóvel de propriedade integral do falecido[703] é oponível aos herdeiros.

Assim exposto, a posse pode revelar a terceiros a existência de um direito real. Como visto, o conhecimento é uma constatação e os seus efeitos são variados. Em determinados casos, o conhecimento de um terceiro absoluto da posse de um bem por certa pessoa pode ser suficiente para impor a este terceiro um dever de abstenção. Mas um comprador deste mesmo bem imóvel não pode se contentar com a mera informação da posse, o conhecimento que deve ter é muito mais minucioso, sendo exigidas informações muito mais profundas do que as marcas naturais podem fornecer.

No que se refere às pessoas, estas, por sua própria existência, dão publicidade a uma série de direitos, que são opostos de imediato a terceiros. Os direitos à vida, à intimidade, à integridade física e psíquica e à honra não podem ser ignorados por terceiros, independentemente de terem conhecimento ou não de tais direitos. Segundo José Duclos,

[701] "Não abrange os imóveis dados em parceria rural nem os dados em subarrendamento, mesmo que preceda o consentimento para subarrendar, por parte do proprietário, visto que está na lei que 'o arrendatário terá preferência para adquirir o imóvel em igualdade de condições'. Caso a lei quisesse contemplar com o mesmo direito o subarrendatário, teria feito expressa menção, como ocorre com o art. 30 da Lei n. 8.245/91. Não o tendo feito, o direito de preferência não se estende senão à situação indicada na lei" (OPTIZ, Silvia C. B.; OPTIZ, Oswaldo. *Curso completo de direito agrário*. 6ª ed. São Paulo: Saraiva, 2012, p. 466-469).

[702] STJ, REsp 107.273/PR, Rel. Min. Ruy Rosado, j. 9.12.1996.

[703] Caso haja copropriedade, entende-se que não existe direito real de habitação, pois este limita os direitos de propriedade dos herdeiros do *de cujus*, mas não limita os de quem já era proprietário do imóvel antes do óbito. (STJ, REsp 1212121/RJ, Rel. Ministro Luis Felipe Salomão, j. 3.12.2013; STJ, REsp 1184492/SE, Rel. Ministra Nancy Andrighi, j. 1.4.2014).

"É o comportamento ou mesmo só a existência dos indivíduos que revela aqui a realidade jurídica"[704], por isso, alegar a ignorância é inconcebível, já que todos conhecem as prerrogativas dos outros pelo só conhecimento dos seus próprios direitos. A mesma ideia está presente no "conhece-te a ti mesmo" de Sócrates, ou nas regras morais "não faças aos outros o que não gostarias que te fizessem a ti" e "amarás o teu próximo como a ti mesmo". Tais direitos e ideias fundam-se na suposição geral de conhecimento dos direitos alheios.

A oponibilidade a todos destes direitos só é possível, pois "a pessoa *transporta* em si a publicidade dela mesma [...]. Se conheço o meu direito à vida, à integridade moral e física, reconheço-o em quem quer que se me depare, nos outros. Devo, pois respeitar os outros, ou o que é o mesmo, respeitar os seus direitos de personalidade"[705].

Além da publicidade natural dos direitos corpóreos e das pessoas, uma terceira categoria pode ainda ser incluída: a das marcas notórias. Segundo o antigo art. 67[706] do Código de Propriedade Industrial — atualmente refletido nos arts. 125 e 126 pela Lei n. 9.279/96 —, a marca notória tem especial proteção para impedir que terceiros a reproduzam ou a imitem, desde que isso possa causar confusão ou prejuízo à reputação da marca, independentemente de registro. A notoriedade da marca revela em si a publicidade natural desses ativos intangíveis. Não se faz necessário o registro para que os terceiros a conheçam, seu conhecimento é presumido — e mais, a oponibilidade da marca notória impõe o respeito do direito do seu titular perante todos[707].

[704] DUCLOS, José. *L'Opposabilite* (essai d'une theorie generale). Paris: LGDJ, 1984, p. 288.

[705] SANTOS JÚNIOR, E. *Da responsabilidade civil de terceiro por lesão do direito de crédito*. Coimbra: Almedina, 2003, p. 477.

[706] "A marca considerada notória no Brasil, registrada nos termos e para os efeitos deste Código, terá assegurada proteção especial, em todas as classes, mantido registro próprio para impedir o de outra que a reproduza ou imite, no todo ou em parte, desde que haja possibilidade de confusão quanto à origem dos produtos, mercadorias ou serviços, ou ainda prejuízo para a reputação da marca."

[707] "Industrial. Marca notória. Registro. Oponibilidade em todas as classes. Quem possui registro de marca notória tem o direito de oponibilidade do seu título em todas as classes a quem dela se utilizar. Contrariedade aos arts. 59 e 67 do CPI reconhecida." (STJ, REsp 27.841, Rel. Dias Trindade, j. 20.9.1993)

Do exposto a respeito dos direitos corpóreos e das pessoas, o conhecimento natural decorre do fato de que a realidade jurídica é perceptível a terceiros, sendo a perceptibilidade dos elementos de razão intuitiva. Ao mesmo tempo, porém, é frágil a informação recebida; ou melhor, é "rudimentar e divina"[708]. Dela podem-se retirar algumas informações, mas não muitas. Por tais razões, quando se exige um conhecimento mais completo do direito, o ordenamento jurídico impõe uma publicidade registral para fornecer informações de forma racionalizada e organizada. É disto que se passará a tratar.

4.2.4. Conhecimento organizado por sistema de publicidade

Como vimos, no conhecimento natural, a cognoscibilidade do direito deriva da publicidade natural do elemento jurídico; porém, as suas regras têm aplicação limitada a regras muito gerais (apesar de importantes), já que o conhecimento do direito é superficial. Deduzir mais do que se pode do conhecimento natural já traria insegurança ao sistema jurídico. Pela necessidade, então, de trazer maior segurança, outras regras se acumulam para fazer presumir o conhecimento do elemento oposto, que somente é possível em virtude de um sistema legal de publicidade. Para tanto, o conhecimento natural dos elementos jurídicos é, segundo José Duclos, "necessariamente complementado ou substituído por uma organização legal de informações"[709]. Neste ponto, mais apurada é a observação de Eduardo Santos Júnior: "a publicidade registral veio complementar e corrigir algumas possíveis distorções da publicidade natural dos direitos reais"[710].

De fato, um adquirente de bem imóvel não pode confiar apenas na posse do alienante para caracterizá-lo como verdadeiro proprietário da coisa vendida. A presunção e a boa-fé que se retiram do conhecimento natural se revelam insuficientes para dar segurança às transferências de propriedades de bens imóveis. Para suprir esta necessidade, o Estado organiza o conhecimento de certos atos jurídicos por um sistema legal

708 DUCLOS, José. *L'Opposabilite* (essai d'une theorie generale). Paris: LGDJ, 1984, p. 289.

709 "nécessairement complétée ou remplacée par une organisation légale de l'information" (DUCLOS, José. *L'Opposabilite* (essai d'une theorie generale). Paris: LGDJ, 1984, p. 289).

710 SANTOS JÚNIOR, E. *Da responsabilidade civil de terceiro por lesão do direito de crédito*. Coimbra: Almedina, 2003, p. 476.

de publicidade, que tem a vantagem de reputar os terceiros como cientes dos elementos publicados, por meio de previsão normativa. O "cumprimento das formalidades requeridas *consolida* a posição do titular do direito, no sentido de que ele passa a beneficiar, por via do registo, da inerente presunção de propriedade"[711]; ou, como dito por Luiz Gastão Paes de Barros Leães, "A publicidade legal é a forma, concebida em lei, de comunicação presuntiva de fatos, de caráter não-receptício, isto é, *ad incertam personam*, ao público geral"[712].

Por força de uma maior ou menor demanda da sociedade, o conhecimento de certos atos jurídicos acaba sendo organizado por um sistema legal de publicidade, para: (i) dotar-lhes de maior segurança jurídica e de maior segurança da manutenção das informações lá constante; (ii) controlar a clandestinidade dos atos; (iii) presumir o conhecimento de todos, tornando-se desnecessário saber, investigar ou provar se o terceiro é ou não cognoscente; e (iv) facilitar a expressão de boa-fé daquele que registra e daquele que consulta o registro.

Os exemplos são vários[713]. F. C. Pontes de Miranda ressalta alguns expedientes técnicos para substituir a comunicação pessoal, como os proclamas de casamento, as intimações e notificações por edital, cuja "técnica legislativa, em espécies tais, satisfaz-se com a probabilidade resultante da divulgação gráfica, para admitir que todos devam conhecer

711 SANTOS JÚNIOR, E. *Da responsabilidade civil de terceiro por lesão do direito de crédito*. Coimbra: Almedina, 2003, p. 476.

712 LEÃES. Luiz Gastão Paes de Barros. *Pareceres*. São Paulo: Editora Singular, 2004. v. 1, p. 126.

713 Além do já citado sistema registral fundiário, temos, a título exemplificativo, o sistema das juntas comerciais; registro civil de pessoas naturais e de pessoas jurídicas; cadastro de companhias abertas na CVM; Instituto nacional da propriedade industrial; PROCON; Ministério Público; instituto de citações por oficial de justiça e editalícias; notificações com aviso de recebimento por correio; publicações em jornais ou no Diário Oficial (As publicações nos diários oficiais têm por missão dar publicidade, validar e preservar as informações oficiais. O Diário Oficial da União tem ainda a missão de prestar serviços gráficos à Presidência da República e manter a memória da imprensa brasileira. O Diário Oficial do Estado visa organizar e divulgar as leis e os atos do Executivo, do Legislativo e do Judiciário); e certidões de distribuição de processos judiciais e de procedimentos administrativos. Todos estes órgãos públicos instituem o conhecimento organizado. Cada qual com sua função, todos são submetidos a regras determinadas e instituídos por autoridades de competências próprias, garantindo, de certa forma, a segurança das informações lá constantes.

('saibam quantos', 'a todos a que interessar possa')"[714]. Por tais expedientes, a informação não vai aos interessados, mas os interessados vão até a informação, sendo permitido acesso aos livros e registros, bem como a obtenção de certidões (vide art. 5º, XXXIII e XXXIV, "b", da Constituição Federal; Lei n. 8.159/1991; Lei n. 90.51/1995)[715].

4.2.4.1. Características e consequências

O acesso dado ao público dos elementos jurídicos cria uma realidade visível, aparente[716], na qual os terceiros podem acreditar. A publicidade organizada, nesse sentido, fornece às transações maior segurança jurídica. O terceiro, na medida em que pode informar-se sobre as atividades de outrem, não pode ignorar o elemento publicado, muito menos alegar o desconhecimento do direito[717]. A publicidade organizada, por isso, tem por finalidade precípua trazer ao conhecimento público os elementos jurídicos publicados.

A cognoscibilidade do direito registrável, ao reforçar a suposição geral de conhecimento, transfere aos terceiros o ônus de inteirarem-se do ato publicado[718] ou de registrarem seus atos. Isto diminui sensivelmente os

[714] MIRANDA, F. C. Pontes de. *Tratado de Direito Privado.* Rio de Janeiro: RT, 2012. t. 1, p. 221.

[715] Após a publicação, F. C. Pontes de Miranda trata da desnecessidade de saber se os atingidos pela comunicação edital souberam efetivamente do seu conteúdo, pois "Em vez de irem aos interessados, como as publicações editais, - aos livros e registos públicos *podem ir* os interessados, o que os faz publicações sem édito, publicações paradas, e não, como os editais, publicações afixadas em lugar público ou difundidas" (MIRANDA, F. C. Pontes de. *Tratado de Direito Privado.* Rio de Janeiro: RT, 2012. t. 1, p. 221).

[716] "Le second procédé c'est la publicité. Il consiste à dire qu'une personne pourra se fier aux apparences lorsqu'elles résulteront de certaines mesures de publicité prises: l'acquéreur d'un immeuble pouvant se fiex aux registres fonciers". Tradução livre: O segundo método é a publicidade. É dizer que uma pessoa pode confiar em aparências quando resultar de certas medidas de publicidade: o comprador de um imóvel pode acreditar nos registros. (DEMOGUE, René, *Les Notions Fundamentales du Droit Privé*: essai critique. Paris: Arthur Rousseau, 1911, p. 76)

[717] DUCLOS, José. *L'Opposabilite* (essai d'une theorie generale). Paris: LGDJ, 1984, p. 291.

[718] A publicidade natural revela o conhecimento de forma passiva. Porém, a publicidade organizada exige uma conduta proativa da parte, cabendo a ela acompanhar a publicação do ato, o que por vezes é excessivo. Basta pensar nas publicações infindáveis de leis, de editais e de atos, judiciais ou administrativos. Acompanhar a todos é tarefa hercúlea. Por isso, o próprio sistema tempera quais os atos serão publicáveis oficialmente, pois, se, de um lado, é vantajosa

riscos de clandestinidade. Porém, "do mesmo modo que há o ónus de terceiros se inteirarem, no registo, dos direitos provenientes dos factos registados, assiste-lhes também a vantagem de poderem confiar no registo"[719]. Deste modo, o sistema organizado de publicidade tem esta dupla função de: (i) dar conhecimento a terceiros do ato registrado, permitindo a oponibilidade a terceiros, por presunção de conhecimento; e (ii) poder confiar nos seus registros, ainda que não seja uma confiabilidade absoluta.

Da cognoscibilidade do direito registrável ou inscritível, mediante o preenchimento de determinadas formalidades, o sistema legal de publicidade confere ao ato jurídico a possibilidade de ser oposto *erga omnes*. A sanção ao descumprimento de tais formalidades é a não caracterização da presunção de conhecimento de terceiros, o que resulta na inoponibilidade por presunção a terceiros do elemento jurídico não publicado[720].

Mas a publicidade organizada nem sempre tem o condão de atribuir eficácia indireta ao elemento publicado (fator de eficácia mais extensa), ou seja, não se refere, às vezes, ao plano da eficácia. A forma pode ser elemento necessário ao suporte fático para que entre no mundo jurídico (elemento de existência), ou para que o ato jurídico valha[721] (elemento de validade). Em geral, quando não há tratamento diverso, a forma prescrita em lei é requisito de validade (art. 166, IV, do Código Civil) para a exteriorização destes atos solenes.

No Código Civil, a título exemplificativo, temos os seguintes: o pacto antenupcial (art. 1.653), o testamento público (art. 1.864), o casamento (art. 1.533 e seguintes), a renúncia à herança (art. 1.806), a personalidade jurídica de empresa (art. 985), a escritura pública na transmissão de bens imóveis (art. 108)[722]. O descumprimento da formalidade legal acarreta

a presunção de conhecimento, de outro lado, se aplicado exageradamente, haverá insegurança jurídica. Não custa ponderar que o excesso de informações é tão grave quanto a desinformação.

719 SANTOS JÚNIOR, E. *Da responsabilidade civil de terceiro por lesão do direito de crédito*. Coimbra: Almedina, 2003, p. 476.

720 Como se verá, mesmo com o descumprimento da formalidade, há ainda a possibilidade de o direito ser oponível se o seu conhecimento for efetivo.

721 MIRANDA, F. C. Pontes de. *Tratado de Direito Privado*. São Paulo: RT, 2012. t. 3, p. 444.

722 Segundo Marcos Bernardes de Mello, para a eficácia real nas transmissões de bens imóveis, faz-se necessário o registro no cartório de registro de imóveis do acordo de transmissão (negócio jurídico juri-real), sem o qual a eficácia se limitará ao plano obrigacional do contrato

a invalidade e, por conseguinte, a ineficácia do ato não publicado sob a forma correta. Não há, então, produção de efeitos jurídicos, diretos ou indiretos. Não há que se falar, portanto, de oponibilidade do ato nulo. O cumprimento dessas formalidades, por outro lado, tem por objetivo principal, mas não único, irradiar o efeito direto do elemento jurídico (v.g., alterar o regime de bens dos nubentes, vincular os herdeiros ao testamento, estabelecer comunhão plena de vida entre os cônjuges etc.).

Em certos casos, a publicidade serve apenas para estender a eficácia do elemento jurídico submetido à publicação a terceiros, ou seja, "não é elemento de existência do contrato de disposição; é fator de eficácia: *integra* o suporte fático, não está no cerne de seu núcleo, nem o completa, nem o complementa", segundo lembra Rafael Vanzella[723]. É o caso do registro de servidão, da instituição formal do usufruto, ou de contrato registrado de locação com cláusula de permanência para vincular o futuro adquirente do imóvel[724].

Então, quando se trata de mero formalismo publicitário, não há alteração da validade do ato jurídico, mas há um complemento da eficácia do ato, adicionando-lhe um *plus* eficacial. As publicações de tais atos, nos dizeres de Antônio Junqueira Azevedo, são "fatores de atribuição de eficácia mais extensa"[725].

O negócio já tem plena eficácia, mas pode ainda dilatar seu campo de atuação para atingir terceiros. O não cumprimento desta formalidade não tem o condão de tornar o ato inválido — remanesce válido e eficaz entre

de compra e venda. O "plus" na eficácia (perante terceiros) apenas se dá com o registro do acordo de transmissão. (*Teoria do fato jurídico:* Plano da Existência. 14. ed. São Paulo, Saraiva, 2007, p. 56-57).

723 VANZELLA, Rafael Domingos Faiardo. Numerus Clausus *dos direitos reais e autonomia nos contratos de disposição.* Tese (Doutorado em Direito Civil) – Faculdade de Direito, Universidade de São Paulo, São Paulo, 2009, p. 200.

724 De forma especial, pode-se lembrar do caso da convenção de condomínio edilício. Nesta hipótese, o registro serve para estender a sua eficácia direta (e não indireta, como normalmente se objetiva o registro) a futuros condôminos. O não cumprimento da formalidade é causa de não extensão da eficácia direta, sem afetar a eficácia direta e normal do elemento jurídico (note-se que apesar de o art. 1.333 do Código Civil utilizar a expressão "para ser oponível contra terceiro", o caso não é de oponibilidade, mas de extensão da eficácia direta quando se tratar de condôminos).

725 AZEVEDO, Antonio Junqueira. *Negócio jurídico:* existência, validade e eficácia. 4. ed. São Paulo: Saraiva, 2002, p. 57.

as partes. Apenas não terá o benefício de presumir o conhecimento de terceiro pelas regras do formalismo publicitário.

Assim, no que se refere exclusivamente à oponibilidade, a publicidade não faz irradiar sempre a mesma eficácia, pois há certos atos que não precisam ser publicados para serem oponíveis; já outros só são oponíveis se publicados. Desta diferença podem-se distinguir duas formas de publicidade: (i) publicidade substancial e (ii) publicidade informativa ou documentária[726]. A primeira é aquela em que a oponibilidade é dependente da publicidade. A segunda, ao contrário, apesar de ser publicável o ato, a sua oponibilidade independe da publicação legal.

4.2.4.2. Oponibilidade dependente da publicidade legal

A *publicidade substancial* é aquela que condiciona a oponibilidade dos elementos jurídicos ao cumprimento de certas formalidades para fins de publicação legal. Quando do cumprimento das formalidades, o elemento jurídico é de imediato oponível a todos. Por outro lado, o não cumprimento destas formalidades faz com que o elemento jurídico seja caracterizado como *clandestino*. O sistema estabelece principalmente duas formas de sanção ao descumprimento da publicidade substancial. A primeira é aquela que permite aos terceiros de boa-fé se valerem da falta de publicidade legal. A segunda é aquela que permite aos terceiros de boa-fé e de má-fé se valerem da falta de publicidade legal. Atentar-se para essa distinção de orientações do ordenamento é primordial para evitar que seja adotada a sanção de uma quando o ordenamento, na verdade, prevê a outra. Enquadrar um caso em uma ou em outra hipótese é questão complexa que envolve a interpretação de uma série de possíveis normas incidentes a cada caso, como se verá.

Em geral, o terceiro pode vir a ter conhecimento do elemento jurídico pela consulta a um Registro Público, mas pode, por vezes, tomar conhecimento por outras formas. Por exemplo, um terceiro pode tomar conhecimento da existência de uma relação locatícia por meio de consulta à certidão de matrícula do imóvel alugado, ou poderá ainda tomar conhecimento ao questionar o proprietário sobre a existência ou não de

[726] Segundo divisão de José Duclos, com base na doutrina francesa. Vide também notas 40 e 41 em: DUCLOS, José. *L'Opposabilite* (essai d'une theorie generale). Paris: LGDJ, 1984, p. 296-297.

locação. Se, em um caso, o locatário deixa de averbar o contrato de locação na matrícula do imóvel, teríamos aqui o descumprimento de uma formalidade, que afasta a presunção de conhecimento de terceiros. O contrato de locação não é nulo; é existe, válido e eficaz entre as partes, porém não tem os seus efeitos presumidamente prolongados a terceiros. Mas, ainda nesse exemplo, permanece a possibilidade de o terceiro conhecer efetivamente o elemento jurídico (a locação, no exemplo) por outras vias. Se o terceiro tomar conhecimento do elemento jurídico, mesmo não tendo a parte cumprido com a formalidade publicitária, a oponibilidade pode advir do conhecimento efetivo (ou real). Por isso é importante saber do efetivo conhecimento do terceiro, já que, mesmo se descumpridas as regras do conhecimento organizado, o terceiro que toma conhecimento do elemento jurídico sofre, pelo fato do conhecimento efetivo, a sua oponibilidade.

Porém, por vezes, o ordenamento jurídico é mais rígido. No intuito de pressionar as pessoas a publicarem os elementos jurídicos, para fins de diminuição do risco da clandestinidade, é possível que se estabeleça como sanção ao descumprimento da formalidade a *total inoponibilidade* do elemento jurídico, independentemente do conhecimento efetivo de terceiro. No exemplo supramencionado, o ordenamento jurídico poderia ter dado uma resposta diferente, tornando irrelevante juridicamente o fato de o terceiro conhecer efetivamente a existência do contrato de locação. Se assim fosse, o contrato de locação não poderia ser oposto a terceiros, mesmo que estes conhecessem a locação. A diferença entre uma hipótese e outra mostra-se, assim, relevante. No descumprimento da publicidade legal, uma hipótese permite a oponibilidade efetiva e a outra não.

Ainda, na publicidade substancial, os efeitos decorrentes do cumprimento das formalidades não são os mesmos sempre[727]. Há casos em que o cumprimento serve como critério para resolver conflitos e, assim, no intuito de estabelecer o direito prevalente, a oponibilidade é posta conforme o critério de preferência. Em outros casos, o cumprimento das

[727] Rafael Vanzella, por exemplo, de forma precisa, trata do tema de certas declarações jurídico-negociais que buscam frustrar a eficácia do ato de disposição subsequente, dando os seguintes exemplos: (i) contrato principal com cláusula de *pactum de non cedendo*; (ii) poder de dispor das quotas em sociedade limitadas ou de dispor de ações em sociedade anônima; e (iii) cisão e disposição de direito imaterial. (VANZELLA, Rafael Domingos Faiardo. Numerus Clausus *dos direitos reais e autonomia nos contratos de disposição*. Tese (Doutorado em Direito Civil) – Faculdade de Direito, Universidade de São Paulo, São Paulo, 2009, p. 205-214).

formalidades busca outros fins, como informar terceiros da qualidade de certos fatos e atos jurídicos. Diante desses diferentes empregos, a depender da função da publicidade substancial, a oponibilidade diferirá, podendo ser enquadrada em duas categorias: (i) a publicidade que não estabelece ordem de preferência; e (ii) a publicidade que estabelece ordem de preferência[728].

Na primeira categoria, a publicidade nasce para condicionar a oponibilidade aos terceiros definidos pela lei, sem estabelecer uma ordem de preferência entre os interessados. Em geral, os casos se referem à publicidade ligada à pessoa, seja ela natural ou jurídica. A regra principal aqui é informar determinadas qualidades das pessoas a terceiros, como os atos de estado civil e os atos da atividade empresarial. Pelo cumprimento da formalidade não se estabelece uma ordem, e, por isso, diz-se, por contraposição, que se trata de um critério de oponibilidade simples.

No que se refere às pessoas naturais, para que haja oponibilidade a terceiros, é condicionante, por exemplo, que se cumpra: (i) o registro de interdição[729] absoluta ou relativa; (ii) o registro da sentença declaratória de ausência e de morte presumida; (iii) a averbação de nulidade ou anulação de casamento, divórcio, separação judicial ou restabelecimento da sociedade conjugal para as dívidas contraídas pelo casal anteriores ao ato (ou posteriores, no caso de restabelecimento); (iv) a averbação do reconhecimento de filiação; (v) registro do casamento, para se opor a nova situação patrimonial[730]; (vi) registro da emancipação do menor; e (vii) averbação da mudança de regime de bens[731]. Em todas essas

[728] Segundo José Duclos, esta divisão corresponde à realidade jurídica. Entre todos os atos publicáveis, há aqueles que a publicação faz parte da validade do ato, outros, servem para reforçar uma oponibilidade já existente, mas outros visam adicionar uma eficácia já existente entre as partes, mas agora para terceiros. Nesta última categoria, os atos podem servir para estabelecer uma ordem, outras vezes não tem este fim. (DUCLOS, José. *L'Opposabilite* (essai d'une theorie generale). Paris: LGDJ, 1984, p. 298-299).

[729] Os procedimentos e efeitos da interdição foram regulados no Código de Processo Civil de 2015 (artigos 747 e seguintes, bem como no art. 1.012, que estabelecem a eficácia da sentença que decreta a interdição desde o seu proferimento).

[730] O estado de casado, por ser ligado à personalidade, pode ser oposto a terceiros antes mesmo do registro.

[731] A jurisprudência considera que a alteração de regime de bens (art. 1.639, §2º, do Código Civil), julgada procedente, tem eficácia "ex nunc", tendo por termo inicial a data do trânsito em julgado da decisão judicial que o modificou (STJ, REsp 1300036/MT, Rel. Ministro Paulo

situações, antes do devido registro não é possível opor ao terceiro os efeitos decorrentes do elemento jurídico.

Por exemplo, o registro do casamento é condição de oponibilidade a terceiros. Registrado o casamento, para a prestação de fiança por um dos cônjuges se faz necessária a outorga do outro (art. 1.647, III, do Código Civil). Mesmo se o devedor omitir o seu estado de casado, entende-se que a meação do outro cônjuge não poderá ser atingida[732]. Outro exemplo é o daquele que perde a sua capacidade para a prática dos atos civis supervenientemente; neste caso, presumem-se válidos os atos praticados até o registro da declaração judicial da incapacidade[733]. No caso de declaração de morte presumida (art. 7º do Código Civil), o registro da sentença pode ser oposto à seguradora para exigir o seguro de vida, e não antes[734]. Em todos esses casos, o registro não estabelece uma ordem, mas uma informação que é retirada para a oponibilidade do direito dela decorrente.

No que se refere às pessoas jurídicas, certas operações jurídicas podem afetar o direito de terceiros e, por isso, a publicação é relevante para informar terceiros da mudança da sociedade ou de seu patrimônio. É o caso da redução do capital social. Em razão da diminuição da garantia patrimonial dos credores, o ordenamento jurídico salvaguarda direito de terceiro, sem impor uma ordem legal de preferência[735].

de Tarso Sanseverino, j. 13.5.2014). O mais correto seria dizer que entre as partes, a contar do trânsito em julgado, mas a terceiros, a partir da respectiva averbação no Registro Público.

[732] Mas poderá ser atingida a meação daquele que com má-fé omitiu seu verdadeiro estado civil. A jurisprudência não é unânime, mas esta é a posição atualmente prevalente do Superior Tribunal de Justiça (mesmo que parcialmente contra a súmula 332, do STJ: "A fiança prestada sem autorização de um dos cônjuges implica a ineficácia total da garantia"). Confira: STJ, REsp 1328235, Rel. Ministro Sidnei Beneti, j. 4.6.2013; STJ, REsp 292.458/PR, Rel. Ministra Nancy Andrighi, j. 8.11.2002.

[733] A boa-fé aqui deve ser aplicada para permitir a oponibilidade do fato da incapacidade antes do registro. Se o futuro interdito for manifestamente incapaz para a prática dos atos, ou, se for da ciência do contratante a incapacidade psíquica do futuro interditado, é possível anular o negócio, mesmo que ainda não registrada a sentença.

[734] Porém, se for mera declaração de ausência, o seguro de vida não poderá ser pleiteado, pois apenas quando aberta a sucessão definitiva (artigos 37 e 38 do Código Civil) é que se presume a morte do ausente.

[735] Exemplo é o estabelecido no art. 174 da Lei n. 6.404/1976, ou seja, que, em até 60 dias a contar da publicação da ata que reduziu o capital social, os credores quirografários com títulos anteriores à data da publicação da ata poderão opor-se à sua redução, por meio de notificação.

No Código Civil, alguns contratos têm sua eficácia perante terceiros condicionada ao cumprimento de formalidades publicitárias. Temos os exemplos do contrato de alienação, usufruto e arrendamento de estabelecimento comercial (art. 1.144)[736]; ou, ainda, da averbação de sucessão empresarial[737]; ambos só produzem efeitos a terceiros depois de averbado e publicado.

Ainda, é possível lembrar dos contratos de penhor, anticrese ou hipoteca. Segundo a literalidade do art. 1.424 do Código Civil, estes contratos, para serem eficazes, deverão declarar: o valor do crédito, o prazo para pagamento, a taxa de juros e o bem dado em garantia. Apesar de o artigo cominar à falta destes requisitos a ineficácia ("sob pena de não terem eficácia"[738]), é da melhor interpretação que o artigo trata de uma causa de inoponibilidade. Ou seja, os contratos continuam a produzir efeitos entre as partes, porém serão ineficazes perante terceiros[739]. Desta forma, consideramos que, além de ser necessário o seu registro, o preenchimento dos requisitos apontados no art. 1.424 do Código Civil é uma das condições para a oponibilidade dos contratos de penhor, anticrese ou hipoteca perante terceiros, de modo que o não preenchimento tem o condão de

A publicação da ata não visa estabelecer uma ordem legal de preferência, mas sim o termo inicial de 60 dias para exercício da oponibilidade do credor quirografário. De forma similar é a oposição do credor anterior à estipulação na cisão parcial de que não haverá solidariedade pelas obrigações anteriores com a companhia cindida, mas apenas responsabilidade pelas obrigações que lhe forem transferidas (art. 233, parágrafo único, da Lei n. 6.404/1976).

[736] No caso de o alienante não ter bens suficientes para pagar seus credores, a eficácia da alienação do estabelecimento comercial fica sobrestada até o pagamento de todos os credores, exceto se estes consentirem em 30 dias, quando de sua notificação (art. 1.145). Há aqui a oponibilidade a terceiros pelo registro (art. 1.144) e há a inoponibilidade do contrato de alienação a terceiros, que perdurará até total satisfação de todos os credores.

[737] Quando há uma incorporação, fusão ou cisão, o registro de comércio deve certificar a ocorrência da sucessão empresarial. Esta certidão é considerada, segundo o art. 234 da Lei n. 6.404/1976, documento hábil para "a averbação, nos registros públicos competentes, da sucessão, decorrente da operação, em bens, direitos e obrigações". Somente com tal registro a sucessão empresarial se torna oponível a terceiros.

[738] No anterior Código Civil, o artigo 761, com redação diversa, apresentava a sanção "de não valerem contra terceiros".

[739] Sobre os requisitos do art. 1.424 do Código Civil: "Constituem, ao revés, verdadeiras condições de sua plena eficácia no mundo jurídico, isto é, da validade de sua oponibilidade a terceiros" (STJ, REsp 226.041/MG, Rel. Ministro Hélio Quaglia Barbosa, j. 12.6.2007).

não tornar tais contratos oponíveis, permanecendo a sua eficácia somente *inter partes*.

Dos exemplos acima trazidos da primeira categoria de publicidade substancial, o cumprimento de tais formalidades não está por impor uma ordem de preferência, porém, tem serventia para fornecer uma informação a terceiros a respeito de um direito. A publicidade do elemento jurídico serve para torná-lo oponível de imediato aos terceiros definidos pela lei.

Na segunda categoria, temos a principal e mais corrente característica da oponibilidade dependente da publicidade legal. O cumprimento das formalidades para publicação dos elementos jurídicos serve como critério de ordem (*prior tempore potior iure*), para fins de resolução de conflitos de interesses e de direitos. Temos, dessa forma, a oponibilidade subordinada ao critério de ordem ou às formalidades publicitárias, que, quando cumpridas, torna o ato registrável ou inscritível imediatamente oponível a terceiros. É a lição de José Duclos sobre a regra da anterioridade:

> A partir do momento em que um direito é oponível efetivamente a um terceiro determinado se ele foi publicado, parece lógico, de outro lado, que o direito publicado seja preferido àquele que não o foi, e, de outra parte, que o primeiro direito publicado seja preferido àquele que foi tardiamente (regra dita "da anterioridade").[740] (Tradução nossa).

Da ilação lógica da regra da anterioridade para os atos publicáveis, retiramos duas conclusões que nos auxiliam a determinar a oponibilidade em cada caso: (i) um ato publicado será preferível a um ato não publicado; e (ii) um ato primeiramente publicado será preferível a um ato tardiamente publicado. Tais conclusões direcionam as regras de resolução de diversos conflitos, principalmente os imobiliários[741].

[740] Tradução livre de: "A partir du moment où un droit est opposable effectivement à un tiers déterminé s'il a été publié, il semble logique, d'une part, que le droit publié soit préféré à celui qui ne l'a pas été, d'autre part, que le premier droit publié soit préféré à celui qui l'a été tardivement (règle dite 'de l'antériorité')» (DUCLOS, José. *L'Opposabilite* (essai d'une theorie generale). Paris: LGDJ, 1984, p. 319).

[741] Em se tratando de publicidade legal, a oponibilidade toma preponderância para resolver os conflitos imobiliários, mas também servirá para resolver conflitos de direitos intelectuais, que também são inscritíveis, submetendo-se aos mesmos critérios dos direitos reais.

Em matéria de registro de bem imóvel, poucos são os artigos do Código Civil que tratam dos seus conflitos, mas, por outro lado, a matéria é regulada conjuntamente "por uma série de dispositivos gerais de uma unidade normativa dotada de certa autonomia que é a LRP"[742]. Tais normas buscam solucionar uma complexidade de casos, cujos fatores que relevam são diversos (e.g., data de constituição do ato; data de publicação; origem dos direitos; tipo de direito, entre outros).

Nessa matéria, no nosso Código Civil, três são os principais artigos que regulam a matéria de transmissão de direitos reais. O artigo 108 do Código Civil estabelece a forma: se a lei não dispuser de forma diversa[743], a escritura pública é forma necessária para preenchimento do requisito de validade dos negócios jurídicos que visem a constituição, transferência, modificação ou renúncia de direitos reais sobre bens imóveis. O art. 1.227, por sua vez, estabelece que os direitos reais sobre imóveis constituídos, transmitidos por atos entre vivos "só se adquirem com o registro no Cartório de Registro de Imóveis dos referidos títulos"; ou seja, não se constitui ou se transfere, por ato entre vivos, direito real sobre imóveis de outra forma que não seja o registro. E, ainda, no que tange à aquisição de propriedade imóvel, o art. 1.245 do Código Civil impõe o "registro do título translativo no Registro de Imóveis" para a transferência da propriedade.

Pelas próprias características acima mencionadas, o tema da oponibilidade dos direitos reais toma caminho ligeiramente diferente do sistema

[742] PENTEADO, Luciano de Camargo. *Direito das coisas*. 3. ed. São Paulo: RT, 2014, p. 339.

[743] A Lei n. 6.404/1976, no art. 89, com relação às sociedades por ações, dispensa a exigência de escritura pública para a incorporação de imóveis para a formação do capital social. O art. 61, §5º da Lei n. 4.380/1964 dispõe que: "Os contratos de que forem parte o Banco Nacional de Habitação ou entidades que integrem o Sistema Financeiro da Habitação, bem como as operações efetuadas por determinação da presente Lei, poderão ser celebrados por instrumento particular, os quais poderão ser impressos, não se aplicando aos mesmos as disposições do art. 134, II, do Código Civil, atribuindo-se o caráter de escritura pública, para todos os fins de direito, aos contratos particulares firmados pelas entidades acima citados até a data da publicação desta Lei". Ainda, o art. 38 da Lei n. 9.514/1997 também permite o instrumento particular como forma válida: "Os atos e contratos referidos nesta Lei ou resultantes da sua aplicação, mesmo aqueles que visem à constituição, transferência, modificação ou renúncia de direitos reais sobre imóveis, poderão ser celebrados por escritura pública ou por instrumento particular com efeitos de escritura pública."

francês[744]. O sistema registral brasileiro para transmissão de bens imóveis é um sistema de publicidade por excelência, pelo qual a transcrição não serve só para conferir efeito indireto ou oponibilidade das transcrições, mas principalmente para constituir o efeito direto (real). Desta forma, o registro é formalidade atributiva de direito, ou, com mais acuidade, produz efeito constitutivo que, "por sua própria força tem a aptidão para transmitir o direito real. Sem o ato registral não ocorre a transferência do direito real."[745]

No sistema francês e nos demais sistemas que o seguiram, o ato registral não tem eficácia constitutiva, mas meramente declaratória para a produção de eficácia perante terceiros. Por lá, segundo os artigos 711 e 1.138 do Código Civil francês[746], o efeito das obrigações, inclusive do contrato, é uma das formas de se adquirir e transmitir a propriedade de bens; ou seja, seguindo o princípio do *solo consensu*, o consentimento é suficiente para

[744] Teixeira de Freitas já ressaltava a diferença, em nota ao artigo 534, ao dizer: "Ord. L. 4º T. 7º princ. É um corollario da idéa fundamental do nosso Direito Civil, exarada no Art. 908 - Traditionibus dominia rerum, non nudis pactis, transferuntur -. Nos paizes regidos pelo Cod. Civ. Franc., onde só basta o consentimento para transferir a propriedade (Arts. 711 e 1138 do cit. Cod.), prefere entre dois adquirentes successivos de uma mesma cousa aquelle, cujo contracto mostra-se primeiro realisado por uma data certa. Nos paizes, onde o registro dos titulos translativos da propriedade immovel é necessario, ou importando a prova official do dominio, ou sendo simplesmente um vehiculo de publicidade, prefere como legitimo adquirente aquelle, que tivér registrado seu titulo de acquisição, ou que tivér em seu favôr a prioridade do registro. Em tal caso só depois da transcripção, ou inscripção, no registro, é que o titulo opera seus effeitos em relação á terceiros. Estamos hoje, quanto á transmissão de immoveis por acto entre vivos, no caso desses paizes, onde o registro dos titulos translativos da propriedade immovel é a sua tradição legal. Vid. Not. ao Art. 531." (TEIXEIRA DE FREITAS, Augusto. *Consolidação das Leis Civis*. 3. ed. Rio de Janeiro: B. L. Garnier, 1876, p. 351).

[745] PENTEADO, Luciano de Camargo. *Direito das coisas*. 3. ed. São Paulo: RT, 2014, p. 351.

[746] No direito antigo francês, o sistema se aproximava do sistema romano. Porém, permitiu-se que as partes estipulassem a cláusula "dessaisine-saisine", ou seja, a tradição ficta pela qual se substituía o ato material da tradição. Em suma, a simples inserção desta cláusula no contrato tinha efeito equiparado ao da tradição. Diante desta permissão, quando da elaboração do Código de Napoleão, legalizou-se a prática reconhecendo que a obrigação de entregar a coisa é perfeita pelo só consentimento das partes contratantes (art. 1137 do Código Civil francês).

que se adquira a propriedade[747]. Porém, deve-se fazer uma ressalva pouco atentada nessa matéria, para não incorrer em erro em relação à publicidade na França: após a promulgação do Código Civil francês, por pressão dos credores imobiliários, foi promulgada a Lei de 23 de março de 1855, que determinou a transcrição de todos os atos entre vivos, translativos da propriedade imobiliária (art. 1, §1º), no registro de hipotecas da situação dos bens. Ainda, no seu artigo 3º, instituiu-se regra de oponibilidade advinda do registro nos seguintes termos: "Até a transcrição, os direitos resultantes dos atos e julgamentos estabelecidos nos artigos precedentes não podem ser opostos a terceiros que têm direitos sobre o imóvel e que os têm conservados de acordo com as leis."[748] Essa mudança legislativa torna o sistema registral francês similar ao brasileiro (ou melhor, alemão) quanto aos efeitos em relação a terceiros. Em comentários a este artigo, Raymond Théodore Troplong ressaltou a grande mudança que esta lei fez no regime do Código de Napoleão:

> Mas esta lei, impulsionada pelas necessidades do crédito imobiliário, derrogou estes princípios, e o Código Napoleônico experimentou uma grave modificação. Sem dúvida, entre as partes e seus sucessores, a transferência da propriedade ainda é operada pelo só consentimento, e a ideia-mãe do Código de Napoleão, ideia profundamente filosófica e moral, ainda subsiste em pleno vigor; mas, no que diz respeito a terceiros, a transferência é realizada agora por meio da transcrição em um registro público.[749] (Tradução nossa).

[747] Sobre o princípio do *solo consensu*, veja VELÁZQUEZ, Victor Hugo Tejerina. *A tradição*: sistemas de transmissão da propriedade mobiliária. Piracicaba: Unimep, 2001, p. 54-56.

[748] "Jusqu'à la transcription, les droits résultant des actes et jugements énoncés aux articles précédents, ne peuvent être opposés aux tiers qui ont des droits sur l'immeuble et qui les ont conservés en se conformant aux lois" (TROPLONG, Raymond Théodore. *Privilèges et hypothèques commentaire de la loi du 23 mars 1855 sur la transcription en matière hypothécaire*. Paris: Charles Hingray, 1856, p. 162-163).

[749] Tradução livre de: "Mais cette loi, mue par les nécessités du crédit foncier, a dérogé à ces principes, et le Code Napoléon en éprouve une grave modification. Sans doute, entre les parties et leurs ayants cause, la mutation de la propriété est toujours opérée par le seul consentement, et l'idée mère du Code Napoléon, idée profondément philosophique et morale, subsiste dans toute sa force; mais, à l'égard des tiers, la mutation n'est désormais accomplie que par la-transcription du titre sur un registre public." (TROPLONG, Raymond Théodore. *Privilèges et hypothèques commentaire de la loi du 23 mars 1855 sur la transcription en matière hypothécaire*. Paris: Charles Hingray, 1856, p. 168)

Desta forma, apesar da mudança da lei[750], o registro é declaratório, na medida em que a propriedade já se passou entre as partes desde o negócio *inter vivos*; em relação a terceiros, no entanto, o negócio jurídico somente terá eficácia quando do registro. Esta peculiaridade faz com que se torne complexo o jogo da oponibilidade[751], além de dificultar a explicação lógica dos efeitos dos direitos reais na França[752]. Por aqui, seguindo o direito alemão e suíço[753], mas com as suas peculiaridades e melhorias[754], as opera-

[750] Sobre a organização da publicidade na França, confira VELÁZQUEZ, Victor Hugo Tejerina. *A tradição*: sistemas de transmissão da propriedade mobiliária. Piracicaba: Unimep, 2001, p. 56-75. Para o autor, a referida lei de 23 de março de 1855 (e outras que a sucederam) "reorganizou o regime das sanções por falta de publicidade, acrescendo à inoponibilidade de determinados atos a terceiros a multa pecuniária, as perdas e danos, bem como a proibição da inscrição de um título sem a do anterior: princípio de continuidade dos registros do sistema alemão. Mas, apesar das reformas, o sistema de publicidade conserva no direito francês o caráter declarativo de não constitutivo" (ibid., p. 56).

[751] Alex Weill coloca a seguinte questão: "Como então o contrato passado entre um alienante e um adquirente poderia transferir a este último um direito oponível a todos, oponível aos terceiros, que não participaram do contrato?". Tradução livre de "Comment alors le contrat passé entre un aliénateur et un acquéreur peut-il transférer à ce dernier un droit opposable à tous, opposable aux tiers, qui n'ont pas été partie au contrat?" (WEILL, Alex. *Droit civil*: les biens. 2. ed. Paris: Dalloz, 1974, p. 440).

[752] Deve-se fazer uma grande ressalva. Como ressalta Alex Weill, apesar de o Código Civil francês tornar facultativo o registro, com o desenvolvimento do comércio, diversas reformas foram feitas para conferir maior segurança aos adquirentes de bens imóveis. A lei de 23 de março de 1855 na França determinou a transcrição de todos os atos e julgamentos relacionados à mutação e constituição entre vivos de direitos reais imobiliários e de locações de mais de 18 anos. Outras leis somaram-se a esta, com o mesmo intuito, como o decreto-lei de 30 de outubro de 1935, o decreto de 4 de janeiro de 1955 e a lei de 10 de julho de 1965. (WEILL, Alex. *Droit civil*: les biens. 2. ed. Paris: Dalloz, 1974, p. 448-449). Ainda, de destacar que estas mudanças legais na França alteraram o regime da oponibilidade, principalmente, a presumida. Assim, o registro, aqui e acolá, é condição de oponibilidade pelo conhecimento presumido. Esta similitude inclusive fez com que Biasi Ruggiero, em seus comentários ao art. 33, considerasse o sistema brasileiro próximo ao direito francês, quanto à transferência de propriedade (vide OLIVEIRA, Juarez de. *Comentários à lei de locação de imóveis urbanos*. São Paulo: Saraiva, 1992, p. 248).

[753] Ambos com origem no direito romano, que, para transferência da propriedade, exigia uma dupla operação jurídica. A primeira era o contrato, que criava as obrigações entre as partes. Para operar a transferência, fazia-se necessário um ato especial que era, a depender do caso, a *mancipatio*, *in jure cessio*, ou a *traditio* (WEILL, Alex. *Droit civil*: les biens. 2. ed. Paris: Dalloz, 1974, p. 441-442).

[754] VANZELLA, Rafael Domingos Faiardo. Numerus Clausus *dos direitos reais e autonomia nos contratos de disposição*. Tese (Doutorado em Direito Civil) – Faculdade de Direito, Universidade de São Paulo, São Paulo, 2009, p. 221.

ções de transferência de bens imóveis são partidas em duas: a primeira se dá pelo contrato, com eficácia obrigacional (obrigação de transferir) e a segunda se dá pelo registro, com eficácia real. Por isso, as transações dos bens imóveis são dotadas de alta segurança jurídica, para a confiabilidade da informação retirada do cartório. Nos conflitos imobiliários, a vocação atribuída à publicidade legal é tão forte que com muito mais facilidade resolve quase todos os casos pelo só critério da anterioridade. É de se dizer que a transferência da propriedade de bens imóveis somente é oponível de imediato se ela foi publicada no registro de imóveis[755].

Desta forma, pelas próprias características, considerando-se que a eficácia real só se adquire pelo registro, o nosso ordenamento jurídico não adotou, logicamente[756], como critério de resolução de conflitos de direitos, a data da celebração do negócio jurídico, mas sim a data de sua publicidade no Registro Público. Quando existe compatibilidade entre os títulos, é o mecanismo da prenotação que determina a ordem de preferência, pois a "situação dotada de antecedência do ponto de vista temporal, acaba por apresentar prioridade do ponto de vista jurídico"[757].

Mas esta regra não se revelou suficiente para o casuísmo da vida. Outras regras se somaram a esta para a resolução de casos cada vez mais específicos. No nosso ordenamento, a Lei de Registros Públicos (Lei n. 6.015/1973) estabeleceu grande parte destas regras de conflito imobiliário. A primeira é a de que o número de ordem determina a prioridade do título e, por sua vez, determina a preferência dos direitos reais (art. 186); ou seja, a prioridade de mera antecedência. Porém, esta regra sofre uma

[755] No direito francês, os navios e as aeronaves estão matriculados nos cartórios administrativos competentes. A alienação se dá com o registro, ou seja, a transmissão de navios e aeronaves apenas se realiza pelo ato de registro, sem o qual não se considera transferido. O registro aqui tem eficácia real, e faz perfeito paralelo com o direito brasileiro. (DUCLOS, José. *L'Opposabilite* (essai d'une theorie generale). Paris: LGDJ, 1984, p. 343-344; WEILL, Alex. *Droit civil*: les biens. 2. ed. Paris: Dalloz, 1974, p. 446)

[756] Entre nós, é muito mais fácil de compreender que a data da publicação seja o critério de ordem. A propriedade só se adquire com o registro, logo, o conflito entre diferentes proprietários de boa-fé se resolve pela anterioridade do registro. O registro, desta forma, irradia o direito real e a oponibilidade. Na França, como a propriedade se transfere por negócios jurídicos, que são na sua constituição clandestinos a terceiros, acabaram por ter que atribuir ao registro a função de oponibilidade. Pode-se dizer que a oponibilidade presumida no direito francês não surge do direito real, mas do registro.

[757] PENTEADO, Luciano de Camargo. *Direito das coisas*. 3. ed. São Paulo: RT, 2014, p. 345.

pequena exceção no caso de constar em um título de hipoteca a referência a uma hipoteca anterior. Neste caso, o oficial deverá aguardar 30 dias para que os interessados na primeira hipoteca promovam a inscrição. Findo o prazo sem a apresentação da primeira hipoteca, a segunda hipoteca obterá a preferência (artigos 189 e 1.495 do Código Civil).

Em outros casos, a prioridade servirá para exclusão de um título, ou seja, para definir qual título prevalecerá em caso de incompatibilidade jurídica causada pela apresentação simultânea de títulos[758]. Como no caso clássico de uma pessoa ter vendido a duas pessoas o mesmo bem imóvel (caso de dupla venda), a preferência será dada àquele que primeiro registrar o bem, pois somente com o registro se irradiará a oponibilidade imediata perante terceiros, de modo que se suponha o conhecimento geral dos outros e, consequentemente, se imponha o dever geral de abstenção. Se dois títulos contraditórios sobre o mesmo imóvel forem apresentados no mesmo dia, prevalecerá o título prenotado com menor número de ordem, ficando o de maior número de ordem postergado por um dia útil (artigos 190 e 191). Porém, não se aplicará esta regra às escrituras públicas firmadas na mesma data e apresentadas no mesmo dia. Neste específico caso, o critério de prioridade será o da escritura pública firmada em primeiro lugar, de acordo com a hora da sua lavratura (art. 192). Somente neste último caso é que o momento da celebração do negócio jurídico será critério para fixação da prioridade. A oponibilidade aqui decorrerá do negócio jurídico firmado em primeiro lugar, não do seu registro.

Neste caso de dupla venda do mesmo bem imóvel, há ainda uma questão a ser ponderada. A hipótese acima tratada se refere à oponibilidade imediata advinda do registro, porém, a questão é como se cumula ou se soma a oponibilidade advinda não do conhecimento presumido, mas do conhecimento efetivo. Vejamos o seguinte exemplo. A vende a B determinado imóvel. Passado algum tempo, A, ao perceber que B não o registrou, vende o mesmo imóvel a C. Porém, C, quando da sua compra, sabia que o imóvel já havia sido vendido a B e, justamente por isso, apressa-se e registra a escritura de compra e venda, antes que B o fizesse. Pelas regras ordinárias da publicidade legal, C seria o proprietário preferencial (pela regra simples da anterioridade). Porém, por mais que a alienação em sentido

[758] Ibid., p. 345.

técnico[759] só ocorra com o registro, e, ainda, por mais que o registro seja a única condição de oponibilidade presumida pelo conhecimento organizado, consideramos que a oponibilidade pode advir por outras formas, como pelo conhecimento real ou efetivo da anterior venda.

No exemplo dado, quando do conhecimento efetivo, a oponibilidade já se faz presente para impor a C o respeito do anterior contrato com B. A razão é simples. C, ao tomar conhecimento da anterior venda, age de má-fé, pois sabia que A já havia vendido o bem e, mesmo assim, vale-se do incumprimento de B para tomar vantagem. Neste caso, certamente B deverá provar, nem que seja por prova indiciária, a má-fé de C para conseguir anular o segundo contrato e o seu consequente registro. Na jurisprudência, este foi o entendimento do Desembargador Francisco Loureiro[760]. No caso julgado, a segunda venda (e primeira alienação) havia sido feita ao irmão e ao tio, que se apressaram a registrar a venda, em prejuízo do primeiro comprador, que até aquele momento não havia levado ao registro imobiliário a escritura de venda e compra. Considerou o Relator a segunda venda nula pela má-fé dos segundos compradores por terem adquirido *a non domino*[761].

[759] É da lição de Alcides Tomasetti Jr., nos comentários ao art. 8º da Lei de Locações, que "Quem vende não aliena. Se o contrato de compra e venda tem por objeto bem móvel, o ato (*lato sensu*) de alienação somente ocorre com a *tradição* (CC, arts. 620-623); a propriedade de coisa imóvel somente é alienada em virtude do registro do *acordo de transmissão* do direito (CC, art. 856, I), devidamente instrumentado (CC, art. 134, II)" (OLIVEIRA, Juarez de. *Comentários à lei de locação de imóveis urbanos.* São Paulo: Saraiva, 1992, p. 99).

[760] TJSP, Apelação Cível n. 482.493.4/0-00, Quarta Câmara de Direito Privado, Rel. Des. Francisco Loureiro, j. 19.03.2009. Na jurisprudência francesa, segue esta mesma orientação (sobre a evolução desta orientação na jurisprudência francesa, veja BERTRAND, Florence. *L'opposabilite du contrat aux tiers.* Tese de doutorado, Paris, Universite de droit, d'economie et de sciences sociales de Paris, 1979, p. 49-55; ou ainda SAINT-HILAIRE, Philippe Delmas. *Le Tiers à L'Acte Juridique.* Paris: LGDJ, 2000, p. 494-495).

[761] Francisco Antônio Paes Landim Filho esclarece sobre os efeitos da má-fé na aquisição *a non domino*: "Na vasta categoria dos *penitus extranei*, podem adquirir a propriedade aparente os *terceiros de boa fé* e *os terceiros de má fé*. Os *terceiros de má fé* são aqueles que conhecem a inexatidão do registro, ou têm conhecimento da situação de aparência da titularidade do domínio. Em resumo, sabem que a coisa é alheia, mas, ainda assim, compram-na, ou, a título gratuito, recebem-na em seu patrimônio." (LANDIM FILHO, Francisco Antônio Paes. *A propriedade imóvel na teoria da aparência.* São Paulo: CD, 2001, p. 274)

Neste ponto, é possível fazer algumas ressalvas. A primeira venda não significou alienação; por conseguinte, quando da segunda venda, o alienante continuava a ser proprietário. Por isso, não é possível ao primeiro comprador alegar ausência de titularidade do vendedor para alienar para o segundo comprador. O que poderá alegar o primeiro comprador é a oponibilidade do seu contrato em face do segundo contratante que conhecia, antes da contratação, o anterior negócio. Nessa situação, o primeiro comprador poderá impor o seu interesse contra o do segundo comprador, encobrindo a eficácia deste segundo contrato em relação a ele. E, se assim for, a oponibilidade advinda do conhecimento efetivo — e não do conhecimento presumido — autoriza o primeiro contratante a declarar a ineficácia do negócio jurídico causal do segundo comprador de modo a repercutir no seu registro. E é por conta deste silogismo que a teoria do terceiro cúmplice chega à mesma solução. O segundo comprador é considerado um terceiro cúmplice na violação da obrigação do vendedor em cumprir o seu contrato com o primeiro comprador. O seu ato interferente é um ato ilícito de modo que o primeiro adquirente poderá pretender contra o segundo o desfazimento do seu contrato, por reparação natural[762] ou por reparação indenizatória[763].

Em suma, o caso da dupla venda é esclarecedor para entender-se que o descumprimento de uma formalidade publicitária não significa a total inoponibilidade do ato jurídico. O descumprimento do registro do ato jurídico faz com que a contenção da eficácia perante terceiros permaneça rígida e não atinja todos os demais presumidamente. O ato jurídico permanece oculto e, por isso, não se pode supor o seu conhecimento por todos.

[762] MARINO, Francisco Paulo de Crescenzo. Perdas e Danos. In: LOTUFO, Renan; NANNI, Giovanni Ettore. *Obrigações*. São Paulo: Atlas, 2011, p. 659-662.

[763] Solução similar, com resultados idênticos no sancionamento do segundo comprador, é a encontrada por Humberto Theodoro Neto, ao dizer que: "a parte prejudicada pode exigir o desfazimento do segundo negócio e promover a execução forçada específica de seu direito de aquisição, se não optar por receber indenização de perdas e danos. Vige no direito brasileiro o princípio da preferência pela execução específica dos direitos de crédito, conforme bem nos ilustram as últimas reformas do direito processual, introduzidas, dentre outros dispositivos, no art. 461 e §§ do CPC. Sendo ainda possível a execução *in natura* e sendo esse o interesse do credor, ela deve ser implementada sempre, não se admitindo oposição por parte dos violadores do direito ou dos operadores da justiça" (THEODORO NETO, Humberto. *Efeitos Externos do Contrato*. Rio de Janeiro: Forense, 2007, p. 181).

Porém, é equivocado considerar que o descumprimento da formalidade publicitária torna *ipso facto* inoponível o ato jurídico. Esta conclusão desconsidera que o ato jurídico oculto pode deixar de sê-lo quando do conhecimento efetivo por certos terceiros. O terceiro cognoscente sofre os efeitos da oponibilidade pelo conhecimento efetivo, devendo abster-se de interferir no ato jurídico alheio. Apesar da ausência de oponibilidade presumida a todos os terceiros, temos a presença da oponibilidade pelo conhecimento efetivo a certos terceiros cognoscentes.

Esta solução ainda se coaduna com a proteção dos terceiros de boa-fé. Ao não ter sido publicado um determinado ato, terceiros não têm condições de saber da existência de um ato clandestino que conflita com os seus interesses. Muito menos se pode exigir que um terceiro não cognoscente tome uma conduta diversa não interferente. É por esta razão que um ato clandestino não pode ser oposto àquele que não sabe e não tem condições de saber da existência do direito alheio. No mesmo caso de dupla venda, porém, sem o conhecimento da anterior venda pelo segundo comprador, a solução jurídica é diversa. Não há como privilegiar o primeiro comprador, pois, diante da ausência de conhecimento da anterior venda, o terceiro é considerado de boa-fé (não cognoscente). Ao não ter conhecimento, não sofre efeitos da oponibilidade pelo conhecimento efetivo; ou seja, não sofre nem a oponibilidade presumida — pelo descumprimento da formalidade registral —, nem sofre a oponibilidade pelo conhecimento efetivo — pelo seu desconhecimento. A primeira compra e venda do bem imóvel é totalmente inoponível ao terceiro de boa-fé. Este, ao adquirir o bem imóvel e tê-lo registrado em primeiro lugar, terá o seu direito sobre o bem imóvel protegido, em detrimento do primeiro adquirente.

Em suma, a regra da anterioridade pode definir a prevalência de dois direitos (ou créditos) de igual classe (e.g., conflito de dois contratos de compra e venda), como visto acima. Mas, também, a regra da anterioridade pode resolver um conflito entre um direito principal e um acessório. Neste último caso, temos, por exemplo, o conflito entre o direito de um comprador de determinado bem e de um credor hipotecário. O caso também se resolve pela anterioridade. Se a hipoteca não tiver sido registrada, ao comprador de boa-fé não poderá ser oposta a hipoteca, já que a sua não inscrição torna-a ineficaz em relação a terceiro (art. 1.227 do Código Civil) adquirente de boa-fé. Porém, se a hipoteca for registrada antes da venda, a hipoteca acompanhará o novo titular, em virtude do direito de sequela.

Deve-se, ainda, notar que há exceções legais ao critério da prioridade dos registros, principalmente quando o registro não atestar uma veracidade. Por exemplo, no caso de usucapião de um imóvel, sem a correspondente declaração na matrícula, um adquirente do imóvel pelas mãos do proprietário usucapido não terá a preferência em relação ao usucapiente, por mais que registre antes a sua compra e venda. O usucapiente poderá opor o seu direito à prescrição aquisitiva do imóvel litigioso contra o adquirente que tenha antes publicado a sua aquisição. E mais, o usucapiente poderá retificar o registro que não exprime a verdade e reivindicar o imóvel, mesmo que o adquirente esteja de boa-fé (art. 1.247, parágrafo único, do Código Civil)[764].

Ou, ainda, temos o seguinte caso de registros que não atestam uma veracidade. Quando o conhecimento da extensão e características de um direito depende da publicidade organizada destes direitos, as regras de resolução de conflitos se dão pelas próprias informações advindas da publicidade organizada. Se uma pessoa confere a outra mais direitos do que tem, as próprias regras da publicidade resolvem este conflito pelos adágios "*nemo plus iuris in alium transferre potest quam ipse habet*" e "*prior tempore potior iure*". Ao transferir mais direitos do que deveria transferir, o novo proprietário não poderá opor um direito que, na realidade, não possui. O fato de ter sido publicado determinado ato não induz a sua veracidade plena, nem confere direitos a quem não os têm. O vício da publicidade de seu direito não se sana pela publicidade. É de dizer, no nosso sistema, diferentemente do sistema alemão, a segurança nas transações imobiliárias não é absoluta[765], pois a informação obtida dos registros não necessariamente reflete uma verdade jurídica.

Há, ainda, uma outra exceção ao critério da prioridade dos registros, quando a lei prefere um direito a outro. Por exemplo, no que se refere aos direitos reais de garantia, o penhor, a anticrese e a hipoteca devem ser registrados (art. 1.432 e 1.492 do Código Civil; art. 167, I, 11, da Lei

[764] Diz ainda o art. 214, §5º da Lei 6015/73: A nulidade não será decretada se atingir terceiro de boa-fé que já tiver preenchido as condições de usucapião do imóvel.

[765] Não se abrange nesta afirmação a possibilidade de registro Torrens (art. 277 e seguintes da Lei 6015/73).

n. 6.015/1973). No caso do penhor e da hipoteca, o registro caracteriza a preferência, seja em relação aos demais títulos de penhor e de hipoteca, seja em relação a todos os credores quirografários. Entretanto, a prioridade registral do credor pignoratício ou hipotecário perde preferência tanto aos credores preferenciais de causa legal (alimentares, trabalhistas, tributários e previdenciários) quanto aos credores de obrigações *propter rem* relacionados ao próprio imóvel[766]. A prioridade registral continua valendo em relação aos credores de mesma classe, mas o crédito será preterido em face de outros créditos preferenciais.

As restrições ao direito de dispor tornam ainda mais interessante a análise dos conflitos imobiliários. Temos aqui, por exemplo, o direito de preferência do locatário na aquisição do imóvel locado. Segundo o art. 33 da Lei n. 8.245/1991, o locatário preterido no seu direito de preferência poderá: (i) pleitear perdas e danos contra o alienante; e (ii) haver para si o imóvel locado. Na segunda hipótese, a lei concede ao locatário o direito real de adjudicação compulsória do bem, desde que observados os seguintes requisitos: (ii.a) depósito do preço e das demais despesas de transferência; (ii.b) pleitear em até 6 meses do registro da compra e venda do imóvel locado por terceiros; (ii.c) ter averbado o contrato de locação assinado por duas testemunhas, no cartório de registro de imóveis competente, pelo menos 30 dias antes da alienação a terceiros. De acordo com a análise da jurisprudência pacífica do Superior Tribunal de Justiça[767], há inoponibilidade do direito de preferência do locatário se ausente a averbação do contrato de locação[768], independentemente se o adquirente tinha ou não conhecimento da locação.

[766] "O crédito condominial tem preferência sobre o crédito hipotecário por constituir obrigação *propter rem*, em função da utilização do próprio imóvel ou para evitar-lhe o perecimento." (STJ, REsp 511.003, Rel. Min. Aldir Passarinho Junior, j. 18.5.2010).

[767] STJ, REsp 1554437/SP, Rel. Ministro João Otávio de Noronha, j. 2.6.2016; STJ, REsp n. 912.223/RS, Rel. Ministro Marco Buzzi, j. 6.9.2012; STJ, REsp 1216009/RS, Rel. Ministra Nancy Andrighi, j. 14.6.2011; STJ, AgRg no REsp 203.851/PA, Rel. Ministra Maria Thereza de Assis Moura, j. 21.2.2008; STJ, REsp 578.174/RS, Rel. Ministro Arnaldo Esteves Lima, j. 12.9.2006; STJ, REsp 242.201/RO, Rel. Ministro Edson Vidigal, j. 16.5.2000.

[768] Porém, ainda que não tenha sido averbado o contrato de locação, a inobservância do direito de preferência permite ao locatário pleitear perdas e danos pelos prejuízos econômicos sofridos contra o alientante, conforme entendimento prevalente da jurisprudência: "Agravo regimental no Recurso Especial. Ação indenizatória. Direito de preferência. Averbação do contrato

Considera-se, então, a averbação do contrato de locação como requisito indispensável para que o direito de preferência se revista de eficácia *erga omnes*[769] e permita ao inquilino haver para si o imóvel locado e vendido. Há ônus do locatário em fazer cumprir a obrigação legal de averbar o contrato de locação para se beneficiar desta eficácia irrestrita. Este ônus do locatário ainda estaria presente mesmo que obstada a averbação do contrato de locação por falha imputável ao locador[770]. Somente a averbação concederia eficácia *erga omnes* ao direito de preferência, tutelando o seu interesse na aquisição do bem imóvel.

Este posicionamento do Superior Tribunal de Justiça a respeito do direito de preferência do locatário previsto na Lei n. 8.245/1991 é a continuidade do posicionamento do mesmo tribunal[771] a respeito do art. 25, §1º, da Lei n. 6.649/1979. Ocorre que há uma diferença entre ambas as leis que resultam em diferentes sanções pelo descumprimento da publicidade registral. No §1º do art. 25 da Lei n. 6.649/1979, havia uma condição expressa para exercício do direito de preferência: "o locatário só poderá exercer o direito assegurado neste artigo se [...] estiver inscrito no registro imobiliário [...] o contrato de locação". Considerando que, nas palavras da lei, o locatário "só poderá exercer" o seu direito de preferência

no registro imobiliário. Prescindibilidade. 1. Nos termos da jurisprudência desta Corte, a inobservância do direito de preferência do locatário na aquisição do imóvel enseja o pedido de perdas e danos, que não se condiciona ao prévio registro do contrato de locação na matrícula imobiliária. Precedentes. 2. Agravo regimental não provido." (STJ, AgRg no REsp 1356049/RS, Rel. Ministro Ricardo Villas Bôas Cueva, j. 25.2.2014). Ainda confira os seguintes: STJ, AgRg nos EDcl no REsp 1300580/RS, Rel. Ministra Maria Isabel Gallotti, j. 10.3.2016; STJ, AgRg no REsp 1299010/SP, Rel. Ministro Marco Buzzi, j. 6.10.2015; STJ, AgRg nos EREsp 886.583/SC, Rel. Ministro Napoleão Nunes Maia Filho, j. 18.12.2013; STJ, AgRg na MC 18.158/MG, Rel. Ministra Nancy Andrighi, j. 9.8.2011).

[769] Segundo Alcides Tomasetti Jr. "não é de eficácia real a operatividade do registro na hipótese da última parte do art. 33, de maneira que o exercício do direito de preferência ali regulado também não configura uma posição jurídica subjetiva de direito das coisas." (OLIVERA, Juarez de. *Comentários à lei de locação de imóveis urbanos.* São Paulo: Saraiva, 1992, p. 3)

[770] STJ, REsp 23.111/MG, Rel. Ministro Nilson Naves, j. 14.9.1992.

[771] STJ, REsp 14.905/SP, Rel. Ministro Eduardo Ribeiro, j. 10.12.1991. A razão adotada pelo Ministro Eduardo Ribeiro foi a distinção entre direito real e pessoal. É real o direito de o locatário pretender a adjudicação do imóvel. É pessoal, o direito de pleitear indenização. Concluiu, então, "Para o primeiro caso, posto que um direito real, exige-se o registro na serventia de imóveis. Para o segundo, meramente pessoal, oponível ao locador e não a terceiros, isso não se impõe".

se tiver registrado o contrato de locação, consequentemente, então, para a jurisprudência da época, o registro do contrato de locação era uma verdadeira condição para a oponibilidade do contrato de locação pelo locatário a terceiros. A falta de registro era causa de sanção legal de *total inoponibilidade* do contrato a terceiros, retirando do locatário o direito de opor seu contrato. Ou seja, diante do descumprimento da formalidade publicitária, a sanção legal era tornar inoponível o contrato, independentemente do conhecimento efetivo[772]. Porém, a nova Lei do Inquilinato, apesar de condicionar o registro do contrato para adquirir eficácia real[773] — i.e., para ser oponível presumidamente —, não restringiu outros meios de efetivação da oponibilidade. Por isso, a atual Lei de Locações, ao não condicionar o registro como única forma de oponibilidade, permitiu que haja oponibilidade do contrato advinda por outros fundamentos[774].

Apesar de a jurisprudência do Superior Tribunal de Justiça não diferenciar ambas as oponibilidades, atualmente o entendimento majoritário é pela inoponibilidade do contrato de locação a terceiros, quando ausente o registro, sem averiguar se no caso há ou não conhecimento efetivo por terceiros da locação. Não há como defender, porém, tal posição à luz da atual Lei de Locações. Quando o terceiro adquirente tem ciência efetiva da existência do contrato de locação, antes da sua aquisição, o

[772] No âmbito da anterior lei de locações, o conhecimento efetivo de terceiro, neste caso, era indiferente para fins da oponibilidade do direito de preferência. Mesmo se um comprador conhecesse a existência da locação, o direito do locatário de preferência não era oponível, por ter descumprido a formalidade publicitária. Este exemplo serve para ilustrar e entender que a inoponibilidade, por vezes, é declarada pela lei, para restringir os efeitos dos contratos perante terceiros.

[773] "Art. 33. O locatário preterido no seu direito de preferência poderá reclamar do alienante as perdas e danos ou, depositando o preço e demais despesas do ato de transferência, haver para si o imóvel locado, se o requerer no prazo de seis meses, a contar do registro do ato no cartório de imóveis, desde que o contrato de locação esteja averbado pelo menos trinta dias antes da alienação junto à matrícula do imóvel."

[774] No Recurso Especial n. 1554437, o Ministro João Otávio de Noronha abre margem ao entendimento ora esposado ao dizer que: "Consectariamente, ainda que obstada a averbação do contrato de locação por falha imputável ao locador, não estaria assegurado o direito à adjudicação compulsória do bem se o terceiro adquirente de boa-fé não foi cientificado da existência de referida avença quando da lavratura da escritura de compra e venda do imóvel no cartório de registro de imóveis." (STJ, REsp 1554437/SP, Rel. Ministro João Otávio de Noronha, j. 2.6.2016).

contrato de locação lhe é oponível, não pelas regras da oponibilidade pelo conhecimento presumido (i.e., pela averbação do contrato), mas pela oponibilidade pelo conhecimento efetivo[775].

A ciência real ou efetiva atinge a mesma finalidade da ciência presumida decorrente da inscrição. Não há razão — sem que seja por cominação legal — para se apegar ao formalismo da lei para se denegar prestação jurisdicional. Certamente, julgar por não cumprida uma formalidade é muito mais fácil do que averiguar no caso concreto se há ou não há ciência efetiva, o que demanda uma atividade probatória mais complexa. Porém, a maior dificuldade de averiguar os fatos não deve conduzir à inoponibilidade por outras vias. No caso, a única inoponibilidade é a presumida, por força do descumprimento do art. 33 da Lei n. 8.245/1991; mas, se o adquirente tiver ciência real ou efetiva do contrato de locação, a finalidade precípua do registro público — que é levar a conhecimento de terceiros — terá sido alcançada, ainda que por outro modo. Há aqui oponibilidade pelo conhecimento efetivo do contrato de locação, cujo direito de preempção deve ser preservado, a despeito do descumprimento das formalidades, mas que, de outra forma, atingiu o mesmo resultado.

Questão similar, ainda na Lei n. 8.245/1991, tem tido tratamento diverso no Superior Tribunal de Justiça e no sentido ora defendido. Trata-se do art. 8º[776], que estabelece o direito do locatário a permanecer

[775] Na vigência da antiga Lei de Locações, o Ministro Vicente Cernicchiaro, ao decidir o Recurso Especial n. 28.086-6, fez constar nas suas razões de decidir que, mesmo contrariamente à súmula n. 167 do Supremo Tribunal Federal, deve-se realizar a justiça tópica, pois considerar o registro como condição do exercício do direito é: "[...] excessivamente formalista. Afeta, muitas vezes, a justiça tópica, preocupação que deve ser constante na prestação jurisdicional. Importa, nesse quadrante, se o comprador ou compromissário comprador tinha ciência real (não só a ciência presumida decorrente da inscrição) da locação." (STJ, REsp 28.086/SP, Rel. Ministro Luiz Vicente Cernicchiaro, j. 10.11.1992). No mesmo sentido: STJ, REsp 94.611/SP, Rel. Ministro Luiz Vicente Cernicchiaro, j. 13.8.1996.

[776] "Art. 8º Se o imóvel for alienado durante a locação, o adquirente poderá denunciar o contrato, com o prazo de noventa dias para a desocupação, salvo se a locação for por tempo determinado e o contrato contiver cláusula de vigência em caso de alienação e estiver averbado junto à matrícula do imóvel. § 1º Idêntico direito terá o promissário comprador e o promissário cessionário, em caráter irrevogável, com imissão na posse do imóvel e título registrado junto à matrícula do mesmo. § 2º A denúncia deverá ser exercitada no prazo de noventa dias contados do registro da venda ou do compromisso, presumindo - se, após esse prazo, a concordância na manutenção da locação."

no imóvel[777], após a alienação. Para tanto, a lei impõe os seguintes requisitos: (i) locação por tempo determinado; (ii) cláusula de vigência em caso de alienação; e (iii) averbação do contrato de locação[778] junto à matrícula do imóvel[779]. Apesar de o artigo estabelecer a averbação do contrato como condição de oponibilidade do direito de manter-se no imóvel, a jurisprudência e a doutrina abrandam as consequências do descumprimento do formalismo, justamente quando presente o prévio conhecimento do adquirente do contrato de locação. Ou seja, poderá o locatário opor o seu contrato de locação com cláusula de vigência em face do adquirente que tenha ciência efetiva do contrato, mesmo que não registrado. Admite-se, portanto, a oponibilidade efetiva. Nesse sentido, a Ministra Nancy Andrighi considerou importante analisar o atingimento da finalidade do registro público, ainda que por outra via:

> [...] verifica-se que a finalidade precípua do registro público, qual seja, a de trazer ao conhecimento do adquirente do imóvel a existência da cláusula de vigência do contrato de locação, na hipótese de alienação do imóvel, foi atingida, ainda que por outros meios, não podendo, por conseguinte, ser admitida a denúncia do contrato, com fundamento na ausência de sua respectiva averbação na matrícula do bem.[780]

[777] Segundo Rafael Vanzella, "a alienação da coisa locada no curso da relação jurídica locacional implica a *sub-rogação do adquirente na posição de locador*; quer dizer, no direito positivo, a posição jurídica de locador é *propter rem*, por sub-rogação legal." E a observação das formalidades legais reforça "a posição jurídica do locatário, o qual se torna *imune* também em face do poder formativo de "denunciar" o contrato por parte do adquirente que acaba de se tornar, agora, locador (imunidade contra disposição da posição de locador pelo prazo do contrato de locação). A técnica da sub-rogação é meramente obrigacional, e não real" (VANZELLA, Rafael Domingos Faiardo. Numerus Clausus *dos direitos reais e autonomia nos contratos de disposição*. Tese (Doutorado em Direito Civil) – Faculdade de Direito, Universidade de São Paulo, São Paulo, 2009, p 201).

[778] Na Lei de Registros Públicos (Lei n. 6015/73), o contrato de locação não é averbado, mas registrado.

[779] Ou ainda, o locatário terá igual direito de permanecer no imóvel se a denúncia do contrato de locação não tiver sido exercitada em 90 dias do registro de venda ou do compromisso (art. 8, §2º da Lei n. 8245/1991).

[780] STJ, REsp 1269476/SP, Rel. Ministra Nancy Andrighi, j. 05.2.2013. Deve-se fazer a ressalva de que consta neste julgado o seguinte: "nas hipóteses de exercício do direito de preferência do locatário, por exemplo, conforme jurisprudência pacífica desta Corte, a averbação do contrato

A doutrina também segue o entendimento ora defendido, ao sustentar a oponibilidade pelo locatário ao adquirente cognoscente da existência de cláusula de vigência no contrato de locação. Vejamos:

> [...] se o adquirente toma inequívoca ciência do contrato que está vigendo por prazo determinado e, na própria escritura de compra e venda, dela se fazendo ainda constar a obrigação de respeitá-lo, até o termo final, não vemos como poderá ele denunciar a locação, a não ser após expirar-se o prazo.[781]

Caso diverso será a locação de coisa móvel ou imóvel sujeita ao tratamento dado pelo Código Civil. Diante da peculiaridade do texto legal, deve-se concluir que a ausência de registro do contrato de locação torna-o inoponível ao adquirente, independentemente de este ter ou não conhecimento. Isto porque o Código Civil é mais severo do que a Lei n. 8.245/1991. Consta no art. 576 do Código Civil que: "Se a coisa for alienada durante a locação, o adquirente não ficará obrigado a respeitar o contrato, se nele não for consignada a cláusula da sua vigência no caso de alienação, e não constar de registro." Pelo seu teor, na ausência de registro, há o direito do adquirente de não respeitar o contrato, o que, em outros termos, significa dizer que o contrato é de todo inoponível ao adquirente. O registro no Cartório de Títulos e Documentos do domicílio do locador, quando a coisa for móvel, e no Registro de Imóveis da respectiva circunscrição, quando imóvel, é condição de oponibilidade pelo locatário ao adquirente, que, enquanto não cumprida a formalidade publicitária, mantém o contrato, no tocante ao direito de vigência, totalmente inoponível a terceiros.

Por fim, no que se refere ao contrato de alienação fiduciária, segundo o art. 1.361, §1º, do Código Civil, a propriedade fiduciária será constituída pelo registro do contrato no órgão competente[782]. É assente na jurisprudência que o registro no cartório não é condição de validade do contrato

de locação é indispensável para que ele se revista-se de eficácia real e permita ao inquilino haver para si o imóvel locado e vendido."

[781] CAPANEMA, Sylvio. *Da locação de imóvel urbano*: Direito e processo. Rio de Janeiro: Forense, 1999, p. 86. No mesmo sentido: SANTOS, Gildo dos. *Locação e despejo:* comentários à Lei 8.245/91. 7. ed. São Paulo: RT, 2012, p. 107.

[782] Estabelece o art. 1.361, §1º: Constitui-se a propriedade fiduciária com o registro do contrato, celebrado por instrumento público ou particular, que lhe serve de título, no Registro

de alienação fiduciária, porém, "Ele traz como única conseqüência a ausência de eficácia desse contrato perante o terceiro de boa-fé"[783], ou, ainda, nas palavras de Luiz Fux, o registro é "procedimento tendente a emprestar publicidade e, *a fortiori*, efeito *erga omnes* ao ato translatício, evitando prejuízos jurídicos ao terceiro de boa-fé"[784]. Daí porque, com o cumprimento do registro, o contrato de alienação fiduciária é oponível a terceiros, de boa-fé ou de má-fé, porém, na ausência de registro, o contrato de alienação fiduciária não terá a oponibilidade presumida. Questiona-se, então, se, mesmo na ausência de registro da alienação, é possível a oponibilidade pelo conhecimento efetivo. Da análise da lei, o descumprimento da formalidade não é causa de total inoponibilidade, e, assim, a ausência de registro não impede a oponibilidade pelo conhecimento efetivo, que ocorre quando o terceiro (e.g., cessionário) tem a ciência do contrato de alienação fiduciária. Conclui-se, desta forma, que o contrato de alienação fiduciária é inoponível ao terceiro de boa-fé, mas oponível em face do terceiro de má-fé. Somente quando o terceiro não tiver ciência do contrato estará de boa-fé e, portanto, não estará sujeito às oponibilidades pelo conhecimento presumido, nem pelo conhecimento efetivo.

Conclui-se, da análise da publicidade substancial, que esta forma de publicidade condiciona a oponibilidade dos elementos jurídicos ao cumprimento de certas formalidades para fins de publicação legal. Quando do cumprimento das formalidades, o elemento jurídico é de imediato oponível a todos. Por outro lado, o não cumprimento destas formalidades faz com que o elemento jurídico seja caracterizado como clandestino. O sistema estabelece principalmente duas formas de sanção ao descumprimento da publicidade substancial. A primeira é aquela que permite aos terceiros de boa-fé se valerem da falta de publicidade legal (caso de parcial inoponibilidade, em que há inoponibilidade pelo conhecimento presumido, mas remanesce a possibilidade de oponibilidade pelo conhecimento efetivo). A segunda é aquela que permite aos terceiros de boa-fé e de má-fé se valerem da falta de publicidade legal (caso de total inoponibilidade). Na publicidade substancial, os efeitos decorrentes do

de Títulos e Documentos do domicílio do devedor, ou, em se tratando de veículos, na repartição competente para o licenciamento, fazendo-se a anotação no certificado de registro.

[783] STJ, REsp 770.315/AL, Rel. Ministro Francisco Peçanha Martins, j. 4.4.2006.

[784] STJ, AgRg no EREsp 875.634/PB, Rel. Ministro Luiz Fux, j. 10.2.2010.

cumprimento das formalidades não são os mesmos sempre. Há casos em que o cumprimento serve como critério para resolver conflitos; então, para se estabelecer o direito prevalente, a oponibilidade é estabelecida conforme o *critério de prioridade*. Por vezes, o cumprimento tem outros fins, como informar terceiros da qualidade de certos fatos e atos jurídicos.

4.2.4.3. Oponibilidade independente da publicidade legal

Além da publicidade substancial acima referida, que é aquela que condiciona a oponibilidade dos elementos jurídicos ao cumprimento de certas formalidades, temos a publicidade informativa ou documentária. Apesar de ter uma menor abrangência de casos, a publicidade aqui também tem a sua importância. A publicidade informativa é aquela que não determina se o elemento será oponível ou não. O elemento jurídico é oponível, mesmo na falta de publicidade. O cumprimento das formalidades, neste caso, tão somente reforça a oponibilidade já existente do elemento jurídico, e visa, principalmente, auxiliar em matéria probatória a existência de oponibilidade. Ela serve, segundo José Duclos, "para assegurar a informação do meio jurídico, e, portanto, facilita a este título a oponibilidade dos elementos envolvidos"[785]. Neste caso, o sistema jurídico prevê a publicidade legal, mas o elemento jurídico, antes mesmo de publicado, já é oponível. Denomina-se aqui de oponibilidade independente da publicidade, em contraposição ao caso da oponibilidade substancial, que é dependente da publicidade.

Trata-se, então, da publicidade que conduz a informação a terceiros da existência de determinados fatos, atos, direitos ou situações que podem afetá-los, porém, sem que a eficácia externa desses elementos jurídicos dependa dessa formalidade. Assim, mesmo que não cumpridas as formalidades de publicidade, o elemento jurídico é oponível. Nesta categoria se incluem todos os casos em que o sistema prevê a publicidade, mas, mesmo que a parte descumpra as formalidades, por razões outras de maior importância, não se sanciona por inoponível, considerando-se, ainda, como oponível, independentemente de ter sido publicado ou não.

[785] Tradução livre de: "elle assure l'information du milieu juridique, et favorise à ce titre l'opposabilité des éléments visés" (DUCLOS, José. *L'Opposabilite* (essai d'une theorie generale). Paris: LGDJ, 1984, p. 296-297)

É o caso da oposição de embargos de terceiro contra a penhora de bem imóvel não levado a registro. O registro indubitavelmente serve para transferir os direitos reais ao novo adquirente. Até o registro, a propriedade permanece nas mãos do vendedor (art. 1.245, §1º, do Código Civil). Se a propriedade continua no patrimônio do vendedor, um credor, para satisfazer seu interesse, poderia penhorar este imóvel. Porém, o sistema jurídico, no sopesamento de interesses, atribui a outros fatos importância maior do que o interesse do credor neste caso. Apesar de ser inquestionavelmente necessária a publicidade do compromisso de compra e venda ou da compra e venda, o ordenamento jurídico valora a posse do adquirente (em sentido lato), para que seja oposto a terceiros o seu direito advindo da venda não registrada. No confronto entre os dois direitos pessoais[786], prevalece então o interesse do adquirente da compra e venda não registrada, contra o anseio do credor[787]. O adquirente poderá, por conta disto, opor embargos de terceiro[788] para defender a sua posse e excluir a penhora do bem adquirido por compra e venda não registrada.

Na mesma situação está o bem atribuído a um dos cônjuges por força da partilha havida em separação judicial. Mesmo que esta parte deixe de levar o formal de partilha a registro, o bem partilhado para esta parte não poderá ser alcançado pela penhora advinda de uma execução contra o outro ex-cônjuge[789].

[786] Ou como prefere dizer o Ministro Athos Carneiro em voto como vogal: "no choque de interesses de dois direitos eminentemente pessoais (a própria penhora não é direito real, mas ato processual executivo), o direito pessoal tanto um quanto outro, deve prevalecer, na via dos embargos de terceiro, o direito daquele que está na justa e plena posse do imóvel, como seu legítimo pretendente à aquisição, face ao direito do credor do promitente vendedor, desde que no caso ausente, por certo, qualquer modalidade de fraude à credores ou à execução" (STJ, REsp 188/PR, Rel. Ministro Sálvio De Figueiredo Teixeira, Rel. p/ Acórdão Ministro Bueno De Souza, j. 8.8.1989)

[787] Exceto se a alienação tiver sido feita em fraude contra credores ou em fraude de execução (STJ, REsp 130620/CE, Rel. Ministro Sálvio de Figueiredo Teixeira, j. 12.5.1998).

[788] STJ, REsp 134924/RS, Rel. Ministro Carlos Alberto Menezes Direito, j. 26.5.1998; STJ, REsp 326306/GO, Rel. Ministro Ari Pargendler, j. 27.5.2003.

[789] STJ, REsp 408.248/SC, Rel. Ministro Barros Monteiro, j. 17.3.2005; STJ, REsp 34.053/ /SP, Rel. Ministro Aldir Passarinho Junior, j. 12.6.2001. Outra questão se refere ao direito do cônjuge em pleitear a anulação da fiança, aval, alienação ou oneração do bem imóvel (artigos 1.642, III e IV, ou 1.647, I e III, ambos do Código Civil), mas numa situação bem específica. Imagine a seguinte hipótese. Após a celebração do casamento, os cônjuges (ou interessados)

Em conclusão, a publicidade informativa é aquela que não determina se o elemento será oponível ou não. O elemento jurídico é oponível, mesmo na falta de publicidade. O cumprimento das formalidades reforça a oponibilidade já existente do elemento jurídico; visa, principalmente, auxiliar ou facilitar em matéria probatória a existência de oponibilidade.

4.3. Conhecimento efetivo como condição para oponibilidade

A cognoscibilidade dos direitos, como já vimos, permite a presunção do seu conhecimento, seja porque o elemento jurídico tem publicidade natural, seja pelo cumprimento de certas formalidades da publicidade organizada[790]. Mas há casos em que o elemento jurídico não é naturalmente conhecido, nem há um sistema legal de publicidade. Neste caso, não seria razoável que o sistema jurídico presumisse o seu conhecimento, preferindo, na presente hipótese, exigir o conhecimento efetivo de terceiro. E é justamente por conta do conhecimento efetivo do elemento jurídico até então oculto, clandestino, que este elemento passa a ser oponível àquele que tomou ciência da sua existência.

Assim, a título de observação geral, nem tudo se pode presumir como de conhecimento de terceiros. Certos contratos permanecem ocultos ou

têm 90 dias para registrar o casamento religioso (art. 1.516, §1º, do Código Civil). Porém, neste prazo, um dos cônjuges, sem a outorga do outro, acaba por prestar fiança ou aval, ou, ainda, vem a alienar ou gravar de ônus real certos bens imóveis. No caso, já há casamento, mas não há o registro ainda. A questão gira em torno de saber qual o direito prevalente, o do cônjuge inocente (que não participou direta ou indiretamente da fiança, aval, alienação ou oneração) ou o do credor do outro cônjuge. Neste caso, é de entender-se que é possível ao cônjuge inocente pleitear a anulação do ato onerador do bem imóvel. O registro posterior do casamento tem o intuito de fortalecer as informações, mas a oponibilidade do direito do cônjuge inocente de desobrigar ou reivindicar os imóveis alienados, ou de demandar rescisão dos contratos de fiança e doação, ou de invalidar o aval dado pelo outro cônjuge, decorre desde o casamento (e não desde o seu registro). Porém, se decorrido o prazo de 90 dias sem registro do casamento, a situação se inverte, já que o registro dependerá de nova habilitação.

[790] Estes casos de publicidade natural e organizada são denominados por José Duclos de conhecimento reputado (DUCLOS, José. *L'Opposabilite* (essai d'une theorie generale). Paris: LGDJ, 1984, p. 283-284). Na mesma linha exposta por este autor, Roberta Maia adota a diferenciação entre conhecimento efetivo e reputado, mas utiliza a distinção entre publicidade natural e provocada de Carlos Ferreira de Almeida (MAIA, Roberta Mauro Medina. *Teoria Geral dos Direitos Reais*. São Paulo: RT, 2013, p. 210).

clandestinos, e, enquanto assim permanecerem, não será possível presumir o conhecimento alheio. Se um terceiro não conhece este contrato, não é possível exigir-lhe um comportamento diferente em relação a este contrato. Não saberá, por exemplo, que a sua eventual conduta está a, ou poderá, infringir direitos alheios incompatíveis.

Por isso, para que uma parte possa opor seu contrato a terceiros, exigindo que este respeite a situação jurídica criada pelo contrato, é preciso, em primeiro lugar, que este terceiro tenha conhecimento deste contrato. Razoável que assim seja, já que uma pessoa apenas pode agir diferentemente em relação a determinado elemento jurídico se dele tiver, ou devesse ter, conhecimento. Desta forma, as regras da oponibilidade apenas se aplicam ao terceiro se o elemento jurídico é cognoscente ou se, por alguma razão legal, o terceiro tem o dever de conhecê-lo. Em regra, portanto, o terceiro que desconhece o elemento jurídico oculto não tem o dever de não interferência, nem dever de abstenção (não fazer). Mais ainda, este terceiro não tem obrigação ou dever de informar-se, não está sujeito ao dever de respeito do elemento jurídico oculto, e, nesse sentido, tem uma liberdade maior de agir.

Feitas tais explanações, a categoria de que ora se trata é a do elemento jurídico que não é cognoscível, ou seja, do elemento jurídico oculto e não publicável. Nesta categoria importa somente a oponibilidade fundada no conhecimento efetivo por terceiro do elemento jurídico. A exigência de prova de conhecimento por parte daquele que opõe é uma forma de balancear o sistema, principalmente quando a presunção de conhecimento poderia resultar em situações injustas. No intuito de proteger certas transações e a equidade, permite-se a oponibilidade pelo conhecimento efetivo, mas se faz necessária a prova do conhecimento por quem alega.

Não poderia ser de outra forma. Quando o dano da clandestinidade é muito grande ou quando é difícil, senão impossível de se conhecer a realidade, o sistema jurídico adota duas posições. Ou subordina a oponibilidade ao cumprimento de determinadas formalidades, quando, então, temos o caso da publicidade legal. Ou, quando não é possível, pelas características do direito e dos interesses, a imposição da sua publicidade, o sistema jurídico acaba por exigir o conhecimento efetivo para a efetividade da oponibilidade. Esta transferência de ônus é um remédio contra a clandestinidade.

Para que o elemento jurídico seja oponível ao terceiro, exige-se o conhecimento simples de sua existência[791], ou seja, que o terceiro conheça a realidade jurídica, mesmo não se importando com ela, ou a conheça parcial ou superficialmente. Ainda com mais razão e força, haverá oponibilidade pelo conhecimento efetivo quando o terceiro tiver uma intenção de prejudicar ou de fraudar[792].

Assim esclarecido, o terceiro pode atuar de forma interferente a um contrato oculto, porém, desde que não saiba da sua existência; ou, ainda, o terceiro poderá atuar em determinado sentido, movido por uma falsa realidade, e mesmo assim se beneficiar da aparência de direito criada. Porém, se em ambos os casos o terceiro toma conhecimento do elemento oculto ou da falsa aparência, a sua atitude será medida conforme a realidade, como se o elemento antes oculto fosse público.

O jogo, então, da oponibilidade derivada do conhecimento efetivo abrange os casos em que: (i) o elemento jurídico é aparente; (ii) o elemento

[791] A profundidade e a extensão do conhecimento por terceiro do ato jurídico dependerão de cada caso. Não é possível generalizar, sob pena de cometer-se injustiça no caso concreto. Por exemplo, no caso clássico de responsabilidade civil do terceiro interferente em contratos de prestação, a ciência da (i) existência do contrato de prestação alheio por tempo determinado; e (ii) da impossibilidade de cumprimento simultâneo de ambos os contratos faz incidir oponibilidade. Mas se o terceiro toma conhecimento de cláusula de exclusividade do contrato de prestação alheio por tempo determinado, há oponibilidade independentemente se o contrato é ou não de possível cumprimento simultâneo. Ainda, se um terceiro tomar conhecimento da existência de um contrato, mas não sabe do teor do contrato alheio, nem sabe das obrigações de não concorrência estabelecidas de forma detalhada no contrato, eventual descumprimento do devedor destas obrigações de não concorrência, por exemplo, não pode ser oponível ao terceiro (já que não sabe, em específico, destas obrigações). O terceiro sofrerá oponibilidade pelo fato de auxiliar o incumprimento do contrato alheio, mas não necessariamente sofrerá oponibilidade de todas as obrigações estabelecidas no contrato. Uma oponibilidade mais específica dos termos do contrato depende sempre da extensão do conhecimento por parte do terceiro do contrato. No tocante ao surgimento do dever de respeito, Judith Martins-Costa estabelece que: "para se erigir a oponibilidade correlativa ao dever de respeito aos pactos alheios: basta o conhecimento, pelo terceiro, do vínculo obrigacional anterior." (MARTINS-COSTA, Judith. Obrigação de abstenção do direito de preferência: violação do direito de crédito por "terceiro cúmplice" e desconsideração da personalidade jurídica. In: LEVI-MINZI, Maurizio; PARGENDLER, Mariana; GOUVÊA, Carlos Portugal (org.). Fusões e aquisições: pareceres. São Paulo: Almedina, p. 143-193, 2022, p. 171).

[792] DUCLOS, José. *L'Opposabilite* (essai d'une theorie generale). Paris: LGDJ, 1984, p. 385.

jurídico é oculto por não ter sido publicado; e (iii) o elemento jurídico é oculto e não existe um sistema de publicidade. Vejamos cada caso.

4.3.1. O elemento jurídico aparente

Com base primordialmente na teoria da aparência, o terceiro de boa-fé acaba por ser beneficiado justamente pela regra do conhecimento efetivo. Ou seja, é conferido a este terceiro, vítima da aparência de determinada situação jurídica criada, um direito que não teria dentro das regras gerais da oponibilidade presumida, ou "pelo jogo usual das regras jurídicas"[793]. Sob o manto da teoria da aparência, os terceiros, ignorantes da realidade jurídica, podem considerar a falsa realidade como a sua única expressão da realidade, obtendo dela direitos contra o verdadeiro titular do direito[794], privando-o de todas ou de parte de suas prerrogativas[795]. Porém, se o terceiro conhece ou não pode ignorar a realidade do elemento oculto, este terceiro não poderá se beneficiar da falsa aparência, sendo-lhe oponível a realidade jurídica.

A aparência, então, tem um papel criador de direitos[796], de modo a investir uma pessoa de um direito que ela não teria se fosse relevante apenas a realidade. O terceiro, enganado pela aparência, deve realmente acreditar na veracidade da situação obnubilada. O erro a que o terceiro está sujeito na legislação brasileira (artigo 138 do Código Civil) é o "*error communis facit jus*"[797], considerado irresistível, invencível ou escusável, senão imperceptível aos olhos de terceiros. A apreciação do erro[798] a

[793] DE-MATTIA, Fábio Maria. *Aparência de representação*. São Paulo: Gaetano Dibenedetto, 1999, p. 204

[794] DUCLOS, José, op. cit., p. 389.

[795] DE-MATTIA, Fábio Maria, op. cit., p. 205.

[796] Ou de conversão da aparência em realidade (KÜMPEL, Vitor Frederico. *Teoria da aparência no Código Civil de 2002*. São Paulo: Editora Método, 2007, p. 47). Segundo De-Mattia, "A aparência exerce portanto um papel criado, é a fonte dos direitos reconhecidos em proveito de terceiros" (DE-MATTIA, Fábio Maria. *Aparência de representação*. São Paulo: Gaetano Dibenedetto, 1999, p. 204)

[797] KÜMPEL, Vitor Frederico. *Teoria da aparência no Código Civil de 2002*. São Paulo: Editora Método, 2007, p. 115.

[798] Em verdade, como salienta Gustavo Birenbaum, o erro que trata a teoria da aparência é *sui generis*: "Nos casos de aparência de titularidade, todo o esquema tradicional acerca do erro como vício do consentimento é subvertido, porquanto, na *fattispecie* da titularidade aparente, *aquele que erra é também aquele que confia* na veracidade de uma dada situação jurídica e que, justamente

que incide a pessoa tende a ser mais objetiva e mais abstrata, mas sem menosprezar a apreciação subjetiva e concreta do erro.

A teoria da aparência relacionada ao adágio "*error communis facit jus*" encontra-se ligada à oponibilidade e respeita a regra geral de suposição de conhecimento, pois não é suficiente aos terceiros alegar a sua ignorância pessoal. O terceiro deve ir além e demonstrar que uma pessoa de diligência normal também incidiria em erro na mesma situação. É, ao final, a demonstração da confiança legítima, que "vem a ser a condensação entre o erro escusável e a boa-fé em sua acepção ética"[799].

Em geral, a aparência é criada em situações não formalizadas, principalmente pelas circunstâncias do convívio social ou por presunções, que levam as pessoas a adotarem determinado comportamento, pois se baseiam "em comportamentos sociais que, em larga escala, costumam realmente corresponder àquilo que a lei previamente pressupõe"[800]. Mas a aparência é também criada pela confiança das pessoas nos sistemas de publicidade (situações formalizadas), que, apesar de terem sido criados para conferir maior segurança, não garantem a absoluta veracidade das informações lá constantes. Entre ambas as hipóteses (situações formalizadas e não formalizadas), há diferenças, como lembra Gustavo Birenbaum:

> Na verdade, os casos de publicidade e legitimação formal são aqueles, inclusive, em que é mais intensa a proteção ao terceiro de boa-fé, pois mais intensa é, nesses casos, a aparência de titularidade, e também por serem estes os casos em que a parte interessada, justificadamente, abre mão de fazer uma pesquisa mais aprofundada acerca das situações jurídicas com as quais está lidando.[801]

Nas situações não formalizadas, por contraposição, exige-se uma postura do terceiro mais diligente para que ele fique protegido pela boa-fé. Assim, quando os terceiros não têm condições de informar-se da realidade

por isso, não quer o desfazimento de um negócio que lhe era conveniente, embora nascido de uma falsa percepção da realidade" (BIRENBAUM, Gustavo. *Teoria da Aparência*. Porto Alegre: Fabris, 2012, p. 60-61)

799 BIRENBAUM, Gustavo. *Teoria da Aparência*. Porto Alegre: Fabris, 2012, p. 78.

800 ibid., p. 35.

801 ibid., p. 39.

jurídica nem lhes é exigível se informar, o elemento jurídico oculto não pode ser oponível a terceiros, pois, enquanto oculto, aos terceiros só existe a realidade dissimulada.

Porém, por qualquer razão, se o elemento jurídico passa a ser conhecido na sua expressão da realidade por terceiro, não mais poderá o terceiro se beneficiar da sua ignorância ou da realidade dissimulada. O conhecimento efetivo da realidade jurídica retirará do terceiro a boa-fé, sem a qual o elemento jurídico, antes oculto e inoponível, ser-lhe-á oponível. Àquele que conhece a realidade, a tutela da confiança gerada deixa, então, de existir.

No nosso Código Civil, a teoria da aparência (em sentido lato) faz-se presente em diversos artigos. Basta lembrar dos seguintes casos: (i) menor aparente (art. 180); (ii) credor putativo (art. 309); (iii) autorização aparente (art. 311); (iv) mandato aparente (art. 686); (v) sociedade de fato (artigos 986 e seguintes); (vi) responsabilidade dos administradores por atos *ultra vires* (art. 1.015, parágrafo único); (vii) proprietário aparente de bem móvel (art. 1268); (viii) posse de estado de casados (artigos 1.545 e 1.547); (ix) casamento putativo (art. 1.561, §§1º e 2º); e (x) herdeiro aparente (artigos 1.827, parágrafo único, e 1.828). Em todas estas hipóteses, o conhecimento efetivo da realidade influi, ora mais, ora menos, para desfazer o benefício dado ao terceiro. A presunção de boa-fé é elidida pela prova de conhecimento efetivo do elemento oculto[802].

Nestes casos de teoria da aparência, diz-se que a realidade é inoponível a terceiro; ou seja, há inoponibilidade do elemento jurídico oculto pelo verdadeiro titular ao terceiro de boa-fé. O conhecimento efetivo, por sua vez, torna o que era oculto, sabido; inoponível, oponível; dissimulado, realidade.

Se um terceiro, por exemplo, não sabe da revogação do mandato e firma negócio com base em mandato aparente, há inoponibilidade a terceiros da realidade jurídica (mandato revogado ou ausência de mandato). Mas se, por qualquer razão, o terceiro souber da revogação do mandato e mesmo assim contratar com o mandatário aparente, há oponibilidade da realidade jurídica por parte do mandante, seja para anular o negócio ou perquirir perdas e danos contra o mandatário e/ou contra o terceiro cognoscente.

[802] DUCLOS, José. *L'Opposabilite* (essai d'une theorie generale). Paris: LGDJ, 1984, p. 420.

Um bom exemplo, ainda, para demonstrar a relação entre oponibilidade efetiva e teoria da aparência é o caso dos atos *ultra vires*. Mesmo antes do atual Código Civil, quando um administrador agia em excesso de poderes contratando com terceiros de boa-fé, a sociedade não poderia opor a estes terceiros de boa-fé o excesso de poderes do ato do administrador. Declarava-se a inoponibilidade do ato *ultra vires* ao terceiro de boa-fé.

Porém, quando do advento do Código Civil de 2002, regulou-se a oponibilidade do ato *ultra vires* pelo seu art. 1.015, parágrafo único, dizendo que: "O excesso por parte dos administradores somente pode ser oposto a terceiros" nas seguintes hipóteses: (i) "se a limitação de poderes estiver inscrita ou averbada no registro próprio da sociedade" (inciso I); (ii) "provando-se que era conhecida do terceiro" (inciso II); e (iii) "tratando-se de operação evidentemente estranha aos negócios da sociedade" (inciso III). Deixando de lado as possíveis críticas[803] da escolha do legislador, percebe-se que esses incisos tratam de duas formas distintas de oponibilidade dos atos *ultra vires*. O inciso I é o caso de oponibilidade substancial, já que o cumprimento de certas formalidades, como o registro do contrato social contendo as limitações dos poderes dos administradores, é condição de oponibilidade a terceiros, que presumidamente ficam delas cientes. Os incisos II e III são casos de oponibilidade pelo conhecimento efetivo, já que o terceiro conhece a limitação dos poderes ou ao menos deveria conhecê-la. Nesses dois últimos incisos, o conhecimento do excesso de poderes ou da operação estranha aos negócios da sociedade torna oponível esta realidade jurídica. O conhecimento da infração descrita nos incisos II e III, portanto, faz cair o véu da aparência de legitimidade do negócio legítimo firmado pelo administrador da sociedade, de modo a dotar de legitimidade à sociedade ou, em determinadas condições, aos sócios, para decretar a nulidade do ato firmado com o terceiro cognoscente ou, ainda, responsabilizá-lo pelos prejuízos sofridos pela sociedade.

Em suma, a teoria da aparência é um dos casos em que o conhecimento efetivo por parte de terceiros importa para fins de oponibilidade. Os terceiros não cognoscentes podem considerar a falsa realidade como a sua única expressão da realidade, pois a realidade jurídica lhe é inoponível. Porém, os benefícios da teoria da aparência cedem diante do conhecimento efetivo da realidade jurídica. E é por isso que, quando o que

[803] BIRENBAUM, Gustavo. *Teoria da Aparência*. Porto Alegre: Fabris, 2012, p. 157-158.

era oculto tornou-se sabido, a realidade jurídica, antes inoponível, torna-se oponível ao terceiro cognoscente.

4.3.2. O elemento jurídico não publicado

A oponibilidade dependente da publicidade legal impõe o cumprimento de determinadas formalidades publicitárias para se presumir o conhecimento de terceiros. Pelas regras gerais, para definir o elemento jurídico prevalente, vimos que se adota o critério da prioridade. Entre dois contratos registráveis conflitantes, aquele que for publicado em primeiro lugar será considerado oponível a todos (inclusive ao outro), já que não importa a data de constituição do contrato, mas sim do seu registro; ou seja, não importa a data da venda, mas da alienação.

Porém, esta regra é temperada e varia de acordo com a boa-fé do segundo comprador. Para compatibilizar a regra geral da anterioridade com a boa-fé, tem-se a seguinte solução. O conflito entre dois adquirentes (em sentido lato) de boa-fé resolve-se privilegiando o direito do que primeiro publicar seu ato. Se fosse adotado como prevalente o interesse do primeiro a contratar, estar-se-ia esquecendo que ambos os adquirentes foram vítimas da má-fé do vendedor, e o segundo só foi vítima pela ausência do registro da primeira venda. Ao não ter sido publicado, o segundo contratante não poderia ter ciência do anterior contrato e, assim, não lhe seria exigível um comportamento diverso; o segundo adquirente teria sido movido pela aparência de direito do alienante. Outro motivo faz prevalecer o interesse do que primeiro registra. Se fosse adotado o critério do primeiro a contratar, este critério influenciaria negativamente uma postura passiva das partes, estimulando a sua clandestinidade. Por outro lado, se fosse adotado, incondicionalmente, como prevalente o interesse do segundo comprador, estaríamos penalizando o primeiro pela sua displicência ao deixar de publicar o ato, mas estaríamos ignorando uma miríade de possíveis circunstâncias dos fatos da vida. Por razões de várias ordens, não é incomum — aliás, é bem comum — que uma parte não tome o devido cuidado registral. Desconhecer este fato é ignorar a realidade brasileira em matéria registral, como já teve ressaltou, em voto sensível, o Ministro Athos Carneiro[804]. Para buscar um tratamento mais justo aos interesses

[804] O Ministro Athos Carneiro, em um voto sensível aos fatos, esclarece a realidade brasileira em matéria registral: "Sabemos que no nosso país, principalmente nas camadas mais pobres da

conflitantes dos adquirentes de boa-fé, o referencial da prioridade registral é de fato o mais imparcial. É, no entender do Ministro Cesar Asfor Rocha, "o prêmio que a lei confere a quem foi mais diligente."[805].

Numa análise geral, quando um contrato deveria ter sido publicado, mas não foi, o ordenamento jurídico pode adotar três formas de soluções diferentes: (i) a parte não pode opor o elemento oculto, independentemente da boa-fé ou da má-fé de terceiro; (ii) a parte não pode opor o elemento oculto, exceto se há fraude ou dolo de terceiro; ou (iii) a parte não pode opor o elemento oculto, exceto se o terceiro conhece o elemento oculto (e, mesmo ciente, decida interferi-lo conscientemente), hipótese em que há ausência de boa-fé subjetiva (na concepção ética).

A primeira solução, então, sanciona gravemente a falta de publicidade. Em geral, esta sanção de total inoponibilidade é feita de duas formas: ou se atribui expressamente o direito de terceiro de prevalecer-se da falta de cumprimento da publicidade; ou se estabelece o cumprimento das formalidades da publicidade como única forma de a parte fazer prevalecer o seu direito. Estas são as respectivas soluções adotadas pelo art. 576 do Código Civil[806] e pelo art. 25 da anterior Lei de Locações (Lei n. 6.649/1979)[807]. Nesta primeira solução, os terceiros de boa-fé e de má-fé poderão se valer da falta de publicidade legal. Há inoponibilidade total do contrato não registrado, o que permite que terceiros, de qualquer índole, venham a prevalecer-se do descumprimento das formalidades legais.

população, um grande número de negócios, e até direi, a maior parte dos negócios, é efetuada de maneira menos formal, e até absolutamente informal. Compra-se e vendem-se pequenos terrenos, apartamentos e casas apenas mediante a emissão de recibos, sinais de arras e mesmo de promessas de compra-e-venda ou 'transferências de posse' redigidos de forma singela. E é muitíssimo comum que esses documentos não venham a ser registrados no Registro de Imóveis, inclusive porque com frequência os termos em que estão vazados não permitiriam o registro. Para o registro imobiliário é necessário que o contrato revista determinados requisitos, o que exige, frequentemente, a presença do tabelião ou do profissional do Direito." (STJ, REsp 188/PR, Rel. Ministro Sálvio De Figueiredo Teixeira, Rel. p/ Acórdão Ministro Bueno De Souza, j. 8.8.1989).

[805] STJ, REsp 104.200/SP, Rel. Ministro Cesar Asfor Rocha, j. 24.5.2000.

[806] Art. 576. Se a coisa for alienada durante a locação, o adquirente não ficará obrigado a respeitar o contrato, se nele não for consignada a cláusula da sua vigência no caso de alienação, e não constar de registro.

[807] "o locatário só poderá exercer o direito assegurado neste artigo se (...) estiver inscrito no registro no imobiliário (...) o contrato de locação"

A segunda solução que pode o ordenamento jurídico fornecer se refere à inoponibilidade do elemento jurídico oculto, exceto no caso de fraude ou dolo de terceiro. Esta solução é, de acordo com José Duclos, advinda da concepção objetiva da publicidade. É um intermédio entre a primeira e a terceira solução. Igualmente à primeira, considera "a publicidade de uma maneira formalista e mecânica"[808]; ou seja, não publicado, é presumida a ignorância de terceiros. Como resultado, os terceiros podem acreditar na veracidade das informações, em prol de uma segurança maior nas transações. Esta forma facilita para o juiz, pois torna desnecessário verificar o conhecimento ou não desse terceiro do negócio não publicado. A inoponibilidade dos atos ocultos seria culpa das próprias partes que deixaram de prontamente tomar as medidas cabíveis de publicação. Mas uma análise fria, ou melhor, formalista e mecânica, permite a ocorrência de fraude entre uma parte e um terceiro, que, de má-fé, buscam prejudicar a outra parte. Por isto — e aqui se diferencia da primeira solução —, numa tal situação, quando há fraude, coação[809] ou dolo[810] de terceiro, pela excepcionalidade da situação, as regras se alterariam para proteger o interesse do contratante anterior contra o terceiro.

A terceira solução é para os casos em que o elemento não publicado é oponível ao terceiro que não tenha boa-fé subjetiva na concepção psicológica ou ética, lembrada por Fernando Noronha[811]. É a solução que se defende e melhor encontra guarida no nosso ordenamento para os

[808] Tradução livre de: "la publicité d'une manière formaliste et mécanique" (DUCLOS, José. *L'Opposabilite* (essai d'une theorie generale). Paris: LGDJ, 1984, p. 420).

[809] É o caso previsto no art. 154 do Código Civil: "Vicia o negócio jurídico a coação exercida por terceiro, se dela tivesse ou devesse ter conhecimento a parte a que aproveite, e esta responderá solidariamente com aquele por perdas e danos."

[810] É o caso previsto no art. 148 do Código Civil: "Pode também ser anulado o negócio jurídico por dolo de terceiro, se a parte a quem aproveite dele tivesse ou devesse ter conhecimento; em caso contrário, ainda que subsista o negócio jurídico, o terceiro responderá por todas as perdas e danos da parte a quem ludibriou."

[811] "A inexistência de boa-fé subjetiva caracteriza sempre uma atuação dolosa (concepção psicológica) ou pelo menos culposa (concepção ética), e, portanto, sempre uma atuação não conforme aos deveres de conduta impostos pela boa-fé objetiva; quem não está em estado de ignorância e, apesar disso, age, sabendo ou devendo saber que vai prejudicar direitos alheios, procede (aspecto objetivo) necessariamente de má-fé." (NORONHA, Fernando. *O direito dos contratos e seus princípios fundamentais:* autonomia privada, boa-fé, justiça contratual. São Paulo: Saraiva, 1994, p. 141).

elementos jurídicos não publicados. Na ausência de imposição legal em contrário, como regra geral, o descumprimento das formalidades fecha as portas para a oponibilidade presumida, porém, ainda as deixa abertas à oponibilidade efetiva. Em outras palavras, o sistema jurídico considera o elemento jurídico oculto inoponível ao terceiro de boa-fé e oponível ao terceiro de má-fé. Esta terceira solução (dita de concepção subjetiva), considera "a publicidade de maneira mais equitativa e mais pragmática"[812], ou seja, analisa-se o fim da publicidade, que é informar ou permitir que terceiros se informem da existência de determinado elemento jurídico, e conclui-se que o conhecimento efetivo tem o mesmo valor e fim do conhecimento legal presumido. Esta solução permitirá que uma parte oponha o seu contrato contra um terceiro que saiba da sua existência e queira interferi-lo conscientemente. Certamente, esta terceira corrente privilegia a ética e moral nas contratações, pois um terceiro não poderá ignorar a existência do anterior contrato arguindo a inexecução de uma formalidade legal[813].

Há, ainda, alguns aprofundamentos que podem ser feitos para a defesa dessa última solução. Temos por certo que o registro é a única condição de alienação da propriedade, antes dele não há direito real do adquirente, mas apenas direito obrigacional. Porém, não se está tratando aqui de eficácia real dos direitos reais, mas de oponibilidade do primeiro contrato em face do segundo contratante. O jogo da oponibilidade efetiva permite ao primeiro comprador sobrepor, no caso de conhecimento efetivo do segundo comprador, o seu interesse. Esta oponibilidade pelo conhecimento efetivo torna o segundo contrato inoponível ao primeiro adquirente (em sentido lato), de modo a permitir que o primeiro exija do segundo o respeito ao seu contrato, declarando, assim, a ineficácia do segundo contrato em relação a ele.

É de ressaltar ao menos duas consequências práticas[814] que decorrem das regras de oponibilidade. Em relação ao segundo adquirente, o primeiro

[812] "la publicité de manière plus équitable et plus pragmatique". (DUCLOS, José. *L'Opposabilite* (essai d'une theorie generale). Paris: LGDJ, 1984, p. 420).

[813] DUCLOS, José. *L'Opposabilite* (essai d'une theorie generale). Paris: LGDJ, 1984, p. 420.

[814] De forma diversa entende Rafael Vanzella que, em breve síntese, no caso de dupla venda, deve ser observado o princípio da irrestringibilidade do poder de dispor. Ainda, o autor alerta que não se deve cair na tentação de dizer que a má-fé do segundo adquirente o impede de adquirir, pois seria inaplicável o art. 1268 do Código Civil. Porém, este regime de *numerus*

poderá considerar a atitude ilícita do segundo para responsabilizá-lo; ou seja, o caso se resolve no plano da responsabilidade aquiliana. Mas, também, o primeiro adquirente poderá fazer respeitar o seu contrato de modo a declarar a ineficácia do negócio jurídico obrigacional do segundo adquirente. Considerando que no nosso sistema jurídico há prevalência pelo entendimento de que a ineficácia do negócio jurídico causal[815] repercute no registro[816], ao ser reconhecido o encobrimento da eficácia em relação ao primeiro adquirente, este — e somente este — poderá requerer que se anule o registro do segundo adquirente. Ao se anular, o primeiro adquirente poderá registrar o seu primeiro contrato.

Ainda por outro ângulo chega-se à mesma conclusão. Considerando a interferência do segundo comprador (considerado *terceiro* em relação ao primeiro contrato) no direito de crédito do primeiro, a cumplicidade do terceiro na violação da obrigação do vendedor é um ato ilícito que, no nosso ordenamento, confere ao primeiro adquirente pretensão dirigida contra as partes do segundo contrato, por descumprimento contratual do devedor, e por descumprimento de dever de abstenção do terceiro. É admitido ao primeiro comprador exigir o desfazimento do segundo

clausus não exclui a aplicação de outros artigos, principalmente quando se está em jogo a "oponibilidade de interesses econômicos-sociais". Desta forma, o caso de dupla venda poderá repercutir na esfera do terceiro-adquirente, como (i) por violação do dever do tráfico de proteção do patrimônio alheio (art. 159 do Código Civil), por meio da ação pauliana; (ii) por ato ilícito absoluto, conferindo à parte inocente pretensão indenizatória contra o adquirente que, com conhecimento efetivo, tenha cometido dano por ato ilícito absoluto (arts. 186 e 927 do Código Civil); e (iii) exceção material conferida à parte inocente, decorrente do princípio de boa-fé (art. 187 do Código Civil), com função de resguardo e de bloqueio (VANZELLA, Rafael Domingos Faiardo. Numerus Clausus *dos direitos reais e autonomia nos contratos de disposição.* Tese (Doutorado em Direito Civil) - Faculdade de Direito, Universidade de São Paulo, São Paulo, 2009, p. 296-301).

815 Rafael Vanzella menciona que, a despeito da posição em contrário de F. C. Pontes de Miranda, "A experiência jurídica brasileira assentou o causalismo dos contratos de disposição, e isso é aplicável, inclusive, para a cessão de crédito. Nesse sentido, inexistências, invalidades e ineficácias dos contratos obrigacionais - que são, geralmente, 'uma etapa anterior da disposição' - contaminam os contratos de disposição; e a atribuição patrimonial, *causada* por esses últimos, tem de ser justificada." (VANZELLA, Rafael Domingos Faiardo. Numerus Clausus *dos direitos reais e autonomia nos contratos de disposição.* Tese (Doutorado em Direito Civil) - Faculdade de Direito, Universidade de São Paulo, São Paulo, 2009, p. 254).

816 OLIVEIRA, Juarez de. *Comentários à lei de locação de imóveis urbanos.* São Paulo: Saraiva, 1992, p. 249.

contrato, como forma de reparação natural do dano sofrido[817], sem excluir a possibilidade de pleitear reparação indenizatória[818]. A reparação natural terá por resultado, ao invés da reparação indenizatória, o desfazimento do segundo negócio, em benefício do primeiro adquirente.

Numa análise macro, estas três soluções estão presentes nas mais diversas soluções dadas pela jurisprudência em que há importância jurídica tanto do conhecimento efetivo de terceiro quanto da sua relação com o cumprimento defeituoso ou incumprimento de determinada formalidade publicitária. A depender do caso, o conhecimento efetivo pode ou não substituir a publicidade. As soluções encontradas pela jurisprudência, como já visto anteriormente, não são coerentes, pois ora consideram que o descumprimento da formalidade é causa de inoponibilidade, independentemente do conhecimento de terceiros; ora consideram que o descumprimento da formalidade pode ser suprido pelo conhecimento efetivo.

Como melhor solução dogmática, a primeira e a segunda soluções apenas poderão ser adotadas se a lei prevê sanção neste sentido; do contrário, é de se considerar que a oponibilidade efetiva pode suprir a falta da oponibilidade substancial.

A terceira solução é a que melhor dá resposta aos casos em geral, ao continuar a privilegiar o terceiro de boa-fé, sancionando o terceiro de má-fé (que não tem boa-fé subjetiva, na concepção psicológica e ética). A parte que não tomou o cuidado de cumprir as formalidades publicitárias é protegida contra o terceiro cognoscente que tenta se prevalecer do formalismo para beneficiar-se. A sanção de inoponibilidade pelo descumprimento da formalidade publicitária é suficiente para proteger o terceiro de boa-fé, desde que não incida quando o terceiro estiver de má-fé.

4.3.3. O elemento jurídico não publicável

Em outras situações, inexistem quaisquer formas de organização de publicidade e, portanto, a regra geral de conhecimento presumido não pode ser aplicada. Por opção do legislador, prefere-se deixar certos atos

817 MARINO, Francisco Paulo de Crescenzo. Perdas e Danos. In: LOTUFO, Renan; NANNI, Giovanni Ettore. *Obrigações*. São Paulo: Atlas, 2011, p. 659-662.

818 THEODORO NETO, Humberto. *Efeitos Externos do Contrato*. Rio de Janeiro: Forense, 2007, p. 181.

desregulados, não publicáveis. A razão para tanto pode ser, em certos casos, a impossibilidade fática; mas, em geral, a razão é evitar os inconvenientes de uma concentração infinita de informações. Além disso tudo, na imensa maioria das vezes, um terceiro não teria qualquer interesse nestas informações[819]; ou seja, seria uma imensa concentração inútil de informações.

Exemplifica-se hipoteticamente esta situação. Basta imaginar o caso de um ordenamento exigir a publicação legal de todos e quaisquer direitos pessoais e de direitos reais de bens móveis. Certamente isto não seria desejável nem plausível. A velocidade das transações comerciais é imensa e o mero fato de ter que registrá-los seria um entrave ao dinamismo do comércio. Representaria, ainda, uma concentração infinita de informações, cuja sina seria a de ser sempre incompleta, pela imensa quantidade de informações, e inefetiva diante da rapidez com que as informações mudam. Em outras palavras, seria um sistema registral, mas de fonte não confiável de informações[820].

No que se refere aos direitos pessoais, que são por natureza ocultos, poucos são aqueles organizados legalmente por um sistema de publicidade, e, quando o são, referem-se a direitos mais estáveis e duradouros. A título exemplificativo, temos o direito do locatário de permanecer no bem locado, quando o contrato de locação com cláusula de vigência for averbado na matrícula do imóvel (art. 8º da Lei n. 8.245/1991). Neste caso, o locatário poderá obrigar terceiros adquirentes do bem locado a respeitar a locação.

Porém, na grande maioria dos contratos, os direitos lá constantes (e.g., como de exclusividade ou de não concorrência) não são registráveis. Permanecem escondidos dos olhos de terceiros, nascendo e extinguindo-se sem que nenhum terceiro saiba necessariamente da sua existência.

Mas também é dado da realidade que os contratos não são tão escondidos assim, e também, por vezes, terceiros resolvem interferir material ou juridicamente no cumprimento da obrigação de uma das partes. A interferência é material quando o terceiro impede o devedor de cumprir com a sua obrigação, e.g., destruindo o objeto da prestação, impedindo

[819] DUCLOS, José. *L'Opposabilite* (essai d'une theorie generale). Paris: LGDJ, 1984, p. 449.

[820] Com o avanço da tecnologia e de uma regulação, é possível criar, com relativo baixo custo, um sistema confiável de transações, utilizando-se *tokens* registrados em uma *blockchain*. Ainda assim, essa simplificação não é interessante para todas as transações.

fisicamente o seu cumprimento, ameaçando ou enganando uma das partes. A interferência é jurídica se o conflito se dá pela celebração pelo terceiro cognoscente de um contrato incompatível com um contrato alheio anterior, de modo a fazer com que o devedor descumpra o seu primeiro contrato para cumprir o segundo (não há possibilidade de cumprimento simultâneo). Em quaisquer destas hipóteses, há a responsabilidade aquiliana do terceiro interferente ou cúmplice[821] em relação ao credor inocente. Nesses casos, há oponibilidade pelo conhecimento efetivo, ou seja, o credor inocente opõe o seu anterior contrato ao terceiro, exigindo o seu respeito ou reparação indenizatória pelo terceiro cognoscente.

Na prática, se o segundo contrato ainda não tiver sido executado, o primeiro contratante poderá opor o seu contrato para exigir o cumprimento do seu contrato em detrimento do segundo. Porém, se já executado e exaurido o objeto do segundo contrato em detrimento do primeiro, a questão muda para o plano da responsabilidade, resolvendo-se em perdas e danos. Discute-se, ainda, qual deve ser o grau de conhecimento ou de interferência do terceiro. A melhor solução é aquela que não exige necessariamente que o terceiro cúmplice fraude o credor para ser responsabilizado ou para sofrer os efeitos da oponibilidade do primeiro contrato. Exigir obrigatoriamente a presença do requisito de fraude restringiria em muito as hipóteses de responsabilidade do terceiro interferente. Em certos momentos, a sua responsabilidade pode vir à tona do mero conhecimento da existência do contrato. O conhecimento simples de terceiro é o suficiente para ser-lhe oposto o contrato primitivo. É claro que se faz necessário realizar algumas muitas ressalvas.

O terceiro será chamado a responder quando firma contrato incompatível com o do credor. Sendo compatível, não há interferência. Ainda, o contrato interferido há de ser existente, válido e eficaz. Sendo nulo, não há eficácia direta nem, por conseguinte, indireta (logo, não há oponibilidade

[821] Sobre o tema, indicamos a obra completa de Eduardo Santos Júnior (SANTOS JÚNIOR, E. *Da responsabilidade civil de terceiro por lesão do direito de crédito*. Coimbra: Almedina, 2003). Ver ainda parecer sobre o tema do terceiro cúmplice, no qual Judith Martins-Costa funda-se na melhor doutrina nacional e estrangeira: MARTINS-COSTA, Judith. Obrigação de abstenção do direito de preferência: violação do direito de crédito por "terceiro cúmplice" e desconsideração da personalidade jurídica. In: LEVI-MINZI, Maurizio; PARGENDLER, Mariana; GOUVÊA, Carlos Portugal (org.). *Fusões e aquisições*: pareceres. São Paulo: Almedina, p. 143-193, 2022, p. 166-176.

nem obrigação de respeitar). Sendo anulável, o reconhecimento da anulabilidade pelo devedor (se for por ele exercível) não é um ato ilícito (em sentido amplo) cometido pelo devedor; por isso, mesmo que um terceiro auxilie ou influencie o devedor a declarar a anulabilidade do contrato, não cometerá ato ilícito, pois auxiliará uma parte a exercer um ato lícito (mesmo que em detrimento da outra parte). O terceiro que auxiliar uma parte a exercitar um direito legítimo ou um ato lícito certamente não comete ato ilícito. Assim como não será ilícito se o terceiro auxiliar o devedor a denunciar contrato livremente denunciável. O auxílio[822] (ou instigação, ou interferência) que é considerado ilícito é para o descumprimento do contrato, seja em benefício do terceiro ou do devedor, ou, ainda, em malefício do credor. Se a interferência de terceiros for durante a fase de negociações, por não existir contrato, não há efeito direto nem indireto

[822] Caso interessante que se discute na França e Bélgica é a hipótese de responsabilidade civil do terceiro, porém sem a contribuição de um devedor. Trata-se do seguinte caso lembrado pelo Professor Marcel Fontaine. Em uma rede de distribuição, com cláusula de exclusividade e dentro de uma área geográfica limitada, um terceiro, ciente da existência da exclusividade do distribuidor, adquire produtos por um importador paralelo (ou seja, não adquire de qualquer parte do contrato), mas para vendê-lo dentro desta zona. A questão que se discute é se há ou não dever de não interferência pelo terceiro com relação à cláusula de exclusividade, ou seja, se pode ou não o terceiro vender na área geográfica do distribuidor exclusivo. Certamente, a questão não é pacífica. Na Bélgica, o Professor Marcel Fontaine opina pela não responsabilidade deste terceiro, ante a ausência de monopólio absoluto do contratante (FONTAINE, Marcel. Les effets <internes> et les effets <externes> des contrats. In: FONTAINE, Marcel; GHESTIN, Jacques (Coord.). *Les effets du contrat a l'egard des tiers*: comparaisons franco-belges. Paris: LGDJ, p. 40-66, 1992, p. 60-61). Na França, o Professor Philippe Delmas Saint-Hilaire defende posição contrária, já que afirma que há neste caso oponibilidade da obrigação de exclusividade a terceiros (SAINT-HILAIRE, Philippe Delmas. *Le Tiers à L'Acte Juridique*. Paris: LGDJ, 2000, p. 311-312). A questão versa não só sobre o dever de não interferência, mas também sobre os limites do direito concorrencial e o âmbito de proteção da livre concorrência. Ao nosso ver, por mais que haja prejuízo ao interesse do distribuidor e o conhecimento do terceiro da cláusula de exclusividade, o terceiro não está obrigado a cumprir como parte esta cláusula, ou seja, a exclusividade tem o seu âmbito de operatividade apenas entre as partes contratantes (e, ainda, uma parte não pode, por contrato, impor uma exclusividade absoluta que alcance terceiros). A atitude ilícita do terceiro estaria no auxílio do terceiro a uma das partes na violação do contrato (na violação da cláusula de exclusividade, no caso). Apesar de existir uma interferência no interesse das partes contratantes, esta interferência não é ilícita e não há sequer o fato da violação contratual por parte de qualquer dos contratantes. Por estas razões, temos a posição do Professor Marcel Fontaine como a correta, pois não há um monopólio absoluto do contratante, prevalecendo a livre concorrência.

decorrente do contrato[823]. Feitas estas ressalvas, a interferência ilícita é aquela do terceiro, ciente da relação alheia ou do elemento jurídico oculto, que auxilia o devedor a incumprir suas obrigações — incluindo aqui não só as contratuais, mas também as pós-contratuais[824] — para com o credor[825].

Além dos contratos, as transações de coisa móvel não estão sujeitas à publicidade. Várias razões confluem para que assim seja. A grande maioria das coisas móveis é fungível, dificultando, por exemplo, relacionar o objeto com o seu titular. Há baixo valor agregado[826], não justificando os custos de montagem e permanência de um sistema legal de publicidade[827]. As trocas de bens móveis são rápidas e fluidas, não sendo factível que a cada compra e venda uma parte tenha o dever de buscar saber se o vendedor é ou não o titular da coisa vendida. O bem, ainda, em geral, não é durável, e, sendo perecível, um eventual registro seria fatalmente desatualizado. Apesar da impossibilidade de organizar todos os bens móveis por um sistema de publicidade, é inegável que a sua publicidade natural, decorrente da

[823] Mas isso não significa que o terceiro não poderá ser responsabilizado por outros fundamentos (e.g., responsabilidade pré-contratual).

[824] Os deveres de consideração, existentes após a extinção da relação jurídica, podem ser violados com auxílio de terceiros e ensejar responsabilização do terceiro. Não há como negar que a pós-eficácia obrigacional irradia efeitos não só em relação à parte, mas também a terceiros. Se um terceiro, ciente de que certa parte do contrato está vinculada, por exemplo, a uma obrigação de confidencialidade, não pode instigá-la a incumprir os seus deveres de lealdade contratual para revelar-lhe tais segredos. Dessa forma, a teoria da *culpa post pactum finitum*, de fundamento na boa-fé objetiva e na função social do contrato, abrange não só o comportamento da parte diretamente vinculada, mas também de terceiros com conhecimento efetivo de tal obrigação pós-eficacial. Sobre responsabilidade civil pós-contratual, confirma obra DONNINI, Rogério. *Responsabilidade civil pós-contratual no direito civil*: no direito do consumidor, no direito do trabalho, no direito ambiental e no direito administrativo. 3 ed. São Paulo: Saraiva: 2011, capítulo XI e XII, E-book.

[825] No Brasil, na última década, muitas obras trataram de defender a responsabilidade civil do terceiro cúmplice. Uma preocupação que se deve ter em mente, após a fase do reconhecimento, é que a teoria do terceiro interferente buscar reconhecer a existência de ato ilícito, mas não torna o devedor automaticamente responsável por todos os prejuízos do credor. Há diferença entre o ato ilícito e a extensão indenizatória. Sobre esta última, deve-se tomar muito cuidado com a extensão indenizatória, pois, mesmo que sujeita ao regime aquiliano, deve considerar os parâmetros (e os desafios) do nexo de causalidade.

[826] Bem móveis únicos ou de alto valor, e.g. aviões, carros e até bois, por vezes, podem sujeitar-se a um sistema de publicidade.

[827] DUCLOS, José. *L'Opposabilite* (essai d'une theorie generale). Paris: LGDJ, 1984, p. 449.

existência corpórea da própria coisa, é capaz de dotá-lo de oponibilidade. A posse de um bem móvel constitui a sua forma de publicidade, de modo a revelar aos olhos de terceiro que o seu possuidor é o titular da coisa móvel.

Ao inexistir um sistema legal de publicidade, aquele que pretende comprar um bem móvel não tem o ônus de verificar se o vendedor é o real titular do bem. Não por outra razão é que, para fins de tradição do bem móvel, basta a transferência da posse de uma pessoa a outra para transmitir o bem de um patrimônio a outro.

A situação se complica quando aquele que fez a tradição não era proprietário do bem e aquele que comprou estava de boa-fé. Para que o adquirente seja considerado de boa-fé, não basta desconhecer a verdadeira titularidade do bem (boa-fé subjetiva), mas as condições da aquisição pelo terceiro devem ser tais que uma pessoa de diligência normal teria considerado o vendedor dono (boa-fé objetiva), quando da oferta da coisa ao público em leilão ou estabelecimento comercial (art. 1.268 do Código Civil).

A teoria da aparência é incidente nesta matéria. A aparência de titularidade faz com que o verdadeiro titular não possa opor o seu direito de propriedade ao terceiro de boa-fé. Porém, no caso de o adquirente ter conhecimento ou dever ter conhecimento de que o vendedor não era o titular sobre a coisa, poderá o *verus dominus* opor o seu direito de propriedade, em detrimento do terceiro adquirente *a non domino*. Isso porque a ciência da realidade impede que o terceiro se valha da falsa aparência como a sua expressão da realidade, tornando o direito de propriedade do verdadeiro titular, antes inoponível, oponível. Como resultado dessas normas, no nosso ordenamento, resta apenas ao *verus dominus*, injustamente esbulhado de sua posse, ir buscar ressarcimento contra o esbulhador[828].

[828] Na França, há uma opção diversa, mais interessante ao verdadeiro proprietário, pois, de acordo com o art. 2277, do *Code civil*, o proprietário poderá reivindicar a coisa na posse de terceiros, que tenham comprado na feira, no mercado, ou na venda pública, desde que reembolse ao possuidor o preço que a coisa lhe custou. Vejamos o teor deste artigo: "Article 2277: Si le possesseur actuel de la chose volée ou perdue l'a achetée dans une foire ou dans un marché, ou dans une vente publique, ou d'un marchand vendant des choses pareilles, le propriétaire originaire ne peut se la faire rendre qu'en remboursant au possesseur le prix qu'elle lui a coûté." Tradução livre: "Se o possuidor atual da coisa roubada ou perdida a comprar numa feira ou num mercado, ou numa venda pública, ou de um comerciante que venda coisas parecidas, o proprietário originário só pode fazer-se restituí-la reembolsando o possuidor do preço que ela lhe tenha custado".

Dos exemplos acima tratados, resta mais claro como o jogo da oponibilidade se dá na prática diante da inexistência de uma organização de publicidade. A regra geral de conhecimento presumido não pode aqui ser aplicada. Ante a ausência de um sistema legal e ante o caráter oculto dos atos translativos ou constitutivos de direitos pessoais ou de direitos reais de bens móveis, o conhecimento efetivo de terceiros destes direitos constitui a *única* condição de oponibilidade.

CONCLUSÕES

"A sociabilidade humana é a lei fundamental de onde devemos partir para explicar o direito. O homem é um animal essencialmente sociável. O indivíduo isolado é uma abstração incompreensível."

(MENDONÇA, Manuel Inácio Carvalho de[829])

Da investigação fenomenológica do princípio da relatividade dos contratos, é possível formular as seguintes conclusões:

1. A *origem* do princípio da relatividade está no direito romano, mas o seu *desenvolvimento*, da forma concebida pela concepção individualista, apenas se deu por conta das obras de Jean Domat — quando pela primeira vez se estatuiu a relatividade dos contratos — e de Robert-Joseph Pothier — que pioneiramente diferenciou a validade do contrato de seus efeitos.
2. A *consolidação* do princípio da relatividade, na sua visão tradicional e individualista, se deu com a publicação do Código de Napoleão, tendo sido inserido no art. 1.165 (atual art. 1.199).

[829] MENDONÇA, Manuel Inácio Carvalho de. *Doutrina e Prática das Obrigações ou Tratado Geral dos Direitos de Crédito*. 4. ed. Rio de Janeiro, Forense, 1956, p. 21.

3. O *reforço* do princípio da relatividade foi feito pelos seus primeiros comentadores, que consideraram que as convenções — com nenhuma ou pouquíssimas exceções — não possuíam repercussão jurídica sobre terceiros.
4. A *negação* do princípio da relatividade se deu com a consideração de que a relatividade dos contratos era um *pretenso princípio*. O combate teve por consequência a mudança do paradigma da individualidade para a socialidade, seja no campo da filosofia e sociologia do direito — inspirados por Auguste Comte e Léon Duguit —, seja na instituição do direito social — nas mãos de Pierre Hugueney, Henri Capitant, Louis Josserand, René Demogue e René Savatier.
5. A *compreensão* do princípio da relatividade se deu pelas obras de Alex Weill e Simone Calastreng, ao se constatar que: (i) o contrato deve ser visto como um fato social; (ii) relatividade não significava inoponibilidade; e (iii) inexiste incompatibilidade entre o efeito relativo e a oponibilidade.
6. A *relatividade dos efeitos do contrato* se refere ao efeito direto ou à eficácia obrigatória do contrato, que impõe ao devedor — e somente ao devedor — um dever primário de prestação e que concede ao credor — e somente ao credor — o direito de receber a prestação. É também pela regra da relatividade que um terceiro não pode ser constrangido a cumprir ou demandar que se cumpra uma obrigação em sentido estrito.
7. A *exceção da relatividade dos efeitos do contrato* se refere ao elemento subjetivo do contrato, seja do seu polo ativo ou do polo passivo, que será substituído por um terceiro. Ao invés de uma obrigação (em sentido técnico) operar entre as partes contratantes, operará entre uma parte e um terceiro. Ou seja, a exceção da relatividade se refere ao caso em que o *efeito direto* do contrato liga uma parte a um terceiro, impondo a este último um efeito obrigatório, ou seja, um dever de prestação. Trata-se, então, de um *efeito direto excepcional* em jogo, que caracteriza o fenômeno da *extensão do efeito obrigatório* a terceiros, por permissão do ordenamento jurídico.

Por sua vez, da boa compreensão dos limites e do sentido da relatividade dos contratos e da oponibilidade, é possível enunciar sinteticamente as seguintes conclusões:

1. Enquanto a relatividade dos efeitos do contrato se refere à eficácia direta, que une uma parte à outra, a oponibilidade, por sua vez, traduz-se na eficácia indireta, que une uma parte a terceiro (ou um terceiro a terceiro).
2. Tanto oponibilidade quanto relatividade são dois fenômenos que tratam da eficácia dos contratos. Um não se concebe sem o outro.
3. Oponibilidade e relatividade não são conceitos colidentes, mas complementares.
4. A *oponibilidade* se trata dos efeitos indiretos, que ligam parte a terceiro (ou terceiro a terceiro). Os efeitos indiretos são conceituados por exclusão. São os efeitos que não sejam efeitos obrigacionais (em sentido estrito) ou diretos. Trata-se, em geral, de deveres de terceiros ou das partes de absterem-se de cometer intromissões danosas na esfera da vida alheia.
5. O princípio da relatividade não significa inoponibilidade.
6. A *exceção da oponibilidade* se trata da negação da oponibilidade, ou, simplesmente, de inoponibilidade. Significa ausência de efeito indireto, e tão só.
7. Oponibilidade pode ser conceituada como a eficácia, que se confere a um fato ou ato jurídico, irradiada para além das partes (terceiros), por meio de um fator de eficácia mais extensa, sem tornar terceiras partes e sem submetê-los ao cumprimento de obrigações principais, mas impondo aos terceiros e às partes o reconhecimento e o respeito da existência dos fatos ou atos jurídicos.
8. A noção de oponibilidade engloba um grande número de situações heterogêneas, por isso não tem um fundamento único, mas tem *múltiplos fundamentos*, uns mais gerais e outros mais específicos.
9. A oponibilidade, em princípio e em geral, tem fundamento no dever geral de respeito (ou de inviolabilidade). É este dever que é subjacente a todo ordenamento jurídico, ao respeito das próprias leis e de seus semelhantes.
10. Além do dever geral de respeito, o ordenamento jurídico impõe o respeito a uma situação jurídica ou a um fato ou ato jurídico por meio de outros fundamentos. Alguns efeitos indiretos estão regulados expressamente por lei (oponibilidade específica), sendo, portanto, mais específicos e mais evidentes; outros são inferidos por outros institutos, como boa-fé, função social do contrato, confiança,

direito, moral, solidariedade, incolumidade das esferas jurídicas, eticidade, socialidade, publicidade, alteridade, segurança, etc., portanto menos evidentes e mais gerais.

11. Quando o direito valora determinado fato e lhe atribui relevância jurídica, por meio da incidência de normas, quer que as suas normas sejam eficazes (juridicamente) e eficientes (socialmente). Num sentido mais amplo, a oponibilidade é vista como o complemento do fenômeno de incidência. Enquanto a incidência se dá em relação a um sujeito, a oponibilidade faz do fato jurídico importante perante todos.
12. Todos os elementos jurídicos são potencialmente, virtualmente, ou em princípio, oponíveis perante terceiros. Alguns, existindo, são oponíveis de imediato; outros, mediante certas condições, irradiam ou deixam de irradiar o prolongamento da sua eficácia para atingir terceiros. Em todos, a cognoscibilidade do direito ou o conhecimento efetivo é *condição* da oponibilidade.
13. Em termos de oponibilidade, os elementos da ordem jurídica podem ser analisados por duas frentes, na sua *forma* ou na sua *substância* (ou no seu *continente* ou no seu *conteúdo*). O primeiro se apresenta como *fonte da criação jurídica*, ou seja, os fatos e atos jurídicos (elementos formais, portanto). O segundo, o *resultado desta criação*, refere-se aos direitos subjetivos e às situações jurídicas (e por isso são denominados elementos substanciais).
14. A oponibilidade dos elementos jurídicos pode ser sistematizada em: (i) oponibilidade dos elementos formais, que se subdividem em *(i.a)* oponibilidade dos fatos jurídicos e *(i.b)* oponibilidade dos atos jurídicos; e (ii) oponibilidade dos elementos substanciais, subdivididos em relação *(ii.a.)* aos direitos subjetivos e *(ii.b.)* às situações jurídicas.
15. Pelo aspecto subjetivo, a oponibilidade pode ser dividida de três formas: (i) oponibilidade aos terceiros pelas partes; (ii) oponibilidade às partes por terceiros; e (iii) oponibilidade aos terceiros por terceiros.
16. Para fins de oponibilidade, é indiferente a natureza jurídica do direito, se real ou pessoal, pois ambos são merecedores de respeito.
17. Pela funcionalidade, a oponibilidade pode servir de prova (oponibilidade probatória) ou de um meio de defesa ou de modo de impor

o respeito de um elemento jurídico a um terceiro (oponibilidade substancial).

18. Pela oponibilidade probatória, um terceiro pode invocar um elemento jurídico para fazer prova de um fato, ou seja, o terceiro retira de um contrato uma informação, um indício ou uma presunção e o opõe contra outra pessoa (terceiro ou parte) como um meio probatório, especificadamente dentro de um contexto de um debate judiciário.
19. Oponibilidade por terceiros aos terceiros é sempre um caso de oponibilidade probatória.
20. Oponibilidade substancial trata do caso em que a parte opõe ao terceiro um elemento jurídico para forçar este a respeitar tanto a existência como as consequências da operação jurídica contida no elemento jurídico.
21. Oponibilidade às partes pelos terceiros se refere, em geral, a um problema de responsabilidade civil. Quando o fato do descumprimento se traduz em uma violação ao dever geral de cuidado e causa um dano injusto a terceiro, o terceiro-vítima poderá opor o fato da inexecução às partes para perseguir a responsabilidade das partes perante terceiros. Em outras situações, o ordenamento jurídico, por razões várias, atribui o poder ao terceiro de prevalecer a sua posição jurídica em face de outros.
22. Um elemento jurídico é cognoscível quando há a possibilidade fática de conhecimento do direito atrelado ao elemento jurídico, seja pela sua própria natureza (publicidade natural), seja por um sistema legal de publicidade (publicidade legal ou organizada).
23. A *cognoscibilidade do direito* faz pesar sobre terceiros a presunção de conhecimento, impondo ao terceiro um dever ou um ônus de informar-se, já que não lhe é permitido alegar a sua ignorância para escapar da oponibilidade. Como regra geral para os *elementos cognoscíveis*, a oponibilidade se faz de imediato.
24. Quando o elemento jurídico não é normalmente cognoscível — como nos direitos de crédito —, é o *conhecimento efetivo* de terceiro que importa para definir se a oponibilidade será aplicada em concreto. A prova do conhecimento efetivo do terceiro cabe a quem opõe.

25. O conhecimento efetivo pelo terceiro do contrato alheio faz pesar um dever de abstenção, de inviolabilidade, impedindo que interfira ilicitamente na formação ou na execução do contrato. A interferência ilícita do terceiro é causa de responsabilidade extranegocial.
26. A cognoscibilidade do direito deriva também do sistema de publicidade, que *complementa* ou *substitui* a publicidade natural do elemento jurídico. Em geral, quando a publicidade não serve de requisito de validade (efeito constitutivo), a publicidade serve como *fator de atribuição de eficácia mais extensa.*
27. A publicidade não faz irradiar sempre a mesma eficácia. Há certos atos que não precisam ser publicados para serem oponíveis (*publicidade informativa* ou *documentária*) e outros que só são oponíveis se publicados (*publicidade substancial*).
28. A publicidade substancial é aquela que condiciona a oponibilidade dos elementos jurídicos ao cumprimento de certas formalidades para fins de publicação legal. Quando do cumprimento das formalidades, o elemento jurídico é de imediato oponível a todos. Por outro lado, o não cumprimento destas formalidades faz com que o elemento jurídico seja caracterizado como clandestino.
29. O sistema jurídico estabelece principalmente duas formas de sanção ao descumprimento da publicidade substancial. A primeira é aquela que permite aos terceiros de boa-fé se valer da falta de publicidade legal. A segunda é aquela que permite aos terceiros de boa-fé e de má-fé se valer da falta de publicidade legal.
30. Na publicidade substancial, os efeitos decorrentes do cumprimento das formalidades não são os mesmos sempre. Há casos em que o cumprimento serve como critério para resolver conflitos; então, para se estabelecer o direito prevalente, a oponibilidade é estabelecida conforme o *critério de prioridade.* Por vezes, o cumprimento tem outros fins, como informar terceiros da qualidade de certos fatos e atos jurídicos.
31. A publicidade informativa é aquela que não determina se o elemento será oponível ou não. O elemento jurídico é oponível mesmo na falta de publicidade. O cumprimento das formalidades *reforça* a oponibilidade já existente do elemento jurídico, visa,

principalmente, auxiliar ou facilitar em matéria probatória a existência de oponibilidade.

32. Quando o elemento jurídico não é naturalmente conhecido, nem há um sistema legal de publicidade, o sistema jurídico *não presume* o seu conhecimento. Para fins de oponibilidade, exige-se o *conhecimento efetivo* de terceiro para que o elemento jurídico, até então oculto, passe a ser oponível.
33. O jogo da oponibilidade derivada do conhecimento efetivo abrange os casos em que (i) o elemento jurídico é aparente; (ii) o elemento jurídico é oculto por não ter sido publicado; e (iii) o elemento jurídico é oculto e não existe um sistema de publicidade.
34. Sob o manto da *teoria da aparência*, os terceiros, ignorantes da realidade jurídica, podem considerar a falsa realidade como a sua única expressão da realidade, obtendo dela direitos contra o titular verdadeiro do direito. Enquanto oculto o elemento jurídico, a realidade é *inoponível* a terceiro de boa-fé. Porém, o conhecimento efetivo torna o que era oculto, *sabido*; inoponível, *oponível*; dissimulado, *realidade*.
35. Quando o caso é de publicidade substancial e o elemento jurídico não é publicado, não se irradia o efeito jurídico para tornar presumido o conhecimento de terceiros. Porém, mesmo na falta de publicação, o conhecimento efetivo por terceiro do elemento oculto torna oponível o elemento jurídico, *suprindo* a falta de publicação. Consideramos esta a regra geral, podendo existir exceções por previsão legal.

O estudo sobre um tema tão amplo como é o da eficácia das obrigações entre as partes e também perante terceiros certamente assume a qualidade da incompletude, tanto pelas restrições de quem o escreve quanto pela extensão do tema, que, ao nosso ver, tem dimensão de tratado. Mesmo partindo do instituto da oponibilidade, no seu sentido mais lato, mas com o objeto mais restrito, ainda assim não foi possível discorrê-lo em sua integridade. Não tivemos escolha a não ser limitar o seu objeto. Enveredamos pelo direito francês, na consciência e na crença de terem os autores franceses atingido a melhor precisão a respeito da oponibilidade, pois as suas revelações surgiram somente depois de muitas incursões, muitas páginas e livros, muitas décadas de meditação sobre quais seriam os limites da relatividade dos efeitos contratuais. Na investigação científica, buscamos os resultados apresentados de acordo com o nosso sistema jurídico, sempre na defesa da aplicação da oponibilidade para aprimoramento da análise não só dos direitos reais, mas também dos direitos pessoais. Uma solução uniforme certamente não foi encontrada, mas, na medida do possível, buscamos uma regra geral para cada categoria em que a oponibilidade pode ser aplicada. Regra esta que esperamos seja útil a quem um dia a utilizar.

REFERÊNCIAS

ALBALADEJO, Manuel. *Derecho Civil*: derecho de obligaciones. Barcelona: Libreria Bosch, 1970. v. 2.

ALPA, Guido; FUSARO, Andrea (Coord.). *Effetti del contratto nei confronti dei terzi.* Milão: Giuffrè Editore, p. 1-88, 2000.

ANDRADE, Manuel A. Domingues. *Teoria Geral das Obrigações.* 3. ed. Coimbra: Almedina, 1966.

ANDRADE JÚNIOR, Luiz Carlos de. *A simulação no direito civil.* São Paulo: Malheiros, 2016.

ANDREWS, Neil. *Contract Law*. Cambridge: Cambridge University Press, 2011.

ASCENSÃO, José de Oliveira. *Direito Civil.* 2. ed. São Paulo: Saraiva, 2010. v. 3.

_____. *O direito*: introdução e teoria geral. 13. ed. Coimbra: Almedina, 2013.

AUBERT, Jean-Luc. A propos d'une distinction renouvelée des parties et des tiers. *Revue Trimestrielle de Droit Civil*, Paris, n. 2, abr./jun., p. 263-278,1993.

AUBRY, Charles; RAU, Charles. *Cours de droit civil français d'après l'ouvrage Allemand de C.-S. Zachariae.* 3. ed. Paris: Cosse, 1863. t. 2.

_____. *Cours de Droit Civil Français d'après la method de Zachariae.* 5. ed. Paris: Marchal et Billard, 1897. t.2.

_____. *Cours de droit civil français d'après l'ouvrage Allemand de C.-S. Zachariae.* 3. ed. Paris: Cosse, 1856. t. 3.

AZEVEDO, Antonio Junqueira. *Estudos e pareceres de direito privado.* São Paulo: Saraiva, 2004.

_____. *Negócio jurídico:* existência, validade e eficácia. 4. ed. São Paulo: Saraiva, 2002.

_____. *Negócio jurídico e declaração negocial (Noções gerais e formação da declaração negocial).* Tese (Professor Titular em Direito Civil) – Faculdade de Direito, Universidade de São Paulo, São Paulo, 1986.

_____. *Novos Estudos e Pareceres de Direito Privado.* São Paulo: Saraiva, 2009.

BACACHE-GIBEILI, Mireille. *La relativité des conventions et les groupes de contrats*. Paris: LGDJ, 1996.

BAUDRY-LACANTINERIE, Gabriel. *Précis de droit civil.* Paris: L. Larose et Forcel, 1882. t. 1.

_____. *Précis de droit civil.* 7. ed. Paris: L. Larose et Forcel, 1899. t. 1.

_____. *Précis de droit civil.* Paris: L. Larose et Forcel, 1883. t. 2.

BAUDRY-LACANTINERIE, Gabriel; BARDE, L. *Traité théorique et pratique de droit civil:* Des obligations. 3. ed. Paris: Sirey, 1906. t. 1.

BAUDRY-LACANTINERIE, Gabriel; CHÉNEAUX, Gustave. *Précis de droit civil.* 11. ed. Paris: Recueil Sirey, 1913. t. 2.

BERGEL, Jean-Lous; BRUSCHI, Marc; CIMAMONTI, Sylvie. *Traité de droit civil*: les biens. Paris: LGDJ, 2000.

BERTRAND, Florence. *L'opposabilite du contrat aux tiers*. Tese de doutorado, Paris, Universite de droit, d'economie et de sciences sociales de Paris, 1979.

BETTI, Emilio. Sui limiti giuridici della responsabilità aquiliana. *Nuova Rivista di Diritto Commerciale, Diritto dell'Economia, Diritto sociale*. Padova, v. 4, n. 1, p. 143-150, 1951.

_____. *Teoria Geral do Negócio Jurídico*. Tradução Fernando de Miranda. Coimbra: Coimbra Editora, 1969. t. 1.

_____. *Teoria Geral do Negócio Jurídico*. Tradução Fernando de Miranda. Coimbra: Coimbra Editora, 1969. t. 2.

BIANCA, Massimo. *Diritto civile:* Il contratto, 2. ed. Milão: Giuffrè Editore, 2000. v. 3.

BIRENBAUM, Gustavo. *Teoria da aparência*. Porto Alegre: Fabris, 2012.

BORJA, M. L. F. Influence du Code Civil français à l'équateur depuis as promulgation jusqu'à l'heure actuele. *Le droit civil français*: livre-souvenir des journées du droit civil français. Montreal, ago.- set., p. 881-891, 1936.

BORSARI, Luigi. *Commentario del codice civile italiano*. Torino: Unione Tipografico--Editrice Torinese, 1877. v. 3, parte 2.

BOUCHER, Charles. *Des Obligations naturelles en droit romain et en droit français*. Arras: Imprimerie G. De Sède et cie., 1880.

BUFNOIR, Claude. *Propriété et contrat*. Théorie des modes d'acquisition des droits reels et des sources des obligations. Paris: Rousseau, 1900.

CALASTRENG, Simone. *La relativité des conventions:* étude de l'article 1165 du Code civil. Paris: Recueil Sirey, 1939.

CAMBACÉRÈS, Jean-Jacques-Régis de. *Discursos sobre el Código civil*. Tradução Adela Mora. Madrid: Universidad Carlos III de Madrid, 2015.

_____. *Projet de Code Civil, présenté a la Convention Nationale*. Paris: Imprimerie Nationale, 1793.

_____. *Projet de code civil, presente au Conseil des Cinq-Cents, au nom de la Commission de la Classification des Lois*. Paris: Garnery, 1796.

CANARIS, Claus-Wilhem. *Función, estructura y falsación de las teorías jurídicas*. Trad. Daniela Brückner e José Luis de Castro. Madrid: Editorial Civitas, S.A., 1995.

CAPANEMA, Sylvio. *Da locação de imóvel urbano*: Direito e processo. Rio de Janeiro: Forense, 1999.

CARBONNIER, Jean. *Droit Civil*. Paris: Presses Universitaires de France, 1988. t. 4.

_____. *Droit civil*: les biens, les obligations. Paris: Presses Universitaires de France, 2017. v. 2.

CARNAÚBA, Daniel Amaral. *O dia em que o STJ salvou o artigo 608 do Código Civil*, 2023. Disponível em <https://www.conjur.com.br/2023-set-25/direito-civil-atual-dia-stj-salvou-artigo-608-codigo-civil>. Acesso em: 15 out. 2023.

CARTY, Hazel. *An analysis of the economic torts*. 2. ed. Oxford: Oxford University Press, 2010.

CARVALHO SANTOS, João Manuel de. *Código Civil brasileiro interpretado*. 2. ed. Rio de Janeiro: Freitas Bastos, 1938, v. 12.

CAVENS, Cte. Louis. *Napoléon 1º*. Bruxelas: Dreesen et De Smet, 1909.

CHAUVIN, Augte. *Théories Nouvelles de Droit Civil en France*. Paris: Béchet, Leloir, Gobelet, 1825. t. 1.

COLIN, Ambroise; CAPITANT, Henri. *Cours Élémentaire de Droit Civil Français*. Paris: Dalloz, 1915. t. 2.

COMTE, Auguste. *Système de politique positive, ou Traité de sociologie, Instituant la Religion de l'humanité*. Paris: Mathias e Dalmont, 1851.

CORDEIRO, António Menezes. *Da boa-fé no direito civil*. Coimbra: Almedina, 2013.

_____. Eficácia externa: novas reflexões. *O Direito*, Coimbra, ano 141, n. 4, p. 779-799, 2009.

_____. *Tratado de Direito Civil*. 4. ed. Coimbra: Almedina, 2012. v.1.

_____. *Tratado de direito civil português*: Direito das obrigações. Coimbra: Almedina, 2009. v. 2. t. 1.

CORNIL, Georges. Explication Historique de la règle 'Alteri Stipulari nemo potest'. In: *Studi in onore di Salvatore Riccobono*, Palermo, 1936. t. 4.

_____. Les Codes Modernes et le Droit Romain. *Revue de Droit International et Législation Comparée*. Bruxelles, ano 44, t. 14, n. 1, p. 457- 493, 1912.

CORNU, Gérard (dir.). *Vocabulaire juridique*. 4. ed. Paris: Quadrige/PUF, 2003.

COSTA, Mário Júlio de Almeida. *Direito das Obrigações*. 12. ed. Coimbra: Almedina, 2014.

CRETELLA JÚNIOR, José. *Curso de direito romano*: o direito romano e o direito civil brasileiro. 11. ed. Rio de Janeiro: Forense, 1989.

DABIN, Jean. Une nouvelle définition du droit réel. *Revue Trimestrielle de Droit Civil*, Paris, t. 60, p. 20-44,1962.

DANFORTH, John. Tortious Interference with Contract: A reassertion of Society's Interest in Commercial Stability and Contractual Integrity. *Columbia Law Review*, Columbia, v. 81, n. 1491, nov., 1981.

DANOS, Frédéric. *Propriété, possession et opposabilité*. Paris: Economica, 2007.

DE-MATTIA, Fábio Maria. *Aparência de representação*. São Paulo: Gaetano Dibenedetto, 1999.

DELGADO, Mário Luis Delgado. *Codificação, decodificação, recodificação*. São Paulo: Saraiva, 2011.

DELVINCOURT, Claude-Étienne. *Institutes de droit civil français*. Paris: Gueffier, 1808. t. 2.

DEMOGUE, René. Des modifications aux contrats par volonté unilatérale. *Revue Trimestrielle de Droit Civil*, Paris, t. 6, p. 245-310, 1907.

_____. *Les Notions Fundamentales du Droit Privé*: essai critique. Paris: Arthur Rousseau, 1911.

_____. *Traité des obligations en general*. Paris: Arthur Rousseau, 1933. t. 7, parte 2.

DEMOLOMBE, Jean Charles Florent. Cours de Code Napoléon. t. 25. In: *Traité des Contrats ou des obligations conventionnelles en general*. 4. ed. Paris: Auguste Durand Libraire e L. Hachette et C. Libraires, 1869. t. 2.

DIAS, Daniel. *Mitigação de danos na responsabilidade civil*. São Paulo: Thomson Reuters Brasil, 2020. *E-book*.

DÍEZ-PICAZO, Luis. *Fundamentos del derecho civil patrimonial*. Las relaciones obligatorias. 6. ed. Navarra: Civitas, 2008. v. 2.

_____. *Fundamentos del derecho civil patrimonial*. Introducción. Teoría del contrato. 6. ed. Navarra: Civitas, 2007. v. 1.

DÍEZ-PICAZO, Luis; GULLON, Antonio. *Sistema de Derecho Civil*. Madrid: Editorial Tecnos, 1978. v. 2.

DO, Van Dai; NGO, Quoc Chien. Tiers et contrat au Vietnam. In: *TRAVAUX de l'Association Henri Capitant*. Bruxelas: Éditeurs Bruylant e LB2V, 2015. t. 65.

DOMAT, Jean. *Les Loix Civiles dans leur ordre naturel*. Paris: Jean Baptiste Coignard, 1689.

_____. *Les Loix Civiles dans leur ordre naturel, le droit public, et legum delectus*. Paris: Pierre & Jean Herissant, 1705.

_____. *Les Loix Civiles dans leur ordre naturel, le droit public, et legum delectus*. Paris: Pierre Gandouin, 1723. t. 1.

_____. *Les Loix Civiles dans leur ordre naturel, le droit public, et legum delectus*. Paris: Le Clerc, 1777.

DONNINI, Rogério Ferraz. A Constituição Federal e a concepção social do contrato. In: VIANA, Rui Geraldo Camargo; NERY, Rosa Maria de Andrade. *Temas atuais de direito civil na Constituição Federal*. São Paulo: RT, 2000.

______. *Responsabilidade civil pós-contratual no direito civil*: no direito do consumidor, no direito do trabalho, no direito ambiental e no direito administrativo. 3 ed. São Paulo: Saraiva: 2011. E-book.

______. Prevenção de danos e a extensão do princípio *neminem laedere*. In: NERY, Rosa Maria de Andrade, DONNINI, Rogério (Coord.). *Responsabilidade civil*: estudos em homenagem ao professor Rui Geraldo Camargo Viana. São Paulo: RT, 2009.

DUCLOS, José. *L'Opposabilite* (essai d'une theorie generale). Paris: LGDJ, 1984.

DUGUIT, Léon. *Le droit social, le droit individuel et la transformation de l'État*. Paris: Félix Alcan, Éditeur, 1908.

______. *Les transformations genérales du droit privé depuis le Code Napoléon*. Paris: Librairie Félix Alcan, 1912.

DUMOULIN, Maurice. La psychologie juridique de Napoléon. *Le temps*, Paris, ano 48, n. 17064, 14 de março, p. 1-4, 1908.

DURANTON, Alexandre. *Traité des contrats et des obligations em general, suivant le code civil*. Paris: Nevve, Rondonneau, Garnery, Leloir, 1819. t. 2.

ÉTUDES dédiées à Alex Weill. Paris: Dalloz, 1983.

FARIA, Jorge Leite Areias Ribeiro de. *Direito das Obrigações*. Coimbra: Almedina, 1990. v. 1.

FERNANDES, Marcelo Cama Proença. *Contratos*: eficácia e relatividade nas coligações contratuais. São Paulo: Saraiva, 2014.

FIN-LANGER, Laurence. *L'equilibre contractual*. Paris: LGDJ, 2002.

FLOUR, Jacques; AUBERT, Jean-Luc; SAVAUX, Éric. *Droit Civil*: Les Obligations. L'acte juridique. 14. ed. Paris: Dalloz, 2010. v. 1.

FOLLEVILLLE, Daniel de. *Notion du droit et de l'obligation*. Paris: Thorin, 1873.

FONTAINE, Marcel. Les effets <internes> et les effets <externes> des contrats. In: FONTAINE, Marcel; GHESTIN, Jacques (Coord.). *Les effets du contrat a l'egard des tiers*: comparaisons franco-belges. Paris: LGDJ, p. 40-66, 1992.

FONTAINE, Marcel; GHESTIN, Jacques (Coord.). *Les effets du contrat a l'egard des tiers:* comparaisons franco-belges. Paris: LGDJ, 1992.

FONSECA, Arnoldo Medeiros da. *Caso Fortuito e Força Maior*. 2. ed. Rio de Janeiro: Imprensa Nacional, 1943.

FRADA, Manuel António de Castro Portugal Carneiro da. *Contrato e deveres de proteção*. Coimbra: Gráfica de Coimbra, 1994.

FRANÇA, Rubens Limongi (Coord). *Enciclopédia Saraiva do Direito*. São Paulo: Saraiva, 1977. v. 44.

______. *Enciclopédia Saraiva do Direito*. São Paulo: Saraiva, 1977. v. 56.

FUSARO, Andrea; GRAZIADEI, Michele. Tiers et contrat en Italie. In: *TRAVAUX de l'Association Henri Capitant*. Bruxelas: Éditeurs Bruylant e LB2V, 2015. t. 65.

GADAMER, Hans-Georg. *Verdade e Método*: traços fundamentais de uma hermenêutica filosófica. Tradução Flávio Paulo Meurer. Petrópolis: Editora Vozes, 1999.

GAUDEMET, Eugène. *L'interprétation du code civil en France depuis 1804*. Paris: Sirey, 1935.

GAZZI, Fábio Pinheiro. *Vínculo obrigacional e seus efeitos perante terceiros*. São Paulo, Lex, 2014.

GENY, François. *Méthode d'interprétation et sources en droit privé positif*. 2. ed. Paris: LGDJ, 1919, t. 1.

_____. *Méthode d'interprétation et sources en droit privé positif*. 2. ed. Paris: LGDJ, 1919, t. 2.

GHESTIN, Jacques. Introduction (Rapport Francais). In: FONATAINE, Marcel; GHESTIN, Jacques (Coord.). *Les effets du contrat a l'egard des tiers:* comparaisons franco-belges. Paris: LGDJ, p. 4-39, 1992.

_____. Nouvelles propositions pour un renouvellement de la distinction des parties et des tiers. *Revue Trimestrielle de Droit Civil*, Paris, t. 93, n. 4, p. 777-800, out./dez., 1994.

GHESTIN, Jacques; GOUBEAUX, Gilles. *Traité de Droit Civil:* introduction générale. Paris: LGDJ, 1977.

GHESTIN, Jacques; JAMIN, Christophe; BILLIAU Marc. *Traité de Droit Civil:* Les effets du contrat. 3. ed. Paris: LGDJ, 2001.

GINOSSAR, Samuel. *Droit réel, propriété et créance*. Élaboration d'un système rationnel des droits patrimoniaux. Paris: LGDJ, 1960.

_____. Pour une meilleure définition du droit réel et du droit personnel. *Revue Trimestrielle de Droit Civil*, Paris, t. 60, p. 573-589,1962.

GIOVENE, Achille. *Il negozio giuridico rispetto ai terzi*. 2. ed. Torino: Unione Tipografico--Editrice Torinense, 1917.

GIRARD, Paul Frédéric. *Manuel élémentaire de droit romain*. 4. ed. Paris: A. Rousseau, 1906.

GODOY, Claudio Luiz Bueno de. *Função social do contrato*. São Paulo: Saraiva, 2004.

GOGLIANO, Daisy. *Direitos privados de personalidade*. São Paulo: Quartier Latin, 2013.

_____. A função social do contrato (causa e motivo). *Revista da Faculdade de Direito da Universidade de São Paulo*, São Paulo, v. 99, 2004.

GOMES, Orlando. *Contratos*. 26. ed. Rio de Janeiro: Editora Forense, 2007.

GOUTAL, Jean-Louis. *Essai sur le principe de l'effet relatif du contrat*. Paris: LGDJ, 1981.

GUELFUCCI-THIBIERGE, Catherine. De l'élargissement de la notion de partie au contrat... à l' élargissement de la portée du principe de l'effet relatif. *Revue trimestrielle de droit civil*, Paris, n; 2, abr.-jun., p. 275-285, 1994.

HADDAD, Luís Gustavo. *Função social do contrato:* um ensaio sobre seus usos e sentidos. São Paulo: Saraiva, 2013.

HUGUENEY, Pierre. *Responsabilité civile du tiers complice de la violation d'une obligation contractuelle*. Paris: A. Rousseau, 1910.

ITURRASPE, Jorge Mosset. *Contratos*. Santa Fe: Rubinzal-Culzoni, 2003.

JACQUEMINOT, Jean-Jacques-Ignace. *Projet de Code Civil*. Paris: Imprimerie Nationale, 1799.

JHERING, Rudolf von. *L'évolution du droit*. Tradução O de Meulenaere. Paris: Chevalier-Marescq, 1901.

JOSSERAND, Louis. *Cours de droit civil positif français*: Théorie générale du droit et des droits; Les personnes; la famille; La propriété et les autres droit réels principaux. Paris: Recueil Sirey, 1938. t. 1.

_____. *Cours de droit civil positif français*: Théorie générale des obligations. Paris: Recueil Sirey, 1939. t. 2.

KANT, Immanuel. *A metafísica dos costumes*. Tradução Edson Bini. Bauru: EDIPRO, 2003.

KHORIATY, Rita. Tiers et contrat au Liban. In: *TRAVAUX de l'Association Henri Capitant*. Bruxelas: Éditeurs Bruylant e LB2V, 2015. t. 65

KÜMPEL, Vitor Frederico. *Teoria da aparência no Código Civil de 2002*. São Paulo: Editora Método, 2007.

LANDIM FILHO, Francisco Antônio Paes. *A propriedade imóvel na teoria da aparência*. São Paulo: CD, 2001.

LARROUMET, Christian. *Droit Civil*. Les Obligations. Le Contrat. 4. ed. Paris: Economica, 1998. t. 3.

_____. La responsabilite du debiteur contractuel envers les tiers et l'avant projet de loi de reforme de la responsabilite civile en France. In: Liber Amicorum *Teresa Ancona Lopez*: estudos sobre responsabilidade civil. São Paulo: Almedina, 2021. *E-book*.

LARROUMET, Christian; BROS, Sarah. *Traité de Droit Civil*: Les Obligations. Le Contrat. 8. ed. Paris: Economica, 2016. t. 3.

LASARTE, Carlos. *Principios de derecho civil*: Contratos. 8. ed. Madrid: Marcial Pons, 2004. t. 3.

LEÃES. Luiz Gastão Paes de Barros. *Pareceres*. São Paulo: Editora Singular, 2004. v. 1.

LEAL, Adisson. A responsabilização do terceiro interferente nas relações negociais na jurisprudência do superior tribunal de justiça: comentários ao Recurso Especial 2.023.942/SP. *Revista de Direito Civil Contemporâneo*, vol. 34, p. 451-460, 2023.

LEITÃO, Luís Menezes. *Direito das obrigações*. 13. ed. Coimbra: Almedina, 2016. v.1.

LEONARDI, Felipe Raminelli. A produção dos efeitos contratuais e o contrato com efeito protetivo de terceiro (Vertrag MIT Schutzwirkung für Dritte): esboço dogmático e tentativa inicial de aproximação com situações concretas no direito brasileiro. *Revista de Direito Privado*, São Paulo, v. 30, ano 08, abr./jul., 2007.

_____. *Direito Contratual Moderno*: complexidade, eficácia do contrato e proteção de terceiros. Curitiba: Juruá, 2013.

LERMINIER, E. *Introduction générale a l'histoire du droit*. 2. ed. Paris: Chamerot, 1835.

LIMA, Alvino. A interferência de terceiros na violação do contrato. *Revista dos Tribunais*, São Paulo, v. 51, n. 315, 1962.

LOTUFO, Renan; NANNI, Giovanni Ettore. *Obrigações*. São Paulo: Atlas, 2011.

LOUREIRO, Francisco Eduardo. *A propriedade como relação jurídica complexa*. Rio de Janeiro: Renovar, 2003.

LUMIA, Giuseppe. *Elementos de teoria e ideologia do direito*. São Paulo: Martins Fontes, 2003.

MAIA, Roberta Mauro Medina. *Teoria Geral dos Direitos Reais*. São Paulo: RT, 2013.

MALEVILLE, Jacques de. *Analyse raisonnée de la discussion du Code civil au Conseil d`État*. Paris: Ve. Nyon, 1805. t. 1.

MARCADÉ, Victor-Napoléon. *Explication théorique et pratique du Code Napoléon*. 6. ed. Paris: Delamotte, 1866. t. 4.

MARCHESSAUX, Isabelle. L'Opposabilite du contrat aux tiers. In: FONATAINE, Marcel; GHESTIN, Jacques (Coord.). *Les effets du contrat a l'egard des tiers:* comparaisons franco-belges. Paris: LGDJ, 1992.

MARÈS, Roland de. Le revues. *Le temps*, Paris, ano 61, n. 21821, 1º de maio, p. 1-4, 1921.

MARINO, Francisco Paulo de Crescenzo. *Contratos coligados no direito brasileiro*. São Paulo: Saraiva, 2009.

_____. Perdas e Danos. In: LOTUFO, Renan; NANNI, Giovanni Ettore. *Obrigações*. São Paulo: Atlas, 2011, p. 659-662.

MARQUES, Claudia Lima. Direitos básicos do consumidor na sociedade pós-moderna de serviços: o aparecimento de um sujeito novo e a realização de seus direitos. *Revista de Direito do Consumidor*, São Paulo, v. 35, p. 61-96, 2000.

MARTINEZ, Pedro Romano. *Cumprimento defeituoso*: em especial na compra e venda e na empreitada. Coimbra: Almedina, 2015.

_____. *O Subcontrato*. Coimbra: Almedina, 2006.

MARTINO, Patrizia Di. La responsabilità del terzo "complice" nell'inadempimento contrattuale. *Rivista Trimestrale di Diritto e Procedura Civile*, Milano, ano 29, n. 4, dez., p. 1356-1420, 1975.

MARTINS-COSTA, Judith. *A boa-fé no direito privado:* critérios para a sua aplicação. São Paulo: Marcial Pons, 2015.

_____. *Comentários ao novo Código de Processo Civil*. Rio de Janeiro: Forense, 2003. v. 5, t. 2.

_____. Obrigação de abstenção do direito de preferência: violação do direito de crédito por "terceiro cúmplice" e desconsideração da personalidade jurídica. In: LEVI-MINZI, Maurizio; PARGENDLER, Mariana; GOUVÊA, Carlos Portugal (org.). *Fusões e aquisições*: pareceres. São Paulo: Almedina, p. 143-193, 2022.

_____. Reflexões sobre o princípio da função social dos contratos. *Revista Direito GV*. São Paulo, v. 1, n.1, p. 41-66, 2005.

_____. Tiers et contrat au Brésil. In: *TRAVAUX de l'Association Henri Capitant*. Bruxelas: Éditeurs Bruylant e LB2V, 2015. t. 65.

MARTY, Gabriel; RAYNAUD, Pierre. *Droit Civil*: Introduction générale a l'étude du droit. 2. ed. Paris: Sirey, 1972. t. 1.

MAYNZ, Charles. *Éléments de droit romain*. 2. ed. Paris: Durant, 1859. t. 2.

MAZZEI. Rodrigo. O princípio da relatividade dos efeitos contratuais e suas mitigações. In: HIRONAKA, Giselda Maria Fernandes Novaes; TARTUCE, Flávio (Coord.) *Direito contratual*: temas atuais. São Paulo: Editora Método, 2008.

MELLO, Marcos Bernardes de. *Teoria do fato jurídico:* Plano da Existência. 14. ed. São Paulo, Saraiva, 2007.

MENDONÇA, Manuel Inácio Carvalho de. *Doutrina e Prática das Obrigações ou Tratado Geral dos Direitos de Crédito*. 4. ed. Rio de Janeiro, Forense, 1956.

MERKIN, Robert. Historical introduction to the law of privity. In: *Privity of contract*: the impacto f the contracts (Right of Third Parties Act 1999). London: LLP, p. 1-19, 2000.

MESSINEO, Francesco. *Manual de derecho civil y comercial*. Tradução Santiago Sentis Melendo. Buenos Aires: Ediciones Juridicas Europa-America, 1979. t. 2.

MIRANDA, Custodio da Piedade Ubaldino. *Comentário ao Código Civil*: dos contratos em geral. São Paulo: Saraiva, 2013. v. 5.

MIRANDA, Francisco Cavalcanti Pontes de. *Tratado de Direito Privado*. São Paulo: RT, 2012. t. 1.

_____. *Tratado de Direito Privado*. São Paulo: RT, 2012. t. 2.

_____. *Tratado de Direito Privado*. São Paulo: RT, 2012. t. 3.

_____. *Tratado de Direito Privado*. São Paulo: RT, 2012. t. 5.

_____. *Tratado de Direito Privado*. São Paulo: RT, 2012. t. 6.

_____. *Tratado de Direito Privado*. São Paulo: RT, 2012. t. 7.

_____. *Tratado de Direito Privado*. São Paulo: RT, 2012. t. 10.

_____. *Tratado de Direito Privado*. São Paulo: RT, 2012. t. 13.

_____. *Tratado de Direito Privado*. São Paulo: RT, 2012. t. 24.

_____. *Tratado de Direito Privado*. São Paulo: RT, 2012. t. 26.

MONTHOLON, Charles Tristan. *Récits de la captivité de L'empereur Napoléon a Sainte-Hélène*. Paris: Paulin, 1847. t. 1.

MOREIRA ALVES, José Carlos. *Direito romano*. 4. ed. Rio de Janeiro: Forense, 1986. t. 2.

MOURLON, Frédéric. *Répétions écrites sur le Code civil*. 10. ed., Paris: Garnier, 1896.

NEGREIROS, Teresa. *Teoria do contrato:* novos paradigmas. 2. ed. Rio de Janeiro: Renovar, 2006.

NEVES, José Roberto Castro. *Teoria Geral dos Contratos*. Rio de Janeiro: GZ, 2021.

NORONHA, Fernando. *Direito das obrigações*. 4. ed. São Paulo: Saraiva, 2013.

_____. *O direito dos contratos e seus princípios fundamentais:* autonomia privada, boa-fé, justiça contratual. São Paulo: Saraiva, 1994.

O'SULLIVAN, Janet; HILLIARD, Jonathan. *The Law of Contract*. 5. ed. Oxford: Oxford University Press, 2012.

OLIVEIRA, Juarez de (Coord.). *Comentários à lei de locação de imóveis urbanos:* Lei n. 8.245, de 18 de outubro de 1991. São Paulo: Saraiva, 1992.

OPTIZ, Silvia C. B.; OPTIZ, Oswaldo. *Curso completo de direito agrário*. 6. ed. São Paulo: Saraiva, 2012.

ORTOLAN, Joseph Louis Elzéar. *Explication Historique des instituts de l'Empereur Justinien*. 2. ed. Paris: Joubert, 1840.

_____. *Explication Historique des instituts de l'Empereur Justinien*. 5. ed. Paris: Libraire de la Cour de Cassation, 1851. t.1.

PACCHIONI, Giovanni. *Contratti a favore dei terzi*. Milano: Vallardi, 1912.

PEÑA, Federico Puig. *Tratado de Derecho Civil Español*. 2. ed. Madrid: Editorial Revista de Derecho Privado, 1973. t. 4. v. 2.

PENTEADO, Luciano de Camargo. *Direito das coisas*. 3. ed. São Paulo: RT, 2014.

_____. *Efeitos contratuais perante terceiros*. São Paulo: Quartier Latin, 2007.

PÉREZ, Pascual Marín. *Derecho Civil*: derecho de obligationes y contratos. Madrid: Editorial Tecnos, 1983. v. 2.

PERLINGIERI, Pietro. *Perfis do direito civil*. Tradução Maria Cristina De Cicco. Rio de Janeiro: Renovar, 1999.

PLANIOL, Marcel. *Traité Élémentaire de Droit Civil:* conforme au programe officiel des facultes de droit. 11. ed. Paris: LGDJ, 1928. t. 1.

PORTALIS, Jean-Étienne-Marie. *Discours, Raports et Travaux Inédits sur le Code Civil*. Paris: Joubert, Librarie de la Cour de Cassation, 1844.

PORTALIS, Jean-Étienne-Marie *et al. Projet de Code civil, présenté par la Commission nommée par le gouvernement le 24 thermidor an 8*. Paris: l'imprimerie de la République, an IX: 1800

POTHIER, Robert-Joseph. *Ouvres completes de Pothier*. Traité des obligations. Paris: Libraires Thomine et Fortic, 1821. t. 1.

_____. *Oeuvres de Pothier*. 2. ed. Paris: Cosse et Marchal, 1861. t. 5.

_____. *Traité des Obligations, selon les règles, tant du for de la conscience que du for extérieur*. Paris: Libraire Letellier, 1813. t.1.

PRADIER-FODÉRÉ, P. *Principes généraux de droit, de politique et de Législation*. Paris: Guillaumin et cie., 1869.

PUTNAM, Bertha Haven. *The enforcement of ths statutes of labourers*. London: AMS Press,1908. v. 32.

REALE, Miguel. *Estudos preliminares do Código Civil*. São Paulo: RT, 2003.

RIBEIRO, Benedito Silvério. *Tratado de Usucapião*. 7. ed. São Paulo: Saraiva, 2010, v. 1.

RIGAUD, Louis. *Le droit réel*: Histoire et theories. Son origine institutionnelle. Toulouse: A. Nauze, Imprimeur-Editeur, 1912.

ROBERT, Henri. Napoléon et la Justice. *La revue de Paris*, Paris, ano 28, t. 3, mai.-jun., p. 72-93, 1921.

RODRIGUES JUNIOR, Otavio Luiz. A doutrina do terceiro cúmplice: autonomia da vontade, o princípio res inter alios acta, função social do contrato e a interferência alheia na execução dos negócios jurídicos. *Revista dos Tribunais*. São Paulo, v. 821, mar., 2004.

ROPPO, Vincenzo. *Il contratto*. Milano: Giuffrè, 2001.

ROUSSET, Gustave. De la lettre des lois ou de la rédaction et de la codification rationnelles des lois. *Revue critique de législation et de jurisprudence*. Paris, ano 6, t. 9, p. 324-371, 1856.

SAINT-HILAIRE, Philippe Delmas. *Le Tiers à L'Acte Juridique*. Paris: LGDJ, 2000.

SALEILLES, Raymond. *Essai d'une théorie générale de l'obligation d'aprés le projet de code civil Allemand*. Paris: F. Pichon, Sucesseur, Éditeur, 1890.

_____. *Étude sur la théorie générale de l'obligation d'apres le premier projet de code civil pour l'Empire Allemand*. 3. ed. Paris: LGDJ, 1914.

SALVADOR, Manuel J. G. *Terceiro e os efeitos dos actos ou contratos. A boa fé nos contratos*. Lisboa: Tip. Esc. Da Cadeia Penitenciária de Lisboa, 1962.

SANTOS, Gildo dos. *Locação e despejo:* comentários à Lei 8.245/91. 7. ed. São Paulo: RT, 2012.

SANTOS JÚNIOR, Eduardo. *Da responsabilidade civil de terceiro por lesão do direito de crédito*. Coimbra: Almedina, 2003.

SARLET, Ingo Wolfgang. *A eficácia dos direitos fundamentais*: uma teoria geral dos direitos fundamentais na perspectiva constitucional. 12. ed. Rio Grande do Sul: Livraria do Advogado Editora, 2015.

_____. Algumas notas em torno da relação entre o princípio da dignidade da pessoa humana e os direitos fundamentais na ordem constitucional brasileira. In: LEITE, George Salomão. *Dos princípios constitucionais*: considerações em torno das normas principiológicas da Constituição. São Paulo: Malheiros, 2003.

SARTRE, Jean-Paul. *Huis clos*. Paris: Éditions Gallimard, 1947.

SAVATIER, René. Le prétendu principe de l'effet relatif des contrats. *Revue Trimestrielle de Droit Civil*, Paris, t. 33, p. 525-545, 1934.

SEQUEIRA, Elsa Vaz de. *Dos pressupostos da colisão de direitos no direito civil*. Lisboa: Universidade Católica Editora, 2004.

SERRA, Adriano Paes da Silva Vaz. Responsabilidade de terceiros no não-cumprimento de obrigações. *Boletim do Ministério da Ivstiça*, Lisboa, n. 84, p. 345-360, abr., 1959.

SILVA, Jorge Cesa Ferreira da. *Inadimplemento das obrigações*. São Paulo: RT, 2007.

SILVESTRE, Gilberto Fachetti. *A responsabilidade civil pela violação à função social do contrato*. São Paulo: Almedina, 2018.

STARCK, Boris; ROLAND, Henri; BOYER, Laurent. *Droit civil*: Obligations. Contrat. 3. ed. Paris: Libraire de la Cour de cassation, 1989.

STONE, Richard; DEVENNEY, James. *The Modern Law of Contract.* 11. ed. Oxon: Routledge, 2015.

TAVARES, José. *Os princípios fundamentais do Direito Civil.* 2. ed. Coimbra: Coimbra Editora, 1929, v. 1. parte 1.

TEIXEIRA DE FREITAS, Augusto. *Código Civil* – Esboço. Rio de Janeiro: Typographia Universal de Laemmert, 1860.

_____. *Consolidação das Leis Civis.* 3. ed. Rio de Janeiro: B. L. Garnier, 1876.

TELLES, Inocêncio Galvão. *Direito das obrigações.* 7. ed. Coimbra: Coimbra Editora, 1997.

TERRÉ, François; SIMLER, Philippe; LEQUETTE, Yves. *Droit civil:* Les obligations. 8. ed. Paris: Dalloz, 2002.

THE LAW COMMISSION. *Privity of contract*: contracts for the benefit of third parties. London: HMSO, 1996.

THEODORO JÚNIOR, Humberto. *O contrato e sua função social.* Rio de Janeiro: Forense, 2014.

THEODORO NETO, Humberto. *Efeitos Externos do Contrato.* Rio de Janeiro: Forense, 2007.

TRAVAUX de l'Association Henri Capitant. Bruxelas: Éditeurs Bruylant e LB2V, 2015. t. 65.

TREITEL, Sir Guenter. *The law of contract.* 11. ed. Londres: Sweet & Maxwell Limited, 2003.

TROPLONG, Raymond Théodore. *Priviléges et hypothèques commentaire de la loi du 23 mars 1855 sur la transcription en matière hypothécaire.* Paris: Charles Hingray, 1856.

VANZELLA, Rafael Domingos Faiardo. Numerus Clausus *dos direitos reais e autonomia nos contratos de disposição.* Tese (Doutorado em Direito Civil) – Faculdade de Direito, Universidade de São Paulo, São Paulo, 2009.

VARELA, João de Matos Antunes. *Das obrigações em geral.* 10. ed. Coimbra: Almedina, 2014. v. 1.

VASCONCELOS, Pedro Paes de. O efeito externo da obrigação no contrato-promessa. *Scientia Ivridica*: revista de direito comparado português e brasileiro, Braga, t. 32, p. 103-123, 1983.

VELÁZQUEZ, Victor Hugo Tejerina. *A tradição*: sistemas de transmissão da propriedade mobiliária. Piracicaba: Unimep, 2001.

VIANA, Rui Geraldo Camargo. Os Direitos Reais no Novo Código Civil. In: AZEVEDO, Antonio Junqueira de; TÔRRES, Heleno Taveira; CARBONE, Paolo (Coord.). *Princípios do Novo Código Civil Brasileiro e Outros Temas*: homenagem a Tullio Ascarelli. 2. ed. São Paulo: Quartier Latin, 2010.

VIGIÉ, Albert. *Cours élémentaire de droit civil français conforme au programme des facultes de droit.* 2. ed. Paris: Arthur Rousseau, 1895. t. 2.

VINEY, Genivièye. *Traité de Droit Civil*: Introduction à la responsabilité. 2. ed. Paris: LGDJ, 1995.

WEILL, Alex. *Droit civil*: Introduction générale. 2. ed. Paris: Dalloz, 1970.

_____. *La relativité des conventions en droit privé français*. Paris: Librairie Dalloz, 1939.

_____. *Droit civil*: Les biens. 2. ed. Paris: Dalloz, 1974.

WEILL, Alex; TERRÉ, François. *Droit civil*: Les obligations. 4. ed. Paris: Dalloz, 1986.

WINTGEN, Robert. *Étude critique de la notion d'opposabilité*: les effets du contrat à l'égard des tiers en droit français et allemande. Paris: LGDJ, 2004.

ZANETTI, Andrea Cristina. *Princípio do Equilíbrio Contratual*. São Paulo: Saraiva, 2012.

ZINTY, Stéphane. *La constitution du droit réel par l'effet de la tradition*. Aix-en-Provence: Presses Universitaires d'Aix-Marseille, 2015.